Eva Katharina Debus

AF281083

# Konzeptionen ausgewählter deutscher Bundesländer zum Umgang mit besonders sicherungsbedürftigen Gefangenen

MG 2020
Forum Verlag Godesberg

Bibliographische Information der Deutschen Nationalbibliothek

Die Deutsche Nationalbibliothek verzeichnet diese Publikation in der Deutschen Nationalbibliografie; detaillierte bibliografische Daten sind im Internet über http://dnb.d-nb.de abrufbar.

© Forum Verlag Godesberg GmbH, Mönchengladbach
Alle Rechte vorbehalten.
Mönchengladbach 2020
Herstellung: BoD - Books on Demand, Norderstedt
Printed in Germany

ISBN 978-3-96410-022-1
ISSN 2698-363X

# Schriften zur Kriminologie und Strafrechtspflege

Criminology and Criminal Justice Series

Herausgegeben von
Prof. Dr. Frieder Dünkel
und Prof. Dr. Stefan Harrendorf
Universität Greifswald

## Band 68

# Inhaltsverzeichnis

# Vorwort

Die vorliegende Arbeit befasst sich mit der Frage, wie in einzelnen Bundesländern konzeptionell und praktisch mit Gefangenen mit einem besonderen Sicherungsbedarf verfahren wird. Die empirische Befragung bezieht sich auf 7 Bundesländer (Bayern, Berlin, Hamburg, Hessen, Mecklenburg-Vorpommern, Niedersachsen und Nordrhein-Westfalen), deren Justizverwaltungen im Jahr 2018 befragt wurden. Angesichts der Probleme der Vollzugsgestaltung bei als „gefährlich" angesehenen Gefangenen und insbesondere im Bereich des Terrorismus mit der Gefahr der Radikalisierung während eines Vollzugsaufenthalts liegt die besondere Brisanz und Aktualität der Arbeit auf der Hand.

Die Entwicklung von Hochsicherheitsbereichen in der deutschen Nachkriegsgeschichte, insbesondere im Kontext der RAF-Gefangenen der 1970er Jahre stellt die Verf. im *2. Kapitel* dar. Gesetzlicher Anknüpfungspunkt des StVollzG 1977 war § 85 StVollzG, der sich in allen heutigen Landesvollzugsgesetzen in weitgehend identischer Form wiederfindet. Die Vollzugsgesetze unterscheiden im Hinblick auf die Frage sicherer Unterbringung lediglich zwischen offenem und geschlossenem Vollzug (*2.1*). Zutreffend stellt die Verf. unter *2.2* fest, dass der generelle Zielkonflikt zwischen Resozialisierung und Sicherheit „in Hochsicherheitsbereichen eine besondere Zuspitzung erfährt" (S. 13). Zweifellos sind Sicherheitsaspekte in den letzten Jahren verstärkt diskutiert wurden, was weitere kontraproduktive Konsequenzen i. S. der Stärkung der Subkultur, Stigmatisierungen etc. haben kann (vgl. *2.3*).

Definitionsversuche des „besonders sicherungsbedürftigen Gefangenen" (*Kapitel 3.1*) nehmen die Vorschrift des § 85 StVollzG 1977 und die Nachfolgeregelungen in den Ländergesetzen zum Ausgangspunkt, die jeweils auf eine erhöhte Fluchtgefahr von Gefangenen (*3.2*) oder die „Gefahr für die Sicherheit und Ordnung der Anstalt" abstellen (*3.3*). In diesem Zusammenhang werden verschiedene Dimensionen der Sicherheit erörtert, die „technisch-instrumentelle Sicherheit" (definiert durch baulich-techische Vorkehrungen), die „administrative" (Vollzugskonzepte, Dienstpläne, Sicherungs- und Alarmpläne etc., S. 22) „und die soziale Sicherheit". Letztere „beinhaltet das bewusste Leben der Vollzugsbediensteten in der Anstalt und die Erfassung der Anstaltsatmosphäre" (S. 23). In der Terminologie der European Prison Rules (EPR) würde man hier von der „dynamischen" Sicherheit (durch menschliche Bindungen anstatt Mauern bzw. baulichtechnische Vorkehrungen) sprechen (vgl. zu den EPR, deren gerade mit Blick auf die besonderen Sicherungsmaßnahmen im Jahr 2020 erfolgte Überarbeitung noch in die Druckfassung der Arbeit eingearbeitet wurde, *Kapitel 4.1.4*).
In *Abschnitt 3.4* geht die Verf. auf die landesrechtlichen Regelungen in den erfassten 7 Bundesländern ein. Dabei wird deutlich, dass die Länder sich sehr stark an § 85 StVollzG 1977 orientiert haben, wobei Berlin und Mecklenburg-Vorpommern eine Erweiterung bzw. Klarstellung bzgl. Gefangenen mit vorliegendem Verdacht einer neuen Straftat bzw. mit subkulturellen Kontakten vorgenommen

haben, und Niedersachsen eine Erweiterung auch auf abstrakte Gefährdungslagen vorgenommen hat (S. 27). Andererseits wurde das Anwendungsspektrum dahingehend eingeschränkt, dass eine besondere Sicherungsbedürftigkeit nur bei *schwerwiegenden* Gefährdungen der Anstalts*ordnung* angenommen werden darf. In *Kapitel 3.6* zeigt die Verf. auf, dass das Konzept der „Gefährlichkeit" sich historisch gesehen gewandelt hat. So waren es im Mittelalter und der frühen Neuzeit Nichtsesshafte, wiederholte Eigentumsdelinquenten u. ä., ein Konzept, das im Nationalsozialismus in dem „gefährlichen Gewohnheitsverbrecher" als Klientel der neu geschaffenen Sicherungsverwahrung (SV) gipfelte. Erst Mitte/Ende des 20. Jh. wurden verstärkt Gewalt- und Sexualtäter mit dem Label der „Gefährlichkeit" belegt und gelangten in den Fokus der Kriminalpolitik im Zuge der Reformen der SV und der Regelungen zur Sozialtherapie (s. *3.7*, *3.8*). Die neueste Entwicklung schließt nunmehr die Gruppe der islamistischen Terroristen (*3.9*) mit ein, wobei man aus aktuellem Anlass auch rechtsextremistische Gewalttätern einbeziehen muss. Gefangene mit einer ausgeprägten Suchtproblematik (*3.10*) stellen den Vollzug vor besondere Herausforderungen, gelegentlich auch mit Blick auf eine besondere Sicherungsbedürftigkeit, wenngleich die Abschottung dieser Gefangenen von der Außenwelt verfassungsrechtlich bedenklich und im Hinblick auf die Unterbindung von Suchtmittelkonsum nicht immer effizient erscheint. Zudem fehlt es an ausreichenden Therapieplätzen (S. 52 f.). Obwohl Straftäter mit psychiatrischen Erkrankungen in erster Linie in den dafür spezialisierten Maßregelvollzugsanstalten behandelt werden sollten, gibt es eine Fülle empirischer Befunde, dass sich in Strafvollzugsanstalten ein hoher Anteil von Gefangenen mit psychiatrischen Auffälligkeiten befinden, die Krankheitswert i. S. einer DSM-Klassifikation aufweisen (vgl. *3.11*). Auch hier mangelt es an ausreichenden Behandlungsangeboten. Häufig werden Langzeitgefangene mit „gefährlichen" Gefangenen gleichgesetzt, obwohl es sich allenfalls um Teilkongruenzen handelt (vgl. *3.12*). In der Zusammenfassung verweist die Verf. zu Recht darauf, dass „eine schematische Trennung zwischen den Gruppierungen ... nicht erfolgen" kann, „vielmehr gibt es Überschneidungen zwischen ‚gefährlichen', sicherungsbedürftigen und Langzeitgefangenen" (S. 61).

Im *4. Kapitel* geht die Verf. auf die internationalen Rechtsquellen ein. Einleitend bemerkt sie zutreffend, dass diese Rechtsquellen „immer mehr Bedeutung" erlangt haben (S. 62), und konkretisiert dies anhand der Rspr. des BVerfG zum Jugendstrafvollzugsrecht von 2006. Exemplarisch ist auch auf Entscheidungen des EGMR, der immer wieder Regelungen der EPR als Auslegungshilfe heranzieht, zu verweisen (dazu auch bereits *van Zyl Smit/Snacken* 2009 und später unter *4.2.1*). Ausführlich beschreibt die Verf. die Arbeit des Anti-Folter-Komitees des Europarats und die von diesem anhand der Besuche in den jeweiligen Ländern erarbeiteten CPT-Standards. Die Verf. stellt umfassend die Beanstandungen des Anti-Folter-Komitees bezogen auf sämtliche 8 Besuche in Deutschland im Zeitraum seit 1991 dar, wobei sie zutreffend den Fokus auf die besuchten Sicherheitsabteilungen legt. Auch im Hinblick auf die EPR (*Kapitel 4.1.4*) und weitere einschlägige Einzelempfehlungen legt die Verf. den Schwerpunkt auf die Berichtsteile zur Sicherheit und zu Sicherungsmaßnahmen (vgl. *Kapitel 4.1.5-4.1.8*). Im *Abschnitt 4.2* werden verfassungsrechtliche Aspekte und die Rspr. des EGMR sowie des BVerfG bzw. deutscher Obergerichte behandelt, die zeigen, dass die Voraussetzungen für eingriffsintensive Sicherungsmaßnahmen tendenziell restriktiv gehandhabt werden, was aus rechtsstaatlicher Sicht zu begrüßen ist. Sowohl die überarbeiteten EPR als auch die Standards des Komitees zur Verhütung von Folter sowie unmenschlicher und erniedrigender Behandlung des Europarats (CPT, vgl. *4.1.3*) von 2011 fordern eine gesetzlich festgelegte zeitliche Begrenzung, Begründungspflicht, Dokumentation und ein Mindestmaß an Kommunikation mit anderen Gefangenen bzw. Angehörigen (Besuchskontakte) und die strikte Ausrichtung am Verhältnismäßigkeitsgrundsatz bei Einzelhaft als Sicherungsmaßnahme. Die EPR von 2020 erfassen nunmehr „alle Formen der Absonderung", d. h. auch solche im Rahmen von Disziplinarmaßnahmen. „Gefangene, die von anderen Gefangenen abgesondert werden, haben einen Anspruch auf mindestens zwei Stunden Kontaktzeit pro Tag mit anderen Gefangenen, mit Bediensteten oder Besuchern (Regel 53A.a.: *„meaningful human contact"*, vgl. S. 76).

Im *5. Kapitel* widmet sich die Verf. den länderspezifischen Reaktionsmöglichkeiten für den Fall, dass Gefangene als besonders sicherungsbedürftig angesehen werden. Ausgangspunkt sind zunächst die allgemeinen bzw. abstrakten Regelungen der Vollstreckungspläne der Länder, aus denen sich die Zuständigkeiten der einzelnen Anstalten für bestimmte Gefangenengruppen ergeben.

Im Hinblick auf die nationale rechtsvergleichende Betrachtung wichtig ist die intensive Auseinandersetzung bzgl. Fragen der Kompatibilität mit internationalen Standards (vgl. zur Einzelhaft bzw. Absonderung *Kapitel 5.3.3.1*, S. 117 ff.). Inhaltlich bedeutsam bleibt die deutliche Kritik an den gesetzlichen Regelungen aller betrachteten Bundesländer hinsichtlich der zulässigen Dauer der Langzeiteinzelhaft, die – weil sie durchweg länger als 15 Tage zulässig ist – eindeutig gegen die internationalen Standards des Europarats (CPT) und der UN (Mandela-Rules) verstoßen (S. 122 f.).

Gleiches gilt für den Entzug des Aufenthalts im Freien, den Bayern, Hamburg, Hessen, Niedersachsen und NRW als Sicherungsmaßnahme entgegen der expliziten Kritik der EPR, des CPT und der Mandela-Rules vorsehen (S. 129), während Berlin und Mecklenburg-Vorpommern diese Sicherungsmaßnahme entweder zur „extrema ultima ratio" oder nur eine Beschränkung derselben (keinen vollständigen Ausschluss) vorsehen.

Auch die Unterbringung in einem besonders gesicherten Haftraum (sog. Beruhigungszelle) wird in den internationalen Standards sehr kritisch gesehen, die überarbeiteten European Prison Rules vom Juli 2020 enthalten Vorgaben, die ihren Gebrauch noch weiter einschränken sollen (vgl. *5.3.4.1*). Die deutschen Ländergesetze erfüllen die restriktiven Vorgaben, was die Dauer und Ausgestaltung der Unterbringung anbelangt, nur ansatzweise. Deutschland wurde insoweit mehrfach vom CPT gerügt, z. B. auch hinsichtlich von mit einer Entkleidung verbundenen Unterbringungen (vgl. hierzu auch das Fazit unter *5.3.5.2*).

Die Fesselung (*Kapitel 5.3.6*) ist in allen Ländergesetzen ausnahmsweise zum Schutz des Gefangenen vor sich selbst, von anderen Gefangenen oder im Fall erhöhter Fluchtgefahr möglich. Obwohl das CPT Fixierungen generell nicht zulassen will, haben die untersuchten Bundesländer alle entsprechende gesetzliche Voraussetzungen geschaffen. Immerhin gibt es in allen Ländern Protokollierungspflichten, die es den Gefangenen erleichtern Beschwerde einzulegen. Ferner sind Ärzte bei der Anordnung und Überwachung zu beteiligen. Die vom CPT verlangte permanente Sitzwache ist in Bayern und Niedersachsen gesetzlich nicht vorgesehen. Das Hamburger Gesetz erschwert eine über 30 Minuten andauernde Fixierung, indem es eine gerichtliche Anordnung verlangt.

Obwohl die Bundesländer besondere Sicherungsmaßnahmen relativ restriktiv geregelt haben, verstoßen die erfassten Länder z. T. deutlich gegen die internationalen Menschenrechtsvorgaben (z. B. hinsichtlich der maximalen Dauer von Einzelhaft, der fehlenden maximalen Dauer von Fesselungen bzw. Fixierungen), was die Verf. zu Recht kritisiert.

In *Kapitel 6* beschreibt die Verf. zunächst die Konzeption und das methodische Vorgehen der empirischen Erhebung (*6.2*). Das ursprünglich geplante zweistufige Vorgehen einer Informationsbeschaffung der Konzeptionen und statistischer Daten bei den Justizministerien mit anschließender mündlicher Befragung der Anstaltsleiter und anderer Beteiligter (Anstaltsärzt*innen, Mitarbeiter*innen der Fachdienste, VDL etc.) in den Anstalten musste aufgrund des erheblichen Widerstands seitens der Landesjustizverwaltungen, Abteilungen Strafvollzug, aufgegeben werden (*6.2.2*). Obwohl nur ein stark eingekürzter Fragebogen bei den Abteilungsleiter*innen Strafvollzug eingereicht wurde, hat sich Hessen gänzlich der Untersuchung verweigert. Einige Bundesländer beantworteten zwar den Fragebogen, standen aber zu klärenden Rückfragen nicht oder nur eingeschränkt zur Verfügung (Berlin, Hamburg, NRW). Im positiven Sinn kooperativ und auskunftsbereit verhielten sich insbesondere Bayern, Mecklenburg-Vorpommern und Niedersachsen.

Es wurde insgesamt deutlich, dass die Untersuchung einen sensiblen Bereich des Strafvollzugs berührt, und einige Bundesländer nur ungern ihre Konzeptionen für den Umgang mit besonders sicherungsbedürftigen, manchmal als „gefährlich" etikettierten Gefangenen offenbaren wollten (so z. B. NRW, das einige Fragen zu beantworten ablehnte, da sie „Verschlusssache" und damit geheim zu halten seien).

Die Eingangsfrage, ob und inwieweit die Bundesländer bestimmte Vollzugsbereiche als besonders gesicherte Haftbereiche oder Sicherheitsstationen ausgewiesen haben, führte zu dem überraschenden Ergebnis, dass es in Bayern und Mecklenburg-Vorpommern (MV) keine derartigen, konzeptionell als Sicherungsstationen zu bezeichnenden Bereiche gibt. Bayern gab an, dass es in jeder Anstalt Bereiche oder Haftträume für besonders zu sichernde Gefangene gebe (Konzept der „flexiblen" Sicherheit), in MV werden Sicherheitsabteilungen aus grundsätzlichen Überlegungen abgelehnt und eine Integration entsprechender problematischer Gefangener in den „Normalvollzug" angestrebt und wohl auch realisiert. In Berlin, Hamburg, Niedersachsen und NRW gibt es spezielle Sicherheitsbereiche, allerdings betreffen diese einen minimalen Anteil der Haftplatzkapazitäten (vgl. *6.3.1* und *6.3.7*). Bzgl. NRW konnte die Verf. teilweise auf Literatur zurückgreifen und damit die „Geheimhaltung" immerhin teilweise überspielen. Eine weitere Differenzierung innerhalb der verstärkt gesicherten Haftbereiche nimmt Niedersachsen vor, das ein Sicherheitsstufenkonzept etabliert hat mit einem besonders hohen baulich-instrumentellen Sicherheitsstandard in Celle, Oldenburg, Rosdorf, Sehnde und Wolfenbüttel. Die Binnendifferenzierung in Stufen Ia und Ib unterscheiden sich mit Blick auf den Umfang von Kontakten mit Mitgefangenen. Aus Gründen der einzuhaltenden menschenrechtlichen Standards müssen Gefangene in Sicherheitsstufe Ia vermehrt Kontakte zu Mitarbeitern und Besuchern erhalten, in Stufe Ib kommen gemeinsame Freizeitangebote mit einzelnen Mithäftlingen hinzu.

Die Frage, welche Gefangenen typischerweise als „besonders sicherungsbedürftig" klassifiziert werden, ergab bei einigen Ländern Definitionsprobleme. Bayern benutzt diesen Begriff nicht und unterscheidet vielmehr nach fremd- oder eigengefährlichem, fluchtgefährlichem und sonstigem „problematischen" Verhalten und betont die Notwendigkeit einer Einzelfallbeurteilung. Inhaltlich handelt es sich aber um die gleichen Gefangenengruppen, die anderswo als besonders sicherungsbedürftig eingestuft werden: Bei erhöhter Fluchtgefahr, Gefahr der Selbstbeschädigung, des Suizids oder Gefahr der Gewalt gegen andere (Berlin, Hamburg, MV und Niedersachsen). In MV rechtfertigt zusätzlich noch die Gefahr der Befreiung anderer Gefangener eine Sicherungsmaßnahme mit Unterbringung in einem besonders gesicherten Haftraum.

Hinsichtlich der Anordnungsbefugnisse, Mitteilungspflichten und Zustimmungserfordernisse seitens der Aufsichtsbehörden haben die Ministerien bei der Beantwortung des Fragebogens schlicht auf die gesetzlichen Vorschriften zu den besonderen Sicherungsmaßnahmen Bezug genommen, weshalb sich im Vergleich zu der ausführlich in *Kapitel 5* beschriebenen Rechtslage keine neuen Erkenntnisse ergaben.

Interessant wird es dann bei der Frage der durchschnittlichen Aufenthaltsdauer von Gefangenen auf Sicherheitsstationen im Allgemeinen und in einem besonders gesicherten Haftraum im Besonderen. Trotz der zweifellos besonders eingriffsintensiven Maßnahmen gaben alle befragten Länder an, über keine entsprechenden Statistiken zu verfügen. Zu Recht veweist die Verf. kritisch auf den Widerspruch mit den vom CPT geforderten Protokollierungspflichten ebenso wie den geforderten weit kürzeren maximalen Unterbringungszeiten als in den deutschen Ländergesetzen vorgesehen. Da alle Länder nach einer bestimmten Frist Berichts- und Zustimmungspflichten zu beachten haben, ist der Verweis auf fehlende statistische Erhebungen zumindest fragwürdig, wenn nicht unglaubhaft.

So konnte die Verf. im Fall von Bayern nachweisen, dass das Justizministerium sehr wohl über statistische Angaben verfügt, die im Rahmen einer Kleinen Anfrage im Landtag auch veröffentlicht wurden (vgl. S. 175 f. und *Tabelle 4* auf S. 177). Insoweit bestätigt sich einmal mehr die wichtige Funktion der parlamentarischen Arbeit von Strafvollzugsbeauftragten der Parteien und anderen engagierten Abgeordneten, die u. U. mehr erreichen können als die kriminologische Forschung, deren Anliegen u. U. nur halbherzig beantwortet werden.

Die weitgehend als Fehlanzeige in *Tabelle 3* (S. 175) ausgewiesenen Daten zur Häufigkeit der Unterbringung in einem besonders gesicherten Haftraum bzw. in Einzelhaft ist im Grunde genommen deprimierend und, weil offensichtlich im Widerspruch zur Gesetzeslage (Berichtspflichten) stehend, schwer hinnehmbar. Immerhin haben Niedersachsen und NRW wenigstens einige Daten zur Unterbringung in einem besonders gesicherten Haftraum ausgewiesen, MV und Niedersachsen gaben 1-2 Meldungen bzgl. Einzelhaft und Fixierungen an, womit von einer äußerst restriktiven Anwendungspraxis in diesen Ländern auszugehen ist. Das bayerische Beispiel zeigt, dass angesichts der inzwischen überall auch digital erfassten Vollzugsdaten, entsprechende Statistiken sehr leicht zu generieren sind. Die Verf. kritisiert diese weitgehend unbefriedigende Situation zu Recht. Der „offensichtliche Widerspruch zwischen Berichtspflichten einerseits und angeblicher mangelnder statistischer Erfassung andererseits" sei „deprimierend und nur schwer hinnehmbar" (S. 180).

Zu den Zustimmungserfordernissen ergaben sich im Bundesländervergleich ähnliche unzulängliche Datenerfassungen. Bayern, Berlin und Hamburg wollten oder konnten keine statistischen Angaben machen, Niedersachsen und NRW meldeten im erfassten Einjahreszeitraum 14 bzw. 4 Zustimmungen zur Einzelhaft (ansonsten Fehlanzeige), allein Mecklenburg-Vorpommern konnte zu Unterbringungen im besonders gesicherten Haftraum (n = 1), zur Einzelhaft (n = 1) und zu Sicherheitsverlegungen (n = 3, vgl. *Tabelle 5*, S. 181) Angaben machen. Damit deutet sich an, dass derartige Maßnahmen in den meisten Bundesländern sehr selten vorkommen, auch wenn diese Aussage unter dem Vorbehalt einer teilweise unzulänglichen Datenlage bzw. statistischen Erfassung steht.

In einem weiteren Fragenkomplex ging es um die Feststellung des Bedarfs an Haftplätzen für eine sichere Unterbringung und wie bei voller Auslastung der Plätze in den Ländern verfahren wird, ferner, ob es einen bestimmten Verteilungsschlüssel gibt. Die Antworten zeigten, dass diese Fragen praktisch von geringer Relevanz sind, da es langjährige Erfahrungswerte hinsichtlich des Bedarfs zu geben scheint und Engpässe offensichtlich nirgendwo aufgetreten sind. Auch spezielle Verteilungsschlüssel bzw. Konzepte für bestimmte Gefangenengruppen gibt es nicht. Dies wird vor dem Hintergrund verständlich, dass es sich bei den besonders sicherungsbedürftigen Gefangenen prozentual gesehen bezogen auf die Gesamtpopulation um Quantitäten von weniger als einem Prozent geht (vgl. *Tabelle 6*, S. 188). In Berlin-Tegel lag der Anteil bei 0,7-0,8% (richtigerweise hätte man auf die Gesamtzahl der Gefangenen im geschlossenen Vollzug prozentuieren sollen, was den Prozentwert noch geringer erscheinen ließe), in Niedersachsen ebenfalls bei 0,7%. Die Zahlen in Mecklenburg-Vorpommern, das über keine besonders gesicherten Haftplätze verfügt und im Erfassungszeitraum eines Jahres ganze 3 Fälle von Verlegungen aus Sicherheitsgründen hatte (s. o.), dürften ebenso gegen Null tendieren wie in NRW, das eine besonders gesicherte Unterbringung stichtagsbezogen zum 31.3.2018 von 9 als „gefährlich" eingestuften Gefangenen berichtete, was 0,08% der Gesamtpopulation des geschlossenen Vollzugs entspräche (vgl. S. 188, 191). *Tabelle 7* zeigt für Niedersachsen, dass die Sicherheitsstationen der 6 betroffenen Anstalten nur zu 54% ausgelastet waren (37 Insassen auf 68 Plätze.

Auch in NRW reichen die Kapazitäten für besonders sicherungsbedürftige Gefangene bei weitem aus, denn in Bielefeld-Brackwede kamen zum Stichtag 31.3.2018 auf 26 gesicherte Haftplätze 3 Insassen, die restlichen 6 „gefährlichen" Gefangenen verteilten sich auf drei weitere Anstalten (*Tabelle 8*, S. 191).

Soweit die Länder über besonders gesicherte Bereiche verfügen, gibt es auch baulich-technische Standards (z. B. gesonderte Trenngitter, Vorkehrungen gegen Haftraumzerstörungen, z. T. auch Überwachungstechnik mit Pixelverschlüsselung im Sanitärbereich, zusätzliche Schließsysteme sowie Haftraumtür- und -fenstersicherungen).

Von besonderem Interesse erscheint aus aktuellem Anlass der Fragenbereich hinsichtlich länderspezifischer Konzeptionen zum Umgang mit bestimmten sicherungsbedürftigen Insassengruppen wie islamistischen Terroristen, besonders gefährlichen Gewalt- und Sexualtätern usw. (vgl. *6.3.9 ff.*, S. 197 ff.).

Bezogen auf die Gruppe islamistischer Terroristen gab Bayern einerseits an, über kein gesondertes Konzept zum Umgang mit entsprechenden Gefangenen zu verfügen, jedoch wird deutlich, dass ebenso wie in den anderen Ländern keine Konzentration dieser Gefangenen in besonderen Abteilungen, sondern die Durchmischung mit anderen Gefangenen favorisiert wird und zugleich insbesondere für die sog. Rückkehrer ehemaliger beteiligter Deutscher am Krieg in Syrien etc. sog. Deradikalisierungsprogramme aufgelegt werden. Ausführlich beschreibt die Verf. das in Zusammenarbeit mit dem dortigen LKA erarbeitete Programm in Bayern (vgl. *6.3.10.1*).

In Berlin wurden sog. Gefährder mit einer erkennbar radikal-islamistischen Gesinnung und sog. Sympathisanten unterschieden, die inzwischen nicht mehr als solche bezeichnet werden, aber als Gefangene der Gruppe I bzw. II nach wie vor unterschieden werden. Aus einer Drucksache des Abgeordnetenhauses hat die Verf. Zahlen zum Umfang dieser Gruppen und ihre Verteilung auf die Berliner Anstalten entnehmen können (vgl. *Tabelle 9*, S. 202 f.). Die Zahl radikal-islamistischer Gefangener stieg 2015-2017 vor allem in der Anstalt Moabit deutlich an, betrifft aber insgesamt gesehen nur wenige Einzelfälle. Sog. „Sympathisanten" sind nur in Tegel in nennenswerter Zahl ausgewiesen (n = 12-16), spielen in den anderen Anstalten allerdings keine Rolle bzw. sind möglicherweise nicht identifizierbar. Auch in Berlin werden verschiedene Deradikalisierungsprogramme angeboten, in jedem Fall bleibt der Resozialisierungsauftrag auch bei den hier erfassten Gruppen vorrangig bis hin zu einem gezielten Übergangsmanagement (vgl. S. 205 ff.). Berlin hat zutreffenderweise auch die Gefahr der Radikalisierung rechtsextremistischer Personen erkannt und entsprechende Deradikalisierungsprogramme sowie Gruppen- und Einzeltrainings auch für diese Zielgruppe eingeführt (S. 206).

Hamburg hat seit 2017 ein Konzept zum Umgang mit gewaltbereiten Salafisten und anderen extremistischen Gruppierungen entwickelt, das insgesamt aber gleichfalls die Durchmischung mit anderen Gefangenen und keine Exklusion in bestimmten Abteilungen vorsieht. In Mecklenburg-Vorpommern werden entsprechende Gefangene bis zur Abklärung der Gefährdungslage zunächst in besonders gesicherten Hafträumen untergebracht und ggf. weitere Sicherungsmaßnahmen geprüft. Niedersachsen beteiligt sich ebenso wie Bayern und Berlin an Programmen der Gewaltprävention verschiedener Träger, das Modellprojekt *FoKus ISLEX Niedersachsen* wird in seiner Konzeption ausführlich beschrieben (S. 214 ff.).

NRW hat den Fragebogen hinsichtlich vorhandener Konzepte zum Umgang mit radikalisierten bzw. radikalisierungsgefährdeten Gefangenen negativ beantwortet, jedoch konnte die Verf. aus anderen Quellen bis hin zu einem im Landtag verabschiedeten Strategiepapier „Gemeinsinn stärken – entschlossen gegen Radikalisierung, Konzept zur Förderung der Integration der ausländischen Inhaftierten …" sehr wohl entsprechende Konzeptionen ermitteln. Die Zusammenfassung zeigt, dass sich alle Bundesländer der Brisanz des Problems radikalisierter Gefangener bewusst sind und Konzeptionen entwickelt bzw. Programme der Deradikalisierung eingeführt haben.

Die Frage nach Konzeptionen bzgl. besonders gefährlicher Gewalt- und Sexualstraftäter (vgl. *6.3.11* und *6.3.12*) wurde teilweise missverstanden, denn natürlich haben alle Bundesländer im Rahmen der Sozialtherapeutischen Anstalten bzw. Abteilungen spezielle Konzeptionen für diese Tätergruppen eingeführt.

Der Abschnitt zu Konzeptionen für besonders gefährliche Sexualstraftäter zeigt dieselbe Antwortstruktur aller befragten Bundesländer mit einem Hinweis auf die Sozialtherapie.

Relativ ergebnislos blieb die Nachfrage, ob es spezielle Konzeptionen hinsichtlich des Umgangs mit akut alkohol- oder drogenabhängigen Gefangenen gibt. Es könnte sein, dass die Frage zu unspezifisch gestellt war und/oder es jenseits der üblichen Erstversorgung und ggf. medizinischen Behandlung bzw. Überwachung keine speziellen „Programme" gibt. Die „ablehnende" Reaktion der Ministerien bedeutet jedoch nicht, dass die Länder keine Konzeption für den Umgang mit alkohol- und drogenkranken Gefangenen hätten (so auch die Verf. auf S. 232).

Für Gefangene mit psychiatrischen Auffälligkeiten (vgl. *6.3.14*) berichtete allein Niedersachsen eine Art Konzeption, indem die entsprechenden Gefangenen in eine der vier Abteilungen in Lingen, Oldenburg, Sehnde bzw. Hameln überstellt und behandelt werden. Andererseits heißt das wiederum nicht, dass die anderen Länder keinerlei Konzeption zum Umgang mit diesen Fällen hätten, vielmehr scheint es auch hier behandlungsorientierte Verlegungen zu geben.

Im *7. Kapitel* fasst die Verf. nochmals die wesentlichen Ergebnisse der Arbeit zusammen Die Einschätzung, dass manche Bundesländer gegen die Vorgaben internationaler Menschenrechtsstandards verstoßen, wird hier nochmals deutlich gemacht und es werden konkrete Reformforderungen aufgestellt (S. 237 ff.). Dazu gehört die Forderung nach einer gesetzlichen Normierung der (bislang zeitlich grds. unbegrenzten) Höchstdauer der Einzelhaft auf maximal 15 Tage, die intensivere medizinische und personale Betreuung im Fall der Einzelhaft, das Verbot einer Fixierung von Gefangenen, da die Fesselung (ggf. in Verbindung mit anderen Sicherungsmaßnahmen) bereits ausreichend sei, ferner die gesetzliche Normierung einer Maximaldauer der Fesselung und die „effektive Kontrolle der Einhaltung dieser Normen".

Die Einschätzung, dass es sich in den untersuchten Ländern bei besonders sicherungsbedürftigen Gefangenen um ein quantitativ geringes Problem handelt, ist sicherlich richtig. Die insoweit ermittelten absoluten Zahlen und Haftplätze in Abteilungen für besonders sicherungsbedürftige Gefangene sind bislang weitgehend unbekannt geblieben. In Bayern und Mecklenburg-Vorpommern, die über keine gesonderten Sicherungsabteilungen verfügen, unterscheidet sich der geschlossene Regelvollzug in seinen Haftbedingungen dementsprechend nicht von denjenigen besonders sicherungsbedürftiger Gefangener. Auch das ist ein wichtiges Ergebnis. Die Gruppe islamistischer Gewalttäter stellt den Vollzug zweifellos vor besondere Herausforderungen, denen sich die Bundesländer auch im Rahmen spezifischer Konzeptionen zur Deradikalisierung gestellt haben. Perspektivisch sind auch die rechtsextremistischen Gewalttäter zu nennen, die bei Beginn der Arbeit noch nicht, zukünftig aber schon eine weitere besonders zu beachtende Gruppe darstellen.

Die Arbeit bringt teilweise wichtige neue Erkenntnisse zu Fragen, die empirisch schwer zugänglich sind, weil sich manche Justizvollzugsadministrationen in diesem sensiblen Bereich nicht gerne „in die Karten schauen" lassen. So war zum Teil eine wenig motivierte Bearbeitung bis hin zu einer Totalverweigerung des Landes Hessen zu beobachten, und eine nicht immer vorhandene Bereitschaft zur Beantwortung von Rückfragen der Verf. Der Verfasserin ist es allerdings gelungen, fehlende Angaben der Ministerien durch anderweitig publiziertes Material in gewissem Umfang zu „kompensieren". Positiv hervorzuheben ist die kooperative Zusammenarbeit insbesondere der Länder Bayern, Mecklenburg-Vorpommern und Niedersachsen.

Die Arbeit wurde im Sommersemester 2020 als Dissertation an der Rechts- und Staatswissenschaftlichen Fakultät der Universität Greifswald angenommen. Ich danke Prof. Dr. *Philipp Walkenhorst*, Universität zu Köln, für die zügige Erstellung des Zweitgutachtens und Dr. *Joanna Grzywa-Holten* für die Unterstützung bei der Formatierung der Druckvorlage.

Greifswald, im Oktober 2020

*Frieder Dünkel*

# Danksagung

Die vorliegende Dissertation ist mit Unterstützung zahlreicher Personen entstanden, denen ich auf diesem Wege von ganzem Herzen danken möchte.

Ich danke dabei insbesondere

- meinem außergewöhnlichen Doktorvater *Prof. Dr. Frieder Dünkel* für die Ermöglichung dieses Vorhabens, seine fortwährende Unterstützung und seinen Einsatz, insbesondere in schwierigeren und teilweise frustrierenden Bearbeitungsabschnitten sowie die stets familiäre und freundschaftliche Betreuung.

- meinem Zweitgutachter *Prof. Dr. Philipp Walkenhorst*, für die Bereitschaft und zügige Erstellung seines Gutachtens.

- *Prof. Dr. Stefan Harrendorf* für seine inhaltlichen Gedankenanstöße, den persönlichen Austausch und seine förderlichen Hinweise während der Bearbeitung.

- meinen Ansprechpartnern bei den Justizministerien und Kriminologischen Diensten der Bundesländer *Bayern, Berlin, Hamburg, Niedersachen, Nordrhein-Westfalen* und *Mecklenburg-Vorpommern* für die Genehmigung des Forschungsvorhabens sowie die persönliche Unterstützung.

- *Dr. Eva Lindemann, Dr. Jan Timke* und *Philip Gaßner* für ihre wertvollen Anregungen, Lektorentätigkeiten und unterstützenden Worte in unzähligen Gesprächen während des gesamten Dissertationsverfahrens.

Zuletzt möchte ich ausdrücklich meinem *Opa*, meiner *Schwester* und meinen *Eltern* zunächst für die Finanzierung dieses Vorhabens danken, die mir eine unbeschwerte Konzentration auf die inhaltliche Bearbeitung ermöglicht hat.

Darüber hinaus danke ich ihnen aufrichtig für ihre fortwährende, bedingungslose Unterstützung und Förderung meines bisherigen Lebensweges, ihre Geduld und ihr Verständnis, insbesondere auch im Hinblick auf dieses Dissertationsvorhaben.

Dortmund, im Oktober 2020

*Dr. Eva Katharina Debus*

# Abkürzungsverzeichnis

| | |
|---|---|
| Abb. | Abbildung |
| Abs. | Absatz |
| AK | Alternativkommentar |
| Alt. | Alternative |
| Anm. | Anmerkung |
| Art. | Artikel |
| B | Berlin |
| BayStVollzG | Bayerisches Strafvollzugsgesetz |
| BeckOK | Beck'scher Onlinekommentar |
| Beschl. | Beschluss |
| BewHi | Bewährungshilfe (Fachzeitschrift) |
| BT-Drs. | Bundestagsdrucksache |
| BtMG | Betäubungsmittelgesetz |
| BVerfG | Bundesverfassungsgericht |
| BVerfGE | Bundesverfassungsgerichtsentscheidung |
| BY | Bayern |
| bzgl. | bezüglich |
| ca. | circa |
| CPT | Europäisches Komitee zur Verhütung von Folter und unmenschlicher oder erniedrigender Behandlung oder Strafe (Committee for the Prevention of Torture and Inhuman or Degrading Punishment) |
| d. h. | das heißt |
| EGMR | Europäischer Gerichtshof für Menschenrechte |
| EMRK | Europäische Menschenrechtskonvention |
| EPR | European Prison Rules (Europäische Strafvollzugsgrundsätze) |

| | |
|---|---|
| ff. | fortfolgende |
| gem. | gemäß |
| ges. | gesamt |
| ggf. | gegebenenfalls |
| Hmb StVollzG | Strafvollzugsgesetz Hamburg |
| HH | Hamburg |
| Hrsg. | Herausgeber |
| i. d. R. | in der Regel |
| inkl. | inklusive |
| i. S. | im Sinne |
| i. S. d. | im Sinne des/der |
| i. V. m. | in Verbindung mit |
| i. w. S. | im weiteren/weitesten Sinne |
| JVA | Justizvollzugsanstalt |
| KG | Kammergericht Berlin |
| KrimPäd | Kriminalpädagogische Praxis |
| LG | Landgericht |
| LT-Drucks. | Landtagsdrucksache |
| MschKrim | Monatsschrift für Kriminologie und Strafrechtsreform |
| MV | Mecklenburg-Vorpommern |
| NJW | Neue Juristische Wochenschrift |
| NJVollzG | Strafvollzugsgesetz Niedersachsen |
| NK | Neue Kriminalpolitik |
| NRW | Nordrhein-Westfalen |
| Nr. | Nummer |
| NS | Niedersachsen |
| NStZ | Neue Zeitschrift für Strafrecht |
| OLG | Oberlandesgericht |
| Rec/R. | Recommendation |

| | |
|---|---|
| Rn. | Randnummer |
| s. | siehe |
| S. | Seite |
| sog. | sogenannte/s/n |
| StPO | Strafprozessordnung |
| StVollzG | Strafvollzugsgesetz |
| StVollzG Bln | Strafvollzugsgesetz Berlin |
| StVollzG M-V | Strafvollzugsgesetz Mecklenburg-Vorpommern |
| StVollzG NRW | Strafvollzugsgesetz Nordrhein-Westfalen |
| s. u. | siehe unten |
| Tab. | Tabelle |
| u. a. | unter anderem |
| U-Haft | Untersuchungshaft |
| usw. | und so weiter |
| v. | vom/von |
| v. a. | vor allem |
| VGH | Verwaltungsgerichtshof |
| vgl. | vergleiche |
| VV | Verwaltungsvorschrift |
| WC | Toilette |
| z. B. | zum Beispiel |
| ZfStrVo | Zeitschrift für Strafvollzug und Straffälligenhilfe |
| ZRP | Zeitschrift für Rechtspolitik |
| z. T. | zum Teil |

# Konzeptionen ausgewählter deutscher Bundesländer zum Umgang mit besonders sicherungsbedürftigen Gefangenen

## 1. Einleitung

Das vorliegende Forschungsvorhaben geht der Frage nach, welche Konzeptionen die Bundesländer Bayern, Berlin, Hamburg, Hessen, Mecklenburg-Vorpommern, Niedersachsen und Nordrhein-Westfalen zum Umgang mit männlichen erwachsenen Gefangenen mit erhöhtem Sicherungsbedarf bereithalten und inwieweit diese Vorgehensweise mit menschenrechtlichen Standards (European Prison Rules, Mandela-Rules), der Rechtsprechung des Europäischen Gerichtshofs für Menschenrechte sowie den vom Anti-Folter-Komitee des Europarates (CPT) entwickelten Grundsätzen vereinbar sind.

Auch wenn der Strafvollzug, und insbesondere die vergleichende Strafvollzugsforschung, in der jüngeren Vergangenheit[1] regelmäßig Gegenstand von Forschungsvorhaben waren,[2] lag das Augenmerk vergleichsweise selten auf Gefangenen, die besonders sicher im geschlossenen Vollzug untergebracht werden

---

1  *Dünkel* verweist darauf, dass die ersten vergleichenden Strafvollzugsanalysen vor mehr als 200 Jahren in England entstanden, „empirisch vergleichende Studien, die über quantitativ-statistische Primärerhebungen" hinausgehen, jedoch die Ausnahme darstellen, *Dünkel* 2007, S. 100.

2  Vergleichende internationale Arbeiten, die sich menschenrechtlichen Aspekten und den Lebensbedingungen im Vollzug widmeten sind beispielsweise jene von *van Zyl Smit/Dünkel* 2001, die 26 Länder und ihre Strafvollzugssysteme vergleichend untersuchten, *Dünkel* 2009 mit zusammenfassenden Darstellungen der Projekte des Greifswalder Lehrstuhls für Kriminologie zum Männererwachsenenstrafvollzug und zum Frauenstrafvollzug im europäischen Vergleich, *Dünkel* 2007 zum Mare-BalticumPrison-Survey, der menschenrechtliche Standards in den Ostseeanrainerstaaten untersuchte, *Drenkhahn/Dudeck/Dünkel* 2014 zum Langstrafenvollzug in 11 europäischen Ländern, *King/Maguire* 1994, die vergleichend Gefängnissysteme unterschiedlicher Länder untersuchten sowie *Winterdyk* 2004, der einen Überblick über Erwachsenenvollzugsanstalten

müssen.[3] Dies mag damit zu begründen sein, dass in den hier zu untersuchenden Bundesländern der prozentuale Anteil dieser Gefangenengruppierung zum Stichtag 31.03.2018 weniger als ein Prozent betrug.[4] Erste Probleme bestehen bereits darin, den „sicherungsbedürftigen" Gefangenen zu definieren. Dabei muss festgehalten werden, dass ein klar und eindeutig bestimmbarer Tätertypus des besonders sicherungsbedürftigen Gefangenen nicht existiert. Vielmehr vereinen sich unter diesem Begriff unterschiedliche Tätergruppierungen, die besonders sicher untergebracht werden. Zum gegenwärtigen Zeitpunkt gelten hauptsächlich besonders gefährliche Sexual- und Gewaltstraftäter, Straftäter mit psychiatrischen Auffälligkeiten und solche mit verstärkter Suchtproblematik als sicherungsbedürftig. Der Strafvollzug war bereits in der Vergangenheit mit diesen Tätergruppierungen konfrontiert. Vergleichsweise neu ist jedoch die Konfrontation mit terroristischen bzw. extremistischen Tätergruppierungen, insbesondere mit islamistischen Terroristen. Die besonders sichere Unterbringung steht im Verdacht, negative Prisonisierungseffekte zu fördern und das für den Strafvollzug charakteristische Spannungsverhältnis zwischen Resozialisierung und Sicherheit zum Nachteil der Gefangenen zuzuspitzen. Bei den unter die Sicherungsbedürftigkeit fallenden Tätergruppierungen ist jedoch eine verstärkte Behandlung im Hinblick auf eine spätere Resozialisierung unabdingbar. Eine reine auf den Sicherheitsaspekt gestützte

---

in Belgien, Kanada, Finnland, Deutschland, Indien, Iran, Japan, Namibia, Rumänien und den Vereinigten Staaten von Amerika darstellte. Weitere vergleichende Arbeiten sind bei *Dünkel* 2007, S. 101 aufgeführt. Umfassende empirische Bestandsaufnahmen auf nationaler Ebene tätigten beispielsweise *Müller-Dietz/Würtenberger* 1969, *Callies* 1970, *Dünkel/Rosner* 1982, *Dünkel* 1980, *Rehn* 1979, vgl. dazu ausführliche Beschreibungen bei und von *Dünkel* 1996, ebenso *Faber* 2014, der länderspezifische Unterschiede bezüglich Disziplinarmaßnahmen und der Aufrechterhaltung von Sicherheit und Ordnung im Jugendstrafvollzug untersuchte.
Darüber hinaus sind in der Vergangenheit Arbeiten erschienen, die sich auf Einzelaspekte des Strafvollzuges konzentrierten, so beispielsweise *Dünkel/van Zyl Smit* 1998, die einen internationalen Vergleich zur Arbeit im Strafvollzug anstellten, *Dünkel* 2005 und 2014, der Entlassungsmodalitäten im europäischen Vergleich untersuchte, der *Council of Europe* 2000, der Drogendelinquente im Gefängnis und nach ihrer Entlassung in den Blick nahm. *Koeppel* 1999 verglich den individuellen Rechtsschutz der Gefangenen, *Konrad* 2001 widmete sich den europäischen Entwicklungen im Hinblick auf Suizid in der Haft. Für weitere Arbeiten zu Einzelaspekten des Strafvollzugs vgl. *Dünkel* 2007, S. 101 ff sowie *Dünkel* 2018, S. 412 ff. Erst jüngst legten *Dünkel/Pruin/Storgaard/Weber* 2019 einen Vergleich zu Wiedereingliederungskonzepten bzw. -strukturen und dem Übergangsmanagement in 20 europäischen Ländern vor.

3    Eine Auseinandersetzung fand hauptsächlich auf europäischer Ebene statt, vgl. hierzu Empfehlungen zu gefährlichen Gefangenen, Rec. (82) 17 und Rec. (2014) 3 sowie die Empfehlungen zur Langzeit- und zu lebenslanger Freiheitsstrafe verurteilte Gefangene, Rec. (76) 2, Rec. (2003) 23.

4    Vgl. die ausführliche, ländervergleichende Darstellung unter *Kapitel 6.3.7.*

Verwahrung würde dem verfassungsrechtlich verankerten Ziel des Strafvollzuges widersprechen.[5]

Nach der Föderalismusreform im Jahr 2006 haben mittlerweile alle hier untersuchten Bundesländer ihr eigenes Landesstrafvollzugsgesetz erlassen.[6] Somit ist der geschlossene Vollzug und mit ihm die gesicherte Unterbringung Ländersache. Das vorliegende Dissertationsvorhaben soll daher etwaige Konzeptionen zum Umgang mit besonders sicherungsbedürftigen Gefangenen näher beleuchten, einen bundesländervergleichenden Überblick schaffen und ausgewählte Vorgehensweisen anhand von menschenrechtlichen Standards (European Prison Rules, Mandela-Rules), der Rechtsprechung des Europäischen Gerichtshofes für Menschenrechte sowie den vom Anti-Folter-Komitee des Europarates (CPT) entwickelten Grundsätzen analysieren.

*Kapitel 2* widmet sich zunächst Hochsicherheitsbereichen und ihrer (geschichtlichen) Entwicklung und beleuchtet die heutigen Probleme und Herausforderungen, die im Umgang mit besonders sicherungsbedürftigen Gefangenen im und für den Strafvollzug entstehen. Dabei haben sog. „Hochsicherheitsbereiche" eine vergleichsweise kurze Geschichte. Erstmals traten sie in den 1970er Jahren in Verbindung mit der „Roten Armee Fraktion" in Erscheinung. Führende Mitglieder der „Roten Armee Fraktion" waren im siebten Stock der dafür aufgerüsteten Justizvollzugsanstalt Stuttgart-Stammheim untergebracht. Im Zusammenhang mit der Unterbringung wurden „Isolationsfoltervorwürfe" erhoben.[7] Nach den Suiziden der bekanntesten Mitglieder Baader, Ensslin und Raspe und der Entlassung der übrigen inhaftierten Mitglieder endete zunächst auch die öffentliche Debatte über menschenwürdige Unterbringung politisch motivierter Gewalttäter.

Zum gegenwärtigen Zeitpunkt werden als „gefährlich" eingestufte Gefangene in einzelnen Gefängnissen, die über besondere Sicherheitsvorkehrungen verfügen zusammengeführt und untergebracht. Dabei ist jedoch die Rechtsgrundlage für die Errichtung sog. Hochsicherheitsbereiche fragwürdig. Keines der hier zu untersuchenden Landesstrafvollzugsgesetze sieht eine solchen Bereich explizit vor.

---

5   Vgl. hierzu auch einige Grundsatzurteile des Bundesverfassungsgerichts, u. a. BVerfG NJW1973, S. 1231, BVerfG NJW 1977, 1528, BVerfG NJW 1984, S. 38, BVerfG NJW 1988, S. 46, BVerfG NJW 1998, 3337, BVerfG NJW 2004, 740.

6   Im Rahmen der Föderalismusreform im Jahr 2006 wurde die Strafvollzugskompetenz vom Bund auf die Länder übertragen. Bis zum heutigen Tag haben alle Bundesländer von ihrer Kompetenz gebraucht gemacht und ihr eigenes Landesstrafvollzugsgesetz erlassen. Das ehemalige Bundesstrafvollzugsgesetz (StVollzG) entfaltet somit in weiten Teilen keine Wirkung mehr. Einige Vorschriften, wie z. B. jene, die das Verfahrensrecht betreffen, §§ 109-121 ff. StVollzG, unterliegen jedoch weiterhin der konkurrierenden Gesetzgebung und entfalten weiterhin Wirkung, vgl. *Arloth/Krä* 2017, § 109, Rn. 1; *Laubenthal* 2019, Rn. 760. Die im Folgenden untersuchten landesgesetzlichen Regelungen bauen auf dem ehemaligen Bundesstrafvollzugsgesetz auf, so dass es der Vollständigkeit halber weiterhin angeführt wird.

7   *Dünkel/Rössner* 2001, S. 335.

Die Landesstrafvollzugsgesetze sehen lediglich eine Unterteilung in den offenen und geschlossenen Vollzug vor. Darüber hinaus birgt die gesicherte Unterbringung besondere Probleme. Das charakteristische Spannungsverhältnis zwischen Resozialisierung und Sicherheit tritt bei der hoch gesicherten Unterbringung besonders deutlich zu Tage. Gleichzeitig steigen mit erhöhten Sicherheitsvorkehrungen auch die negativen Haftfolgen inklusive Haft- oder etwaigen Prisonisierungsschäden.

Das darauffolgende *Kapitel 3* beschäftigt sich mit der Person des sicherungsbedürftigen Gefangenen und versucht die Frage zu beantworten, wer in (landes-)gesetzlicher Hinsicht als solcher gelten soll. Dafür wird zunächst ein Augenmerk auf die ehemalige Vorschrift des Bundesstrafvollzugsgesetzes, § 85 StVollzG a. F. und dessen Voraussetzungen gelegt, auf die die neu entstandenen landesgesetzlichen Regelungen überwiegend aufbauen. Schließlich wird auf Grundlage des ehemaligen § 85 StVollzG a. F. ein Vergleich der heutigen landesgesetzlichen Ausgestaltungen der Regelungen in den Bundesländern Bayern, Berlin, Hamburg, Hessen, Mecklenburg-Vorpommern, Niedersachsen und Nordrhein-Westfalen vorgenommen und deren Verständnis eines besonders sicherungsbedürftigen Gefangenen näher beleuchtet. Die Bezeichnungen „sicherungsbedürftige Gefangene" und „gefährliche Gefangene" werden oftmals synonym verwandt. Die dabei unterstellte Deckungsgleichheit besteht indes allenfalls in Teilen. Basierend auf dem neu gewonnenen landesgesetzlichen Verständnis gilt es, im Sinne einer Präzisierung, eine Abgrenzung vorzunehmen. Im Folgenden wird daher das Konzept der Gefährlichkeit erörtert, der dem Konzept zu Grunde liegende zeitliche Wandel dargestellt und die Problematik von Langzeitgefangenen in diesem Kontext untersucht. Dabei wird insbesondere auf Tätergruppierungen eingegangen, die zum gegenwärtigen Zeitpunkt als gefährlich und sicherungsbedürftig gelten, wie besonders gefährliche Sexual- und Gewaltstraftäter, islamistische Terroristen sowie Gefangene mit psychiatrischen Auffälligkeiten und solche mit Suchtproblematiken und herausgestellt, warum und für wen sie als gefährlich eingeschätzt werden.

Der deutsche Strafvollzug wird überwiegend von den jeweils landesgesetzlichen Vorschriften geprägt. Jedoch erhalten seit einiger Zeit internationale Rechtsquellen und Standards immer mehr Bedeutung und beeinflussen die nationale Strafvollzugsentwicklung. *Kapitel 4* legt daher den Fokus auf internationale Rechtsquellen und Maßstäbe und es wird geprüft, inwieweit sie Auswirkungen auf die hier zu untersuchenden Konzeptionen zum Umgang mit besonders sicherungsbedürftigen Gefangenen haben. Hierfür werden die Europäische Menschenrechtskonvention (EMRK), die Nelson-Mandela-Rules, das Europäische Übereinkommen zur Verhütung von Folter und unmenschlicher oder erniedrigender Behandlung oder Strafe sowie das diesbezügliche Komitee (European Committee for the Prevention of Torture and Inhuman or Degrating Treatment or Punishment – CPT) und die Europäischen Strafvollzugsgrundsätze (European Prison Rules) auf besondere Vorschriften zum Umgang mit besonders sicherungsbedürftigen

Gefangenen untersucht. Die Rechtsprechung des Europäischen Gerichtshofs für Menschenrechte, die des Bundesverfassungsgerichts sowie nationaler Instanzen hat in den vergangenen Jahren den Umgang mit der hier zu untersuchenden Gefangenengruppe ebenfalls konkretisiert, sodass abschließend noch eine Zusammenfassung der relevantesten Entscheidungen vorgenommen wird.

Im Anschluss daran werden die unterschiedlichen Reaktionsmöglichkeiten des Strafvollzuges auf besonders sicherungsbedürftige Gefangene betrachtet *(Kapitel 5)*. Dabei werden die Vollstreckungspläne der Bundesländer und ihre eventuellen Sonderregelungen zu besonders sicherungsbedürftigen Gefangenen sowie die Sicherheitsverlegung und ihre landesgesetzlichen Ausgestaltungen analysiert und, entsprechend der hier zu untersuchenden Fragestellung, verglichen. Um auch kurzfristig auf eine Sicherungsbedürftigkeit reagieren zu können, enthalten alle hier zu untersuchenden Landesstrafvollzugsgesetze besondere Sicherungsmaßnahmen, die im landesgesetzlichen Vergleich betrachtet werden. Die landesrechtlichen Ausgestaltungen werden dabei im Lichte menschenrechtlicher Standards (European Prison Rules, Mandela-Rules), der Rechtsprechung des Europäischen Gerichtshofes für Menschenrechte sowie den vom sog. Anti-Folter-Komitee des Europarates (CPT) entwickelten Grundsätzen analysiert und verglichen.

Der Schwerpunkt der hier vorliegenden Arbeit wird auf der empirischen Untersuchung zu etwaigen Konzeptionen und Vorgehensweisen der vorliegend untersuchten Bundesländer zum Umgang mit besonders sicherungsbedürftigen Gefangenen in Bayern, Berlin, Hamburg, Hessen, Mecklenburg-Vorpommern, Niedersachsen und Nordrhein-Westfalen liegen *(Kapitel 6)*. Hierfür wurde ein zwanzig Fragen umfassender Fragebogen vorab an die Abteilungsleiter Strafvollzug der hier relevanten Landesjustizministerien verschickt. Der Fragebogen erhebt einerseits quantitative Fakten, wie die Anzahl der Justizvollzugsanstalten und Haftplätze für besonders sicherungsbedürfte Gefangene im jeweiligen Landesgebiet, andererseits nimmt er aber auch die Konzeptionen der Bundesländer zum Umgang mit einzelnen Tätergruppen in den Blick, wie die mit gefährlichen Gewalt- und Sexualstraftätern, islamistischen Terroristen sowie Gefangenen mit psychiatrischen Auffälligkeiten und Suchtproblematiken. Ziel der empirischen Erhebung ist ein Erkenntnisgewinn über diese „unter dem Radar" laufenden Gefangenengruppierungen. Gleichzeitig sollen etwaige Unterschiede oder Vorgehensweisen im Hinblick auf den landesspezifischen Umgang mit besonders sicherungsbedürftigen Gefangenen aufgezeigt und schließlich erforscht werden, wie die, nach der Föderalismusreform nunmehr allein zuständigen Bundesländer, mit besonders sicherungsbedürftigen Gefangenen insgesamt verfahren.

Somit lassen sich folgende, die Arbeit leitende Fragestellungen formulieren:

- Wer gilt auf welcher Grundlage in den hier zu untersuchenden Bundesländern als besonders sicherungsbedürftig? Bei wem wird eine sichere Unterbringung angeordnet? Wie wird unter Sicherheitsgesichtspunkten mit folgenden Tätergruppierungen verfahren:

a) Islamistische Gefangene
b) Besonders gefährliche Gewalttäter
c) Besonders gefährliche Sexualstraftäter
d) Gefangene mit akuter Drogen- o. Alkoholproblematik
e) Gefangene mit psychiatrischen Auffälligkeiten?

- Wie groß ist die Anzahl der Justizvollzugsanstalten und der Haftplätze im Landesgebiet mit Sicherheitsstationen oder Bereichen, in denen Gefangene sicher i. S. d. landesgesetzlichen Regelung untergebracht werden können?

- Wie unterscheiden sich die Sicherheitsstationen oder -abteilungen vom regulären geschlossenen Vollzug in baulich-technischer bzw. personeller Hinsicht?

- Wie ist der Alltag der Gefangenen auf den Sicherheitsstationen ausgestaltet? Besteht die Möglichkeit, an Arbeits- oder Weiterbildungsmaßnahmen teilzunehmen oder Freizeitangebote wahrzunehmen?

## 2. Hochsicherheitsbereiche und ihre Entwicklung

Die Geschichte von „Hochsicherheitsbereichen" beziehungsweise „Hochsicherheitsabteilungen" ist in der Bundesrepublik Deutschland eine vergleichsweise kurze. Erstmals öffentlich traten damals so genannte „Hochsicherheitstrakte" in den 1970er Jahren in Erscheinung. Sie beherbergten unter anderem politisch motivierte Gewalttäter, hauptsächlich verurteilte Terroristen der „Roten Armee Fraktion", der „Bewegung 2. Juni" und der „Revolutionären Zellen".[8] Die prominentesten Mitglieder dieser Gruppierungen, Andreas Baader, Gudrun Ensslin, Ulrike Marie Meinhof und Jan-Carl Raspe waren in der damals deutschlandweit bekanntesten Hochsicherheitsabteilung in Stuttgart-Stammheim untergebracht.[9] Die Justizvollzugsanstalt Stuttgart-Stammheim galt in den 1960er Jahren als Inbegriff einer modernen Haftanstalt, da der Strafvollzug einerseits durch neue Sicherheitstechnologien, als besonders sicher, andererseits auch die Unterbringung der Gefangenen als besonders human und menschenwürdig angesehen wurde.[10] Die Justizvollzugsanstalt Stuttgart-Stammheim teilte sich zu der Zeit in ein Frauen- und ein Männergebäude auf. Der Männerbau umfasste zwei mal drei Geschosse, der Frauenbau nur drei Geschosse.[11] Baulich und räumlich abgetrennt war das siebte und zugleich oberste Geschoss des Männerbaus. Ursprünglich war diese selbstständige Einheit aber nicht für besonders gefährliche Gefangene konstruiert, sondern für die Unterbringung jugendlicher Straftäter.[12] Die Möglichkeit, die betroffenen Gefangenen im siebten Obergeschoss völlig zu separieren und von den anderen Häftlingen abschirmen zu können, wurde zwölf Jahre später ausschlaggebend für die dortige Unterbringung der RAF-Mitglieder.[13] Im Laufe der folgenden Jahre wurden die Sicherheitsmaßnahmen durch Umbaumaßnahmen am und innerhalb des siebten Stockwerks weiter erhöht: die Zellengitter wurden durch Hartstahl verstärkt, engmaschige Drahtgitter angebracht, um so das Pendeln von Zelle zu Zelle zu erschweren, die Zellentüren zusätzlich gesichert, Trennwände eingebaut, um Männer und Frauen konsequent voneinander separieren zu können. Darüber hinaus wurden die Zufahrtswege stärker beleuchtet, die gesamte Justizvollzugsanstalt dauerhaft mit der Notrufzentrale der Polizei verbunden und die Torwache umgebaut, um ggf. Besuchern den Zugang zu sicherheitsrelevanten

---

8    *Kaiser/Kerner/Schöch* 1992, S. 297 ff.

9    *Riederer* 2014, S. 270.

10   *Bergstermann* 2016, S. 73.

11   *Fraß* 1969, S. 169.

12   *Fraß* 1969, S. 169.

13   *Bergstermann* 2016, S. 77.

Bereichen verweigern zu können.[14] Schon bald kam es zu öffentlichen Debatten über die Unterbringung der RAF-Mitglieder in Stuttgart-Stammheim und die dortigen Lebens- und Haftbedingungen im Hochsicherheitstrakt. Immer wieder kamen Vorwürfe auf, die Unterbringung entspreche einer „Isolationsfolter" und komme einer „Vernichtungshaft" gleich.[15] In der Folgezeit begaben sich die inhaftierten RAF-Mitglieder unter anderem aus Protest gegen ihre Haftbedingungen in einen Hungerstreik und forderten darüber hinaus, gemeinsam in größeren Gruppen untergebracht zu werden, um ihren Kampf weiter zu führen und ihre Gesinnung weiter gemeinsam praktizieren zu können.[16] Im Jahr 1978 reichten Andreas Baader Gudrun Ensslin und Jan-Carl Raspe eine Beschwerde bei der Europäischen Kommission für Menschenrechte in Straßburg ein und begehrten eine Entscheidung dahingehend, dass ihre Lebens- und Haftbedingungen in Stuttgart-Stammheim gegen die Europäische Konvention zum Schutz der Menschenrechte und gegen Recht und Gesetz der Bundesrepublik Deutschland verstießen. Die Europäische Kommission zum Schutz der Menschenrechte erkannte jedoch weder eine Verletzung der Menschenrechtskonvention noch des deutschen Bundesrechts.[17] Im Laufe der Unterbringung kam es mehrfach durch Verlust von Privilegien zu Haftverschärfungen für die Betroffenen.[18] Mit den Suiziden der bekanntesten Insassen im Hochsicherheitstrakt in den Jahren 1976 (Meinhof) und 1977 (Baader, Ensslin und Raspe)[19] endete zunächst auch die öffentliche Debatte über die menschenwürdige Unterbringung politisch motivierter Gewalttäter in Stuttgart-Stammheim, bis sie zu Beginn der 1980er Jahre in Berlin Moabit wieder aufflammte.

Seit Anfang der 1980er Jahre saßen in der Justizvollzugsanstalt Berlin Moabit wegen terroristischer Aktivitäten verurteilte Gefangene in einem eigens für sie errichteten Hochsicherheitstrakt ein.[20] Schnell wurde auch hier die Diskussion um eine menschenwürdige Unterbringung von terroristisch motivierten Gewalttätern wieder relevant. Die dort untergebrachten insgesamt zwölf Gefangenen unterteilten sich in drei Gruppen: Fünf männliche Häftlinge wurden der „Bewegung 2. Juni" zugerechnet, vier Frauen der „Roten Armee Fraktion", und drei weitere

---

14  *Bergstermann* 2016, S. 128/129.

15  *Kaiser/Kerner/Schöch* 1992, S. 297; *Dünkel/Rössner* 2001, S. 335; so auch der französische Philosoph Jean-Paul Sartre nach seinem Besuch bei Andreas Baader, zitiert in: Der Spiegel Nr. 50/1974, An der Brüstung, S. 27.

16  *Dünkel/Rössner* 2001, S. 335.

17  *Kaiser/Kerner/Schöch* 1992, S. 298.

18  *Riederer* 2014, S. 302.

19  *Riederer* 2014, S. 270.

20  *Kaiser/Kerner/Schöch* 1992, S. 299.

weibliche Häftlinge bildeten eine dritte Gruppierung.[21] Die Gefangenen im Hochsicherheitstrakt in Berlin Moabit genossen eine Vielzahl an Vergünstigungen gegenüber den normalen Insassen des Vollzugs, wie eigene Radio- und Fernsehgeräte in ihren Einzelzellen, eine Vielzahl an Büchern und Zeitschriften, lange Aufschlusszeiten, zweimal täglich eine Stunde Spaziergang im Hof sowie Möglichkeiten der Freizeitbeschäftigung in Form von Tischtennisgeräten, Fitness-Geräten oder Hometrainern.[22] Dennoch beklagten die Häftlinge die Anwendung unterschiedlicher Formen der Isolationsfolter gegen sie.[23] Gleichzeitig forderten sie ihre Zusammenlegung in größere, interaktionsfähige Gruppen und darüber hinaus die Anerkennung als Kriegsgefangene.[24] Um gegen ihre Haftbedingungen und die angebliche Isolationsfolter zu protestieren und ihren Forderungen Nachdruck zu verleihen, begaben sich auch diese Häftlinge in einen Hungerstreik.[25]

In den 1990er Jahren endete zunächst die Debatte um die menschenwürdige Unterbringung politisch motivierter Gewalttäter und deren Lebens- und Haftbedingungen in Hochsicherheitstrakten, hauptsächlich, weil viele der zuvor betroffenen Häftlinge inzwischen entlassen worden waren.[26] So gerieten auch die Hochsicherheitstrakte langsam wieder in Vergessenheit.

Die Insassenstruktur in den so genannten Hochsicherheitsabteilungen hat sich im Vergleich zu den 1970er Jahren gewandelt. Zwischenzeitlich wurden diese weniger mit politisch motivierten Häftlingen, sondern vielmehr mit Drogendealern, Sexualverbrechern und Mitgliedern der organisierten Kriminalität in Verbindung gebracht.[27] Gegenwärtig werden jedoch politisch motivierte Gefangene, insbesondere solche, die dem islamistischen Terrorismus angehören, wieder verstärkt mit Hochsicherheitsabteilungen und einer hochgesicherten Unterbringung in Verbindung gebracht.[28]

Die Freiheitsstrafe der hier zu untersuchenden, besonders sicherungsbedürftigen, männlichen, erwachsenen Häftlingen wird heute im geschlossenen Vollzug, genauer in sogenannten „Hochsicherheitsabteilungen" vollzogen.[29] Dabei werden in den meisten Bundesländern die als „gefährlich" eingestuften Gefangenen

21 *Kaiser/Kerner/Schöch* 1992, S. 299.

22 *Kaiser/Kerner/Schöch* 1992, S. 299.

23 *Kaiser/Kerner/Schöch* 1992, S. 299.

24 *Kaiser/Kerner/Schöch* 1992, S. 299

25 *Kaiser/Kerner/Schöch* 1992, S. 299.

26 *Dünkel/Rössner* 2001, S. 336.

27 *Dünkel/Rössner* 2001, S. 336.

28 Vgl. dazu *Kapitel 3.9.*

29 AK-*Pollähne* 2017, § 93, Rn. 50 mit Verweis auf die Vorauflage, AK-*Huchting/Pollähne* 2012, § 141, Rn. 12.

in einzelnen Gefängnissen, die über besondere Sicherheitsvorkehrungen verfügen, zusammengeführt und untergebracht.[30] Die Zusammenführung dieser Häftlinge in einzelnen (Landes-) Gefängnissen gilt theoretisch als vorteilhaft, da die anderen jeweils im Bundesland existierenden Justizvollzugsanstalten somit keine eigenen Hochsicherheitsbereiche für einige wenige Häftlinge errichten müssten.[31] Tatsächlich lässt sich jedoch die Tendenz erkennen, dass in einzelnen Normalanstalten so genannte „T"- (Terroristen) oder „HS"- (High-Security-)" Abteilungen errichtet werden.[32] Die Errichtung dieser Abteilungen stößt auf Bedenken, da die strukturellen Maßnahmen zur Sicherung einiger Weniger notwendigerweise auf den gesamten Vollzug durchschlagen.[33]

Auch die Rechtsgrundlage dieser Abteilungen ist fraglich. Die Hochsicherheitsbereiche seien „ohne gesetzliche Grundlage errichtet, denn eine Differenzierung ist nur zur Gewährleistung einer auf die unterschiedlichen Bedürfnisse der Gefangenen abgestimmten Behandlung zulässig".[34] Die Kommentarliteratur bemängelt, dass in Hochsicherheitstrakten die Bedürfnisse der Gefangenen hinter das Sicherheitsinteresse des Vollzuges vollständig zurück treten würden.[35] Auch die ehemals bundesrechtliche Regelung des § 85 StVollzG a. F., die von allen hier zu untersuchenden Bundesländern in die jeweiligen Landes-Strafvollzugsgesetze übernommen wurde,[36] kann nicht als Rechtsgrundlage herhalten. Mit § 85 StVollzG a. F. bestand eine rechtliche Grundlage zur sicheren Unterbringung von Gefangenen. § 85 StVollzG a. F. erfasste aber nur die Verlegung in eine andere Anstalt, sofern diese zur sicheren Unterbringung besser geeignet war, und in erhöhtem Maße Fluchtgefahr oder sonst eine vom Gefangenen ausgehende Gefahr für die Sicherheit oder Ordnung der Anstalt vorlag. § 85 StVollzG a. F. sollte somit gerade keine Grundlage für die Errichtung sogenannter „HS"-(High-Security) Abteilungen innerhalb von Normalanstalten darstellen.[37] Trotz mangelnder gesetzlicher Ermächtigung zur Errichtung solcher Abteilungen wird ihre Existenz weitestgehend gebilligt.[38] Die Kommentarliteratur umschreibt die Bedingungen in diesen Abteilungen wie folgt:

---

30 *Dünkel/Rössner* 2001, S. 335.

31 *Dünkel/Rössner* 2001, S. 335.

32 *CMD* 2005, § 85, Rn. 2.

33 *CMD* 2005, § 85, Rn. 2.

34 AK-*Huchting/Pollähne* 2012, § 141, Rn. 12.

35 AK-*Huchting/Pollähne* 2012, § 141, Rn. 12.

36 Vgl. dazu *Kapitel 5.2.*

37 *CMD* 2005, § 85, Rn. 2.

38 AK-*Huchting/Pollähne* 2012, § 141, Rn. 12.

„Die Bedingungen in diesen Einrichtungen umfassen insbesondere ständiges Abhören, Beobachten, die Isolierung vom übrigen Gefängnisgeschehen, bunkerähnliche Unterbringung und stark eingeschränkte, wenn nicht ganz aufgehobene Kontaktmöglichkeiten zu Mitgefangenen".[39] Die Errichtung und Unterbringung in Anstalten oder Abteilungen mit erhöhten Sicherheitsvorkehrungen wird einerseits damit begründet, gewaltsame Befreiungsaktionen der dort zumeist einsitzenden terroristischen Gewaltverbrecher abwehren zu können,[40] überwiegend aber wird die Errichtung mit der Gefährlichkeit der Gefangenen legitimiert.[41] Die Gefährlichkeit eines Gefangenen wiederum wird sowohl nach Art und Häufigkeit begangener Straftaten, als auch aus dem Verhalten in der Anstalt und der individuellen Rückfallprognose abgeleitet.[42] Hochsicherheitsabteilungen werden vom Gesetzgeber ausdrücklich gebilligt,[43] erscheinen im Extremfall und bei besonders schwierigen Fällen eventuell auch als unvermeidlich, sollten aber im Hinblick auf die Gestaltungsgrundsätze einer menschenwürdigen Unterbringung und auch auf Grund der hohen finanziellen und politischen Kosten nur mit äußerster Zurückhaltung betrieben werden.[44]

## 2.1 Offener und geschlossener Vollzug

Wie bereits eingangs geschildert, wird die Freiheitsstrafe von besonders sicherungsbedürftigen Gefangenen heute in sogenannten „Hochsicherheitsabteilungen" vollzogen. „Hochsicherheitsgefängnisse", wie sie beispielsweise in den Vereinigten Staaten von Amerika existieren (so genannte „super-maximum security prisons", kurz „supermax prisons"),[45] sind in Deutschland weder auf Bundesnoch auf Landesebene gesetzlich vorgesehen. Grundsätzlich differenziert das deutsche Gesetz nur zwischen zwei Gefängnistypen, nämlich dem offenen und

---

39   AK-*Huchting/Pollähne* 2012, § 141, Rn. 12; dahingehend unterstützend: LNNV-*Laubenthal* 2015, § 141, Rn. 10; *CMD* 2005, § 141, Rn. 2.

40   AK-*Huchting/Lehmann* 2012, § 141, Rn. 12; *Huchting/Lehmann* verweisen aber gleichzeitig darauf, dass es für solche angebliche Befreiungsaktionen in der Vergangenheit kaum gerichtlich nachprüfbare Anhaltspunkte gab.

41   SBJL-*Wirth* 2020, 13. Kapitel, C., Rn. 17.

42   SBJL-*Wirth* 2013, § 141, Rn. 15.

43   *Arloth/Krä* 2017, § 141, Rn. 1.

44   SBJL-*Wirth* 2013, § 141, Rn. 17.

45   *Weber* 2017, S. 189.

geschlossenen Vollzug.[46] Die Anstalten des offenen und geschlossenen Vollzuges unterscheiden sich nach dem Grad der Sicherheitsvorkehrungen, die gegen ein mögliches Entweichen getroffen wurden.[47] Die Einrichtungen des offenen Vollzuges zeichnen sich durch wenige bis hin zu gar keinen Sicherheitsvorkehrungen gegen ein Entweichen aus.[48] Einrichtungen des geschlossenen Vollzuges werden mit erhöhten Sicherheitsvorkehrungen betrieben, um ein potentielles Entweichen zu verhindern.[49] Die Einrichtungen des offenen Vollzuges fördern den Grundsatz des Gegensteuerungsprinzips, indem eine Absonderung von der Außenwelt verhindert wird und sich die Lebensverhältnisse im Vollzug den Lebensverhältnissen in Freiheit angleichen können.[50] Im offenen Vollzug sollen Häftlinge untergebracht werden, die für diesen geeignet sind, bei denen also keine Flucht- oder Missbrauchsgefahr besteht.[51] Im geschlossenen Vollzug sollen letztlich nur Gefangene untergebracht werden, bei denen eine gesicherte Verwahrung notwendig erscheint.[52] Die erhöhten Sicherheitsvorkehrungen im geschlossenen Vollzug sind aber nicht der einzige Unterschied zum offenen Vollzug: vielmehr wirkt sich der erhöhte Sicherheitsgrad verstärkt auf die Behandlungsmaßnahmen, den Kontakt zur Außenwelt, die Rechte und Pflichten sowie auf die gesamte innere Organisation der Sozialstruktur innerhalb der Anstalt aus.[53] Auch die Abteilungen des geschlossenen Vollzuges sind darauf ausgerichtet, den Gefangenen zu befähigen, „künftig ein Leben in sozialer Verantwortung ohne weitere Straftaten führen zu können".[54] Dennoch überwiegt hier nach wie vor eher der Sicherungsaspekt im geschlossenen Vollzug: die sichere Unterbringung gilt als Priorität, der Resozialisierungsauftrag folgt dahinter.[55] Eine besondere Form des geschlossenen Vollzuges sind die sogenannten „Hochsicherheitsabteilungen". Weder das

---

46   § 10 StVollzG, Art. 12 BayStVollzG, § 16 StVollzG Bln, § 10 HmbStVollzG, § 13 HStVollzG, § 15 MVStVollzG, § 12 NJVollzG, § 12 NRWStVollzG.

47   *CMD* 2005, § 141, Rn. 2.

48   *Drenkhahn* 2014, S. 187.

49   *AK-Lesting* 2017, § 15, Rn. 3.

50   *Laubenthal* 2019, Rn. 346.

51   *Laubenthal* 2019, Rn. 347.

52   *Laubenthal* 2019, Rn. 346.

53   *CMD* 2005, § 141, Rn. 2.

54   *Kaiser/Schöch* 2002, § 10, Rn. 38.

55   *Kaiser/Schöch* 2002, § 10, Rn. 38.

ehemalige Strafvollzugsgesetz des Bundes noch die hier zu untersuchenden Landesstrafvollzugsgesetze enthalten weiterführende Unterscheidungen im Hinblick auf Entweichungsvorkehrungen oder Sicherheitsniveaus.[56]

Auch wenn sich heutzutage die Unterbringung von Drogenhändlern, Tätern der organisierten Kriminalität, Sexual- oder terroristischen Tätern als problematisch gestaltet, kann der Resozialisierungsauftrag immer noch hinter Gittern am besten bewältigt und so die Begehung erneuter Straftaten in Zukunft verhindert werden.[57] Viele Anstalten genügen heutzutage den hohen Sicherheitsanforderungen und drängen darauf, die Wahrung der Sicherheit und Ordnung der Anstalten weiter in den Vordergrund zu rücken.[58]

## 2.2 Zielkonflikt zwischen Resozialisierung und Sicherheit

Ein weiterer problematischer Aspekt liegt dem im Strafvollzug vorherrschenden Zielkonflikt zugrunde, der in Hochsicherheitsbereichen eine besondere Zuspitzung erfährt. Der gesamte Strafvollzug ist durch das „charakteristischen Spannungsverhältnis von Sicherheit und Resozialisierung" geprägt.[59] Beide Aspekte des alltäglichen Vollzugsgeschehens konkurrieren miteinander, müssen aber gleichzeitig bestmöglich miteinander vereint werden.

Einerseits ist es eine der grundlegenden Aufgaben des Rechtsstaates, „die Befriedung der Gesellschaft, Frieden, Sicherheit und Freiheit" zu gewährleisten und dafür Sorge zu tragen, dass die Bevölkerung keinen Grund zur Furcht hat.[60] Dafür muss der betroffene Gefangene so sicher untergebracht werden, dass es dem Sicherheitsbedürfnis des Vollzuges gerecht wird.[61] Im Interesse der inneren und äußeren Sicherheit der Anstalt sowie zum Schutz der Bevölkerung, vor allem im Hinblick auf die Praxis vollzuglicher Lockerungen, ist es unerlässlich, dass der Betroffene sicher untergebracht wird.[62] Darüber hinaus muss die Allgemeinheit während der Vollziehung der Freiheitsstrafe des Gefangenen vor weiteren Straftaten geschützt werden.[63]

---

56   *Drenkhahn* 2014, S. 187.

57   *Kaiser/Schöch* 2002, § 10, Rn. 38.

58   *Kaiser/Schöch* 2002, § 10, Rn. 38.

59   *Dünkel/van Zyl Smit* 1995, S. 119.

60   *Landau* 2017, S. 159.

61   *Kudlich* 2003, S. 705; AK-*Huchting/Pollähne* 2012, § 141, Rn. 12.

62   SBJL-*Wirth* 2020, 13. Kapitel, C., Rn. 17.

63   SBJL-*Jehle* 2020, 1. Kapitel, C., Rn. 12.

Andererseits ist das oberste Vollzugsziel des Strafvollzugs die Resozialisierung des Straftäters, d. h. die Wiedereingliederung des Täters in die Gesellschaft nach Verbüßung seiner Strafe.[64] Der Gefangene hat einen verfassungsrechtlichen Anspruch auf Resozialisierung, verankert in Art. 2 Abs. I i. V. m. Art. 1 Abs. 1 GG.[65] Im so genannten „Lebach-Urteil" hat das Bundesverfassungsgericht die Resozialisierung als oberstes Ziel des Freiheitsstrafenvollzugs bezeichnet[66] und auch danach in ständiger Rechtsprechung daran festgehalten.[67] Die Gestaltung und Strukturierung des Vollzuges muss so sein, dass die Zielvorgabe der Befähigung zu einem künftig straffreien Leben erreicht und eingehalten wird.[68] Insbesondere müssen danach spezielle Risikogruppen im Interesse der allgemeinen Vollzugszielerreichung intensive Behandlungsmaßnahmen erfahren. [69] Im Langstrafenvollzug und im Umgang mit gefährlichen Gefangenen spitzt sich der Konflikt noch zu, da die (im Langstrafenvollzug häufigere) Anwendung exkludierender Sicherungsmaßnahmen die Anstrengungen der Resozialisierung torpedieren.[70]

Der unterschiedliche Grad der Sicherheitsvorkehrungen hat große Auswirkungen auf die Gestaltung der Behandlungsmaßnahmen, die Pflichten und Rechte der Gefangenen, die Kontakte zur Außenwelt wie auch die gesamte Organisation der Sozialstruktur innerhalb der Anstalt.[71] Problematisch wird es dann, wenn eine Behandlungsmaßnahme, die die Aussicht des Gefangenen auf ein straffreies Leben fördert, gleichzeitig von selbigem missbraucht werden könnte.[72] Familienkontakte und -beziehungen sind zur Wiedereingliederung essentiell, können aber gleichzeitig vom Gefangenen für „die Fortführung kriminellen Treibens" genutzt werden.[73] Übermäßige Einschränkungen der Sozialkontakte reduzieren zwangsläufig die Wiedereingliederungschancen der Inhaftierten und fördern den Verlust sozialer Beziehungen und kommunikativer Fähigkeiten, was im Hinblick auf den Gegensteuerungsgrundsatz aus § 3 StVollzG a. F. eigentlich vermieden werden

---

64  *Dünkel u. a.* 2018, S. 42.

65  *Dünkel u. a.* 2018, S. 42.

66  BVerfG, NJW 1973, S. 1231.

67  z. B.: BVerfG, NJW 1998, S. 3337; BVerfG, NJW 1977, S. 1528; BVerfG, NJW 1984, S. 36.

68  *Laubenthal* 2019, Rn. 159.

69  SBJL-*Wirth* 2020, 13. Kapitel, C., Rn. 15.

70  *Dünkel/van Zyl Smit* 1995, S. 119.

71  LNNV-*Laubenthal* 2015, § 141, Rn. 10.

72  SBJL-*Jehle* 2020, 1. Kapitel, C., Rn. 25.

73  SBJL-*Jehle* 2020, 1. Kapitel, C., Rn. 25.

soll.[74] Eine Berufsausbildung oder Weiterqualifizierung trägt erheblich zur Chance des Gefangenen bei, künftig ein straffreies Leben führen zu können, kann aber damit verbunden sein, ihm Werkzeuge zu überlassen, mit denen er wiederum Straftaten begehen könnte.[75] Müssen Ausbildungsabschnitte außerhalb des Gefängnisses absolviert werden, besteht auf Grund mangelnder Aufsicht immer die Gefahr einer Entweichung.[76]

In der letzten Zeit ist zu beobachten, dass das eigentliche Vollzugsziel der Resozialisierung immer öfter dem Aspekt der Sicherheit untergeordnet wird,[77] was wohl unter anderem damit begründet wird, dass sich Misserfolge im Hinblick auf die sichere Unterbringung oft „deutlich und schmerzlich" zeigen.[78] Auch wenn der Konflikt normativ dahingehend gelöst wurde, dass die Resozialisierung als oberstes und einziges Vollzugsziel in nahezu allen Landesgesetzen[79] sowie dem Bundesstrafvollzugsgesetz, unterstützt durch die Rechtsprechung des Bundesverfassungsgerichts, festgeschrieben wurde und „im Zweifel andere Vollzugsaufgaben dahinter zurückzutreten haben", besteht der Konflikt praktisch innerhalb der Anstalten bis heute.[80] *Lindemann* verweist darauf, dass der Konflikt tatsächlich weiterhin so lange existiere, wie versucht werde, „Freiheitsentzug in totalen Institution mit dem Ziel der Resozialisierung zu verknüpfen".[81]

## 2.3 Weitere kontraproduktive Aspekte

Der Strafvollzug an besonders sicherungsbedürftigen Gefangenen birgt darüber hinaus noch weitere Schwierigkeiten. Mit immer größer werdenden Sicherheitsvorkehrungen steigen auch Gefahr und Anzahl der kontraproduktiven Aspekte.[82] Es wird davon ausgegangen, dass bei einigen Häftlingen (besonders bei einer Unterbringung im Hochsicherheitsbereich) Haft- oder Prisonisierungsschäden als

---

74  SBJL-*Wirth* 2020, 13. Kapitel, C., Rn. 17.

75  SBJL-*Jehle* 2020, 1. Kapitel, C., Rn. 25.

76  SBJL-*Jehle* 2020, 1. Kapitel, C., Rn. 25.

77  SBJL-*Wirth* 2013, § 141, Rn. 19.

78  SBJL-*Wirth* 2013, § 141, Rn. 19.

79  Bei den hier zu untersuchenden Landesstrafvollzugsgesetzen hat Bayern den Schutz der Allgemeinheit als oberstes Ziel normiert. Berlin, Hessen, Mecklenburg-Vorpommern und Nordrhein-Westfalen haben die Resozialisierung als alleiniges Vollzugsziel normiert, Hamburg und Niedersachsen haben die Resozialisierung und den Schutz der Allgemeinheit vor weiteren Straftaten als gleichwertige Ziele normiert.

80  AK-*Lindemann* 2017, § 2, Rn. 7.

81  AK-*Lindemann* 2017, § 2, Rn. 7.

82  SBJL-*Wirth* 2020, 13. Kapitel, C., Rn. 17.

Ausprägungen negativer Haftfolgen auftreten können.[83] Der Prozess der „Prisonisierung"[84] umschreibt den Vorgang, dass sich „neu inhaftierte Gefangene an die Normen, Werte, Gebräuche und Gepflogenheiten der Mitinsassen" anpassen und so kriminelle Verhaltensweisen sowie Einstellungen erlernen und übernehmen.[85] *Morris* und *Morris* beschrieben den Prisonisierungsprozess schon 1962 als „die Aneignung neuer Einstellungen und Verhaltensweisen, die für das Leben außerhalb des Gefängnisses nicht nur unpassend sind, sondern es dem Individuum häufig völlig unmöglich machen, sich erfolgreich in irgendeiner sozialen Rolle zu bewähren".[86] Aspekte des Prisonisierungsprozesses sind unter anderem „das Verbot der Kooperation mit dem Vollzugsstab, der Appell an eine (wie auch immer geartete) Solidarität unter Gefangenen, die Akzeptanz von ‚Hackordnungen', die Hinnahme eines schattenwirtschaftlichen Systems, in dem Waren und Dienstleistungen ausgetauscht werden, sowie bestimmte Einstellungen zu Männlichkeit und Gewalt".[87] Prisonisierungseffekte sind die „negativen Sozialisations- und Entwicklungsfolgen der Haft".[88] Gleichzeitig können bei der stark gesicherten Unterbringung von Gefangenen Stigmatisierung und negative Etikettierung eintreten.[89] Dieser Entwicklungsprozess läuft dem Resozialisierungsziel zuwider, erschwert die erfolgreiche Widereingliederung in die Gesellschaft nach der Strafverbüßung[90] und kann in der Folge sogar zu einem erhöhten Rückfallrisiko des Gefangenen führen.[91]

Diese zuvor beschriebenen Entwicklungen sollen aber gerade im Interesse der Gestaltungsgrundsätze und einer erfolgreichen späteren Resozialisierung vermieden werden. Darüber hinaus können die kontraproduktiven Effekte auch Gefangene, die nicht unbedingt als sicherungsbedürftig gelten, tangieren. Die besondere Sicherung einiger weniger Häftlinge kann sich negativ auf das gesamte Vollzugsumfeld auswirken, sodass auch günstig prognostizierte Gefangene den strengen Sicherheitsvorkehrungen unterworfen sind, wenn die Sicherheitsvorkehrungen

---

83  SBJL-*Wirth* 2013, § 141, Rn. 17.

84  Der Begriff „Prisonisierung" wurde von *Donald Clemmer* geprägt und erstmals in seinem Buch „The Prison Community" (Erstauflage 1940, Überarbeitete Auflage 1958) verwendet.

85  *Hosser* 2008, S. 172.

86  *Morris/Morris* 1962, S. 347, deutsche Übersetzung von *Hosser* 2008, S. 172.

87  LNNV-*Neubacher* 2015, B, Rn. 16.

88  *Hosser* 2008, S. 172.

89  SBJL-*Wirth* 2020, 13. Kapitel, C., Rn. 17.

90  *Hosser* 2008, S. 172.

91  SBJL-*Wirth* 2020, 13. Kapitel, C., Rn. 17.

auf den gesamten Vollzug abstrahlen.[92] Der mit den strengen Sicherheitsvorkehrungen beispielsweise einhergehende Verlust von Kontakten verringert ebenfalls
die Wiedereingliederungschancen nicht sicherungsbedürftiger Häftlinge, was im
Hinblick auf § 3 StVollzG unbedingt vermieden werden soll.[93] Ohne Berücksichtigung von Angleichung, Gegensteuerung und Eingliederung und darauf abge-
stimmter Vollzugsmaßnahmen findet lediglich eine hoch gesicherte Verwahrung
des Gefangenen statt.[94]

Abschließend lässt sich festhalten, dass die kontraproduktiven Effekte bei einer Unterbringung in sogenannten Hochsicherheitsabteilungen oder -bereichen
besonders schwerwiegend sind. Ihnen muss im Interesse einer späteren erfolgreichen Resozialisierung unbedingt entgegengewirkt werden.

## 2.4 Zusammenfassung

Die hier betrachteten sogenannten „Hochsicherheitsbereiche" blicken auf eine
vergleichsweise kurze Vergangenheit zurück. Erstmals traten „Hochsicherheitstrakte" in den 1970er Jahren in Erscheinung, als hochrangige Mitglieder der Roten
Armee Fraktion im Hochsicherheitstrakt in der Justizvollzugsanstalt Stuttgart-
Stammheim einsaßen. Circa 10 Jahre später befanden sich weitere, wegen terroristischer Aktivitäten verurteilte Straftäter im Hochsicherheitstrakt in der Berliner
Justizvollzugsanstalt Moabit. Mit der Entlassung der damals inhaftierten Gefangenen, deren Straftaten hauptsächlich politisch motiviert gewesen waren, endete
zunächst auch die öffentliche Debatte um Hochsicherheitsabteilungen und deren
Bedingungen. Im Hinblick auf die Insassenstruktur der 1970er Jahre zeichnet sich
jedoch in den vergangenen Jahrzehnten eine Veränderung ab. Heute werden
Hochsicherheitsbereiche vielmehr mit Drogendealern, Sexualverbrechern und
Mitgliedern der organisierten Kriminalität in Verbindung gebracht. Unumstritten
sind diese Hochsicherheitsbereiche heute jedoch ebenso wenig, wie in den 1970er
und 1980er Jahren. Zunächst ist die Rechtsgrundlage zur Errichtung dieser Abteilungen fraglich. Sie kann jedenfalls nach h .M. nicht auf § 85 StVollzG a. F. gestützt werden. Auch sind sogenannte Hochsicherheitsabteilungen im deutschen
Gesetz nicht vorgesehen: Weder das ehemalige Bundesstrafvollzugsgesetz noch
die heutigen Landesstrafvollzugsgesetze sehen eine Differenzierung über den offenen bzw. geschlossenen Vollzug hinaus vor. Die von der Kommentarliteratur
beschriebenen Bedingungen in diesen Hochsicherheitsbereichen sollen unter anderem ständiges Abhören, die komplette Isolierung vom übrigen Gefängnisgeschehen sowie eine bunkerähnliche Unterbringung umfassen. Der Alltag in Hochsicherheitsbereichen birgt darüber hinaus weitere Probleme und Risiken: In

---

92  SBJL-*Wirth* 2020, 13. Kapitel, C., Rn. 17.

93  SBJL-*Wirth* 2020, 13. Kapitel, C., Rn. 17.

94  AK-*Huchting/Lehmann* 2012, § 141, Rn. 12.

Hochsicherheitsbereichen erfährt der im Strafvollzug charakteristische Zielkonflikt zwischen Resozialisierung und Sicherheit eine weitere Zuspitzung. Hierbei ist zu beobachten, dass sich das eigentlich verfassungsrechtlich vorrangige Ziel der Resozialisierung in der vergangenen Zeit oftmals der Sicherheit unterordnen musste. Auch birgt die Unterbringung in Hochsicherheitsbereichen weitere Risiken: Mit immer größer werdenden Sicherheitsvorkehrungen steigt das Ausmaß an kontraproduktiven Effekten, wie beispielsweise negativen Haft- oder Prisonisierungsschäden sowie einer möglichen Abstrahlung der erhöhten Sicherheitsvorkehrungen auf den restlichen Vollzug. Die zuvor beschriebenen Entwicklungen müssen jedoch im Hinblick auf einen resozialisierungsorientierten Strafvollzug unbedingt vermieden werden. Geschieht dies nicht, findet nur noch eine hoch gesicherte Verwahrung statt.

# 3. Die Person des „besonders sicherungsbedürftigen Gefangenen"

Die Person des sicherungsbedürftigen Gefangenen wurde bis zum gegenwärtigen Zeitpunkt nicht abschließend definiert. Vorwiegend gilt es daher zunächst die Frage zu beantworten, welche Gefangene überhaupt als besonders sicherungsbedürftig angesehen werden. Dafür werden im Folgenden die Regelungen zu besonders sicherungsbedürftigen Gefangenen auf rechtlicher Ebene untersucht. Hierfür wird einerseits die ehemalige Bundesvorschrift des § 85 StVollzG a. F. betrachtet, andererseits werden auch die neueren Umsetzungen auf landesgesetzlicher Ebene ausgewertet. Auf Grundlage der erlangten Erkenntnisse muss ferner eine Begriffsdifferenzierung und -erklärung vorgenommen werden. Es zeigt sich, dass der Terminus des besonders sicherungsbedürftigen Gefangenen oftmals mit „gefährlichen" Gefangenen gleichgesetzt oder mit Gefangenen mit langen beziehungsweise lebenslangen Haftstrafen in Verbindung gebracht wird. Hierbei ist jedoch schon vorab klarzustellen, dass allenfalls eine Teilkongruenz vorliegt. Ebenso wurde bereits deutlich, dass der Begriff des „gefährlichen Gefangenen" bis zum gegenwärtigen Zeitpunkt nicht definiert wurde und bislang unterschiedliche Tätergruppierungen unter den Begriff subsumiert werden. Daher werden abschließend gefährliche Gefangene, sicherungsbedürftige Gefangene und Langzeit- bzw. zu einer lebenslangen Freiheitsstrafe verurteilte Gefangene differenziert betrachtet und Gemeinsamkeiten sowie Besonderheiten herausgestellt.

## 3.1 Besonders sicherungsbedürftige Gefangene

Untersucht werden soll insbesondere die Gruppierung der besonders sicherungsbedürftigen Gefangenen, also jene, die im Strafvollzug besonders sicher untergebracht werden müssen. Die sogenannte besonders sichere Unterbringung war im ehemaligen Bundesstrafvollzugsgesetz in § 85 geregelt, wurde aber im Rahmen der Föderalismusreform von allen Bundesländern, teilweise in eigene Vorschriften, teilweise in die allgemeinen Verlegungsvorschriften eingebettet, übernommen. Eigenständige Regelungen, die charakterliche oder verhaltenstechnische Voraussetzungen enthalten, wonach ein Gefangener als besonders sicherungsbedürftig gilt, sind weder im ehemaligen Bundestrafvollzugsgesetz, noch in den Landes-Strafvollzugsgesetzen von Bayern, Berlin, Hamburg, Hessen, Mecklenburg-Vorpommern, Niedersachsen oder Nordrhein-Westfalen zu finden. Alle aufgezählten Gesetze enthalten aber teilweise eigenständige, teilweise in andere Regelungen eingebettete Vorschriften zur sicheren Unterbringung. Anhand der Vorschriften zur sicheren Unterbringung ergeben sich erste Anhaltspunkte, welche Kriterien einen besonders sicherungsbedürftigen Gefangenen kennzeichnen. Bei „besonders sicherungsbedürftigen Gefangenen" soll es sich um Gefangene handeln, die auf Dauer eine schwere Belastung für den Vollzug darstellen.[95] § 85 StVollzG a. F. sah eine sichere Unterbringung vor, wenn „erhöhte Fluchtgefahr" bestand „oder sonst sein Verhalten oder sein Zustand eine Gefahr für die Sicherheit oder Ordnung der Anstalt darstellt". Bei den Begriffen der „Fluchtgefahr" und der „Gefahr für die Sicherheit oder Ordnung der Anstalt" handelt es sich um unbestimmte Rechtsbegriffe, die einem Beurteilungsspielraum der Vollzugsverwaltung unterliegen.[96] Diese unbestimmten Rechtsbegriffe haben in der Vergangenheit unter anderem eine Konkretisierung und Auslegung durch verschiedene Instanzen der Rechtsprechung erfahren,[97] sodass im Folgenden zunächst das gegenwärtige Verständnis der Begriffe auszulegen und zu erläutern ist.

## 3.2 Fluchtgefahr

Eine Fluchtgefahr soll bejaht werden, „wenn der Gefangene aus dem gesicherten Gewahrsam der Anstalt unter Überwindung der Sicherungsmaßnahmen zu fliehen droht, oder wenn ein von außen vorgenommener Befreiungsversuch zu befürchten ist".[98] Die Gefahr muss in „erhöhtem Maße" gegeben sein, was voraussetzt, dass einerseits konkrete, belegbare Anhaltspunkte vorliegen müssen, die eine Fluchtgefahr vermuten lassen[99] und andererseits die Fluchtgefahr die normalen Fluchtgedanken, die jedem Häftling unterstellt werden, übersteigt.[100] Nach *Brühl/Feest* ist ein Gefangener in erhöhtem Maße fluchtgefährlich, wenn er „fest und dauerhaft entschlossen ist, notfalls mit Gewalt, in die Freiheit zu gelangen und er auch die intellektuellen, physischen und psychischen Fähigkeiten besitzt, ein solches Vorhaben erfolgversprechend zu planen, vorzubereiten und konsequent durchzuführen".[101] Anders als nach § 88 III StVollzG geregelt, der für die Anordnung bestimmter besonderer Sicherungsmaßnahmen auch Gründe genügen lässt, die nicht in der Person des Gefangenen begründet liegen, verlangt § 85 StVollzG a. F. eine konkrete, vom Gefangenen ausgehende Gefahr.[102]

---

95   SBJL-*Harrendorf/Ullenbruch* 2020, 11. Kapitel, E., Rn. 1.

96   *Arloth/Krä* 2017, § 85, Rn. 2; dahingehend auch *CMD* 2005, § 85, Rn. 1.

97   Vgl. dazu u. a. das nachfolgende *Kapitel 4*.

98   AK-*Goerdeler* 2017, Teil II § 75 LandesR, Rn. 8.

99   OLG Nürnberg NStZ 1982, S. 438; *Arloth/Krä* 2017, § 85, Rn. 2.

100  AK-*Goerdeler* 2017, Teil II § 75 LandesR, Rn. 8.

101  AK-*Brühl/Feest* 2006, § 85, Rn. 5; so auch AK-*Goerdeler* 2017, Teil II § 75 LandesR, Rn. 8.

102  BVerfG, BeckRS 2005, S. 31123; AK-*Brühl/Feest* 2006, § 85, Rn. 5.

## 3.3 Gefahr für die Sicherheit und Ordnung

Die vorliegend zu untersuchenden Bundesländer setzen für eine besonders gesicherte Unterbringung von gefährlichen Straftätern alle eine „Gefahr für die Sicherheit", teilweise auch für die „Ordnung der Anstalt" voraus. Vorab gilt es zu klären, was im strafvollzugsrechtlichen Sinne unter den Begriffen „Sicherheit" und „Ordnung" zu verstehen ist. Die Begriffe „Sicherheit" und „Ordnung" sind unbestimmte Rechtsbegriffe, die auf großzügige, teilweise ausufernde Weise ausgelegt wurden.[103] Der Gesetzgeber hat festgelegt, dass die weitere Verwendung der Begriffe „Sicherheit" und „Ordnung" im Strafvollzugsgesetz nicht mehr mit der ursprünglichen Verwendung übereinstimmt[104] und sich alle Entscheidungen, die im Hinblick auf die Abwehr von Gefahren für die Sicherheit und Ordnung ergehen, am Vollzugsziel der Resozialisierung zu orientieren haben.[105]

Grundsätzlich lassen sich drei Arten von Gefahren unterscheiden: die Sicherheit der Anstalt umfasst alle „Gefahren für den Gewahrsam" (äußere Sicherheit) sowie die „Schadensgefahr für Personen und Sachen innerhalb des Strafvollzugs" (innere Sicherheit). Daneben existiert noch die Gefahr der Störung der Anstaltsordnung.[106]

Unter die äußere Sicherheit fallen die Gewährleistung des Anstaltsaufenthaltes und die Sicherung vor Flucht[107] sowie indirekt und eingeschränkt zudem die Sicherung der Allgemeinheit vor dem Straftäter während seiner Zeit in Haft.[108] Außerdem erfasst der Begriff die Abwehr von terroristischen oder sonstigen Angriffen und Sabotageakten unter Benutzung von Schusswaffen oder Sprengkörpern, die verbotene Kontaktaufnahme der Häftlinge mit der Außenwelt sowie das Verhindern der Einschleusung unerlaubter Gegenstände in die Justizvollzugsanstalt.[109]

Die innere Sicherheit umfasst die Abwendung von „kriminalitätsunabhängigen" Gefahren für Gesundheitsschädigungen einerseits am Gefangenen selbst wie beispielsweise Suizid und Selbstverletzung, andererseits auch an anderen Mitgefangenen oder dem Anstaltspersonal.[110]

---

103  AK-*Goerdeler* 2017, Teil II vor § 72 LandesR, Rn. 7.

104  BT-Drucks. 7/3998, S. 31; dahingehend auch *CMD* 2005, § 81, Rn. 1.

105  AK-*Goerdeler* 2017, Teil II vor § 72 LandesR, Rn. 7.

106  AK-*Goerdeler* 2017, Teil II vor § 72 LandesR, Rn. 8-10.

107  SBJL-*Harrendorf/Ullenbruch* 2020, 11. Kapitel, E., Rn. 5.

108  AK-*Goerdeler* 2017, Teil II vor § 72 LandesR, Rn. 9.

109  *Suhrbier* 2000, S. 103.

110  SBJL-*Harrendorf/Ullenbruch* 2020, 11. Kapitel, E., Rn. 5.; AK-*Goerdeler* 2017, Teil II vor § 72 LandesR, Rn. 9; *Laubenthal* 2019, Rn. 172.

Die Gefahr für die „Ordnung der Anstalt" ist eine schwer einzugrenzende Generalklausel, unter die anscheinend nahezu jeder Sachverhalt subsumiert werden kann.[111] Der Begriff der „Ordnung" soll aber zumindest das geordnete und menschenwürdige Zusammenleben[112] in sozialer Verantwortung in der Justizvollzugsanstalt umfassen.[113] *Calliess/Müller-Dietz* halten dabei aber fest, dass ein geordnetes, verantwortungsvolles Zusammenleben auch gerade dadurch gekennzeichnet ist, dass Konflikte ausgetragen werden, sodass nicht bereits jedes „allgemein lästige Verhalten" einen Verstoß gegen die Sicherheit der Ordnung darstellt.[114] Die Aufrechterhaltung der Ordnung zielt also auf den Schutz der Funktionsfähigkeit zentraler Handlungszusammenhänge im Vollzug ab, die wiederum das Zusammenleben in Wohngruppen, die Durchführung von Therapien und berufliche Weiterbildungskurse umfasst.[115]

Der Begriff der Sicherheit lässt sich jedoch nicht nur nach den mit ihr verbundenen Zielsetzungen (äußere und innere Sicherheit, bzw. der durch ihre Gewährleistung zu vermeidenden Vorfälle) unterscheiden, sondern auch nach den dafür angewandten Methoden und Konzepten.[116] Die Erzielung der Sicherheit muss als ständiger Prozess verstanden werden und beschreibt dabei auch die Mittel, die zur Erfüllung des Auftrages zum Schutz der Allgemeinheit vor weiteren Straftaten notwendig sind.[117] Insofern kann der Begriff der Sicherheit wiederum in drei Kategorien aufgeteilt werden, nämlich die technisch-instrumentelle Sicherheit, die administrative und die soziale Sicherheit.[118]

Im öffentlichen Blickwinkel steht hauptsächlich die technisch-instrumentelle Sicherheit der Anstalt, demnach insbesondere die „hohen Umwehrungsmauern, feste Fenstergitter, Fassadendetektionsanlagen, sicherheitstechnische Ausstattungen der Bediensteten, Vorkehrungen gegen das Aus- und Einschmuggeln von Gegenständen, Kommunikations- und Alarmanlagen und Sicherheitszentralen".[119]

---

111  AK-*Goerdeler* 2017, Teil II vor § 72 LandesR, Rn. 10.

112  SBJL-*Harrendorf/Ullenbruch* 2020, 11. Kapitel, E., Rn. 5.

113  *CMD* 2005, § 81, Rn. 4.

114  *CMD* 2005, § 81, Rn. 4.

115  *CMD* 2005, § 81, Rn. 4.

116  *Laubenthal* 2019, Rn. 695.

117  *Arloth/Krä* 2017, § 81, Rn. 2.

118  *Arloth/Krä* 2017, § 81, Rn. 2.

119  *Arloth/Krä* 2017, § 81, Rn. 2.; *Laubenthal* 2015, Rn. 695.

Die administrative Sicherheit beinhaltet die Vollzugskonzepte, Dienstpläne, Sicherungs- und Alarmpläne, die vollzugliche Lockerungspraxis[120] sowie die „klaren Verantwortlichkeiten, eindeutigen Verwaltungsstrukturen, sofortige und umfassende Meldung von Besonderheiten, klare Aufträge und eine umfassende Informationsweitergabe".[121] Die soziale Sicherheit beinhaltet das bewusste Leben der Vollzugsbediensteten in der Anstalt und die Erfassung der Anstaltsatmosphäre (Bildung subkultureller Kulturen, Alkohol- und Drogenkonsum), die ernsthafte Auseinandersetzung der Bediensteten mit den Gefühlen und Gedanken der Gefangenen, „kurzum: Bedienstete, die mit Engagement sowie offenen Augen und Ohren ihrer Tätigkeit nachkommen und die Vollzugsgrundsätze der §§ 2-4 StVollzG ernst nehmen".[122]

## 3.4 Landesgesetzliche Ausgestaltung

Zum heutigen Zeitpunkt haben alle Landesgesetzgeber ihr eigenes Strafvollzugsgesetz erlassen. Im Folgenden werden daher die landesgesetzlichen Vorschriften der hier zu untersuchenden Bundesländer auf ihre Regelungen hinsichtlich besonders sicherungsbedürftiger Gefangener untersucht. Insbesondere wird zu klären sein, ob die Landesgesetzgeber in ihren Regelungen zur sicheren Unterbringung ein anderes Verständnis von einem sicherungsbedürftigen Gefangenen zu Grunde gelegt haben, als der damalige Bundesgesetzgeber.

### 3.4.1 Bayern

Im Bayerischen Strafvollzugsgesetz wurde die Regelung des ehemaligen § 85 StVollzG a. F. wortlautgleich in Art. 92 BayStVollzG übernommen. Demnach gilt ein bayerischer Gefangener gem. Art. 92 BayStVollzG als besonders sicherungsbedürftig, wenn bei ihm „in erhöhtem Maße Fluchtgefahr gegeben oder sonst sein Verhalten oder Zustand eine Gefahr für die Sicherheit oder Ordnung der Anstalt darstellt". Der bayerische Gesetzgeber hat sich somit an dem ursprünglichen von § 85 StVollzG a. F. vorgegebenen Verständnis orientiert und dieses beibehalten. Insbesondere hat er sich dazu entschieden, auch dann eine Sicherungsbedürftigkeit anzunehmen, wenn durch das Verhalten oder den Zustand des Gefangenen die Ordnung der Anstalt, also das menschenwürdige, sozialverantwortliche Zusammenleben, gefährdet ist. Eine explizite Benennung von Gefangenengruppen lässt sich der bayerischen Regelung jedoch nicht entnehmen.

---

120 *Laubenthal* 2015, Rn. 695.

121 *Arloth/Krä* 2017, § 81, Rn. 2.

122 *Arloth/Krä* 2017, § 81, Rn. 2.

Als einzig klar definierte Gefangenengruppe, die gesichert unterzubringen ist, benennt die bayerische Regelung Gefangene, die in erhöhtem Maße fluchtverdächtig sind.

### 3.4.2 Berlin

Das Berliner Strafvollzugsgesetz enthält keine eigenständige Regelung zur sicheren Unterbringung. Anhaltspunkte dahingehend, wer nach dem Berliner Strafvollzugsgesetz als besonders sicherungsbedürftig gelten soll, finden sich lediglich in den Regelungen zur Sicherheitsverlegung in § 17 I Nr. 2 StVollzG Bln. Demnach liegt Sicherungsbedürftigkeit vor, wenn in „erhöhtem Maße die Gefahr der Entweichung oder Befreiung gegeben ist". Darüber hinaus ist der Gefangene laut Berliner Regelung auch sicherungsbedürftig, wenn „sein Verhalten oder Zustand eine Gefahr für die Sicherheit der Anstalt darstellt". Im Gegensatz zur ehemaligen Bundesregelung des § 85 StVollzG a. F. lässt der Berliner Gesetzgeber eine Sicherheitsverlegung auf Grundlage einer gefährdeten Anstaltsordnung nicht mehr zu. Ferner hat der Berliner Verfassungsgerichtshof im Jahr 2014 festgehalten, dass ein Gefangener schon dann als sicherungsbedürftig eingestuft und somit verlegt werden kann, wenn bei ihm der Verdacht nahe liegt, dass er neue strafbare Handlungen begehen wird, der „Verhältnismäßigkeitsgrundsatz gewahrt ist, der Tatverdacht über einen bloßen Anfangsverdacht hinausgeht und auf konkreten, im Rahmen der Sachverhaltsaufklärungspflicht der Vollzugsanstalt ermittelten Anhaltspunkten beruht".[123] Konkret erklärt der Berliner Gesetzgeber ebenso wie der bayerische Gesetzgeber nur solche Gefangene, bei denen die Gefahr einer Befreiung oder Entweichung angenommen werden muss, als besonders sicherungsbedürftig. Darüber hinaus gilt jedoch nach dem Urteil des Berliner Verwaltungsgerichtshofes auch als sicherungsbedürftig, bei wem auf Grund konkreter Anhaltspunkte davon ausgegangen werden muss, dass durch ihn erneut strafbare Handlungen begangen werden.

### 3.4.3 Hamburg

Die Regelungen zur sicheren Unterbringung sind in § 9 II HmbStVollzG verankert. § 9 II HmbStVollzG ist zunächst an den ehemaligen § 85 StVollzG a. F. angelehnt. Demnach gilt ein Gefangener als besonders sicherungsbedürftig, wenn in erhöhtem Maße Fluchtgefahr gegeben ist oder sein sonstiges Verhalten oder sein Zustand eine Gefahr für die Sicherheit oder Ordnung der Anstalt begründet. Der Hamburger Gesetzgeber hat jedoch explizit den Umfang der Gefährdung der Sicherheit und Ordnung der Anstalt erweitert: laut Drucksache 18/6490 der Ham-

---

123 BerlVerfGH, BeckRS 2014, S. 53349; *Arloth/Krä* 2017, § 17 StVollzG Bln, Rn. 1.

burger Bürgerschaft sollen über die Sicherungsbedürftigkeit aus Sicherungsgründen hinaus auch Kontakte zu anderen Mitgefangenen eine Gefahr für die Sicherheit und Ordnung darstellen und dazu führen, dass ein Gefangener als besonders sicherungsbedürftig gilt.[124] Begründet wird dies damit, dass in der Praxis auch subkulturelle Verflechtungen unter den Gefangenen, etwa in Zusammenhang mit anstaltsinternem Drogenhandel oder belegbaren Ausbruchsvorbereitungen, eine Gefahr für die Sicherheit der Anstalt darstellen und eine Verlegung, die eine Auflösung dieser subkulturellen Kontakte zur Folge hat, rechtfertigen.[125] Im Hinblick auf eine Sicherheitsverlegung sieht der Hamburger Gesetzgeber jedoch vor, dass die „aufnehmende Anstalt wegen der mit der Verlegung bewirkten Veränderungen der Haftverhältnisse oder wegen höherer Sicherheitsvorkehrungen zur sicheren Unterbringung der Gefangenen besser geeignet" sein muss. Der Hamburger Gesetzgeber hat sich somit - ähnlich wie der Berliner Gesetzgeber - an dem ursprünglichen Verständnis von § 85 StVollzG a. F. orientiert, die Voraussetzungen aber erweitert. Laut Hamburger Strafvollzugsgesetz sind folglich auch bestimmte, beispielsweise subkulturelle, Kontakte eine Gefahr für die Sicherheit und Ordnung und führen zu einer besonderen Sicherungsbedürftigkeit des Gefangenen.

### 3.4.4 Hessen

Das hessische Strafvollzugsgesetz enthält keine eigenständige Regelung, die § 85 StVollzG a. F. entspricht. In den Verlegungs- und Überstellungsvorschriften gem. § 11 I Nr. 2 HStVollzG findet sich ein Hinweis, dass eine Verlegung aus Gründen der Sicherheit und Ordnung der Anstalt möglich ist. Wer im Sinne des Hessischen Gesetzgebers als besonders sicherungsbedürftig gelten soll, ist der Vorschrift jedoch nicht zu entnehmen. Die Gefährdung der Sicherheit oder Ordnung der Anstalt kann nach vorherigen Ausführungen somit eine Vielzahl von Anwendungsfällen umfassen, da sowohl die äußere als auch die innere Sicherheit sowie die Ordnung der Anstalt tangiert sein können. § 11 I Nr. 2 HStVollzG soll jedoch den ehemaligen § 85 StVollzG a. F. ersetzen, sodass davon ausgegangen werden kann, dass zumindest die erhöhte Fluchtgefahr bei einem Gefangenen ihn als besonders sicherungsbedürftig gelten lässt.[126] Auf das bewusste Einfügen der „Fluchtgefahr" wurde in Hessen jedoch verzichtet, da eine Flucht aus dem staatlichen Gewahrsam immer zumindest die äußere Sicherheit verletzen und folglich eine Gefahr für die Sicherheit der Anstalt vorliegen würde. Es besteht somit kein

---

124   Drucks. 19/2533 mit Verweis auf Drucks. 18/6490.

125   Drucks. 18/6490, S. 33; *Arloth/Krä* 2017, § 9 HmbStVollzG, Rn. 2.

126   *Arloth/Krä* 2017, § 11 HStVollzG, Rn. 1.

Unterschied zu den Regelungen mit bewusster Nennung einer Fluchtgefahr.[127] Allerdings ist nicht klar, wie konkret die Gefahr der Entweichung sein muss, da jegliche Konkretisierung, die zum Beispiel eine erhöhte Gefahr voraussetzt, fehlt.[128] Die Regelung des hessischen Gesetzgebers ist die unpräziseste Regelung unter den hier untersuchten Bundesländerregelungen. Die hessische Regelung zur Sicherheitsverlegung eröffnet auf Grund mangelnder normierter Einschränkungen, wie beispielsweise einer erhöhten Fluchtgefahr, ein breites Anwendungsspektrum, sodass eine Verlegung aus Gründen der Sicherheit und Ordnung nun deutlich einfacher als zuvor angewandt werden kann.[129] Wenn zu Grunde gelegt wird, dass § 85 StVollzG a. F. durch § 11 I Nr. 2 HStVollzG ersetzt werden sollte, müsste zumindest jeder Gefangene als sicherungsbedürftig gelten, dessen Verhalten eine Gefahr für die Sicherheit oder Ordnung der Anstalt darstellt, oder der fluchtverdächtig ist.

### 3.4.5 Mecklenburg-Vorpommern

In Mecklenburg-Vorpommern sind die Vorschriften zur sicheren Unterbringung in § 75 StVollzG M-V geregelt. Laut § 75 StVollzG M-V gelten Gefangene als besonders sicherungsbedürftig, wenn in erhöhtem Maße Entweichungs- oder Befreiungsgefahr besteht, ihr sonstiges Verhalten, ihr Zustand oder ihre Kontakte eine Gefahr für die Sicherheit der Anstalt darstellen. Damit entspricht die Regelung weitestgehend § 85 StVollzG a. F., es wurde jedoch ergänzend klargestellt, dass auch durch (beispielweise subkulturelle) Kontakte eine Gefahr für die Anstaltssicherheit entstehen kann.[130] Der Gesetzgeber Mecklenburg-Vorpommerns hält folglich zumindest fluchtverdächtige Gefangene und solche, die für die Anstaltssicherheit kritische Kontakte unterhalten, für besonders sicherungsbedürftig.

### 3.4.6 Niedersachsen

Der niedersächsische Gesetzgeber hat keine eigenständige Regelung zur sicheren Unterbringung geschaffen. Diese wurde in die Verlegungs-, Überstellungs- und Ausantwortungsvorschriften integriert, § 10 I Nr. 2 NJVollzG. Gem. § 10 I Nr. 2 NJVollzG gilt als sicherungsbedürftig, wer „durch sein Verhalten oder Zustand eine Gefahr für die Sicherheit der Anstalt oder eine schwerwiegende Störung der Ordnung darstellt". Über die Fallkonstellationen des ehemaligen § 85 StVollzG a. F. hinaus hat der niedersächsische Gesetzgeber die Anwendungsfälle auf

---

127 AK-*Goerdeler* 2017, Teil II § 75 LandesR, Rn. 9.

128 AK-*Goerdeler* 2017, Teil II § 75 LandesR, Rn. 9.

129 *Arloth/Krä* 2017, § 11 HStVollzG, Rn. 1.

130 *Arloth/Krä* 2017, § 75 StVollzG M-V.

Grundlage der Gefährdung der Anstaltssicherheit dahingehend erweitert, dass auch „abstrakte Gefährdungslagen, wie beispielsweise ein früherer Fluchtversuch, die Vollzugsdauer, die kriminelle Entwicklung oder die Gefährlichkeit für die Allgemeinheit, die in den Straftaten zum Ausdruck kommt" eine Sicherungsbedürftigkeit begründen kann.[131] Der niedersächsischen Regelung lässt sich folglich nicht entnehmen, wer als besonders sicherungsbedürftig gelten soll, da die Störung der Anstaltssicherheit unter Hinzuziehung von abstrakten Gefährdungslagen ein breites Anwendungsspektrum eröffnet. Dieses wird lediglich dahingehend beschränkt, dass Fälle der Störung der Anstaltsordnung nur noch eine Sicherungsbedürftigkeit begründen, wenn sie schwerwiegend sind und sich gleichzeitig durch die besonders sichere Unterbringung tatsächlich beseitigen lassen.[132] Im Ergebnis lässt sich jedoch nicht genau bestimmen, welche Gefangene in Niedersachsen als besonders sicherungsbedürftig gelten.

### 3.4.7 Nordrhein-Westfalen

Die Regelung zur sicheren Unterbringung findet sich in § 11 I Nr. 2 StVollzG NRW. In § 11 I Nr. 2 StVollzG NRW wurde die Regelung des § 85 StVollzG a. F. inhaltsgleich übernommen.[133] Demnach gelten alle Häftlinge als besonders sicherungsbedürftig, die in erhöhtem Maße fluchtgefährdet sind oder deren Verhalten oder Zustand eine Gefahr für die Sicherheit oder Ordnung der Anstalt darstellt. Der Gesetzgeber in Nordrhein-Westfalen ist somit nicht von dem ursprünglichen Verständnis aus § 85 StVollzG a. F. abgewichen. Ähnlich wie beim hessischen Strafvollzugsgesetz eröffnet jedoch die mangelnde Präzisierung breite Anwendungsfelder. Aus der Regelung Nordrhein-Westfalens lässt sich ebenfalls nur ableiten, dass fluchtgefährdete Gefangene als besonders sicherungsbedürftig gelten sollen.

## 3.5 Zusammenfassung

Von einer Fluchtgefahr kann folglich gesprochen werden, wenn der Gefangene einen festen und dauerhaften Willen besitzt, in die Freiheit zu gelangen, dafür die notwendigen psychischen und physischen Fähigkeiten besitzt und der persönliche Fluchtwille den – jedem Häftling ohnehin – unterstellten Fluchtwillen übersteigt. Die Gefahr für die Sicherheit und Ordnung der Anstalt umfasst vielerlei. Im Einzelnen sind dies die Gefahr für die Sicherheit der Anstalt, also zunächst die äußere

---

131 LT-Drucks. 15/3565, S. 93; *Laubenthal* 2019, Rn. 366; *Arloth/Krä* 2017, § 11 NJVollzG, Rn. 2.

132 LT-Drucks. 15/3565, S. 93.

133 *Arloth/Krä* 2017, § 11 StVollzG NRW, Rn. 1.

und innere Sicherheit, folglich alle Gefahren für den Gewahrsam, wie die Sicherung vor Flucht, die Sicherung der Allgemeinheit vor Straftätern während der Haftzeit, die Abwehr von terroristischen Angriffen, Sabotageakten, verbotene Kontaktaufnahme der Gefangenen mit der Außenwelt und die Verhinderung der Einschleusung von Gegenständen (äußere Sicherheit) sowie die Abwehr von kriminalitätsunabhängigen Gefahren für die Gefangenen und Bediensteten gleichermaßen (innere Sicherheit). Die Anstaltsordnung gilt als schwierig zu definieren und einzugrenzen, soll aber das geordnete und menschenwürdige Zusammenleben in sozialer Verantwortung in der Anstalt umfassen. Darüber hinaus haben die hier zu untersuchenden Landesgesetzgeber ein unterschiedliches Verständnis bezüglich der Sicherungsbedürftigkeit von Gefangenen in ihren Landesstrafvollzugsgesetzen verankert.

Die unpräziseste Regelung hat der hessische Gesetzgeber formuliert. § 11 I Nr. 2 HStVollzG spricht lediglich von „Gründen der Sicherheit und Ordnung". Die hessische Regelung eröffnet einen sehr großen Anwendungsbereich. Welche Gefangenen als besonders sicherungsbedürftig gelten, ist ihr nicht zu entnehmen. Einerseits ermöglicht die weitreichende Formulierung des hessischen Gesetzgebers zwar große Flexibilität für die Praxis, andererseits kann es jedoch für den betroffenen Gefangenen auf Grund der wenig bestimmten Formulierung schwierig sein, zu erkennen, was unter „Gründe der Sicherheit und Ordnung" fallen soll.

Die Gesetzgeber von Bayern und Nordrhein-Westfalen haben das Verständnis des ehemaligen § 85 StVollzG a. F. übernommen. In beiden Bundesländern sollen demnach Gefangene als besonders sicherungsbedürftig gelten, wenn sie fluchtgefährdet sind oder ihr Verhalten oder aber ihr Zustand eine Gefahr für die Sicherheit oder Ordnung der Anstalt darstellt. Auch diesen Regelungen lässt sich lediglich entnehmen, dass besonders fluchtgefährdete Gefangene besonders sicher unterzubringen sind.

Ähnlich ausgestaltet ist die Regelung des Landesgesetzgebers in Niedersachsen. Hiernach gilt als sicherungsbedürftig, wessen „Verhalten oder Zustand eine Gefahr für die Sicherheit der Anstalt oder eine schwerwiegende Störung der Ordnung darstellt". Darüber hinaus sollen aber auch abstrakte Gefährdungslagen eine Sicherungsbedürftigkeit begründen. Die niedersächsische Regelung enthält ebenfalls keine konkrete Benennung der besonders sicherungsbedürftigen Gefangenen. Eingeschränkt wird aber zumindest das Anwendungsspektrum der Ordnungsstörung dahingehend, dass sie schwerwiegend sein muss.

Die Landesgesetzgeber von Berlin, Hamburg und Mecklenburg-Vorpommern haben das Grundverständnis von § 85 StVollzG a. F. übernommen, jedoch um landeseigene Aspekte erweitert: Das Berliner Strafvollzugsgesetz sieht eine Sicherungsbedürftigkeit über die Anwendungsfälle des § 85 StVollzG a. F. vor, wenn der Verdacht neuer strafbarer Handlungen besteht. Die vom Berliner Verfassungsgerichtshof ausgehende Rechtsprechung (s. o. *Kapitel 3.4.2*) enthält zwar klare, einschränkende Vorgaben zur präventiven sicheren Unterbringung, wie den Verhältnismäßigkeitsgrundsatz sowie die Pflicht der Justizvollzugsanstalt, den

Sachverhalt aufzuklären. Dennoch muss berücksichtigt werden, dass es sich lediglich um einen Tatverdacht handelt, der betroffene Gefangene folglich noch keine erneute, rechtskräftig abgeurteilte strafbare Handlung begangen hat, auf Grund dieses Verdachtes jedoch bereits eine sichere Unterbringung mit all ihren Einschränkungen angeordnet werden kann.

Die Landesgesetzgeber von Hamburg und Mecklenburg-Vorpommern haben das Anwendungsspektrum des ehemaligen § 85 StVollzG a. F. dahingehend erweitert, dass eine Sicherungsbedürftigkeit auch dann vorliegen soll, wenn (interne und äußere subkulturelle) Kontakte der Gefangenen die Sicherheit der Justizvollzugsanstalt gefährden. Der Berliner, Hamburger und der Regelung Mecklenburg-Vorpommerns ist somit zu entnehmen, dass generell fluchtgefährdete Gefangene sowie rückfallgefährdete beziehungsweise Gefangene mit kritischen Kontakten als besonders sicherungsbedürftig gelten. Alle hier zu untersuchenden Bundesländer haben somit Vorschriften zu sicherungsbedürftigen Gefangenen in ihren Landesstrafvollzugsgesetzen verankert, jedoch sehr unterschiedlich ausgestaltet. Gemein haben alle Regelungen jedoch, dass sie wenig präzise formuliert wurden, so dass weiterhin große Anwendungs- und Auslegungsspielräume verbleiben.

## 3.6 Geschichtliche Entwicklung des Konzepts der Gefährlichkeit

Wie bereits zuvor angeführt, werden „besonders sicherungsbedürftige Gefangene" oftmals mit sogenannten „gefährlichen Gefangenen" gleichgesetzt. Im Folgenden soll daher zunächst das „Konzept der Gefährlichkeit" näher beleuchtet werden. Erste Probleme entstehen bereits beim Versuch den „gefährlichen Gefangenen" zu definieren, denn das „Konzept der Gefährlichkeit" unterlag und unterliegt bis zum gegenwärtigen Zeitpunkt einem ständigen Wandel. In unterschiedlichen Ländern und Zeitepochen wurde „Gefährlichkeit" anders behandelt und definiert.[134]

Besonders frühe Ansätze verknüpften die Frage nach der Gefährlichkeit allein mit der Rückfallhäufigkeit, beispielhaft stand hierfür die Praxis der Carolina, des ersten deutschen Gesetzbuches *Constitutio Criminalis Carolina* (CCC) von 1532,[135] wonach auf einen dritten Diebstahl zwingend die Todesstrafe zu folgen hatte.[136] Jedoch wurden mit der alleinigen Fokussierung auf die Rückfallhäufig-

---

134  *Dünkel* 2009, S. 173.

135  *Bechtel* 2017, S. 641.

136  *Horstkotte* 2005, S. 16.

keit nur in der Vergangenheit begangene Taten sanktioniert, Aspekte der zukünftigen Gefährlichkeit spielten damals offenbar noch keine Rolle.[137] Als „gefährliche Straftäter" wurden ab dem 19. Jahrhundert vor allem delinquente Jugendliche, Gewohnheitstäter (z. B. bei Eigentumsdelikten), sogenannte Nichtsesshafte und Geisteskranke bezeichnet.[138] Gleichzeitig veränderte sich das Verständnis der Gefährlichkeit. An die Stelle der Rückfälligkeit trat nun, ursprünglich aus dem angelsächsischen Bereich, später aber auch in der Liszt-Schule, verbreitet der Begriff der „Unverbesserlichkeit".[139] Er sollte Ausdruck eines gesellschaftlichen Anspruchs an den Täter sein, sich von der Gesellschaft bessern lassen zu müssen.[140] „Unverbesserlichen" Straftätern, also solchen, die eine durch die Gesellschaft angebotene Besserung ablehnten, wurde geradezu Boshaftigkeit unterstellt.[141] Im ersten Drittel des 20. Jahrhunderts wandelte sich, insbesondere nach der Machtübernahme der Nationalsozialisten, das Verständnis der Gefährlichkeit erneut. „Besonders angepasste und gehorsame Menschen, die ihre Befehle gewissenhaft und voller Pflichterfüllung ausführten" wurden nun für ihre Mitmenschen zur Gefahr.[142] Dies offenbarte sich unter anderem in staatlich verordneten Angriffen und der offiziellen Meldepflicht von Regimegegnern und -feinden wie insbesondere Juden, politisch anders Orientierten, kranken und behinderten Menschen sowie, in den Anfangsjahren der nationalsozialistischen Herrschaft, dem Boykottieren von Geschäften und Einrichtungen dieser Mitbürger. Mit der Normierung des § 20a StGB im „Gesetz gegen gefährliche Gewohnheitsverbrecher und über Maßregeln der Sicherung und Besserung" aus dem Jahr 1933 setzte sich dann zwar doch der Begriff der „Gefährlichkeit" gegen die vorherige „Unverbesserlichkeit" durch, die Problematik der Auslegung verblieb jedoch, als etwas, das „der Qualität eines Menschen, ähnlich wie eine Haarfarbe" anhafte.[143] In der späteren DDR zeichnete sich schnell ein ähnliches Bild. Denunzianten, die ihre Mitmenschen bespitzelten und intime Details an die Staatssicherheit verrieten, stellten für ihre Mitmenschen eine Gefahr dar.[144] Gleichzeitig verloren dieselben

---

137 *Horstkotte* 2005, S. 16.

138 *Dünkel* 2009, S. 173.

139 *Horstkotte* 2005, S. 16.

140 *Horstkotte* 2005, S. 16.

141 *Horstkotte* 2005, S. 16.

142 *Walter* 2001, S. 6.

143 *Horstkotte* 2005, S. 16.

144 *Walter* 2001, S. 6.

Personen aber mit der Wiedervereinigung und der Eingliederung in die Bundesrepublik Deutschland ihre Gefährlichkeit.[145] [146]

Zum Ende des 20. Jahrhunderts wandelte sich das Verständnis der Gefährlichkeit erneut: in westlichen Ländern galten jetzt hauptsächlich Gewalt- und Sexualstraftäter als „gefährliche Straftäter", wohingegen in anderen Ländern vielmehr politische Gegner, Umwelt- und Wirtschaftsstraftäter als gefährlich angesehen wurden.[147] Oftmals wurde die „Gefährlichkeit" in der Geschichte als etwas Personifizierbares dargestellt, eine Angewohnheit, die dem Straftäter anhaftet, jedoch zeigen die zuvor genannten Beispiele gefährlicher Straftäter in der Vergangenheit, dass es den „einen gefährlichen Menschen" nicht gibt.[148] Vielmehr sind es immer besondere Umstände und (Rahmen-)Bedingungen, die einen Menschen für andere gefährlich werden lassen.[149] Die Definition der Gefährlichkeit entspricht daher immer einer „sozialen Konstruktion, die von unterschiedlichen Rahmenbedingungen und sozialen Kriterien geprägt wird und so für das jeweilige System funktional ist".[150] Wie bereits an den obigen Exempeln verdeutlicht, hängt das Merkmal der Gefährlichkeit immer vom Blickwinkel des Betrachters oder einer Institution ab: stigmatisiert die Allgemeinheit einen Straftäter auf Grund eines schweren Gewaltverbrechens als gefährlich, ist jener Straftäter nicht zwangsläufig auch in den Augen des Strafvollzuges gefährlich, da er den Ablauf und die Funktion des Strafvollzuges nicht automatisch bedroht.[151]

Auch heute unterliegt das Verständnis der „Gefährlichkeit" einem erneuten Wandel. Weder der Gesetzgeber noch die Rechtsprechung haben den „gefährlichen Straftäter", „gefährliche Straftaten" oder nur den Begriff der „Gefährlichkeit" abschließend definiert. Jedoch haben sich in den vergangenen Jahren und Jahrzehnten mehrere Fachtagungen, das Ministerkomitee des Europarates und weitere Autoren mit der Problematik befasst. Im Folgenden gilt es demnach zu

---

145  *Walter* 2001, S. 6.

146  Bekanntermaßen handelt es sich bei den zuvor benannten politischen Systemen um grundlegend verschiedene Staatsformen, die hier lediglich im Hinblick auf den jeweils gegenwärtigen Gefährlichkeitsbegriff in Verbindung gebracht wurden. Ferner enthält die vorherige Aufzählung große zeitliche Sprünge. Unbestritten ist auch, dass zu den jeweiligen politischen Staatsformen und ihren strafrechtlichen Systemen weitaus tiefergehende Ausführungen getätigt werden könnten, die jedoch im Rahmen der hier zu untersuchenden Fragestellung nicht geleistet werden kann, da sie den Umfang der Arbeit sprengen und von der eigentlichen Fragestellung abweichen würde.

147  *Dünkel* 2009, S. 173.

148  *Walter* 2001, S. 6.

149  *Walter* 2001, S. 6.

150  *Dünkel* 2009, S. 173; so auch *Walter* 2001, S. 6.

151  *Dünkel* 2009, S. 173.

erforschen, welches Begriffsverständnis zum heutigen Zeitpunkt vorherrschend ist und welcher Tätertyp heute als „gefährlich" anzusehen ist.

## 3.7 Der Gefährlichkeitsbegriff der Gegenwart

Im Jahr 1982 hat sich das Ministerkomitee des Europarates in der Resolution „Rec No 82/17" mit der Unterbringung und Behandlung so genannter gefährlicher Gefangener beschäftigt. [152] Es stellte fest, dass es innerhalb der Gefängnispopulation eine Gruppe gefährlicher Gefangener gäbe, die einerseits zweckmäßig behandelt werden, gleichzeitig aber auch die öffentliche Sicherheit, Anstaltsordnung und der Betrieb der Anstalt gewährleistet werden müsste. [153] Angesichts dieses Konflikts empfahl das Komitee den Mitgliedstaaten die „allgemeinen Vollzugsvorschriften soweit möglich auch auf gefährliche Gefangene anzuwenden, Sicherheitsmaßnahmen auf das Notwendige zu beschränken" sowie bei deren Anwendung die menschliche Würde und Menschenrechte zu beachten. [154] Des Weiteren sollen Sicherheitsmaßnahmen an die sich verändernden Bedürfnisse von gefährlichen Gefangenen angepasst werden, den aus der erhöhten Sicherheit erwachsenden negativen Auswirkungen und gesundheitlichen Problemen entgegen gewirkt werden, Aus-, Weiterbildungsmöglichkeiten, Arbeit oder andere Freizeitbeschäftigungen angeboten werden, dafür Sorge getragen werden, dass weder die Dauer der Maßnahmen, noch der Sicherheitsgrad das nötige Maß übersteigen, genügend Plätze, Personal und Mittel für den Vollzug unter erhöhter Sicherheit zur Verfügung gestellte sowie das mit der Behandlung betraute Personal angemessen auszubilden und zu informieren sei. [155] Das Ministerkomitee hat damit jedoch die Gefährlichkeit nicht definiert, sondern lediglich festgehalten, dass es eine solche, kleine Gruppe von Häftlingen innerhalb der Vollzugspopulation gibt und wie sie bestenfalls behandelt werden solle.

In der Vergangenheit haben sich weitere Autoren und Institutionen zur Bestimmung des Gefährlichkeitsbegriffes geäußert.

*Preusker* definierte „gefährliche Gefangene" als solche, die „fest und dauerhaft entschlossen sind, notfalls mit Gewalt in die Freiheit zu gelangen und der auch die intellektuellen, physischen und psychischen Fähigkeiten besitzt, ein solches Vorhaben erfolgversprechend zu planen, vorzubereiten und konsequent

---

152 Empfehlung Rec (82) 17, S. 49.

153 Empfehlung Rec (82) 17, S. 49.

154 Empfehlung Rec (82) 17, S. 49.

155 Empfehlung Rec (82) 17, S. 50.

durchzuführen".[156] [157] Ausschlaggebend für das Maß ihrer Gefährlichkeit sei aber nicht nur die angewandte „Brutalität, Entschlossenheit und Intelligenz, sondern vielmehr auch die logistische Basis innerhalb und außerhalb der Anstalt".[158] Mehrere Autoren orientieren sich am Grad der Wahrscheinlichkeit der Begehung neuer, schwerer Straftaten,[159] modifizieren diesen Ansatz aber teilweise. So wird auf die Art des Deliktes sowie den daraus resultierenden sozialen Schaden abgestellt,[160] beziehungsweise die Art des Deliktes mit der zukünftigen Begehung von Sexualstraftaten oder Straftaten gegen die körperliche Unversehrtheit explizit benannt.[161] Nur vereinzelt liefern Autoren in ihren Ausführungen Beispiele für gefährliche Gefangene. „Terrorverdächtige, schwierige oder gewalttätige Insassen, oftmals mit psychischen Problemen" sollen demnach solche darstellen.[162]

Darüber hinaus fanden in den vergangenen Jahren Fachtagungen zur Problematik um „gefährliche Gefangene" statt. Am 15. und 16.11.2004 veranstaltete die *Kriminologische Zentralstelle (KrimZ)* eine interdisziplinäre Fachtagung zum Thema „Gefährliche Straftäter – eine Problemgruppe der Kriminalpolitik" in Wiesbaden.

*Schmucker* verwies in diesem Rahmen darauf, dass die neu entfachte Diskussion um „gefährliche Straftäter" eng mit der medialen Aufmerksamkeit für einige wenige schreckliche Fälle von Sexualdelikten verbunden sei und sich daraus am 26.01.1998 das „Gesetz zur Bekämpfung von Sexualdelikten und anderen gefährlichen Straftaten" entwickelte.[163] Dieser Gesetzestitel impliziere, dass Sexualstraftäter grundsätzlich immer gefährlich seien.[164] „Gefährlich" seien Straftäter, „wenn sie ein hohes Rückfallrisiko aufweisen erneut straffällig zu werden und/oder die erneute Tat eine erhebliche Gefahr für andere Personen darstellt".[165] Zu

---

156 *Preusker* 1988, S. 266.

157 Dieser von *Preusker* entwickelten Definition haben sich in den folgenden Jahren auch Teile der Kommentarliteratur im Hinblick auf (den ehemaligen) § 85 StVollzG a. F. angeschlossen, so z. B. AK-*Brühl/Feest* 2006, § 85, Rn. 5; so auch AK-*Goerdeler* 2017, Teil II § 75 LandesR, Rn. 8.

158 *Preusker* 1988, S. 266.

159 *Suhling* 2011, S. 277; *Walter* 2001, S. 4 f.; *Otto* 2001, S. 218; *Schmucker* 2005, S. 129.

160 *Walter* 2001, S. 4.

161 *Otto* 2001, S. 218.

162 so z. B. *Morgenstern* 2018, S. 248 am Beispiel der Untersuchungshaft.

163 *Schmucker* 2005, S. 129.

164 *Schmucker* 2005, S. 129.

165 *Schmucker* 2005, S. 129.

obigem Bekämpfungsgesetz kritisierte *Dessecker*, dass es an keiner Stelle präzisiere, welche „gefährliche Straftaten" im Sinne des Gesetzgebers verhindert werden sollen.[166] Aus der Drucksache zum Gesetzesentwurf der Bundesregierung lassen sich erste Schlüsse ziehen, was der Gesetzgeber unter „gefährlichen Straftaten" und den von ihnen begangenen Tätern versteht. Laut Begründung zur Gesetzesänderung seien „Änderungen im strafrechtlichen Sanktionssystem und im Strafvollzugsrecht" notwendig gewesen, um die Bevölkerung „vor Sexualdelikten und anderen gefährlichen Straftaten" besser schützen zu können.[167] Änderungen fanden sich vermehrt im 13. Abschnitt des Besonderen Teils des Strafgesetzbuches, der Straftaten gegen die sexuelle Selbstbestimmung enthält.[168] Zweifelsfrei lässt diese Begründung erkennen, dass Sexualdelikte solche „gefährliche Straftaten" sein sollen, folglich demnach ihre Täter, in den Augen der damaligen Bundesregierung, „gefährliche Straftäter" seien. Darüber hinaus stellte *Wolf* aber fest, dass es keine einheitliche Definition oder einen Anknüpfungspunkt der Gefährlichkeit gäbe.[169] Um den Begriff der „Gefährlichkeit" handhabbarer zu gestalten, könne eine Orientierung an § 66 StGB erfolgen, sodass der Straftäter als gefährlich gelte, der im Sinne von § 66 StGB „sicherungsverwahrungsfähig" ist und von dem in Zukunft gleichartige Delikte zu erwarten sind.[170] Ferner sei auch eine Orientierung an „der ausgesprochenen und künftig zu erwartenden Strafhöhe" möglich.[171] Darüber hinaus sollen zusätzlich Prognosekriterien wie das Alter bei Eintritt in die Delinquenz, etwaige Rückfälle sowie psychische Zustände im Sinne des § 20 StGB berücksichtigt werden.[172] Die von der Kriminologischen Zentralstelle (KrimZ) angestoßene Studie „Gefährliche Sexualstraftäter – Karriereverläufe und strafrechtliche Reaktionen" enthält eine grundlegende Definition des „gefährlichen Straftäters".[173] Im Sinne des KrimZ-Projektes sind es solche Täter, die zumindest auch wegen der Begehung eines Sexualdeliktes verurteilt und bei denen in derselben Entscheidung Sicherungsverwahrung angeordnet wurde".[174]

---

166 *Dessecker* 2001, S. 11.

167 BT-Drucks. 13/8586, S. 1.

168 *Dessecker* 2001, S. 11 f.

169 *Wolf* 2005, S. 77.

170 *Wolf* 2005, S. 81.

171 *Wolf* 2005, S. 81.

172 *Wolf* 2005, S. 81; so auch *Suhling* 2011, S. 277; *Wolf* benannte darüber hinaus noch weitere Anknüpfungspunkte wie z. B. ob der Täter bei der Tatausführung gemeingefährliche Neigungen zeige oder besonders wehr- und hilflose Mitglieder der Gesellschaft als Opfer wähle, vgl. *Wolf* 2005, S. 82.

173 *Elz* 2005, S. 109.

174 *Elz* 2005, S. 110.

Auf der Fachtagung des DBH-Fachverbandes zum Thema „Betreuung und Kontrolle von gefährlichen Straftätern nach der Entlassung aus dem Gefängnis – Prävention von Rückfalltaten" wurde ebenfalls versucht, sich dem Begriff des „gefährlichen Straftäters" zu nähern. Es sei keine „personale Zuschreibung oder gar charakterologische Besonderheit", sondern vielmehr beziehe sich die Gefährlichkeit auf eine erhöhte Rückfallgefährdung, die „hochrangige Rechtsgüter verletze oder bedrohe und die Opfer körperlich oder seelisch schwer schädigen würde, was hauptsächlich bei Gewalt- und Sexualdelikten gegeben sei.[175]

In jüngster Zeit ist in die Frage nach einer möglichen Definition jedoch Bewegung gekommen. 2016 hat das Justice-Cooperation-Netzwerk-(JCN)-Projekt „Behandlung und Übergangsmanagement von Hochrisikotätern"[176] ebenfalls Anstrengungen unternommen, den „Hochrisikotäter" bzw. den „gefährlichen" Straftäter zu definieren. Die von der Projektgruppe verwendete und zu Grunde gelegte Definition lautete: „Ein Hochrisikotäter (ein Gewalt- oder Sexualstraftäter) ist jemand, der eine hohe Wahrscheinlichkeit für das Begehen von Straftaten zeigt, die zu sehr schweren persönlichen, körperlichen oder psychologischen Schäden führen können."[177] Zuvor hatte sich bereits das Ministerkomitee des Europarates erneut mit „gefährlichen Straftätern" (dangerous offenders) und deren Umgang beschäftigt.[178] Anders als im Jahr 1982 nahm es jedoch in seiner neueren Empfehlung eine Definition des „gefährlichen Straftäters" vor.[179] „Ein gefährlicher Straftäter soll eine Person sein, die wegen einer schweren Sexual- oder Gewaltstraftat gegen Personen verurteilt wurde und eine hohe Wahrscheinlichkeit aufweist, weitere schwere Sexual- oder Gewaltverbrechen gegen Personen zu begehen".[180]

Damit lässt sich festhalten, dass der Gefährlichkeitsbegriff auch in der Gegenwart nach wie vor auf nationaler Ebene durch den Gesetzgeber oder die Kommentarliteratur nicht hinreichend definiert wurde und insgesamt lange im Dunkeln lag. Anders hingegen gestaltet es sich, bedingt durch länderübergreifende Forschung und den Vorstoß des Ministerkomitees des Europarates auf europäischer Ebene.

Hierbei ist zu erkennen, dass Einigkeit darüber herrscht, dass Sexualstraftäter, insbesondere solche mit hoher Rückfallwahrscheinlichkeit, und Straftäter, die Taten gegen die körperliche Unversehrtheit begangen haben, als gefährlich angesehen werden. Gefährlich scheint folglich im Allgemeinen zu sein, wer eine hohe

---

175  *Baltzer* 2008, S. 35.

176  Vgl. für detaillierte Ausführungen *Dünkel/Jesse/Pruin/von der Wense* 2016.

177  *Vollan* 2016, S. 94.

178  Für ausführliche Erläuterung der Empfehlung Rec (2014) 3, vgl. *Kapitel 4.1.6.*

179  Empfehlung Rec (2014) 3, S. 2.

180  Empfehlung Rec (2014) 3, S. 2.

Rückfallgefahr aufweist und damit verbunden bedeutende Rechtsgüter oder solche in großer Anzahl, wie bei einem terroristischen Angriff, bedroht.

## 3.8 Besonders gefährliche Gewalt- und Sexualstraftäter

Obwohl der Gefährlichkeitsbegriff bis heute nicht abschließend definiert wurde, gelangte länderübergreifende Forschung sowie vereinzelte Vorstöße des Ministerkomitees des Europarates zu dem Ergebnis, dass Sexual- und Gewaltstraftäter, insbesondere solche mit einer hohen Rückfallwahrscheinlichkeit, die dadurch bedeutende Rechtsgüter bedrohen, als gefährlich angesehen werden.

Zunächst muss jedoch festgehalten werden, dass „der Gewaltstraftäter" nicht existiert, vielmehr vereinen sich unterschiedliche Tätertypen unter dem Begriff.[181] Gemeint sein können beispielsweise Täter mit geringer Frustrationstoleranz, stark impulsive Täter mit mangelnder Kontrolle über ihre (gewalttätigen) Impulse, Täter die eine konstruktive Lösung zwischenmenschlicher Konflikte nie erlernt haben sowie solche mit machtmotivierten oder sadistischen Veranlagungen.[182] Darüber hinaus weisen viele Gewalttäter eine gestörte Entwicklung ihrer Persönlichkeit auf, wobei die Aggressionen in der Regel in Verbindung mit weiteren „dysfunktionalen Verhaltensmustern" stehen.[183]

Auch hinter dem Begriff des Sexualstraftäters verbergen sich unterschiedliche Delikte und Tätertypen.[184] Grundsätzlich werden unter Sexualstraftaten solche des 13. Abschnitts des Strafgesetzbuches verstanden, die sich gegen die sexuelle Selbstbestimmung richten.[185] Der 13. Abschnitt umfasst jedoch mehrere, teilweise höchst unterschiedliche Delikte, wie beispielsweise den sexuellen Missbrauch gegen Kinder, bei dem es sich um ein tatsächliches Delikt gegen die sexuelle Selbstbestimmung handelt, oder Vergewaltigungen, die aus kriminologischer Perspektive häufig Gewaltdelikte darstellen.[186] So sind Überschneidungen beider Begrifflichkeiten möglich, da die benannten Vergewaltigungen gleichzeitig Sexual- und Gewaltdelikt darstellen können.[187]

Betrachtet man die Medien und verfolgt die öffentlichen Debatten drängt sich der Eindruck auf, die deutschen Justizvollzugsanstalten beherbergten nahezu ausschließlich Sexual- und Gewaltstraftäter. An dieser Stelle muss jedoch zwingend

---

181 *Demmerling* 2013, S. 454.

182 *Demmerling* 2013, S. 454.

183 *Demmerling* 2013, S. 454.

184 *Laubenthal* 2019, Rn. 598; so auch *Kröber* 2013, S. 38.

185 *Dünkel* 2005, S. 1.

186 *Dünkel* 2005, S. 1

187 *Neubacher* 2016, S. 200.

differenziert werden: Während der tatsächliche Anteil von Sexual- und Gewaltstraftaten in der Kriminalstatistik verhältnismäßig niedrig ist, ist die öffentliche Debatte um diese Straftäter deutlich aufgeladen. Die Öffentlichkeit empfindet Gewalt- und Sexualstraftäter als diejenige Tätergruppierung, die die öffentliche Sicherheit subjektiv am stärksten bedrohe.[188] Die gefühlte Bedrohung der Bevölkerung steht in auffallendem Missverhältnis zum tatsächlichen Umfang der registrierten Sexual- und Gewaltstraftaten. Für das Jahr 2018 weist die Polizeiliche Kriminalstatistik insgesamt 5.555.520 registrierte Fälle aus, was bereits einen allgemeinen Rückgang von 3,6% im Vergleich zu den Vorjahren bedeutet.[189] Darüber hinaus ist dem Überblick 2018 zu entnehmen, dass im Bereich von einzelnen Sexualdelikten, nämlich bei Vergewaltigungen, sexuellen Nötigungen sowie sexuellen Übergriffen im besonders schweren Fall einschließlich solchen mit Todesfolge, ein Rückgang von 18,2% zu verzeichnen ist.[190] Auch der „Summenschlüssel 892000 Gewaltkriminalität", der unter Anderem Straftaten wie Mord, Totschlag, Tötung auf Verlangen, Raub. Räuberische Erpressung, Körperverletzung mit Todesfolge, Gefährliche und schwere Körperverletzung, die Verstümmelung weiblicher Genitalien, erpresserischer Menschenraub sowie Geiselnahmen, jedoch auch Vergewaltigung, sexuelle Nötigung und sexuelle Übergriffe im besonders schweren Fall einschließlich solchen mit Todesfolgen umfasst,[191] verzeichnete für das Jahr 2018 einen Rückgang um 1,9%.[192] Insgesamt entfällt auf Sexualdelikte ein Straftatenanteil von 1,1%.[193] Der prozentuale Anteil der Gewaltkriminalität an allen registrierten Straftaten beträgt 3,3%, wovon jedoch nahezu 75% auf gefährliche und schwere Körperverletzungsdelikte und weitere 19,8% auf Raubdelikte entfallen.[194]

Es ist somit erkennbar, dass Sexualdelikte, also solche, die dem 13. Abschnitt des StGB entspringen, nicht annähernd so häufig begangen werden, wie es der öffentlichen Debatte zufolge hätte erwartet werden können. Auch wenn die zuvor genannten Zahlen für die Gewaltkriminalität erheblich höher ausfallen, müssen auch diese relativiert werden. Während, wie zuvor erläutert, der Anteil der Gewaltkriminalität für das Jahr 2018 3,3% betrug, wurden beispielsweise im selben

---

188 *Suhling/Rehder* 2009, S. 37 f.

189 *PKS* 2018, S. 10.

190 *PKS* 2018, S. 10.

191 *PKS* 2018, Summenschlüssel Gewaltkriminalität, S. 3.

192 *PKS* 2018, S. 10.

193 *PKS* 2018, S. 24.

194 *PKS* 2018, S. 25.

Zeitraum nahezu zwei Millionen Straftaten registriert, die der Kategorie „Diebstähle" zuzuordnen sind, was einem prozentualen Anteil von beinahe 35% an allen registrierten Straftaten entspricht.

Der Aspekt der Gefährlichkeit sollte, auch im Lichte der zuvor dargestellten Zahlen, differenziert betrachtet werden, da nicht selten die Frage nach der Gefährlichkeit von verschiedenen Institutionen und Personen unterschiedlich wahrgenommen und beantwortet wird.

Innerhalb und für den Strafvollzug gelten Sexualstraftäter selten als gefährlich, tendenziell sind sie eher gefährdet.[195] Sexualstraftäter gehören traditionell zu den Tätergruppierungen im Strafvollzug, die Ausgrenzung erfahren und in der inoffiziellen Gefängnishierarchie ganz unten angesiedelt sind.[196] Nicht selten sind sie Opfer von Ausgrenzungsgewalt, erniedrigenden Verhaltensweisen, auch aus sadistischen Motiven.[197] Die zugeschriebene Gefährlichkeit bezieht sich vielmehr auf die Auswirkungen der Tat, da bereits geringere Delikte beim Opfer schwerwiegende Schäden und Traumatisierungen hinterlassen können.[198] Bei einigen Sexualstraftätern liegt häufig eine „dissoziale Störung der Persönlichkeit oder Störung der Sexualpräferenz vor", die in den meisten Fällen dringender therapeutischer Behandlung bedürfte.[199]

Problematisch ist hierbei, dass immer öfter zu Freiheitsstrafen verurteilte Gewalt- und Sexualstraftäter während der Dauer ihrer Inhaftierung keine, oder eine nicht ausreichende, Behandlung erfahren.[200] Nur eine nachhaltige, im Strafvollzug stattfindende Resozialisierung kann jedoch dem präventiven Opferschutz Rechnung tragen.[201]

Grundsätzlich sollen behandlungsbedürftige Gefangene einer Sozialtherapie zugeführt werden. In der Praxis scheitert dieses Vorhaben jedoch nicht selten an den verfügbaren Kapazitäten und der Unkenntnis, dass ein Störungsbild vorliegen könnte.[202] Für die Behandlung verbleiben zumeist, wenn überhaupt, nur die allgemeinen Angebote des Regelvollzuges.[203] Eine intensive gutachterliche Betrachtung gefährlicher Gewalt- und Sexualstraftäter erfolgt oftmals erst, wenn der

---

195  *Suhling/Rehder* 2009, S. 39.

196  *Laubenthal* 2019, Rn. 214.

197  *Laubenthal* 2019, Rn. 214.

198  *Suhling/Rehder* 2009, S. 39.

199  *Böhm/Boetticher* 2009, S. 135.

200  *Böhm/Boetticher* 2009, S. 134.

201  *Böhm/Boetticher* 2009, S. 134.

202  *Böhm/Boetticher* 2009, S. 135.

203  *Böhm/Boetticher* 2009, S. 135.

Gefangene seine Entlassung nach zwei Dritteln der verbüßten Freiheitsstrafe be-
antragt.[204] Das – im Falle einer Versagung der vorzeitigen Entlassung – verbleibende Drittel entspricht schließlich aus therapeutischer Perspektive einem viel zu
kurzen Zeitraum, um eine intensive Behandlung gewährleisten zu können, so dass
in der Folge mehr als die Hälfte der Sexual- und Gewaltstraftäter unbehandelt aus
dem Strafvollzug entlassen wird.[205] Diese Vorgehensweise stellt eine beträchtli-
che Gefährdung für die Allgemeinheit dar, da „schwere Persönlichkeitsstörungen
oder pädophile Neigungen" auch nach Verbüßung der Freiheitsstrafe weiter bestehen.[206] Im Ergebnis ist ein Rückfall für Experten nur eine Frage der Zeit.[207]

Jedoch stellt nicht nur die unzureichende Begutachtung von Sexual- und Gewaltstraftätern ein Problem im Hinblick auf eine erfolgreiche Resozialisierung
dar. Oftmals erschweren jene Straftäter eine Behandlung auch auf persönlicher
Ebene. Der Strafvollzug steht bei der Behandlung von gefährlichen Gewalt- und
Sexualstraftätern vor einem Dilemma.[208] Für die Anstaltsleiter sowie die betroffenen Staatsanwälte und Richter der Strafvollstreckungskammern ist bereits
vorab ersichtlich, dass manche verurteilten Gewalt- und Sexualstraftäter in hohem
Maße rückfallgefährdet und von ihnen kein zukünftiges Leben ohne Begehung
weiterer Straftaten zu erwarten ist.[209] Meist ist die Erreichung des Vollzugsziels
dadurch gefährdet, dass die Gefangenen eine Mitwirkung ablehnen, z. B. eine So-
zial- oder Psychotherapie vermeintlich grundlos abbrechen oder von Anfang an
vehement verweigern.[210] Manche Täter drohen sogar offen an, sich an der Gesellschaft zu rächen, was wiederum die zukünftigen Wiedereingliederungschancen des Täters erheblich schwächt, die Mitarbeiter des Strafvollzuges massiv
demotiviert und Mitgefangene negativ beeinflusst.[211] Da ein dauerhaftes Weg-
sperren solcher Straftäter nur in den wenigsten Fällen angeordnet wird, werden
sie oftmals ohne jegliche therapeutische Intervention nach Verbüßung ihrer Haftstrafe aus dem Strafvollzug entlassen und stellen in der Folge eine erhebliche Gefährdung für die Allgemeinbevölkerung dar.[212] Im Ergebnis dieser Entwicklung

---

204  *Böhm/Boetticher* 2009, S. 136.

205  *Böhm/Boetticher* 2009, S. 136.

206  *Böhm/Boetticher* 2009, S. 136.

207  *Böhm/Boetticher* 2009, S. 136.

208  *Goll/Wulf* 2001, S. 284.

209  *Goll/Wulf* 2001, S. 284.

210  *Goll/Wulf* 2001, S. 284.

211  *Goll/Wulf* 2001, S. 284.

212  *Böhm* 2007, S. 41.

besteht unter anderem die Gefahr, abwarten zu müssen, bis der Täter rückfällig wird.[213]

Gleichzeitig liegt die Frage nach Entlassungen oder Lockerungsmaßnahmen zu Gunsten solcher Straftäter auch immer im Interesse der Politik. Öffentlichkeitswirksame Prozesse gegen „Mörder, Vergewaltiger oder Kinderschänder" erregen die Aufmerksamkeit der Bevölkerung.[214] Oftmals werden Forderungen selbiger laut, gefährliche Gewalt- und Sexualstraftäter für „immer wegzusperren".[215] Diesen Forderungen scheint sich die politische Führung kaum verweigern zu können.[216] Ihnen liegt die Annahme zu Grunde, dass Sexualstraftäter eine grundsätzliche Gefährlichkeit aufweisen und unter Freiheitsbedingungen verstärkt zur Begehung weiter Straftaten tendieren.[217] Das Ergebnis dieser Entwicklung ist, dass Strafaussetzungen, Lockerungsmaßmaßnahmen und Verlegungen in den offenen Vollzug, insbesondere bei Sexualstraftätern, in den vergangenen Jahren immer seltener wurden.[218] Immer wieder wurde in den vergangenen Jahrzehnten die Haft- und Sanktionspraxis weiter verschärft.[219] Bei den gravierenden Auswirkungen, die diese Taten unter anderem beim unmittelbaren Opfer bei Begehung selbst geringerer Delikte auslösen,[220] ist der Ruf der Bevölkerung nach härteren Strafen nicht verwunderlich. Wie *Dünkel* eindrücklich auflistet, ist der Gesetzgeber in den vergangenen Jahrzehnten hierbei auch nicht untätig geblieben.[221] 1998 trat das „Gesetz zur Bekämpfung von Sexualdelikten und anderen gefährlichen Straftaten" in Kraft und legte fest, dass ab dem Jahr 2003 alle verurteilten Sexualstraftäter, die eine mehr als zweijährige Freiheitsstrafe zu verbüßen hätten, zwingend einer Sozialtherapie zugeführt werden müssten.[222] Zuletzt wurde das Sexualstrafrecht im Sommer 2016 reformiert und um den Grundsatz „Nein heißt Nein"

---

213  *Goll/Wulf* 2001, S. 284.

214  *Böhm* 2007, S. 41.

215  *Böhm* 2007, S. 41.

216  *Böhm* 2007, S. 41.

217  *Suhling/Rehder* 2009, S. 39.

218  *Suhling/Rehder* 2009, S. 37.

219  *Böhm* 2007, S. 41; so zuletzt im Jahr 2016, vgl. *Deutscher Bundestag* 2016.

220  *Suhling/Rehder* 2009, S. 39.

221  *Dünkel* 2005, S. 2 f. mit einer detaillierten Übersicht über die Wandlungen des Sexualstrafrechts seit 1969.

222  *Köhler* 2018, S. 426.

erweitert.[223] Der Gesetzesentwurf verfolgt die „Verbesserung des Schutzes der sexuellen Selbstbestimmung".[224] Auch wenn der Gesetzentwurf bereits zuvor diskutiert worden war,[225] waren es letztlich monatelange, auch medial ausgetragene, Diskussionen und die landesweite Empörungen über die Ereignisse der Kölner Silvesternacht, in der mehrere hundert Frauen ausgeraubt und sexuell belästigt worden waren.[226] Die Reformierung des Sexualstrafrechts sollte nun auch sogenanntes „Grapschen" als Reaktion auf die Kölner Silvesternacht als Straftat definieren.[227]

Gewalt- und Sexualdelikte sind als solche keine neuen Phänomene, wie beispielsweise islamistisch motivierte Straftaten. Obwohl Gewalt- und Sexualstraftäter und die durch sie begangenen Straftaten prozentual nur einen kleinen Anteil an der Kriminalstatistik ausmachen, ist der Schaden, der durch ihre Taten insbesondere bei den Opfern hervorgerufen wird, massiv. Gleichzeitig verspürt die Bevölkerung, nicht selten aufgeputscht durch reißerische Ausführungen der Massenmedien, eine massive persönliche Bedrohung durch solche Straftäter, die in deutlichem Widerspruch zu der verhältnismäßig geringen Anzahl an tatsächlich begangenen derartigen Straftaten steht. Auf diese tendenziell irrationalen Sicherheitsbedenken der Bevölkerung haben politische Entscheidungsträger in den vergangenen Jahrzehnten regelmäßig durch Gesetzes- und Sanktionsverschärfungen reagiert. Diese mögen zwar populär sein und dem jeweiligen Entscheidungsträger Sympathien und Zuspruch durch und von der Bevölkerung verschaffen, können aber entsprechend der vorherigen und folgenden Ausführungen keinesfalls das alleinige Mittel zur Problemlösung darstellen.

Dem Strafvollzug obliegt die Verantwortung, den Straftäter, auch mit Hilfe geeigneter Therapieangebote, für eine Zukunft in Freiheit ohne die Begehung weiterer Straftaten, zu befähigen. Der hohen Rückfallwahrscheinlichkeit muss mit vollzuglichen Maßnahmen begegnet werden. Ohne geeignete Therapie- und Behandlungsangebote ist davon auszugehen, dass einige Gewalt- und Sexualstraftäter trotz immer höherer Strafandrohung rückfällig werden.

Ferner ist aus Perspektive des Strafvollzuges zudem ein anderes Bild zu zeichnen: nicht selten sind jene Straftäter vielmehr schutzbedürftig und müssen vor manchmal auch sadistischer Gewalt ihrer Mitgefangenen bewahrt werden.

Für den Strafvollzug und den dortigen Alltag gelten Gewalt- und Sexualstraftäter tendenziell nicht als gefährlich, für die Allgemeinheit jedoch wahrscheinlich schon.

---

223  *Deutscher Bundestag* 2016.

224  *Deutscher Bundestag* 2016.

225  *Renzikowski* 2016, S. 3553.

226  Beispielsweise *Lauter* 2017; *Michel u. a.* 2016; *Landtag Nordrhein-Westfalen* 2017.

227  *Deutscher Bundestag* 2016.

Aus diesen Gründen wurden gefährliche Gewalt- und Sexualstraftäter in die nachfolgende empirische Untersuchung aufgenommen.

## 3.9 Islamistische Terroristen

Während die zuvor benannten Tätergruppierungen und deren Gefährlichkeit dem Justizvollzug und der Öffentlichkeit bereits seit einigen Jahren bzw. Jahrzehnten bekannt sind, ist vor kurzem ein neues Kriminalitätsphänomen in den Blickwinkel der Öffentlichkeit getreten.

In mehreren europäischen Ländern (Frankreich,[228] Belgien,[229] Spanien,[230] Großbritannien[231] etc.) und insbesondere in Deutschland[232] ist es in den vergangenen Jahren verstärkt zu islamistisch motivierten Anschlägen gekommen. Die

---

228 Beispielhaft hierfür steht das Attentat am 23.03.2018 desselben Täters auf Insassen eines Autos, Soldaten einer Kaserne und die anschließende Geiselnahme in einem Supermarkt (fünf Tote inkl. ein Attentäter, drei Verletzte), das Attentat am 06.06.2017, bei dem ein Attentäter Polizeikräfte vor der Kathedrale Notre-Dame angriff (zwei Verletzte, inkl. dem Attentäter) sowie das Attentat auf die „Promenade des Anglais" in Nizza am 14.07.2016 (86 Tote, mindestens 70 Verletzte) und die parallel durchgeführten Attentate auf Restaurants, Cafés, die Konzerthalle „La Bataclan" sowie das „Stade de France" am 13.11.2015 (137 Tote, mindestens 350 Verletzte), vgl. *Bundesamt für Verfassungsschutz* 2018.

229 Z. B. das Attentat am 20.06.2017, bei dem mehrere Explosionen am Brüsseler Hauptbahnhof den Attentäter das Leben kosteten, das Attentat am 05.10.2016 während einer Polizeikontrolle durch Messerangriffe (drei Verletzte, inkl. dem Attentäter) sowie die Anschläge auf den Flughafen Zaventem und die Metrostation Maelbeek am 22.03.2016 (38 Tote, mindestens 340 Verletzte). vgl. *Bundesamt für Verfassungsschutz* 2018.

230 Beispielhaft hierfür steht das Attentat am 17.08.2017 auf die Einkaufsstraße „Boulevard La Rambla" in Barcelona mit einem Lieferwagen (24 Tote inkl. acht Attentäter, mindestens 118 Verletzte) sowie die Sprengstoffanschläge auf Pendlerzüge in Madrid am 11.03.2004 (191 Tote, ca. 1.600 Verletzte), vgl. *Bundesamt für Verfassungsschutz* 2018.

231 Beispielhaft hierfür steht das Attentat am 03.06.2017 auf Passanten der London Bridge mittels eines Lieferwagens in Verbindung mit gezielten Messerangriffen (11 Tote, inkl. drei Attentätern, mindestens 48 Verletzte), das Attentat auf ein Popkonzert in Manchester am 22.05.2017 (23 Tote, inkl. der Täter, mindestens 59 Verletzte) sowie die Attentate auf U-Bahnen und einen Bus in London am 07.07.2015 (56 Tote, 528 Verletzte); vgl. *Bundesamt für Verfassungsschutz* 2018.

232 Beispielhaft hierfür stehen die Attentate am 28.07.2017 auf Privatpersonen in einem Hamburger Supermarkt (ein Toter, 6 Verletzte), am 19.12.2016 auf den Berliner Weihnachtsmarkt mittels eines LKW (12 Tote, 62 Verletzte) sowie der Sprengstoffanschlag in Ansbach (Bayern) am 24.07.2016 (ein Toter, der Täter, 14 Verletzte) und der Anschlag auf Passagiere eines Regionalzuges mittels Hieb- und Stichwaffen (ein Toter, der Täter, fünf Verletzte), vgl. *Bundesamt für Verfassungsschutz* 2018.

zuvor genannten Beispiel-Attentate verdeutlichen die Bedrohung, die von islamistischen Terroristen für westliche Demokratien, unter anderem auch Deutschland, ausgeht.[233]

Der Islamismus ist eine Ausprägung politischen Extremismus und ist darauf ausgerichtet, die „freiheitliche demokratische Grundordnung der Bundesrepublik Deutschland" zu zerstören.[234] Anhänger des Islamismus sind davon überzeugt, dass der Islam „das gesellschaftliche Leben und die politische Ordnung bestimmen oder zumindest teilweise regeln" sollte.[235] Dieser Anspruch kollidiert mit den hier zu Lande geltenden „Grundsätzen der Volkssouveränität, der Trennung von Staat und Religion, der freien Meinungsäußerung und der allgemeinen Gleichberechtigung".[236] Verständnis des Islamismus ist ferner, „die Existenz einer „gottgewollten" und daher „wahren" und absoluten Ordnung, die über den von Menschen gemachten Ordnungen steht".[237] Allerdings ist zu berücksichtigen, dass sich unter dem Begriff des Islamismus unterschiedliche Strömungen vereinen, die sich im Hinblick auf die angewendeten Strategien, benutzten Mittel, geographischen Orientierungen und der ideologischen Grundlage unterscheiden.[238] Innerhalb der einzelnen islamistischen Ausprägungen gewinnt der Salafismus zunehmend an Bedeutung.[239] Anhänger des Salafismus, so genannte Salafisten, richten ihr Handeln und Denken ausschließlich nach einem wortgetreuen Verständnis von Koran und Sunna aus und erheben für sich selbst einen „Exklusivitätsanspruch" dahingehend, „die einzig „wahren" Muslime" zu sein.[240]

Der aktuelle Verfassungsschutzbericht weist mit Stand des 24.07.2018 insgesamt 10.800 Personen aus, die einer salafistischen Ideologie anhingen.[241] Für das Jahr 2017 stieg die Zahl damit erneut um weitere 1.000 Personen an.[242] Ebenso wie im Jahr 2016 erkennt der Verfassungsschutz erneut eine Kräfteverschiebung

---

233 *Goertz* 2017, S. 21.

234 *Bundesamt für Verfassungsschutz* 2018 (Verfassungsschutz, Islamismus).

235 *Bundesamt für Verfassungsschutz* 2018.

236 *Bundesamt für Verfassungsschutz* 2018.

237 *Bundesamt für Verfassungsschutz* 2019 (Antisemitismus und Islamismus), S. 14.

238 *Bundesministerium des Innern, für Bau und Heimat* 2018, S. 164.

239 *Bundesministerium des Innern, für Bau und Heimat* 2018, S. 164.

240 *Bundesministerium des Innern, für Bau und Heimat* 2018, S. 164 f.

241 *Bundesministerium des Innern, für Bau und Heimat* 2018, S. 170.

242 *Bundesministerium des Innern, für Bau und Heimat* 2018, S. 170.

zum gewaltbereiten und gewaltorientierten Teil der islamistischen Szene.[243] Insgesamt benennt der Verfassungsschutz ein deutschlandweites Gesamt-Islamismus-Potential von 25.810 Personen.[244]

Beträchtlich ist indes auch der Umfang der eingeleiteten Ermittlungsverfahren: im Jahr 2017 initiierte die zuständige Abteilung der Bundesanwaltschaft insgesamt 1.210 Ermittlungsverfahren, wovon 1.034 Verfahren (85%) den islamistisch motivierten Terrorismus betrafen.[245] Im Vergleich dazu wurden im Jahr 2016 239 Ermittlungsverfahren neu eingeleitet, hiervon entfielen 200 (84%) auf den islamistisch motivierten Terrorismus.[246] Für das Jahr 2018 rechnen die Autoren mit einem weiteren Anstieg der neu einzuleitenden Ermittlungsverfahren.[247] Zum Zeitpunkt 30.06.2018 betrug die Zahl neu angestoßener Verfahren bereits 693, wovon wiederum 552 (80%) Verfahren dem islamistisch motivierten Terrorismus zuzuordnen sind.[248] Mit dem prognostizierten Anstieg der Ermittlungsverfahren steigt jedoch zwangsläufig auch die Zahl der Verurteilungen und Inhaftierungen in deutschen Gefängnissen.

Der Umgang mit diesen Gefangenen, die nicht nur über radikales Gedankengut verfügen, sondern Bereitschaft zeigen, dieses mittels Gewalttaten im Namen ihrer Religion durchzusetzen, stellt den Strafvollzug zum gegenwärtigen Zeitpunkt vor große Herausforderungen.[249] Länderübergreifend können daher für den Justizvollzug durch die Inhaftierung Gefangener mit islamistischer Gesinnung mindestens zwei großen Herausforderungen benannt werden:

Das eine Problem besteht unter Anderem im Kontakt zu anderen Mitgefangenen.[250] Die Gefahr läge hierbei einerseits in einer Verfestigung und/oder Vertiefung der eigenen Radikalisierungstendenzen durch den Austausch mit bereits stärker radikalisierten Mitgefangenen, andererseits aber auch in der erstmaligen Rekrutierung bisher dahingehend unauffälliger Mitgefangener.[251] In diesem Zusammenhang sind des Öfteren Formulierungen wie „Brutstätten des Terrorismus"

---

243  *Bundesministerium des Innern, für Bau und Heimat* 2018, S. 172.

244  *Bundesministerium des Innern, für Bau und Heimat* 2018, S. 173.

245  *Frank/Freuding* 2018, S. 250.

246  *Frank/Freuding* 2018, S. 250.

247  *Frank/Freuding* 2018, S. 250.

248  *Frank/Freuding* 2018, S. 250.

249  *Gerlach/Pfalzer* 2015, S. 295.

250  *Frank/Freuding* 2018, S. 254.

251  *Frank/Freuding* 2018, S. 254.

[252] oder „Gefängnisse als potentielle Durchlauferhitzer" zu lesen.[253] Gemeinsam ist den Formulierungen die Sorge, dass im Hinblick auf islamistisches Gedankengut oder eine Radikalisierung zunächst unauffällige Gefangene, das Gefängnis als hochgradig radikalisierte Extremisten verlassen und möglicherweise in der Zukunft Anschläge begehen könnten.[254] Problematisch wäre dabei, dass Islamisten gezielt versuchten, Mitgefangene im Strafvollzug zu rekrutieren und für den Dschihad zu gewinnen.[255] Anhänger des Salafismus rufen offen dazu auf, Rekrutierungsversuche im Strafvollzug zu unternehmen.[256]

Ferner könnten potenziell ausstiegsbereite Gefangene unter Druck gesetzt werden, um sie von ihrem Ausstiegsvorhaben abzuhalten.[257]

Das zweite Problem besteht darin, dass sich verurteilte Straftäter und verdächtige Personen, deren Verurteilung bzw. Anlastung die Vornahme terroristischer Handlungen, Propagandadelikte oder die Zugehörigkeit einer terroristischen Vereinigung beinhaltete, ebenso wie mit dem islamistischen Extremismus sympathisierende Gefangene nun zusammen in deutschen Justizvollzugsanstalten befinden.[258] Der Strafvollzug ist darauf ausgerichtet, Gefangene zu befähigen, nach ihrer Haftentlassung ein Leben ohne die Begehung weiterer Straftaten führen zu können.[259] Dies setzt jedoch voraus, dass, auch im Interesse einer Verhinderung des zuvor geschilderten potentiellen Radikalisierungsverlaufes in Haft, die betroffenen Gefangenen während ihrer Inhaftierung bestmöglich deradikalisiert werden oder aber zumindest die vorherrschende Gewaltbereitschaft drastisch minimiert und der Ausstieg aus dem extremistischen Milieu gefördert wird.[260]

Dabei ist die Anzahl der islamistischen Anhänger im deutschen Strafvollzug ungewiss, da eine statistische Erfassung nicht stattfindet.[261] Einzig Bayern vermeldete für den Zeitpunkt Ende 2017 101 inhaftierte Gefangene, die der islamistischen Szene zugerechnet werden, allerdings ist erkennbar, dass die Zahlen kontinuierlich ansteigen.[262]

---

252  *Endres/King* 2018, S. 511 f.

253  *Korn* 2015, S. 309.

254  *Endres/King* 2018, S. 511 f.

255  *Arloth* 2015, S. 285.

256  *Arloth* 2015, S. 285.

257  *Frank/Freuding* 2018, S. 254.

258  *Endres/King* 2018, S. 511 f.

259  *Endres/King* 2018, S. 511 f.

260  *Endres/King* 2018, S. 511 f.

261  *Arloth* 2015, S. 285; so auch *Endres/King* 2018, S. 512.

262  *Endres/King* 2018, S. 512.

Der Umgang mit diesen Gefangenen, die nicht nur über radikales Gedankengut verfügen, sondern bereit sind, dieses mittels Gewalttaten im Namen ihrer Religion durchzusetzen, stellt den Strafvollzug zum gegenwärtigen Zeitpunkt vor große Herausforderungen.[263] Daher ist auch nicht verwunderlich, dass mittlerweile auf nationaler wie europäischer Ebene[264] darüber debattiert wird, wie mit radikalisierten Menschen umgegangene und wie Radikalisierung in Haft verhindert werden kann.[265] Allerdings betonen *Gerlach/Pfalzer* auch deutlich, dass die Dauer der Inhaftierung nicht nur Sorge bereiten, sondern gleichsam als Chance zur Einwirkung auf Gefangene mit islamistischem Gedankengut verstanden werden könnte.[266]

Abschließend lässt sich daher festhalten, dass das Kriminalitätsphänomen islamistischer Terroristen erst vor wenigen Jahren in den Blickwinkel der Öffentlichkeit geraten ist.

Dabei ist die von diesen Attentätern ausgehende Gefahr offensichtlich: jeder ihrer Anschläge oder Anschlagsversuche birgt enorme Gefahren für Leib und Leben unzähliger Menschen. Erklärtes Ziel der Terroristen sind westliche Demokratien und deren Unterstützer und Einwohner. Sie lehnen die hier vorherrschenden Grundsätze von Volkssouveränität, freier Meinungsäußerung, Gleichberechtigung sowie die Trennung von Staat und Religion entschieden ab und wollten an Stelle einen „gottgewollten, wahren" Staat, bei dem die Lehren des Islam das gesellschaftliche Leben und die politische Ordnung allumfassend regeln.

Der Umgang mit islamistisch motivierten oder gefährdeten Gefangenen stellt den Strafvollzug vor akute Probleme. Die vorherigen Ausführungen verdeutlichen, die begründete Sorge dahingehend, dass sich einzelne zunächst unauffällige Gefangene während ihrer Inhaftierung radikalisieren und in der Folge hochgradig radikalisierte Islamisten aus der Haft entlassen werden und wurden. Diese Entwicklung deutet auch darauf hin, dass die Bemühungen des Strafvollzuges im Hinblick auf die Resozialisierung solcher Straftäter noch nicht ausreichend seien. Die von diesen ehemals inhaftierten Gefangenen und ihren Anschlagsplänen ausgehende Gefahr für die Zivilbevölkerung ist nach wie vor enorm. Der Strafvollzug muss mit resozialisierend wirkenden Maßnahmen dieser Entwicklung entgegen-

---

263  *Gerlach/Pfalzer* 2015, S. 295.

264  Z. B. die europäische Justizministerkonferenz zur Frage „Strafrechtliche Antwort zur Radikalisierung" am 19.10.2015, vgl. http://ec.europa.eu/justice/events/response- radicalisation-2015/files/official_agen-da_high_level_conference_19_octo-ber.pdf, http://ec.europa.eu/justice/events/response-radicalisation-2015/files/official_agenda_high_level_con-ference_19_october.pdf; vgl. auch *Vereinte Nationen* 2018 und dahingehende Ausführungen unter *Kapitel 6.2.4.4.*

265  *Gerlach/Pfalzer* 2015, S. 295.

266  *Gerlach/Pfalzer* 2015, S. 296.

wirken. Zudem ist nicht genau bekannt, wie viele sogenannte Gefährder und Sympathisanten überhaupt in deutschen Justizvollzugsanstalten einsitzen, was wiederum statistische Aussagen kaum möglich macht.

Islamistische Terroristen gelten zu Recht zum gegenwärtigen Zeitpunkt sowohl für den Strafvollzug als auch die Allgemeinheit als gefährlich. Auf Grundlage dieser Tatsachen und Überlegungen zielte eine zentrale Frage der versandten Fragebögen an die Justizministerien darauf ab, etwaige Konzeptionen oder Vorgehensweisen der hier zu untersuchenden Bundesländer zum Umgang mit islamistischen Terroristen in Erfahrung zu bringen.[267]

## 3.10 Gefangene mit Suchtproblematik

Gefangene mit Suchtproblematik stellen den Justizvollzug seit langer Zeit und auch gegenwärtig vor Schwierigkeiten. Die hier folgenden Ausführungen konzentrieren sich dabei exemplarisch auf den Konsum und die damit verbundenen Probleme illegaler Drogen (letztlich sind mit dem Konsum, Handel und Schmuggel anderer illegaler Substanzen ähnliche Herausforderungen verbunden) und beleuchten unterschiedliche Blickwinkel auf die Problematik.

Drogen, Alkoholika und deren Konsum spielen auch im Justizvollzug eine Rolle. Drogenabhängige Gefangene, deren Therapie sowie die damit einhergehende Gefährdung der Anstaltssicherheit belasten den regulären Betrieb des Strafvollzugs vor große Herausforderungen.[268] Der Drogenkonsum in Haft ist letztlich aus drei Gesichtspunkten für den Justizvollzug problematisch: einerseits beeinträchtigt er das Resozialisierungsziel des Strafvollzuges, ferner kollidiert er mit dem Sicherheitsauftrag des Strafvollzuges und schließlich ist er mit erheblichen gesundheitlichen Risiken für die inhaftierten Konsumenten verbunden.[269]

---

267  Zum Zeitpunkt der Bearbeitung waren Straftäter mit rechtsextremistischem Hintergrund eine – gerade im Hinblick auf die hier ausführlich betrachteten Tätergruppierungen – untergeordnete Erscheinung. Seit Kurzem sind sie jedoch wieder, bedingt durch mehrere verheerende Anschläge, in den Blickwinkel der Öffentlichkeit geraten. In absehbarer Zukunft werden rechtsextremistische Straftäter daher ebenfalls eine Herausforderung für den Strafvollzug darstellen. Dabei sind die mit dieser Tätergruppierung einhergehenden Problemlagen vergleichbar mit jenen bei islamistisch motivierten Extremisten, vgl. dafür beispielsweise Bundesregierung Drucks. 19/17626, *Endres/King* 2018, S. 511 f., *Hoffmann/Illgner/Leuschner/Rettenberger* 2017, S. 9 f. sowie *Jakob/Kowol/Leistner* 2019, S. 19 f. sowie für einen grundlegenden Überblick über rechtsextreme Hasskriminalität *Salheiser/Quent* 2019, S. 296 f.

268  *Laubenthal* 2019, S. 579 f.

269  *Häßler/Suhling* 2017, S. 17.

Es wird davon ausgegangen, dass der Drogenkonsum in Justizvollzugsanstalten um ein Vielfaches höher ist, als in der Allgemeinbevölkerung.[270] Der Anteil intravenösen Drogenkonsums wird für den Strafvollzug beispielsweise 98-fach höher eingeschätzt, als in der Allgemeinbevölkerung.[271]

Zum Stichtag 31.03.2018 registrierte das Statistische Bundesamt insgesamt 50.957 Inhaftierte in deutschen Justizvollzugsanstalten.[272] Davon waren 48.026 Männer und 2.931 Frauen.[273] 6.551 Gefangene waren dabei wegen einer Straftat nach dem BtMG (Betäubungsmittelgesetz) verurteilt worden,[274] was einem prozentualen Anteil von 12,9% entspricht. Der überwiegende Anteil der Taten, genau genommen 6.199,[275] entfiel dabei auf männliche Inhaftierte. Dies entspricht nur auf männliche Inhaftierte bezogen einem Anteil von 12,9%. Jedoch müssen die zuvor genannten Zahlen unter Beachtung folgender Aspekte interpretiert werden: wahrscheinlich sind nicht alle Inhaftierten, die wegen einer Straftat nach dem BtMG verurteilt wurden, ihrerseits Konsumenten, auch wahrscheinlich ist, dass der Anteil drogenkonsumierender und drogenabhängiger Gefangener höher sein dürfte, als es die genannten Zahlen vorgeben.[276] Darüber hinaus ist zu beachten, dass die genannten Zahlen um jene Drogenkonsumenten erhöht werden müssten, die wegen Beschaffungskriminalität verurteilt wurden, diese statistisch jedoch nicht den Straftaten nach dem BtMG zugeordnet werden.[277] Gleichzeitig werden zudem Gefangene mit einer Drogenproblematik inhaftiert sein, die wegen ihres Konsums noch nie polizeilich aufgefallen sind[278] sowie solche, die erst während der Dauer ihrer Inhaftierung beginnen, Drogen zu konsumieren.[279]

Schätzungen zufolge, liegt der Anteil der drogenabhängigen Gefangenen, die so genannte „harte Drogen", wie Heroin, Crack oder Kokain konsumieren, zwischen 10 und 40%, die meisten Erfahrungswerte pendeln sich jedoch bei ca. 30%

---

270 *Stöver* 2013, S. 277; ebenso wie bei der Abhängigkeit von illegalen Drogen in Haft stark überrepräsentiert ist, verhält es sich auch mit der Alkoholabhängigkeit, vgl. *Stöver* 2016a, S. 254. Dabei ist jedoch zu erkennen, dass alkoholbezogene Störungen noch häufiger vorkommen, vgl. *Jakob/Stöver/Pfeiffer-Gerschel* 2013, S. 45.

271 *Stöver* 2016a, S. 255.

272 *Statistisches Bundesamt* 2018, Fachserie 10, Reihe 4.1, S. 12.

273 *Statistisches Bundesamt* 2018, Fachserie 10, Reihe 4.1, S. 12.

274 *Statistisches Bundesamt* 2018, Fachserie 10, Reihe 4.1, S. 21.

275 *Statistisches Bundesamt* 2018, Fachserie 10, Reihe 4.1, S. 21.

276 *Laubenthal* 2019, Rn. 579.

277 *Stöver* 2016, S. 355.

278 *Jakob/Stöver/Pfeiffer-Gerschel* 2013, S. 40.

279 *Stöver* 2018, S. 382.

ein.[280] Cannabis-Erfahrungen haben schätzungsweise noch mehr Gefangene.[281] Weitere Untersuchungen berichten von 20-50% aller Gefangenen, die mit einer Suchtproblematik inhaftiert werden.[282] Andere Studien gehen davon aus, dass bei konservativer Schätzung ca. ein Fünftel der gesamten deutschen Strafgefangenen aktuell Drogen konsumieren, oder in der Vergangenheit konsumiert haben.[283] Studien, die das Vorkommen psychischer Störungen im Justizvollzug untersuchten zeigten auf, dass bei Ersatzfreiheitsstraflern insbesondere Alkoholmissbrauch und -abhängigkeiten (77%) stark verbreitet waren, gefolgt von Nikotin- (64%) und Drogenabhängigkeit (20%).[284]

Dabei wird zunächst deutlich, dass es sich, obwohl nur Schätzungswerte vorliegen, um eine vergleichsweise große Gruppe innerhalb des Strafvollzuges handelt, die mit einer Suchtproblematik in Verbindung gebracht wird.

Der Konsum von Suchtmitteln in Haft birgt ein enormes Sicherheitsproblem. Die Inhaftierung der drogenabhängigen oder -gefährdeten Gefangenen beendet dabei die Suchtproblematik nicht; vielmehr wird der Konsum „eingefroren", beziehungsweise temporär reduziert.[285] Tatsächlich bestimmt die Suchtmittelabhängigkeit weiterhin den Alltag in Haft.[286] Jedoch sind die Menge und insbesondere die Qualität der in der Justizvollzugsanstalt angebotenen Drogen deutlich geringer und minderwertiger als außerhalb der Haftanstalt.[287] Durch den illegalen Handel und Schmuggel können sich Subkulturen bilden oder verfestigen und sich gleichzeitig „Abhängigkeits- und Unterdrückungskonstellationen ergeben",[288] die sich in Erpressungen, Drohungen oder anderen Formen zwischen den Inhaftierten äußern.[289]

Sofern die eigene Abhängigkeit durch Taschengelder oder den persönlichen Verdienst nicht mehr bedient werden kann, nehmen abhängige Gefangene zur Befriedigung ihrer Sucht überteuerte Darlehen auf oder verpflichten sich zu speziellen Dienstleistungen gegenüber ihren Mitgefangenen.[290]

---

280 Vgl. *Laubenthal* 2019, Rn. 579 mit einer detaillierten Auflistung.
281 *Laubenthal* 2019, Rn. 579.
282 *Wirth* 2002, S. 104 ff.
283 *Kindermann/Stadler/Baldus/Thomasius* 2012, S. 3.
284 *Konrad* 2009, S. 213.
285 *Häßler/Maiwald* 2018, S. 424.
286 *Laubenthal* 2019, Rn. 579.
287 *Laubenthal* 2019, Rn. 579.
288 *Häßler/Suhling* 2017, S. 20; *Gessenharter* 2013, S. 32.
289 *Gessenharter* 2013, S. 32.
290 *Laubenthal* 2005, S. 198.

Da drogenkonsumierenden Inhaftierten in der Regel Lockerungsmaßnahmen versagt bleiben, kann sich der Schmuggel insbesondere im Ausüben von Druck auf Mitgefangene äußern, denen Lockerungsmaßnahmen gewährt wurden.[291] Die Schmuggler setzen sich dabei zum Teil enormen persönlichen Risiken aus, indem sie beispielsweise illegale Substanzen versteckt in ihrem Körper in die Justizvollzugsanstalt einführen.[292] Möglichkeiten verbotene Substanzen in die Justizvollzugsanstalt zu bringen bestehen jedoch auch anderweitig. In Brief- oder Paketsendungen an die Insassen können illegale Substanzen versteckt werden, ebenso bergen Besuche die Gefahr eines Übergabeversuches.[293] Auch der Aufenthalt an Arbeitsplätzen außerhalb der Anstaltsmauern kann zum Einführen von verbotenen Substanzen missbraucht werden, gleichzeitig können Drogen mittels externem Fahrzeug- und Lieferverkehr eingeschleust oder schlicht über die Anstaltsmauer geworfen werden.[294] Im Ergebnis sind daher nahezu alle Drogen, die in Freiheit erhältlich wären, trotz umfangreicher Sicherheits- und Vorsichtsmaßnahmen wie Kameras, Überwurfnetze, Spürhunde, Gepäckdurchleuchtungsanlagen etc., auch im Vollzug erhältlich.[295] Nicht immer müssen die gehandelten Substanzen illegal sein, es kann sich auch um legale, durch den Anstaltsarzt verschriebene Medikamente handeln, mit denen Tauschgeschäfte realisiert werden.[296]

Die Justizvollzugsanstalten befinden sich hierbei im Zwiespalt: Auf der einen Seite ist eine durchgehend von der Außenwelt abgeschottete Justizvollzugsanstalt aus verfassungs- und menschenrechtlichen Gründen unzulässig,[297] Besuche durch Angehörige und Bekannte, Brief- und Paketsendungen sowie die Erhaltung des individuellen Arbeitsplatzes sind im Hinblick auf eine zukünftige Resozialisierung zu fördern.[298] Andererseits können aber eben jene Maßnahmen zum Missbrauch und zur Beschaffung illegaler Substanzen verwendet werden.[299]

---

291 *Gessenharter* 2013, S. 33.

292 *Gessenharter* 2013, S. 33.

293 *Gessenharter* 2013, S. 33.

294 *Gessenharter* 2013, S. 34.

295 *Stöver* 2018, S. 382.

296 *Stöver* 2018, S. 383.

297 *Gessenharter* 2013, S. 33.

298 *Gessenharter* 2013, S. 33.

299 *Gessenharter* 2013, S. 33.

Auch auf zwischenmenschlicher Ebene birgt der Konsum illegaler Substanzen Probleme für den Haftalltag. Es existieren Erkenntnisse, dass Drogen konsumierende Gefangene häufiger gewalttätig auffallen.[300] Dabei muss jedoch berücksichtigt werden, dass die Ergebnisse nicht erklären können, ob der Drogenkonsum zur Gewalt führt, indem er die Hemmungen der Inhaftierten senkt, oder die Ergebnisse vielmehr lediglich als eine allgemeine Neigung zu Fehlverhalten interpretiert werden müssen.[301] Suchtabhängige Gefangene werden als Patienten „mit geringer Behandlungs- und Veränderungsmotivation, niedriger Frustrationstoleranz, Impulsivität und Bindungsproblemen" beschrieben.[302] Gleichzeitig bestehen „kognitive Defizite, insbesondere im Bereich Problemlösen, sozialer Wahrnehmung sowie die eingeschränkte Interpretationsfähigkeit von sozialen Situationen, was zu mangelhaften sozialen Kompetenzen, erhöhter Reiz- und Aggressionsbereitschaft und einer geringen sozialen Anpassungsfähigkeit führe".[303]

Suchtmittelabhängige Gefangene stellen den Justizvollzug auch unter Resozialisierungsgesichtspunkten vor eine Herausforderung. Drogenabhängigen Insassen werden überwiegend keine Vollzugslockerungen gewährt.[304] Sogenannte „vollzugsöffnende Maßnahmen" werden nur in Ausnahmefällen bewilligt und müssen aufwendig durch den Sozialdienst dahingehend begründet werden, dass keine Missbrauchsgefahr angenommen wird.[305] Da drogenabhängige Gefangene jedoch zumeist als weniger verlässlich angesehen werden, besteht eine deutliche Tendenz zur Versagung von Lockerungsmaßnahmen und Urlaubsgewährung.[306] Die Versagung unterschiedlicher Lockerungsmaßnahmen führt zudem oftmals dazu, dass drogenabhängige Gefangene nicht vorzeitig aus der Haft entlassen werden, da hierfür meist erfolgreiche Lockerungsmaßnahmen entscheidend sind.[307] Der Konsum von illegalen Substanzen gefährdet folglich das Bemühen um eine erfolgreiche Resozialisierungsarbeit für den Inhaftierten und die ihn später wieder aufnehmende Gesellschaft.[308]

---

300  *Klatt u. a.* 2016, S. 739; ebenso *Häßler/Suhling* 2017, S. 21.

301  *Klatt u. a.* 2016, S. 739; *Häßler/Suhling* 2017, S. 21.

302  *Kindermann/Stadler/Baldus/Thomasius* 2012, S. 5.

303  *Kindermann/Stadler/Baldus/Thomasius* 2012, S. 5.

304  *Stöver* 2018, S. 388.

305  *Stöver* 2016, S. 358; Ausführungen können grundsätzlich gewährt werden, sind jedoch mit einem hohen Personalaufwand verbunden, vgl. *Stöver* 2016, S. 358.

306  *Stöver* 2016, S. 359.

307  *Stöver* 2016, S. 359.

308  *Gessenharter* 2013, S. 35.

Auch im medizinischen Kontext stehen die Justizvollzugsanstalten durch den Drogenkonsum vor Schwierigkeiten. Der Drogenkonsum stellt ein erhebliches Gesundheitsproblem für die Gefangenen dar und bedarf umfangreicher Präventions-, Beratungs- und Behandlungsmaßnahmen.[309]

Der Konsum von Drogen, besonders jener, der intravenös erfolgt, birgt für den Gefangenen die Gefahr der Verbreitung und Ansteckung mit Infektionskrankheiten.[310] Die gemeinsame, mehrfache Nutzung von Spritzen oder anderem Zubehör fördert nicht nur die Gefahr einer HIV-Übertragung, sondern auch die Bildung von Abszessen und einer Ansteckung mit Hepatitis A, B und C.[311] Gleichzeitig besteht die Gefahr einer Ansteckung mit Tuberkulose, wobei sich insbesondere die Verbindung mit einer bestehenden HIV-Erkrankung ungünstig auswirkt, da die Wahrscheinlichkeit eines tatsächlichen Tuberkuloseausbruches erhöht wird.[312] Die Ansteckungsgefahr ist wahrscheinlich bereits zu Beginn der Inhaftierung für Inhaftierte höher, da ihr unsteter Lebenswandel und der meist schlechte körperliche Allgemeinzustand sie von vornherein anfälliger für Infektionskrankheiten macht.[313] Nach einer erfolgten Ansteckung gefährdet eine potentielle Verbreitung zudem die Gesundheit der Bediensteten oder Mitgefangenen.[314]

Während in den letzten Jahrzehnten umfangreiche Angebote zur Behandlung von Suchterkrankungen auf dem freien Markt entwickelt wurden (suchtmedizinische Versorgung, Heroinausgabe, Substitution, Suchtbegleitung, ambulante Therapie etc.)[315] und die Medizin erhebliche Fortschritte vorweisen konnte, entspricht die überwiegende Vorgehensweise des Strafvollzuges nach wie vor der Strategie der Abstinenz.[316] Hierbei wird sichtbar: Die finanzielle und personelle Ausstattung innerhalb der Justizvollzugsanstalten ist derart begrenzt, dass Therapie und Behandlung lediglich rudimentär erfolgen können.[317] Gleichzeitig wird eine Behandlung suchtabhängiger Gefangener bis heute nicht als Aufgabe des

---

309  *Jakob/Stöver/Pfeiffer-Gerschel* 2013, S. 40; so auch *Müller* 2011, S. 104.

310  *Stöver* 2001, S. 13.

311  *Gross* 1998, S. 3 f.

312  *Laubenthal* 2005, S. 200.

313  *Laubenthal* 2005, S. 195.

314  *Laubenthal* 2005, S. 196.

315  *Stöver* 2013, S. 278.

316  *Stöver* 2013, S. 277.

317  *Häßler/Maiwald* 2018, S. 424.

Strafvollzuges verstanden, sodass für die meisten Abhängigen lediglich eine stationäre Behandlung außerhalb der Haft als Therapieangebot bleibt.[318] Die möglichen Behandlungsplätze außerhalb des Vollzuges sind jedoch zahlenmäßig stark begrenzt und kaum ausreichend.[319] Schätzungsweise existieren nur ca. 11.000 Therapieplätze, was zur Folge hat, dass sich mehr Abhängige in Haft als in Therapieeinrichtungen befinden.[320] Eine therapeutische Behandlung suchtmittelabhängiger Gefangener in Haft würde jedoch das Rückfallrisiko senken, denn das wird bei dieser Gefangenengruppierung überwiegend als hoch angesehen.[321]

Im Ergebnis lässt sich festhalten, dass die zahlenmäßig große Gruppierung (Schätzungen variieren zwischen 10 und 40%) von Gefangenen mit Drogen- und Alkoholproblematik den Strafvollzug vor enorme Herausforderungen stellt.

Zunächst stellt der Konsum unerlaubter Substanzen ein Gesundheitsrisiko dar. Insbesondere die mehrmalige Nutzung von Einwegspritzen erhöht das Risiko der Gefangenen sich an übertragbaren Krankheiten zu infizieren. Infizierungen mit HIV, Hepatitis A, B und C sowie Tuberkulose-Erkrankungen sind daher keine Seltenheit, sodass der Strafvollzug zusätzlich zu seinen eigentlichen Aufgaben auch noch umfassende Behandlungsvorsorge zu leisten hat. Zumindest der Problematik um die mehrfach verwendeten Einwegspritzen könnte jedoch durch die offizielle Ausgabe und Bereitstellung solcher Spritzen entgegengewirkt werden. Im Endergebnis könnte hierdurch auch die Zahl der Neuansteckungen reduziert werden, was den Strafvollzug unter medizinischen Gesichtspunkten deutlich entlasten würde.

Ferner stellt der subkulturelle Schmuggel, Handel und Konsum unerlaubter Substanzen ein Sicherheitsproblem für den Strafvollzug dar. Abhängigkeitsverhältnisse zwischen Dealern und Abhängigen werden begründet, abhängige Gefangene werden unterdrückt, erpresst und bedroht. Die subkulturellen Regeln und Machtstrukturen stehen in direkter Konkurrenz zu denen des Strafvollzuges.

Suchtmittelabhängige Gefangene erweisen sich auch auf persönlicher Ebene als schwierige Patienten, die Behandlungen ablehnen oder nur halbherzig eingehen. Sie gelten allgemein als gewaltbereit, impulsiv und weisen oftmals Bindungsprobleme und eine niedrige Frustrationstoleranz auf. Mangelnde soziale

---

318  *Häßler/Maiwald* 2018, S. 424.

319  *Häßler/Maiwald* 2018, S. 424; Ein maßgeblicher Unterschied zwischen Gefangenen mit Drogenabhängigkeit und solchen mit Alkoholabhängigkeit besteht darin, dass für letztere keine therapeutischen Behandlungen vorgesehen sind und sich die angebotene Unterstützung lediglich auf die Beratung durch Sozialdienste beschränkt, vgl. *Jakob/Stöver/Pfeiffer-Gerschel* 2013, S. 45.

320  *Stöver* 2016, S. 356; Eine Lösung des beschriebenen Problems könnte darin bestehen, suchtmittelabhängige Gefangene bereits während der Dauer ihrer Inhaftierung zu behandeln und sie beispielsweise einer medikamentenbasierten Entwöhnungsbehandlung zuzuführen, vgl. *Häßler/Maiwald* 2018, S. 425.

321  *Häßler/Maiwald* 2018, S. 425.

Kompetenzen sowie eine hohe Reiz- und Aggressionsbereitschaft erschweren nicht nur das zwischenmenschliche Zusammenleben in der Justizvollzugsanstalt, sondern auch ein angepasstes, späteres straffreies Leben abseits der Haft. Suchtmittelabhängige Gefangene bedürfen umfassender Präventions-, Beratungs- und Behandlungsmaßnahmen, die gegenwärtig praktizierte Strategie des Strafvollzuges beruht jedoch vielmehr auf dem Gedanken des „kalten Entzuges". Gefangene mit Suchtproblematik fordern daher nicht nur den Strafvollzug heraus und gelten durch ihre unberechenbare Art und die teilweise subkulturellen Verflechtungen als gefährlich. Gleichzeitig gefährden sie auch die Sicherheit der sie wiederaufnehmenden Gesellschaft, wenn sie unbehandelt, nicht therapiert und nicht resozialisiert entlassen werden. Aus diesen Gründen haben Gefangene mit Suchtproblematik ebenfalls Eingang in die nachfolgende empirische Untersuchung gefunden. Im Speziellen sollte erforscht werden, welche Maßnahmen und Angebote die hier zu untersuchenden Bundesländer zum gegenwärtigen Zeitpunkt für Gefangene mit Suchtproblematik bereithalten, ob und welche Konzeptionen bestehen und wie die individuelle Vorgehensweise mit dieser Gefangenengruppierung ausgestaltet ist.

## 3.11 Gefangene mit psychiatrischen Auffälligkeiten

Eine Studie des Robert-Koch-Institutes im Jahr 2012 ergab, dass 31% der erwachsenen Deutschen zwischen 18 und 65 Jahren an einer psychischen Erkrankung leiden, die behandlungsbedürftig ist.[322] Im Ergebnis zeigten Untersuchungen, dass Strafgefangene noch deutlich häufiger psychisch belastet sind, als die Allgemeinbevölkerung.[323]

Inhaftierte Gefangene haben dabei im Vergleich zur Allgemeinbevölkerung ein erhöhtes Risiko, an einer psychischen Störung zu erkranken bzw. bereits zu leiden.[324] Dabei hält das deutsche Sanktionsrecht Möglichkeiten bereit, um ernsthaft psychisch erkrankte Gefangene sicher unterzubringen, ihnen jedoch in erster Linie eine Behandlung zukommen zu lassen.

Für eine Verurteilung und spätere Unterbringung ist im deutschen, zweispurigen System aus Strafe und Maßregel entscheidend, ob der psychisch erkrankte Täter schuldfähig war.[325] Kommt das Gericht zum Ergebnis, dass zum Zeitpunkt der Tat die Schuldfähigkeit des Täters auf Grund einer seelischen Störung ver-

---

322  *Stöver* 2013, S. 280.

323  *Dünkel u. a.* 2011, S. 880.

324  *Konrad* 2016, S. 234; *Dünkel u. a.* 2011, S. 880.

325  *Dünkel u. a.* 2011, S. 880.

mindert oder ganz aufgehoben war, kann das Gericht die Einweisung in ein psychiatrisches Krankenhaus (§ 63 StGB) verhängen.[326] Vorliegend gäbe es demnach für psychisch (relevant) erkrankte Straftäter ein „strafrechtliches Behandlungssystem", in welchem sie unter dem gesetzlichen Auftrag der Behandlung und Sicherung als Patienten und weniger als Straftäter betrachtet werden würden.[327]

Dabei sind die potentiellen Erkrankungen und Erscheinungsformen psychischer Problemlagen vielfältig. Besonders häufig wurden als Erkrankung spezifische Phobien (39%), langanhaltende, depressive Verstimmungen (21%), depressive Episoden (20%) und psychotische Störungen (10%) ermittelt.[328] Die Studie erfasste jedoch keine Persönlichkeitsstörungen.[329] Dafür ergab eine Studie von *Frädrich/Pfäfflin*,[330] dass ca. 50% der Gefangenen eine Persönlichkeitsstörung (nach der DSM-Klassifikation) aufwiesen.[331] Auch andere Persönlichkeitsstörungen sind häufig vertreten. An Schizophrenie erkrankte Gefangene stellen im allgemeinen Strafvollzug sogar einen größeren Anteil als im Maßregelvollzug dar.[332] Gleichzeitig entwickeln viele Gefangene bei der Inhaftierung Anpassungsstörungen „als direkte Reaktion auf die psychosoziale Belastungssituation".[333] Trotz der geringen Anzahl an Studien ist den vorherigen Zahlen zu entnehmen, dass bei der Mehrzahl der Gefangenen psychische Störungen diagnostiziert werden könnten und somit in der Folge Behandlungsbedarf bestünde.[334]

Problematisch ist in dieser Hinsicht jedoch die mangelnde Verantwortungsübernahme für Gefangene mit psychischen Auffälligkeiten. Weder der Strafvollzug, noch psychiatrische Kliniken scheinen die Zuständigkeit und Behandlung jener Gefangenen übernehmen zu wollen.[335] In der Folge verweigern psychiatrische Krankenhäuser die Aufnahme, um ihren Ruf nicht zu gefährden.[336] Im Ergebnis befinden sich die erkrankten Gefangenen schließlich im regulären Vollzug,

---

326  *Dünkel u. a.* 2011, S. 880.

327  *Dünkel u. a.* 2011, S. 880.

328  *Konrad* 2009, S. 213.

329  *Konrad* 2016, S. 235.

330  Vgl. *Frädrich/Pfäfflin* 2000.

331  *Konrad* 2016, S. 235.

332  *Konrad* 2016, S. 235.

333  *Dünkel u. a.* 2011, S. 881.

334  *Konrad* 2016, S. 235.

335  *Stöver* 2013, S. 281.

336  *Stöver* 2013, S. 281.

wo ihre Erkrankung entweder nur teilweise berücksichtigt, ganz unberücksichtigt bleibt oder überhaupt nicht erkannt wird.[337] Möglich ist auch, dass die psychische Störung sich während der Inhaftierung verschlimmert. [338] Bedingt durch „erkrankungsfördernde Haftbedingungen" wie beispielsweise psychischen Druck, Isolation und fehlende Rückzugsmöglichkeiten, kann die psychische Störung auch erst während der Inhaftierung entstehen.[339] Die oftmals nicht ausreichenden Versorgungskapazitäten begünstigen einerseits die Entstehung neuer psychischer Störungen und fördern gleichzeitig das Risiko psychiatrischer Rückfälle. [340] *Schönfeld u. a.* gingen nach ihrer Untersuchung der Prävalenz psychischer Störungen bei weiblichen und männlichen Gefangenen davon aus, dass im Hinblick auf das Resozialisierungsziel, das ohne Gesundheitsverbesserung oder wenigstens -erhaltung kaum denkbar ist, dringender Handlungsbedarf bestünde.[341] Insbesondere müsste nach Kooperationsmodellen und -möglichkeiten mit dem Maßregelvollzug gesucht werden, um im Ergebnis auch von den dort bereits gemachten Erfahrungen im Umgang mit psychisch erkrankten Straftätern im Hinblick auf eine Behandlung und Resozialisierung profitieren zu können.[342] Die Versorgung psychisch erkrankter Gefangener müsse zwingend auf ein Niveau angehoben werden, das dem der Allgemeinbevölkerung entspricht.[343]

Notwendig wären auch Schaffung und Ausbau stationär therapeutischer Therapieplätze, um schwer kranke Gefangene angemessen behandeln zu können.[344] Die überwiegende Mehrheit würde und ist von diesem Therapieangebot jedoch ausgeschlossen, sodass dringend psychotherapeutische Angebote für die übrigen erkrankten Gefangenen im Regelvollzug flächendeckend eingeführt werden bzw. ausgebaut werden müssten.[345] Hierfür könnten geschulte Mitarbeiter der umliegenden psychiatrisch-psychotherapeutischen Kliniken mit jenen der Justizvollzugsanstalten zusammenwirken, um therapeutische Angebote in Haft bereitzustellen und zu gewährleisten.[346]

---

337  *Dünkel u. a.* 2011, S. 881; *Stöver* 2013, S. 281.

338  *Stöver* 2013, S. 281.

339  *Dünkel u. a.* 2011, S. 882.

340  *Dünkel u. a.* 2011, S. 882.

341  *Schönfeld u. a.* 2006, S. 840.

342  *Schönfeld u. a.* 2006, S. 840.

343  *Schönfeld u. a.* 2006, S. 840.

344  *Schönfeld u. a.* 2006, S. 840.

345  *Schönfeld u. a.* 2006, S. 840.

346  *Schönfeld u. a.* 2006, S. 840.

Dies wäre dahingehend vorteilhaft, weil die zutreffende Diagnose den Bediensteten der Justizvollzugsanstalten Probleme bereitet und oftmals unklar ist, inwieweit es sich um eine psychische Störung oder lediglich um haftbedingte Auffälligkeiten handelt.[347] Meist kommt es dann eher zu Fehleinschätzungen dergestalt, dass psychiatrische Auffälligkeiten als Sicherheitsrisiko für einen geordneten Vollzug angesehen und die zu Grunde liegenden psychischen Störung nicht erkannt und diagnostiziert werden.[348] Eine intensive Behandlung würde nicht nur dem persönlichen Interesse, sondern auch den Interessen der Allgemeinheit Rechnung tragen, da sie sich präventiv auf die Deliktrückfälligkeit auswirken würde.[349]

Die Herausforderungen beim Umgang mit jenen könnten unterschiedlicher nicht sein: während einige zu Gewalttätigkeiten neigen, schotten andere sich in der Haft vollends ab.[350] Psychisch erkrankte Gefangene gelten insbesondere auf der Verhaltensebene als kompliziert.[351] Aggressives Verhalten, Selbstverletzungen, auch mit suizidalen Tendenzen und tatsächlichen Versuchen, Vergiftungen, regelmäßige Arbeitsverweigerungen und Abschottungen müssen nicht zwangsläufig einer psychischen Störung entspringen, sollten jedoch zwingend von einem Psychiater begutachtet werden.[352] Die Verhaltensweisen erschweren den Umgang mit den erkrankten Gefangenen, das Zusammenleben in Haft, stören die Sicherheit oder Ordnung der Anstalt und können sich sogar in erheblichen Eigen- und Fremdgefährdungen äußern.[353]

Oftmals waren die betroffenen Gefangenen zu keinem Zeitpunkt vor ihrer Inhaftierung in psychiatrischer Behandlung oder sie sind aus diesem „allgemeinpsychiatrischen Versorgungssystem heraus gefallen".[354] Daher ist es maßgeblich, ein Versorgungssystem für den Gefangenen für die Zeit nach seiner Inhaftierung aufzubauen.[355] Letztlich scheitert dieses zwingend relevante Vorgehen nicht selten am erkrankten Gefangenen, der sich selbst als nicht erkrankt/gestört erachtet

---

347  *Stöver* 2013, S. 281.

348  *Stöver* 2013, S. 281.

349  *Schönfeld u. a.* 2006, S. 840.

350  *Kubink* 2016, S. 245.

351  *Foerster* 2005, S. 145.

352  *Foerster* 2005, S. 145.

353  *Kubink* 2016, S. 245.

354  *Konrad* 2016, S. 235.

355  *Konrad* 2016, S. 235.

und in der Folge jegliche Weiterbehandlung ablehnt.[356] Nicht selten verheimlichen Gefangene bewusst ihre Krankheit oder die auftretende Symptome und versagen der Justizvollzugsanstalt ausdrücklich, Behandlungsstrukturen außerhalb der Haft für den Gefangenen aufzubauen.[357] Einer der Gründe könnte in der doppelten Stigmatisierung liegen, wonach erkrankte Gefangene vermeiden möchten, nicht nur als straffällig, sondern zusätzlich zudem als „psychisch krank" zu gelten.[358] Nicht selten handelt es sich bei den ablehnend agierenden Patienten um solche, die mehrere Problemkonstellationen aufweisen, bei denen folglich ein Therapie- und Behandlungsbedarf besonders indiziert wäre.[359]

Dieses ablehnende Verhalten wirkt sich nicht zuletzt auf die Resozialisierungschancen des erkrankten Gefangenen aus: es besteht ein maßgeblicher Unterschied zwischen den notwendigen und tatsächlich ausgeführten Entlassungsvorbereitungen.[360] Sicherungserwägungen führen zudem dazu, dass einige psychisch erkrankte Gefangene als weniger zuverlässig angesehen werden und ihnen Lockerungsmaßnahmen im Ergebnis nicht selten versagt werden.[361]

Abschließend kann daher festgehalten werden, dass Gefangene mit vielfältigsten psychiatrischen Auffälligkeiten im Strafvollzug untergebracht sind und insgesamt zu wenig Behandlung erfahren. Unter anderem die mangelnde Verantwortungsübernahme und fehlende Kooperationen durch und mit psychiatrischen Kliniken erschweren die Behandlung enorm. „Erkrankungsfördernde Haftbedingungen" begünstigen die Verschlechterung oder Entstehung psychischer Auffälligkeiten, gleichzeitig reichen die gegenwärtigen Therapieangebote und -maßnahmen bei Weitem nicht aus, um alle Gefangene einer adäquaten Behandlung und Betreuung zuzuführen.

Jedoch verweigern einige Gefangene auch aus Angst vor doppelter Stigmatisierung (straffällig und „gestört") häufig jegliche Form der Therapie. Die mangelhafte Behandlung führt jedoch letztlich zum Scheitern der Resozialisierungsbemühungen, da die Gefangenen ohne jegliche oder unzureichende Intervention entlassen werden.

Oftmals sind Gefangene mit psychiatrischen Auffälligkeiten auch auf persönlicher Ebene kompliziert. Manche neigen zu Gewalttätigen und aggressivem, unberechenbaren Verhalten, andere zu totaler Abschottung, Selbstverletzungen und schließlich Suizidversuchen. Gefangene mit psychiatrischen und psychischen Auffälligkeiten stellen daher nicht nur den Strafvollzug im täglichen Umgang mit

---

356  *Konrad* 2016, S. 235.

357  *Konrad* 2016, S. 235.

358  *Konrad* 2016, S. 235.

359  *Konrad* 2016, S. 236.

360  *Konrad* 2016, S. 236.

361  *Konrad* 2016, S. 236.

ihnen vor Herausforderungen, sondern auch die im Zuge der Entlassung sie wiederaufnehmende Gesellschaft.

Aus diesen Gründen sollte mittels Fragebogen auch untersucht werden, welche Angebote, Maßnahmen und generelle Konzeptionen die hier zu untersuchenden Bundesländer zum Umgang mit psychiatrisch auffälligen Gefangenen vorhalten.

## 3.12 Die Problematik der Langzeitgefangenen

Allzu oft wird die Problematik um „gefährliche" Gefangene mit Gefangenen in Verbindung gebracht, die eine lange[362] oder lebenslängliche Freiheitsstrafe zu verbüßen haben. Jedoch muss, ebenso wie zuvor, auch an dieser Stelle im Hinblick auf die Gefährlichkeit differenziert werden.

*Dünkel* verweist darauf, dass zwischen Gefangenen mit langen bzw. lebenslangen Freiheitsstrafen und gefährlichen Gefangenen allenfalls eine Teilkongruenz bestehe.[363] Gefangene mit langen, bzw. lebenslangen Freiheitsstrafen, „die wegen einer einmaligen Konflikttat verurteilt wurden", würden im Allgemeinen nicht als gefährlich angesehen werden.[364]

Überschneidungen gibt es aber dahingehend, dass stark gewalttätige und rückfallgefährdete Gefangene tendenziell auch längere Haftstrafen verbüßen.[365] Solche Gefangene, die wegen schwerer Straftaten verurteilt wurden, gelten häufig als gefährlich.[366] Jedoch muss an dieser Stelle im Hinblick auf die Gefährlichkeitszuschreibung differenziert werden. Langzeitgefangene, die wegen der des Verübens schwerer Delikten verurteilt wurden, sind meist weder für Mitgefangene noch für Vollzugsbedienstete gefährlich; vielmehr tragen sie sogar zur Stabilisierung des Vollzugsalltages bei, um ihre Freiheitsstrafe so friedlich wie möglich abzusitzen.[367] *Dünkel* rät daher dazu, „gefährliche" Insassen, die wegen schwerer, eventuell auch wiederholter, Delikte verurteilt wurden, von fluchtgefährdeten Insassen, die ein Sicherheitsproblem darstellen, und schwierigen Insassen, die ein Kontrollproblem darstellen", zu unterscheiden.[368]

Im Ergebnis kann daher festgestellt werden, dass naturgemäß nicht jeder Gefangene mit einer längeren bzw. lebenslangen Freiheitsstrafe auch als gefährlich

---

362 Der Europarat bezeichnete in seinen Resolutionen aus den Jahren 1976 und 2003 Freiheitsstrafen mit einer Länge von mehr als 5 Jahren als Langstrafenvollzug.

363 *Dünkel* 2009, S. 171.

364 *Dünkel* 2018, S. 423.

365 *Dünkel* 2018, S. 423.

366 *Drenkhahn/Dudeck* 2009, S. 134.

367 *Dünkel* 2018, S. 424.

368 *Dünkel* 2009, S. 173.

für den Strafvollzug oder die ihn wiederaufnehmende Allgemeinheit gilt. Jedoch werden lange Freiheitsstrafen in der Regel für schwere Straftaten, unter anderem die hier bereits untersuchten Sexual- und Gewaltstraftaten sowie terroristisch motivierte Straftaten, verhängt, sodass es zu Überschneidungen kommen kann. Vereinzelt können daher Straftäter mit langen Haftstrafen auch für den Strafvollzug oder die Allgemeinheit gefährlich sein, eine Verallgemeinerung ist jedoch keinesfalls zulässig oder zielführend.

## 3.13 Zusammenfassung

Im Ergebnis lässt sich festhalten, dass gefährliche Gefangene, Langzeit- und besonders sicherungsbedürftige Gefangene differenziert voneinander betrachtet werden müssen, obwohl teilweise Überschneidungen zwischen den Gruppierungen erkennbar sind. Alle drei weisen unterschiedliche Anknüpfungspunkte auf:

Langzeitgefangene haben zwar meist schwere Straftaten begangen, wofür sie zu einer langen oder lebenslänglichen Freiheitsstrafe verurteilt wurden, gefährden aber nicht automatisch den Ablauf des alltäglichen Vollzuges. Wie bereits zuvor beschrieben, tragen Langzeitgefangene, die zu schweren Delikten verurteilt wurden, meist eher zur Stabilisierung des Vollzugsalltages bei, um ihre Freiheitsstrafe so friedlich wie möglich gestalten zu können. Langzeitgefangene sind somit nicht zwangsläufig nur auf Grund ihrer schweren Straftat gefährlich für den alltäglichen Vollzugsablauf oder müssen sicher untergebracht werden.

Gefährlich soll ein Straftäter nach vorheriger Auslegung sein, wenn mit hoher Wahrscheinlichkeit eine erneute Begehung schwerer Straftaten zu befürchten ist, bei der wichtige Rechtsgüter bedroht werden. Darüber hinaus wird explizit bestimmten Tätergruppen wie Terrorverdächtigen, Sexualstraftätern und gewalttätigen Gefangenen Gefährlichkeit attestiert. Die hier benannte Gefährlichkeit bezieht sich demnach auf die begangenen Straftaten vor der Freiheitsentziehung und die prognostizierte Rückfallwahrscheinlichkeit, nicht jedoch auf den alltäglichen Haftverlauf.

Als besonders sicherungsbedürftig gelten Gefangene, die sicher im Sinne des § 85 StVollzG a. F. und den heutigen landesgesetzlichen Ausgestaltungen untergebracht werden müssen, da sie in erhöhtem Maße fluchtverdächtig sind oder ihr Verhalten oder ihr Zustand die Sicherheit, teilweise auch die Ordnung, der Anstalt gefährdet. Die Sicherungsbedürftigkeit der Gefangenen bezieht sich demnach auf Situationen während der alltäglichen Strafverbüßung, nicht jedoch auf die zuvor durch sie begangene Straftat. Nicht jeder Straftäter, der auf Grund seiner begangenen Straftat als gefährlich eingestuft wurde, muss zwangsläufig sicher im Sinne der hier untersuchten Landesgesetze untergebracht werden. Gleichzeitig können Straftäter sicher untergebracht werden, deren Straftaten sie nicht zwangsläufig als gefährlich erscheinen lassen. Vielmehr ist hierfür allein das Verhalten oder der Zustand innerhalb der Justizvollzugsanstalt entscheidend. Betroffen können hierbei insbesondere so genannte „schwierige" Gefangene sein, die mit „unschönem"

Verhalten auffallen, aber nicht unbedingt durch ihre Straftaten zuvor besonders auf sich aufmerksam gemacht haben, wie beispielsweise Gefangene mit Suchtproblematiken oder psychiatrischen Auffälligkeiten. Jene Gefangene können als gewalttätig, unberechenbar oder aggressiv in Erscheinung treten, Mitgefangene und Bedienstete bedrohen und Fremd- oder Selbstverletzungshandlungen ausführen.

Eine schematische Trennung zwischen den Gruppierungen kann nicht erfolgen, vielmehr gibt es Überschneidungen zwischen „gefährlichen", sicherungsbedürftigen und Langzeitgefangenen:

Täter, die schwere Straftaten begangenen haben und auf Grund dessen allgemein für die Gesellschaft als gefährlich gelten, werden tendenziell zu einer langen bzw. lebenslänglichen Freiheitsstrafe verurteilt und folglich sogenannte „Langzeitgefangene".

Gerade auch im Hinblick auf die zuvor genannten Tätergruppierungen, wie Terrorverdächtige und Sexualstraftäter, erscheint es möglich, sogar wahrscheinlich, dass jene als gefährlich geltenden Gefangenen auch in der Anstalt sicher untergebracht werden müssen, um Kontaktversuche zu Mitgefangenen zu unterbinden. Es ist denkbar, dass Terrorverdächtigte so von möglicherweise geplanten Rekrutierungsversuchen innerhalb der Anstalt abgehalten werden können. Ebenso scheint denkbar, dass Sexualstraftäter zu ihrem eigenen Schutz sicher untergebracht werden müssen, um eventuelle Racheaktionen von vornherein unterbinden zu können.

# 4. Internationale Rechtsquellen und Rechtsprechung

In den vergangenen Jahren wurden die Lebens- und Haftbedingungen von besonders sicherungsbedürftigen Gefangenen durch die nationalen Instanzen der Rechtsprechung sowie das Bundesverfassungsgericht und den Europäischen Gerichtshof für Menschenrechte konkretisiert. Auch wenn der deutsche Strafvollzug maßgeblich durch nationales Recht in Form der Landesstrafvollzugsgesetze bestimmt wird, erlangen internationale Regelungen und Standards, wie die Europäische Konvention zum Schutz der Menschenrechte, die Nelson-Mandela-Regeln sowie die Europäischen Strafvollzugsgrundsätze und das Europäische Übereinkommen zur Verhütung von Folter immer mehr Bedeutung.

## 4.1 Internationale Maßstäbe und Rechtsquellen

Der deutsche Strafvollzug richtet sich nicht nur nach innerstaatlichen Vorgaben, auch internationale Rechtsquellen erlangen immer mehr Relevanz.[369] Gemeint sind damit national übergreifende Regelungen, welche die rechtliche Situation der Gefangenen verbessern sollen und dafür teilweise in bundesdeutsches Recht umgesetzt oder als Auslegungshilfen berücksichtigt werden müssen.[370] Als maßgeblich hierfür gilt das Urteil des Bundesverfassungsgerichts zum Jugendstrafvollzug vom 31.05.2006, worin das Gericht ausführte, dass „auf eine den grundrechtlichen Anforderungen nicht entsprechende Gewichtung der Belange der Inhaftierten hindeuten kann, wenn völkerrechtliche Vorgaben oder internationale Standards mit Menschenrechtsbezug, wie sie in den im Rahmen der Vereinten Nationen oder von Organen des Europarates beschlossenen einschlägigen Richtlinien und Empfehlungen enthalten sind (...) nicht beachtet beziehungsweise unterschritten werden".[371] Als wesentliche internationale Rechtsquellen gelten die Konvention zum Schutz der Menschenrechte und Grundfreiheiten (EMRK), die Mindestgrundsätze der Vereinten Nationen für die Behandlung von Gefangenen (seit 2015 die so genannten Mandela-Rules), das europäische Übereinkommen zur Verhütung von Folter und unmenschlicher und erniedrigender Behandlung und Strafe von 1987 (die sog. Anti-Folter-Konvention) sowie die Europäischen Strafvollzugsgrundsätze (European Prison Rules) aus dem Jahr 2006.

---

369   *Laubenthal* 2019, Rn. 33.

370   *CMD* 2005, Einleitung, Rn. 46; *Laubenthal* 2019, Rn. 33.

371   BVerfGE, BeckRS 2006, S. 23318.

## 4.1.1 Europäische Konvention zum Schutz der Menschenrechte und Grundfreiheiten

Die Konvention zum Schutze der Menschenrechte und Grundfreiheiten (EMRK) von 1950, in nationales Recht am 07.08.1952 durch Bundesgesetz transferiert,[372] ist eine europäische Übereinkunft, unter Bezugnahme auf die UNO-Menschenrechtserklärung, die Individualrechte für Bürger gewährleitet und damit auch staatlichen Eingriffen in die Rechtssphäre der Gefangenen Grenzen aufzeigt.[373] Bei der EMRK handelt es sich um einen völkerrechtlichen Vertrag, dem die gesetzgebende Körperschaft in Deutschland zugestimmt und folglich Gesetzesrang verliehen hat.[374] Im innerstaatlichen Gefüge kommt der EMRK somit der Rang eines einfachen Bundesgesetzes zu.[375] Die EMRK enthält unter anderem in Art. 3 das Verbot der unmenschlichen Behandlung, die in Art. 4 das Verbot der Zwangs- und Pflichtarbeit, in Art. 8 die Achtung des Privatlebens, in Art. 9 die Gewissens- und Religionsfreiheit, in Art. 10 das Recht auf freie Meinungsäußerung, in Art. 11 das Recht auf Versammlungs-und Vereinigungsfreiheit, in Art. 13 das Beschwerderecht und in Art. 14 die Forderung nach Gleichheit vor dem Gesetz. Eine Verletzung dieser Artikel eröffnet Gefangenen unter bestimmten Voraussetzungen (Art. 34, 35 EMRK) den Weg zum Europäischen Gerichtshof für Menschenrechte (EGMR).[376]

Von besonderer Bedeutung für alle Haftorte ist Artikel 3 EMRK.[377] Er beinhaltet das Folterverbot und lautet wie folgt:

„Niemand darf der Folter oder unmenschlicher oder erniedrigender Strafe oder Behandlung unterworfen werden."

Der Abgrenzung dieser drei Varianten liegt eine Stufenfolge zu Grunde, die sich wiederum nach der Schwere des Eingriffs richtet.[378] Die Folter ist hierbei der schwerste Eingriff und wird als „jede Handlung, durch die einer Person vorsätzlich große körperliche oder seelische Schmerzen oder Leiden zugefügt werden" definiert.[379] Es ist zunehmend erkennbar, dass der EGMR Behandlungen, die früher nicht als Folter klassifiziert wurden, heute als solche bewertet, was mit

---

372 *Dünkel* 2009, S. 180.

373 SBJL-*Jehle* 2020, 1. Kapitel, A., Rn. 16; *Laubenthal* 2019, Rn. 34.

374 LNNV-*Neubacher* 2015, A, Rn. 41.

375 BVerfG, NJW 1960, S. 1244; *Kaiser/Schöch* 2002, Rn. 21.

376 *Arloth/Krä* 2017, Einleitung, Rn. 8.

377 AK-*Feest/Lesting/Lindemann* 2017, Teil I, Rn. 6.

378 BeckOK-StPO/*Valerius* 2018, Art. 3 EMRK, Rn. 3.

379 BeckOK-Strafvollzugsrecht/*Gerhold* 2018, Art. 3 EMRK, Rn 5.

den „hohen Anforderungen an den Schutz der Menschenrechte und Grundfreiheiten" begründet wird.[380] Eine unmenschliche Behandlung ist jede länger andauernde, vorsätzliche Einwirkung, die schwere physische und psychische Leiden verursacht.[381] Das Augenmerk der erniedrigenden Behandlung liegt regelmäßig nicht auf der Zufügung von Schmerzen, sondern eher darauf, dass der Betroffene in seiner Würde verletzt oder die Würde herabgesetzt wird, oder Gefühle der Angst, Beklemmung oder Unterlegenheit erweckt werden, die geeignet sind, einen moralischen oder körperlichen Widerstand zu brechen.[382] In der Praxis unterliegen jedoch alle drei Stufen einem absoluten Verbot, sodass die Unterscheidung praktisch keine Relevanz besitzt.[383] Art. 3 EMRK ist maßgeblicher Bestandteil der Rechtsprechung des EGMR zu den Haftbedingungen in europäischen Gefängnissen.[384]

### 4.1.2 Mindestgrundsätze der Vereinten Nationen für die Behandlung von Gefangenen (seit 2015 Nelson Mandela Rules)

1957 wurden vom Wirtschafts- und Sozialrat der Vereinten Nationen die Mindestgrundsätze für die Behandlung von Gefangenen beschlossen.[385] Diese stellen lediglich eine unverbindliche Empfehlung dar und entfalten keine Rechtsverbindlichkeit.[386] Allerdings finden die bis heute geltenden Empfehlungen Beachtung als moralische Verpflichtung.[387] Im Jahr 2015 wurde eine überarbeitete Fassung der Grundsätze mit dem Namenszusatz „Nelson Mandela Rules" von der Generalversammlung der UN verabschiedet.[388] Die Neufassung enthält Änderungen im Bereich der Gesundheitsversorgung im Strafvollzug, im Bereich der Disziplinarmaßnahmen, hinsichtlich des Schutzes besonders gefährdeter Gefangener sowie hinsichtlich des Zugangs zur Rechtsberatung.[389] Die Mandela-Rules enthalten keine expliziten Regeln zu besonders sicherungsbedürftigen Gefangenen, dafür aber allgemein Regeln, die sich auf die hier zu untersuchende Gefangenengruppierung anwenden lassen. Regel 36 besagt, dass Disziplin und Ordnung der

---

380  EGMR, JuS 2001, S. 386.

381  EGMR, NJW 2001, S. 2695.

382  EGMR, NVwZ 2011, S. 414.

383  BeckOK-Strafvollzugsrecht/*Gerhold* 2018, Art. 3 EMRK, Rn 4.

384  AK-*Feest/Lesting/Lindemann* 2017, Teil I, Rn. 6.

385  *Laubenthal* 2019, Rn. 35.

386  *Arloth/Krä* 2017, Einleitung, Rn. 9.

387  *Böhm* 2002, Kapitel I, Rn. 11; *Laubenthal* 2019, Rn. 35.

388  Vgl. *Dünkel* 2018a, S. 112 f.; *Dünkel/Pruin/Beresnatzki/Treig* 2018, S. 23.

389  AK-*Feest/Lesting/Lindemann* 2017, Teil I, Rn. 9.

Anstalt aufrecht zu erhalten sind, jedoch nur insoweit wie es für „die sichere Unterbringung, den sicheren Betrieb der Vollzugsanstalt und ein geordnetes Gemeinschaftsleben erforderlich ist". Einschränkungen, die über diese Situation hinausgehen, sind folglich zu unterlassen. Darüber hinaus enthalten die Regeln Empfehlungen im Hinblick auf die zuvor erläuterten besonderen Sicherungsmaßnahmen. Regel 37 und 38 enthalten Vorschläge in Bezug auf jede Art der unfreiwilligen Isolierung, wie Absonderungen oder Einzelhaft. Gem. Regel 37 sollen Absonderungen jeglicher Art grundsätzlich auf einer Gesetzesreglung oder Verwaltungsvorschrift der dafür zuständigen Verwaltungsbehörde basieren.[390] Regel 38 Nr. 2 empfiehlt, die Auswirkungen einer Absonderung, unabhängig davon, ob die Gefangenen abgesondert sind oder waren, wenn möglich abzuschwächen. Gleichzeitig wird in Regel 42 festgehalten, dass die Vorschriften zu den allgemeinen Lebensbedingungen, so auch derer zu Bewegung und Sport (Regel 23), für ausnahmslos alle Gefangenengruppierungen gelten sollen. Daraus lässt sich schlussfolgern, dass Bewegung im Freien und sportliche Betätigung auch für besonders sicher untergebrachte Gefangene empfohlen wird. Regel 43 verbietet unter allen Umständen, dass Einschränkungen oder Disziplinarstrafen grausamer, unmenschlicher oder erniedrigender Behandlung gleichkommen. Für diese Untersuchung relevante Verbote im Sinne dieser Praktik sollen unter anderem die unausgesetzte (Regel 43a) oder Langzeit-Einzelhaft (Regel 43b) sein. Wie bereits im Rahmen der besonderen Sicherungsmaßnahmen dargestellt, beschränkt keines der hier zu untersuchenden Bundesländer die unausgesetzte Absonderung oder Einzelhaft auf zeitlicher Ebene. In manchen Bundesländern soll aber nach Verbüßung einer bestimmten Zeitspanne in Einzelhaft eine Überprüfung durch das zuständige Fachministerium stattfinden. Auch werden in den Mandela-Regeln die Absonderung und Einzelhaft anders definiert, als in den hier zu untersuchenden Bundesländern. Regel 44 definiert die Einzelhaft als „die Absonderung eines Gefangenen für mindestens 22 Stunden pro Tag", die Langzeit-Einzelhaft als „eine mehr als 15 aufeinanderfolgende Tage währende Einzelhaft". Bei den hier zu untersuchenden Bundesländern wurde eine Isolierung vom allgemeinen Gefängnisgeschehen von bis zu 24h als Absonderung, eine darüber hinaus gehende Isolierung als Einzelhaft definiert. Regel 45.1 der Mandela-Rules lässt Einzelhaft (*solitary confinement*) nur ausnahmsweise als „letztes Mittel" und für die kürzest mögliche Dauer mit der Maßgabe zu, dass die betroffenen Gefangenen einen Anspruch auf eine rechtliche Überprüfung haben müssen. Eine zeitlich unbestimmte Einzelhaft ist untersagt. Regel 45.2 verbietet die unausgesetzte Einzelhaft bei

---

390  Rule 37: The following shall always be subject to authorization by law or by the regulation of the competent administrative authority: (…) (d) Any form of involuntary separation from the general prison population, such as solitary confinement, isolation, segregation, special care units or restricted housing, whether as a disciplinary sanction or for the maintenance of order and security, including promulgating policies and procedures governing the use and review of, admission to and release from any form of involuntary separation.

geistig oder körperlich Behinderten und schränkt sie bei weiblichen und jungen Gefangenen mit Hinweis auf die entsprechenden Mindeststandards der sog. Bangkok- (Resolution 65/229 von 2010) bzw. Havana-Rules (Resolution 45/113 von 1990)[391] weiter ein.

Abseits von den Empfehlungen zur Anwendung der besonderen Sicherungsmaßnahmen befasst sich Regel 73 mit der Verlegung von Gefangenen. Bei deren Verlegung aus oder in eine Anstalt sind „sie so wenig wie möglich Blicken der Öffentlichkeit auszusetzen, um sie vor Beleidigungen, Neugier oder Zurschaustellung zu schützen".

### 4.1.3 Europäisches Komitee zur Verhütung von Folter (CPT)

Die europäische Konvention zur Verhütung von Folter von 1987, in Kraft getreten 1989, „beruht auf den Erfahrungen, dass die meisten Fälle von Folter oder erniedrigender Behandlung in Haftanstalten, psychiatrischen Kliniken oder ähnlichen geschlossenen Einrichtung stattfinden".[392] Um diese Fälle von Folter und erniedrigender Behandlung zu verhindern, wurde ein präventives Besuchssystem eingerichtet.[393] Ein unabhängiges Expertenkomitee, der „Europäische Ausschuss zur Verhütung von Folter und unmenschlicher oder erniedrigender Behandlung oder Strafe" (Committee for the Prevention of Torture, kurz: CPT,) besucht regelmäßig oder spontan oben genannte Einrichtungen, um so zu verhindern, dass Gefangene derart behandelt bzw. misshandelt werden.[394] Die Initiatoren versprechen sich allein von der Möglichkeit eines jederzeitigen Besuches eine Art präventive Wirkung, da gem. Art. 2 der Konvention die Vertragsstaaten dazu angehalten sind, solche Besuche zuzulassen.[395] Nach seinen Besuchen erstellt das CPT Berichte über seine Beobachtungen und Erkenntnisse und spricht Empfehlungen zur Verbesserung des Schutzes der Inhaftierten aus.[396] Die Ergebnisse der Inspektionen in den Mitgliedsstaaten wurden in so genannten CPT-Standards festgehalten.[397]

Innerhalb dieser CPT-Standards beschäftigte man sich auch mit der Unterbringung von Gefangenen in „Hochsicherheitstrakten" und sprach daraufhin Empfehlungen zu deren Haftsituation aus. Zunächst wurde festgehalten, dass es eine kleine Gruppierung an Gefangenen in jedem Land geben dürfte, die ein hohes

---

391 Siehe dazu auch die Einschränkungen des CPT in *Council of Europe* 2011 (CPT/Inf (2011)28-part2), S. 2 m. w. N.
392 *CMD* 2005, Einleitung, Rn. 49.
393 *Morgenstern* 2013, S. 531.
394 *Morgenstern* 2013, S. 531; *Pohlreich* 2011, S. 570.
395 *CMD* 2005, Einleitung, Rn. 49.
396 *Laubenthal* 2019, Rn. 37.
397 *Laubenthal* 2019, Rn. 37.

Sicherheitsrisiko darstellten und besonders untergebracht werden müssten.[398] Die Einschätzung des hohen Risikos kann auf Faktoren wie beispielsweise der Art der begangenen Straftaten, ihrer Reaktion auf den Freiheitsentzug oder ihrem psychologisch/psychiatrischen Profil beruhen.[399] Das CPT schlägt vor, als Ausgleich zu den strengen Haftbedingungen ein intern „relativ gelockertes Regime" anzuwenden und vielfältige Aktivitäten sowie Kontakte zu Mitgefangenen zu gestatten.[400] Das gelockerte Regime müsse unterstützt werden durch eine positive Grundstimmung innerhalb des Traktes sowie zwischen Gefangenen und Bediensteten.[401] Erneut wurde die absolute Notwendigkeit eines „zufriedenstellenden Aktivitäten-Programms" betont, da dies dazu beitragen würde, den negativen Aspekten der „Haft entgegen zu wirken.[402] Abseits von sportlichen und anderen Freizeitaktivitäten, sei es insbesondere wichtig, den Gefangenen Arbeit anzubieten.[403] Das hohe Sicherheitsrisiko schließe zwar eine Vielzahl von Arbeitsmöglichkeiten aus, das dürfte aber nicht zur Folge haben, dass Gefangene mit hohem Sicherheitsrisiko nur „öde Arbeiten" angeboten bekämen.[404] Die hoch gesicherte Unterbringung soll nur so lange wie zwingend notwendig aufrecht erhalten und regelmäßig auf ihre Notwendigkeit hin von geschultem Personal überprüft und den Gefangenen detailliert erklärt werden.[405]

Im 21. Jahresbericht des CPT wurden diese Grundsätze nochmals weiter präzisiert. Einzelhaft kann „extrem schädigende Auswirkung auf die geistige, körperliche und soziale Gesundheit der Betroffenen haben".[406] Dementsprechend ist sie auf „ein absolutes Minimum" zu begrenzen. Die zu beachtenden Prinzipien der Verhältnismäßigkeit (im Hinblick auf Anlass und Dauer), der Rechtmäßigkeit (Gesetzesvorbehalt bzw. anderweitige konkrete Rechtsgrundlage), der Nachvollziehbarkeit (Begründungspflicht und aktenmäßige Dokumentation), der Notwendigkeit (Begründung jeglicher zusätzlicher Einschränkungen von Grundrechten als Nebenwirkung der Einzelhaft, z. B. kein automatischer Entzug von Besuchen u. a. Kontakten mit der Außenwelt) und der Nichtdiskriminierung verdeutlichen

---

398 *Council of Europe* 2001, S. 5.

399 *Council of Europe* 2001, S. 5.

400 *Council of Europe* 2001, S. 5.

401 *Council of Europe* 2001, S. 6.

402 *Council of Europe* 2001, S. 6.

403 *Council of Europe* 2001, S. 6.

404 *Council of Europe* 2001, S. 6.

405 *Council of Europe* 2001, S. 6.

406 Vgl. *Council of Europe* 2011, S. 1 unter Hinweis auf *Shalev* 2008. Gefangene in Einzelhaft sind darüber hinaus besonders verletzlich und u. U. gefährdet, Misshandlungen des Vollzugspersonals ausgesetzt zu werden, „weit weg von der Aufmerksamkeit anderer Inhaftierter oder Justizvollzugsbeamter."

dieses Bemühens des CPT, jegliche Form der Einzelhaft bzw. Isolierung von Gefangenen zu minimieren.[407] Einzelhaft sollte (abgesehen von möglichen Kontaktverboten im Rahmen der Untersuchungshaft) niemals im Rahmen eines gerichtlichen Urteils verhängt werden können. Sie kann zulässig sein als Disziplinarstrafe, nach Auffassung des CPT für maximal 14 Tage, bei Jugendlichen in jedem Fall kürzer,[408] ferner als Präventivmaßnahme bei gefährlichen Gefangenen (zum Schutz von anderen Gefangenen und Bediensteten) und zum Schutz von Gefangenen vor anderen Gefangenen, wobei hier besondere Zurückhaltung geboten ist, da es sich ja um Einschränkungen handelt, die das potenzielle Opfer von Übergriffen Dritter betreffen. „Auf Einzelhaft zum Schutz sollte nur dann zurückgegriffen werden, wenn es absolut keinen anderen Weg gibt, die Sicherheit des betreffenden Gefangenen zu gewährleisten."[409]

Die materiellen Haftbedingungen (Zellengröße, ausreichendes Tageslicht, Belüftung und Ausstattung) sollten die gleichen Mindeststandards erfüllen wie normale Haftäume.[410]

In den vergangenen Jahrzehnten hat das Komitee insgesamt acht Besuche in deutschen Haftanstalten und anderen Einrichtungen, in denen Menschen gegen ihren Willen festgehalten werden, vorgenommen und im Anschluss darüber berichtet. Im Folgenden gilt es daher, die Abschlussberichte in Bezug auf die hier zu untersuchende Gruppierung der besonders sicherungsbedürftigen Gefangenen zu lesen.[411]

Vom 08.12.-20.12.1991 besuchte das Komitee erstmals deutsche Haft-, Polizei- und psychiatrische Anstalten. Während seines Besuchs untersuchte es unter anderem die Justizvollzugsanstalten in Straubing (Bayern), Moabit und Tegel (Berlin) sowie Waldheim (Sachsen).[412] Die Justizvollzugsanstalt Straubing beherbergte zu diesem Zeitpunkt männliche verurteilte Gefangene mit Freiheitsstrafen ab fünf Jahren bis zu lebenslanger Freiheitsstrafe. Die Justizvollzugsanstalt Moabit diente zu diesem Zeitpunkt hauptsächlich als Untersuchungshaftanstalt, beherbergte aber auch wenige verurteilte Gefangene. Bereits zu Freiheitsstrafen verurteilte Gefangene beherbergte hauptsächlich die Justizvollzugsanstalt Tegel. Die Justizvollzugsanstalt Waldheim war 1991 ebenfalls zuständig für den Vollzug an verurteilten Tätern, viele davon verbüßten lange Freiheitsstrafen. Mit Ausnahme von zwei Vorfällen wurden dem Komitee keine Beschwerden über Folter

---

407  Vgl. *Council of Europe* 2011, S. 2 f.

408  Vgl. *Council of Europe* 2011, S. 4.

409  Vgl. *Council of Europe* 2011, S. 4.

410  Vgl. *Council of Europe* 2011, S. 6 f.

411  Abschlussberichte, die keine Aussagen zu besonders sicherungsbedürftigen Gefangenen beinhalten, werden erwähnt, jedoch nicht weitergehend erläutert.

412  *CPT* 1991, S. 9 f., vgl. auch für die nachfolgenden Ergebnisse.

oder Misshandlung vorgetragen. Eine der zuvor genannten Ausnahmen bezog sich auf das Gefängnis in Straubing, wo Gefangene körperlich misshandelt worden sein sollen, nachdem sich einige geweigert hatten, nach ihrer sportlichen Betätigung auf ihre Zellen zurückzukehren. Laut Beschwerde sollen sie durch die Beamten körperlich misshandelt, eingesperrt und erneut geschlagen worden sein. Die zweite Ausnahme bezog sich auf die Justizvollzugsanstalt Tegel. An das Komitee herangetragene Beschwerden beinhalteten Aussagen über eine im Erdgeschoss liegende Zelle, in der Gefangene mit kaltem Wasser übergossen worden sein sollten. Das Komitee hielt ausdrücklich fest, dass eine solche Praxis inakzeptabel sei. Abseits von diesen beiden Fällen schienen Bedienstete und Gefangene in Straubing, Tegel und Moabit gute Beziehung zu pflegen, die Bediensteten erwiesen sich im Umgang mit den Gefangenen als besonders professionell und human. Jedoch waren laut Komitee deutliche Spannungen zwischen den Bediensteten und Gefangenen in Waldheim zu spüren. Bei ihrem Besuch richtete das Komitee ein besonderes Augenmerk auf alle Gefangenen, die in den besuchten Anstalten Einzelhaft verbüßten (vorgefunden in Straubing in so genannten „S-Zellen" (Sicherheitszellen), Tegel und Waldheim). In Tegel wurden mehrere Gefangene abgesondert von der verbliebenen Gefängnispopulation in einer eigenen Einheit festgehalten, in Straubing stellte das Komitee fest, dass es nicht unüblich war, Gefangene für mehrere Monate (hier 13 Monate) unfreiwillige Einzelhaft verbüßen zu lassen. In Tegel berichtete ein Gefangener, mehr als drei Jahre in unfreiwilliger Einzelhaft verbracht zu haben. Da menschliche Kontakte und Beschäftigungsmöglichkeiten außerhalb der Zelle kaum, bis gar nicht, vorhanden waren, empfahl das Komitee den deutschen Behörden, die Einzelhaft unverzüglich so anzupassen, dass menschlicher Kontakt und zielgerichtete Tätigkeiten möglich sind. Zum Zeitpunkt des Besuches der Delegation war der Hochsicherheitstrakt in Moabit unbenutzt. Die Räumlichkeiten dienten als Lager, waren aber nach wie vor voll funktionsfähig.

Vom 14.-26.4.1996 besuchte die Delegation eine Reihe von Einrichtungen in Deutschland, unter anderem die Justizvollzugsanstalten Moabit und Tegel in Berlin und die Justizvollzugsanstalt Bützow in Mecklenburg-Vorpommern.[413] Bei den Besuchen in Tegel und Moabit handelte es sich um kurze, wiederholte Besuche (sog. „follow-up visits"). Die Justizvollzugsanstalt Bützow wurde zum ersten Mal besucht. Die Justizvollzugsanstalt Bützow beherbergte damals Untersuchungsgefangene, wenige Frauen und hauptsächlich verurteile männliche Gefangene mit Haftstrafen von drei Jahren bis lebenslänglich. Beschwerden im Hinblick auf Folter durch das Gefängnispersonal erhielt die Delegation nicht, dafür jedoch, wenn auch wenige, Berichte über körperliche Misshandlungen. Diese bezogen sich jedoch auf einen Zeitraum vor Oktober 1995. Damals sollen Gefangene, während sie an ihr Bett gefesselt waren, von Beamten geschlagen worden sein. In den

---

413  *CPT* 1997, S. 6 f.

sechs Monaten vor ihrem Besuch erhielt die Delegation jedoch keine Beschwerden dieser Art mehr. Gleichwohl wurde aber in Gesprächen mit den Gefangenen deutlich, dass es in manchen Flügeln der Justizvollzugsanstalt Bützow besonders häufig zu gewaltsamen Auseinandersetzungen, insbesondere zwischen den Gefangenen, käme. Bei dem wiederholten Besuch der Justizvollzugsanstalt Moabit begutachtete die Delegation hauptsächlich den Fortschritt der beim vorherigen Besuch empfohlenen Renovierung der teilweise zerfallenen Zellenkomplexe. Auch in der Justizvollzugsanstalt Tegel überprüfte die Delegation die Umsetzung der bei der ersten Visite Maßnahmen zur Behebung der beanstandeten baulichen Mängel. Besorgt zeigte sich das Komitee über den „Isolierblock für Drogenhändler", in dem es nach wie vor kaum Beschäftigungsmöglichkeiten gab und die Lebensqualität deutlich geringer war, als im Vergleich der anderer Gefangener in der Justizvollzugsanstalt Tegel. Die mangelnden Beschäftigungsmöglichkeiten rügte die Delegation ebenfalls in der Justizvollzugsanstalt Bützow.

Vom 25.-27.5.1998 besuchte die Delegation den Frankfurter Flughafen, um die 1997 und 1998 erhaltenen Berichte, wonach Immigrationshäftlinge am Frankfurter Flughafen mittels exzessiver Gewalt körperlich misshandelt worden seien, zu untersuchen.[414] Besuche in Justizvollzugsanstalten des Landes fanden im Rahmen dieses Besuches nicht statt.

Vom 03.12.-15.12.2000 besuchte die Delegation unter anderem mehrere Polizeistationen, Untersuchungsgefängnisse, Jugendhaftanstalten, forensisch-psychiatrische Einrichtungen sowie Einrichtungen am Frankfurter Flughafen und Hauptbahnhof in Baden-Württemberg, Bayern, Berlin, Brandenburg, Hessen, Nordrhein-Westfalen und Sachsen-Anhalt.[415]

Vom 20.11.-02.12.2005 besuchte eine Delegation die Bundesländer Baden-Württemberg, Berlin, Brandenburg, Hamburg, Niedersachsen, Sachsen-Anhalt, Schleswig-Holstein und Thüringen. Relevant für die hier vorgenommene Untersuchung sind insbesondere die Besuche der Sicherungsstation in der Justizvollzugsanstalt Tegel (Berlin) und der Justizvollzugsanstalt Halle I (Sachsen-Anhalt).[416] Die Delegation besuchte bei ihrem Besuch in Berlin Tegel gezielt Gefangene in der Sicherungsverwahrung und auf der besonderen Sicherheitsstation. Beschwerden oder Behauptungen im Hinblick auf körperliche Misshandlungen gab es nicht. Auf der besonderen Sicherheitsstation „B-1", verortet in Teilanstalt III in der Justizvollzugsanstalt Tegel, befanden sich Gefangene, die ein „erhöhtes Gewaltpotential oder ein erhöhtes Fluchtrisiko aufwiesen, besonders gefährliche Gefangene aus anderen Bundesländern sowie schutzbedürftige Gefangene zu ihrer eigenen Sicherheit". Die Kapazität der Station betrug 10 Plätze, sieben Gefangene waren i. S. v. § 88 II StVollzG abgesondert, ein Gefangener

---

414 *CPT* 1999, S. 4 f.

415 *CPT* 2003, S. 7.

416 *CPT* 2007, S. 7 f., vgl. auch für die nachfolgenden Ergebnisse.

befand sich in Einzelhaft gem. § 89 I StVollzG. Die Verweildauer variierte zwischen wenigen Monaten und einigen Jahren. Die materiellen Bedingungen auf der Sicherheitsstation befand das Komitee als angemessen, jedoch bestand für die Gefangenen keinerlei Möglichkeit, an Arbeits-, Freizeit- oder Sportmaßnahmen teilzunehmen. Einzig eine Stunde Aufenthalt im Innenhof war pro Tag gestattet, die verbleibenden 23 Stunden verbrachten die Gefangenen allein auf ihren Zellen. Die Delegation bewertete diese Bedingungen als unzulässig. Der zwischenmenschliche Kontakt zwischen Gefangenen und Bediensteten war auf der Sicherheitsstation überaus professionell und laut Komitee nicht zu beanstanden.

Die Justizvollzugsanstalt Halle I beherbergte zum Zeitpunkt des Besuchs erwachsene männliche Strafgefangene, Untersuchungsgefangene, weibliche Gefangene sowie wenige Heranwachsende und Jugendliche. Auch in Halle I wurden keine Beschwerden über körperliche Misshandlungen an das Komitee herangetragen. Abseits der regelmäßigen Doppelbelegung von für Einzelbelegung vorgesehenen Zellen stellten die materiellen Bedingungen (Unterbringung und Außenanlagen) vor Ort die Delegation zufrieden. Das Komitee kritisierte für alle Gefangenengruppen der Justizvollzugsanstalt Halle I, dass zu wenig Gefangene in Arbeits-, Weiterbildungs- oder schulischen Maßnahmen waren und es zu wenig Betätigungsmöglichkeit gab.

Vom 25.11.-07.12.2010 besuchte das Komitee unter anderem die Abteilung für Sicherungsverwahrung in der Justizvollzugsanstalt Freiburg, die Frauen-Justizvollzugsanstalt in Schwäbisch Gmünd, ebenso die Außenstelle für männliche Gefangene in Ellwangen (Baden-Württemberg) sowie die Justizvollzugsanstalt München-Stadelheim als Abteilung für männliche Abschiebungshäftlinge und Außenstelle für Frauen (Bayern) und die Jugendarrestanstalt in Berlin. Darüber hinaus prüfte das Komitee noch die Zustände in der Justizvollzugsanstalt in Köln (Abteilung für junge Erwachsene, Jugendliche und Hochsicherheitsabteilung), die Jugendhaftanstalt Herford (Nordrhein-Westfalen) sowie die Justizvollzugsanstalten Leipzig (Sachsen) und Burg (Abteilung für Sicherungsverwahrung) (Sachsen-Anhalt).[417] Ein besonderes Augenmerk liegt für die hier vorzunehmende Untersuchung auf den Justizvollzugsanstalten Köln inklusive der Hochsicherheitsabteilung sowie Leipzig mit der Außenstelle Ellwangen. Die Justizvollzugsanstalt Köln beherbergt unter anderem männliche erwachsene sowie weibliche Häftlinge, Untersuchungsgefangene und Strafgefangene. Zum Zeitpunkt des Besuches des Komitees waren von 28 Plätzen in der Hochsicherheitsabteilung 20 mit Untersuchungs- und Strafgefangenen belegt. In der Justizvollzugsanstalt Leipzig waren zunächst kurzstrafige Gefangene, später auch männliche Jugendliche und Erwachsene, Untersuchungsgefangene und männliche ausländische Staatsangehörige untergebracht. In der Außenstelle Ellwangen saßen männliche, erwachsene Strafgefangene ein. In keiner der hier untersuchten Justizvollzugsanstalten wur-

---

417  *CPT* 2012, S. 6 f., vgl. auch für die nachfolgenden Ergebnisse.

den Beschwerden über körperliche Misshandlungen erhoben. Das Komitee kritisierte jedoch, dass einige der Bundesländer den Entzug des Aufenthaltes im Freien entgegen der konkreten Empfehlung der Delegation als besondere Sicherungsmaßnahme in ihren Strafvollzugsgesetzen beibehalten hätten. Das Komitee begrüßte, dass die Fixierung in allen Anstalten zwar möglich, aber nur selten angewandt wurde. Die Delegation zeigte sich über die routinemäßige Praxis in der Justizvollzugsanstalt Leipzig, Gefangenen in besonders gesicherten Hafträumen die Kleidung abzunehmen und sie stattdessen Papierunterwäsche tragen zu lassen, besorgt. Diese Praxis könne für den Gefangenen eine erniedrigende Behandlung darstellen. Auch die über mehrere Tage andauernde Fixierung in der Justizvollzugsanstalt Köln besorgte die Delegation. Die Haftbedingungen in Leipzig für männliche, erwachsene Gefangene bewertete das Komitee als angemessen.

Vom 25.11.2013-02.12.2013 tätigte das Komitee einen ad-hoc Besuch in Baden-Württemberg, Rheinland-Pfalz und Hessen, um dort die Behandlung und Lebensbedingungen männlicher und weiblicher Sicherungsverwahrter zu untersuchen. Dafür besuchte die Delegation die Justizvollzugsanstalten Diez (Rheinland-Pfalz), Frankfurt am Main III (für Frauen, Hessen) sowie Freiburg und Hohenasperg (Baden-Württemberg).[418] Die Delegation stellte bei ihrem Besuch fest, dass es in allen Anstalten keinerlei Vorwürfe über körperliche Misshandlungen, verbale Beschimpfungen von Insassen oder durch das Personal oder über Gewalt unter Insassen gab.

Das „Komitee der Vereinten Nationen zur Verhütung von Folter und unmenschlicher oder erniedrigender Behandlung oder Strafe in Deutschland" führte schließlich noch einen weiteren Besuch vom 25.11.2015-07.12.2015 durch.[419] Hauptsächlich sollten die Maßnahmen überprüft werden, die die Behörden im Anschluss an die letzten Besuche getroffen hatten, um den Empfehlungen des Komitees gerecht zu werden. Die Delegation führte Besuche in den Justizvollzugsanstalten Celle (Niedersachsen), Kaisheim (Bayern) und Tonna (Thüringen) durch. Wie schon bei vorangegangenen Besuchen gab es keine Vorwürfe hinsichtlich körperlicher Misshandlung von Bediensteten gegenüber den Insassen. Allerdings gab es eine Vielzahl von Beschwerden durch die Insassen hinsichtlich groben, respektlosen Verhaltens in der JVA Kaisheim. Die materiellen Bedingungen waren in allen drei Justizvollzugsanstalten gut. Das Komitee mahnte an, respektloses oder provozierendes Verhalten gegenüber den Insassen zu unterlassen. Ferner ermutigte es die Behörden, in allen Justizvollzugsanstalten die Bemühungen dahingehend zu verstärken, dass alle Inhaftierten, auch die Untersuchungsgefangenen, einen angemessenen Teil des Tages Arbeit(-smaßnahmen) nachgehen können. Zudem war es der Delegation bei selbigem Besuch möglich, mit einem besonders sicherungsbedürftigen Gefangengen zu sprechen und seine

---

418 *CPT* 2014, S. 4 f., vgl. auch für die nachfolgenden Ergebnisse.

419 *CPT* 2017, S. 10 f., vgl. auch für die nachfolgenden Ergebnisse.

Lebensbedingungen auf der Sicherheitsstation der JVA Celle (Niedersachsen) zu untersuchen. Die materiellen Bedingungen auf der Sicherheitsstation entsprachen einem hohen Standard. Innerhalb der höchsten Sicherheitsstufe war kein Kontakt zu anderen Gefangenen möglich bzw. erlaubt. Nach Herabstufung in eine niedrigere Sicherheitsstufe bestand täglich die Möglichkeit, für ein bis zwei Stunden Kontakt zu ausgewählten Mitgefangenen während der Bewegung im Freien oder dem Aufenthalt in Gemeinschaftsräumen zu pflegen. In der Praxis führt die Herabsetzung jedoch nicht zu einer Änderung der Bedingungen, da der zweite Insasse dieser Station den Kontakt verweigerte. Beschäftigen konnte sich der Betroffene außerhalb der Zelle an fünf Tagen pro Woche für ein bis zwei Stunden im Fitnessraum, in dem er sich allein aufhielt, oder im Hof im Freien. Vor und nach dem Hofgang musste in Anwesenheit zweier Justizvollzugsbeamter die gesamte Kleidung inklusive der Unterwäsche gewechselt werden. Innerhalb der Zelle war es möglich, Bücher und Zeitungen zu lesen, Radio zu hören, eine Schreibmaschine zu nutzen und Fernsehen zu schauen. Ferner waren pro Woche zwei Telefongespräche à 15 Minuten gestattet sowie Besuche, jedoch nur insgesamt zwei Stunden pro Monat. Einmal wöchentlich war ein einstündiges Gespräch mit einem Psychologen möglich, zusätzlich eine Stunde mit einem Pfarrer oder Sozialarbeiter. Das CPT kritisierte insgesamt das Minimum an menschlichem Kontakt und regte an, die Vollzugsgestaltung langsam zu lockern.

Insgesamt lässt sich festhalten, dass die Besuche und anschließenden Berichte des Anti-Folter-Komitees in den vergangenen Jahren eine unentbehrliche Quelle der Beanstandung dargestellt haben, auf dessen Grundlage viele Veränderungen zu Gunsten der Gefangenen und ihrer Haftsituation vorgenommen wurden. Positiv auffällig ist auch, dass die an das Komitee bei ihren Besuchen herangetragenen Beschwerden über körperliche Misshandlungen rückläufig sind. Insbesondere die auf den Sicherheitsstationen vorgefundenen Haftbedingungen von besonders sicherungsbedürftigen Gefangenen hat das Komitee als angemessen befunden.

### 4.1.4 Europäische Strafvollzugsgrundsätze (European Prison Rules)

Die Europäischen Strafvollzugsgrundsätze 2006 wurden vom Ministerkomitee des Europarates verabschiedet.[420] Zum 01.07.2020 wurde vom Ministerkomitee eine in Teilen revidierte Fassung der Strafvollzugsgrundsäte verabschiedet, die insbesondere auch weitere Konkretisierungen bzw. Einschränkungen zum Bereich der Absonderung und Einzelhaft beinhaltet.[421] Dabei handelt es sich um eine den damaligen, sozialen Verhältnissen und Gegebenheiten im Strafvollzug

---

420 Vgl. *Council of Europe* 2006; hierzu *Feest* 2006, S. 259; *Dünkel/Morgenstern/Zolondek* 2006.

421 Vgl. *Council of Europe* 2020; hierzu *van Zyl Smit* 2020.

angepasste und nach den heutigen, europäischen und sozialen Hintergründen, kriminologischen Erkenntnissen und Begebenheiten im Strafvollzug entsprechende überarbeitete Fassung der Europäischen Strafvollzugsgrundsätze aus dem Jahr 1987.[422] Die Europäischen Strafvollzugsgrundsätze sind wiederum das Ergebnis einer Überarbeitung der ehemaligen Fassung der Europäischen Mindestgrundsätze für die Behandlung der Gefangenen von 1973, die ihrerseits auf die Mindestgrundsätze der Vereinten Nationen für die Behandlung der Gefangenen von 1957 zurückgehen.[423] Die Europäischen Strafvollzugsgrundsätze haben keinen Gesetzescharakter, aus ihnen können die Gefangenen keine subjektiven Rechte und Pflichte ableiten.[424] Vielmehr haben sie den Charakter einer Empfehlung (sog. soft-law),[425] deren Ziel es sein soll, Mindeststandards hinsichtlich der Ausstattung und Handhabung des Strafvollzuges in den Mitgliedstaaten zu etablieren, um so die innerstaatliche Gesetzgebung beeinflussen zu können.[426] Sie berücksichtigen vor allem die Ergebnisse und Erkenntnisse der Inspektionen des Anti-Folter-Komitees und die daraus entwickelten CPT-Standards (s. o. *4.1.3*), die Rechtsprechung des EGMR in Vollzugsangelegenheiten sowie Resolutionen des Europäischen Parlaments zur Gewährleistung der Menschenrechte in den Vollzugseinrichtungen.[427] Trotz ihres bloßen Empfehlungscharakters sind sie in der Praxis faktisch zum Prüfungsmaßstab für nationales Recht geworden, indem sie in der Rechtsprechung des EGMR und in der Inspektionspraxis des Anti-Folter-Komitees argumentativ herangezogen wurden.[428] Die Erwähnung in einer Entscheidung des Bundesverfassungsgerichts[429] führte auf nationaler Ebene ebenfalls dazu, dass die Landesparlamente sich bei Erstellung ihrer Landesstrafvollzugsgesetze intensiv mit den Europäischen Strafvollzugsgrundsätzen auseinandersetzten.[430]

Die Europäischen Strafvollzugsgrundsätze verfolgen das Ziel eines menschenwürdigen, rechts- und sozialstaatlichen Vollzuges[431] und sind insgesamt „Ausdruck eines gewachsenen Bewusstseins für Menschenrechtsfragen im Strafvollzug".[432]

---

422  *Kaiser/Schöch* 2002, Rn. 24; *Laubenthal* 2019, Rn. 38.

423  *CMD* 2005, Einleitung, Rn. 48.

424  *Arloth* 2008, Einleitung D, Rn. 11.

425  *Nestler* 2012, S. 87.

426  *CMD* 2005, Einleitung, Rn. 48.

427  *Dünkel/Morgenstern/Zolondek* 2006, S. 86.

428  AK-*Feest/Lesting/Lindemann* 2017, Teil I, Rn. 10.

429  BVerfG, NJW 2006, S. 2097.

430  AK-*Feest/Lesting/Lindemann* 2017, Teil I, Rn. 10.

431  *CMD* 2005, Einleitung, Rn. 48; *Laubenthal* 2019, Rn. 38.

432  *Dünkel* 2010, S. 202.

Die Neufassung der Europäischen Strafvollzugsgrundsätze von 2006 beinhaltet detaillierte Vorschriften zu Sicherheitsmaßnahmen und der „auf Extremfälle zu beschränkende[n] Unterbringung in Hochsicherheitsanstalten oder -abteilungen".[433] Die Nummern 51.1-53.9 erfassen Vorschriften zu den besonderen Sicherungsmaßnahmen, aber auch zur Sicherheit und insbesondere den besonderen (Hoch-)Sicherheitsmaßnahmen.

Die Nummern 51.1-51.5 widmen sich den Sicherungsmaßnahmen (*security*) und schreiben unter anderem vor, dass diese „auf das zur Erreichung der sicheren Unterbringung (der Gefangenen) notwendige Mindestmaß zu beschränken sind" (Nr. 51.1). Einrichtungen der baulichen oder technischen Sicherheit müssen mit Bediensteten ergänzt werden (Regel 51.2), ferner die Gefangenen nach Aufnahme auf ihre Fluchtgefahr untersucht werden (Regel 51.3). Anschließend werden die Gefangenen, ihrer Risikoeinstufung entsprechend, angemessen untergebracht, wobei das Sicherheitsmaß ständig zu überprüfen ist (Regel 51.4-5). Die Regeln 52.1 bis 52.5 sind unter der Kategorie Sicherheit (*safety*) zusammengefasst. Gem. Regel 52.1 müssen die Gefangenen nach Neuaufnahme auf ihre Gefahr für sich oder Dritte untersucht werden. Schließlich sollen Maßnahmen getroffen werden, die ein sicheres Agieren mit Dritten ermöglichen (Regel 52.2), gleichzeitig aber auch den Gefangenen eine Teilnahme am Anstaltsalltag ermöglichen (Regel 52.3).

Die 2020 neu formulierten Regeln 53.1-53.9. umfassen besondere (Hoch-)Sicherheitsmaßnahmen und die ergänzenden Regelungen des 53A bzgl. der Absonderung bzw. Einzelhaft. Sie dürfen nur ausnahmsweise, nur auf Grundlage innerstaatlichen Rechts und nur mit zeitlicher Beschränkung und Erlaubnis des Fachministeriums angeordnet werden. Ebenfalls ergänzt und weiter differenziert wurde die Einzelhaft im Rahmen disziplinarischer Bestrafung (vgl. die Regeln 60.6a-f).

Nach Regel 53.1 i. d. F. vom 1.7.2020 sind (Hoch)Sicherheitsmaßnahmen nur zulässig, wenn Gefangene eine besondere Gefährdung für die Sicherheit darstellen. Sie dürfen nur in Ausnahmefällen und solange als die Sicherheit durch weniger eingriffsintensive Maßnahmen nicht gewährleistet werden kann (Regel 53.2) angewendet werden. Diese Maßnahmen können auch die Absonderung (*separation*) betreffen (Regel 53.3 mit Verweis auf Regel 53A). Die Arten von Sicherheitsmaßnahmen, ihre Dauer und die zulässigen Anlassgründe sind durch die nationale Gesetzgebung festzulegen (Regel 53.4). Die anordnende Vollzugsbehörde muss die Dauer der Maßnahme schriftlich festlegen und dem Gefangenen eine Kopie der Entscheidung samt Rechtsmittelbelehrung aushändigen (Regel 53.5). Dies gilt auch für Entscheidungen, mit denen die Dauer der entsprechenden Maßnahmen verlängert wird (Regel 53.6). Sicherungsmaßnahmen dürfen nur im indi-

---

433 *Dünkel/Morgenstern/Zolondek* 2006, S. 88.

viduellen Einzelfall (nicht gruppenbezogen) auf der Basis einer aktuellen Risikoeinschätzung und verhältnismäßig bezogen auf das Risiko angeordnet werden (Regeln 53.7 und 53.8).

Zur Absonderung enthält Regel 53A einige Spezifizierungen. Eine bedeutsame Erweiterung gegenüber 2006 ist, dass nunmehr alle Formen der Absonderung erfasst werden. Gefangene, die von anderen Gefangenen abgesondert werden, haben einen Anspruch auf mindestens zwei Stunden Kontaktzeit pro Tag mit anderen Gefangenen, mit Bediensteten oder Besuchern (Regel 53A.a.: *„meaningful human contact"*). Vor der Anordnung ist der Gesundheitszustand der Gefangenen mit Blick auf die besonderen Belastungen bzw. Gefährdungen der Betroffenen zu überprüfen (Regel 53A.b.), die Dauer ist kürzest möglich zu begrenzen, zusätzliche Einschränkungen (über die Maßnahme i. e. S. hinaus) sind zu vermeiden und der Haftraum muss den Standards der Unterbringung in normalen Hafträumen entsprechen (Regeln 53A.c.-e.). Mit zunehmender Dauer der Absonderung müssen kompensatorische Maßnahmen zur Minderung negativer Effekte der Einzelhaft ergriffen werden, wie z. B. zusätzliche Kontaktzeiten und andere Aktivitäten (Regel 53A.f.). Der Hofgang im Freien ebenso wie die Zurverfügungstellung von Lesematerial sind unabdingbar (Regel 53A.g.), ebenso wie das Recht, Beschwerden und Rechtsmittel einzulegen (Regel 53A.j.).

Die Einzelhaft als Disziplinarmaßnahme ist nunmehr in Regel 60.6.a.-f.) detaillierter geregelt. Bedauerlicherweise gilt für diese Form der Isolierung von Gefangenen das Gebot von mindestens zwei Stunden „bedeutsamen menschlichen Kontakts" (s. o.) nicht. Es bleibt insoweit bei der einen Stunde Aufenthalt im Freien, die nicht notwendig soziale Kontakte beinhalten muss. Ebenfalls zu kritisieren ist, dass die Europäischen Strafvollzugsgrundsätze es erneut versäumt haben, eine absolute Höchstgrenze für die disziplinarische Einzelhaft festzulegen.[434] Das CPT hatte – wie erwähnt – ein Maximum von 14 Tagen für geboten gehalten (s. o. *4.1.3*), die Mandela-Rules gehen von maximal 15 Tagen aus (vgl. Regel 44 der Mandela-Rules).

### 4.1.5 Empfehlung Rec (82) 17

In mehreren Einzelempfehlungen hat sich das Ministerkomitee des Europarates zu der Problematik der gefährlichen zu Langzeit- und zu Lebenslanger Freiheitsstrafe verurteilten Gefangenen geäußert und Empfehlungen zum Umgang mit selbigen ausgesprochen.

In seiner Empfehlung zur Unterbringung und Behandlung gefährlicher Gefangener[435] vom 24. September 1982 hat das Ministerkomitee des Europarates zunächst die Tatsache festgehalten, dass es in der Gefängnispopulation eine

---

434 Zur Kritik vgl. *van Zyl Smit* 2020, S. 3 f.

435 Empfehlung Rec (82) 17, S. 49.

Gruppe gefährlicher Gefangener gibt, die zweckmäßig behandelt werden muss, parallel dazu aber auch die öffentliche Sicherheit, Anstaltsordnung und der Betrieb der Anstalt gewährleistet werden müssen.[436] Im Angesicht dieser Problematik empfahl das Ministerkomitee den Mitgliedstaaten, die „allgemeinen Vollzugsvorschriften soweit möglich auch auf gefährliche Gefangene anzuwenden, die Sicherheitsmaßnahmen auf das Notwendige zu beschränken" sowie bei der Anwendung derer die Menschenrechte und menschliche Würde zu beachten.[437] Des Weiteren sollen Sicherheitsmaßnahmen an die sich verändernden Bedürfnisse von gefährlichen Gefangenen angepasst werden.[438] Den aus der erhöhten Sicherheit erwachsenden negativen Auswirkungen und gesundheitlichen Problemen soll entgegen gewirkt werden, indem Aus-, Weiterbildungsmöglichkeiten, Arbeitsmaßnahmen oder andere Freizeitbeschäftigungen angeboten werden.[439] Ferner soll dafür Sorge getragen werden, dass weder die Dauer der Maßnahmen, noch der Sicherheitsgrad das nötige Maß übersteigen, genügend Plätze, Personal und Mittel für den Vollzug unter erhöhter Sicherheit zur Verfügung stehen sowie, dass das mit der Behandlung betraute Personal angemessen informiert und ausgebildet ist.[440]

## 4.1.6 Empfehlung Rec (2014) 3

In jüngerer Vergangenheit hat das Ministerkomitee des Europarates erneut Empfehlungen zum Umgang mit „gefährlichen Straftätern" ausgesprochen. In seiner Empfehlung CM/Rec (2014) 3 hielt das Komitee fest, dass es eine Notwendigkeit eines speziellen, auf gefährliche Gefangene zugeschnittenen, Ansatzes gäbe. [441] Das Komitee erkannte an, dass aus der Abwägung zwischen den Rechten gefährlicher Straftäter und dem Sicherheitsbedürfnis der Gesellschaft besondere Herausforderungen resultierten.[442] Um einerseits die Tätergruppierung charakterisieren zu können, andererseits aber auch darauf aufbauend Empfehlungen aussprechen zu können, hat das Komitee den „gefährlichen Straftäter" zunächst definiert.[443] „Ein gefährlicher Straftäter soll eine Person sein, die wegen einer schweren Sexual- oder Gewaltstraftat gegen Personen verurteilt wurde und eine

---

436 Empfehlung Rec (82) 17, S. 49.

437 Empfehlung Rec (82) 17, S. 49.

438 Empfehlung Rec (82) 17, S. 50.

439 Empfehlung Rec (82) 17, S. 50.

440 Empfehlung Rec (82) 17, S. 50.

441 Empfehlung Rec (2014) 3, S. 1.

442 Empfehlung Rec (2014) 3, S. 1

443 *Barbu* 2016, S. 133.

hohe Wahrscheinlichkeit aufweist, weitere schwere Sexual- oder Gewaltverbrechen gegen Personen zu begehen".[444] Gleichzeitig erkannte das Komitee Schwierigkeiten dahingehend, dass „dem Konzept der Gefährlichkeit kein klarer Rechtsbegriff zu Grunde liegt, sondern dieser wissenschaftlich vage ist, da die Beurteilung der kriminologischen Gefährlichkeit und des individuellen Rückfallrisikos langfristig ausreichender Nachweise entbehrt, um eine genaue Messung der Gefährlichkeit zu gestatten."[445] Im Anschluss daran empfahl das Komitee gefährliche Straftäter so zu behandeln, dass einerseits die Menschen- und Freiheitsrechte gewahrt, gleichzeitig die Gesellschaft aber auch effektiv vor ihnen geschützt wird.[446] Der Umgang mit gefährlichen Straftätern soll ebenfalls darauf ausgerichtet werden, dass sie langfristig in die Gesellschaft wiedereingegliedert werden können, ohne dass dies auf Kosten der Sicherheit der Gesellschaft geschieht.[447] Die Mitgliedsstaaten sollen die „Gefährlichkeit" als dynamische Definition verstehen, die sich im Laufe der Zeit verändern, d.h. zunehmen, sinken oder entfallen kann.[448] Darüber hinaus darf der Straftäter nicht automatisch als gefährlich eingestuft werden, sondern auf Basis von bestimmten Kriterien, wie beispielsweise der „Art der Anlasstat, deren Schwere, des Täterverhaltens in der Vergangenheit, oder Persönlichkeitsmerkmalen etc.".[449] Auch soll, wie in den Europäischen Strafvollzugsgrundsätzen bereits normiert, vermieden werden, dass gefährliche Straftäter automatisch in Hochsicherheitsbereichen untergebracht werden.[450] Sicherungsmaßnahmen sollen ebenfalls regelmäßig überprüft, besondere Sicherungsmaßnahmen wie z. B. die Isolationshaft, nur kurzzeitig angeordnet und häufig überprüft werden.[451] Auch im Hinblick auf Arbeit-, Aus- und Weiterbildungsangebote sollen die Europäischen Strafvollzugsgrundsätze angewendet werden.[452] Gleichzeitig soll eine „angemessene Behandlung durch Ärzte, und/oder Psychiater und entsprechende therapeutische Behandlung und psychiatrische Überwachung" gewährleistet werden.[453]

---

444  Empfehlung Rec (2014) 3, S. 2.

445  *Barbu* 2016, S. 133; sowie Rdnr. 7 des Kommentars zur Empfehlung, https://search.coe.int/cm/Pages/result_details.aspx?ObjectID=09000016805c688d.

446  Empfehlung Rec (2014) 3, S. 3.

447  Empfehlung Rec (2014) 3, S. 3.

448  Empfehlung Rec (2014) 3, S. 5; *Barbu* 2016, S. 133; sowie Rdnr. 37 des Kommentars zur Empfehlung.

449  Empfehlung Rec (2014) 3, S. 3; *Barbu* 2016, S. 134.

450  *Barbu* 2016, S. 134.

451  *Barbu* 2016, S. 135.

452  *Barbu* 2016, S. 135; Empfehlung Rec (2014) 3, S. 6.

453  *Barbu* 2016, S. 135; Empfehlung Rec (2014) 3, S. 6.

## 4.1.7 Empfehlung Rec (2003) 23

Wie bereits zuvor festgestellt, sind besonders sicherungsbedürftige Gefangene nicht zwangsläufig Langstrafen- oder zu einer lebenslangen Freiheitsstrafe verurteilte Gefangene. Da aber nach obigen Ausführungen von einer Teilkongruenz ausgegangen werden kann, soll Empfehlung Rec (2003) 23 hier ebenfalls Erwähnung finden. In seiner Empfehlung vom 09.10.2003 hat das Ministerkomitee des Europarates Empfehlungen zur Behandlung von zu lebenslanger Freiheitsstrafe Verurteilten und Langzeitgefangenen ausgesprochen.[454] Dabei stellte das Komitee zunächst klar, dass ein lebenslänglich Verurteilter ein Gefangener ist, der eine lebenslange Freiheitsstrafe verbüßt, ein Langzeitgefangener ein Gefangener, der eine Freiheitsstrafe von mehr als fünf Jahren verbüßt.[455] Es empfiehlt den Mitgliedsstaaten als allgemeines Ziel, zunächst sicherzustellen, dass jene Strafvollzugsanstalten für Langzeit- und lebenslänglich Gefangene, für mit ihnen arbeitende Personen sowie für Besucher sichere und gesicherte Orte sind.[456] Ferner soll den negativen Auswirkungen der Haft entgegen gewirkt werden,[457] insbesondere sollen die Möglichkeiten dieser Gefangenen dahingehend verbessert werden, dass sie nach Strafverbüßung erfolgreich in die Gesellschaft integriert und ein rückfallfreies Leben führen können.[458] Darüber hinaus spricht das Komitee in seinen Empfehlungen besondere Empfehlungen im Hinblick auf besonders sicherungsbedürftige, gefährliche Gefangene aus. Gefangene sollen gem. Regel 12 von der Strafvollzugsverwaltung besonders sorgfältig dahingehend untersucht werden, ob sie eine Gefahr für sich oder andere Personen darstellen.[459] Die Bewertung des Gefährlichkeitsrisikos der Gefangenen soll regelmäßig durch geschultes Personal vorgenommen werden, Regel 16.[460] Die Strafanstalten sollen sich an einem System der dynamischen Sicherheit orientieren, d. h. die Kontrolle in der Anstalt soll durch positive Beziehungen zwischen Häftling und Personal, auf Grundlage von Fairness und Strenge, aufrecht erhalten werden, Regel 18 a).[461] Gleichzeitig soll gem. Regel 18 c) das Tragen von Waffen und Schlagstöcken innerhalb der Anstalt von Personen, die im Kontakt mit den betroffenen Ge-

---

454 Empfehlung Rec (2003) 23, S. 209.

455 Empfehlung Rec (2003) 23, S. 212.

456 Empfehlung Rec (2003) 23, S. 212.

457 Empfehlung Rec (2003) 23, S. 212.

458 Empfehlung Rec (2003) 23, S. 212.

459 Empfehlung Rec (2003) 23, S. 214.

460 Empfehlung Rec (2003) 23, S. 214.

461 Empfehlung Rec (2003) 23, S. 214.

fangenen stehen, im Interesse der Umsetzung einer dynamischen Sicherheit untersagt sein.[462] Der Strafvollzug soll von der Strafvollzugsverwaltung so organisiert werden, dass auf Sicherheitsveränderungen flexibel reagiert werden kann.[463] Die Unterbringung in speziellen Abteilungen oder Strafvollzugsanstalten soll auf Grundlage der Bewertung von Risiken und Bedürfnissen geschehen und eine Herabsetzung des Risikos ermöglichen, Regel 19 b).[464] Dennoch räumt das Komitee in seinen Empfehlungen ein, dass beim Vorliegen besonderer Umstände eine Absonderung des Gefangenen unausweichlich sein kann. In einem solchen Fall sollen „ernsthafte Anstrengungen" unternommen werden, um die Dauer der Absonderung kurz zu halten oder ganz zu vermeiden, Regel 19 c).[465] In Regel 20 befasst sich das Komitee ausschließlich mit der Problematik von Hochsicherheitstrakten. Es empfiehlt, die Unterbringung in solchen Abteilungen nur als letztes Mittel in Anspruch zu nehmen und die Unterbringung darin regelmäßig zu überprüfen.[466] Ferner soll zwischen ausbruchsverdächtigen Gefangenen und solchen, die eine Gefahr für ihre Mitgefangenen oder in der Justizvollzugsanstalt arbeitenden Personen darstellen, unterschieden werden, Regel 20 b).[467] Innerhalb der Hochsicherheitstrakte soll ein „entspanntes Klima" hergestellt werden, in dem Bewegung innerhalb der Abteilung und Kontakt zwischen den Gefangenen möglich ist, Regel 20 c).[468] Darüber hinaus verweist das Komitee auf die Empfehlung Nr. R (82) 17 über die Inhaftierung und den Umgang mit gefährlichen Gefangenen, die für die hier genannten Gefangenengruppierung ebenfalls Anwendung finden soll, Regel 20 d).[469]

## 4.1.8 Empfehlung Rec (76) 2

Mit der Resolution (76) 2 vom 17. Februar 1976 hat das Ministerkomitee des Europarates Empfehlungen zur Behandlung von Langzeitgefangenen ausgesprochen. Das Komitee verwies zunächst darauf, dass Gefangene, die ernsthafte Straftaten oder wiederholt schwere Straftaten begangen haben, in der Regel zu langen Haftstrafen verurteilt werden, die wiederum negative Auswirkungen auf

---

462  Empfehlung Rec (2003) 23, S. 215.

463  Empfehlung Rec (2003) 23, S. 215.

464  Empfehlung Rec (2003) 23, S. 215.

465  Empfehlung Rec (2003) 23, S. 215.

466  Empfehlung Rec (2003) 23, S. 215.

467  Empfehlung Rec (2003) 23, S. 215.

468  Empfehlung Rec (2003) 23, S. 215.

469  Empfehlung Rec (2003) 23, S. 215.

den Gefangenen haben können.[470] Gleichzeitig stellte das Komitee fest, dass der Strafvollzug und seine Bediensteten bei jenen Häftlingen im Hinblick auf eine spätere Resozialisierung vor einer schwierigen Aufgabe stünden.[471] In Anbetracht dieser Feststellungen empfahl das Komitee seinen Mitgliedsstaaten unter anderem, eine Politik zu verfolgen, bei der Langzeithaftstrafen nur verhängt werden, wenn dies zum Schutz der Bevölkerung unabdingbar ist, gleichzeitig aber auch dafür Sorge zu tragen, dass die notwendigen legislativen und administrativen Maßnahmen ergriffen werden, um eine angemessene Behandlung während des Langstrafenvollzugs zu fördern.[472] Besondere Sicherheitsmaßnahmen sollen nur an den Orten ergriffen werden, wo tatsächlich gefährliche Gefangene untergebracht sind, gleichzeitig sollen angemessene Arbeits-, Bildungs- und Weiterbildungsmöglichkeiten geschaffen und erstere angemessen entlohnt werden.[473] Das Verantwortungsbewusstsein der Gefangenen soll durch Teilhabe angeregt, Kontakte mit der Außenwelt, besonders durch einen Arbeitsplatz in Freiheit, gefördert werden.[474] Zudem sollen Lockerungen als Therapiemaßnahme gewährt werden, über frühzeitige Lockerungen oder Entlassungen nachgedacht werden, sofern eine günstige Prognose gestellt werden kann, Personal besonders für den Umgang mit Langzeitgefangenen geschult werden, sodass sie ein tieferes Verständnis, persönlichen Kontakt und eine beständige Behandlung gewährleisten können, und Maßnahmen dahingehend ergriffen werden, dass die Bevölkerung ein Verständnis für die Problematik von Langzeitgefangenen entwickelt und so ein günstiger, sozialer Rahmen zur Rehabilitation geschaffen werden kann.[475]

### 4.1.9 Europäischer Gerichtshof für Menschenrechte

In einigen Entscheidungen der letzten Jahre hat der Europäische Gerichtshof für Menschenrechte die Anforderungen an den Umgang mit besonders sicherungsbedürftigen Häftlingen detaillierter ausformuliert. Die überwiegende Anzahl der Urteile des EGMR bezog sich dabei auf die Anwendung besonderer Sicherungsmaßnahmen unter Berücksichtigung des Art. 3 EMRK.

Im Jahr 2011 entschied der Europäische Gerichtshof für Menschenrechte im Fall „*Hellig vs. Germany*", dass bei seiner Unterbringung eine Verletzung von Art. 3 EMRK vorliege.[476] Der Beschwerdeführer verbüßte eine Freiheitsstrafe in

---

470   Empfehlung Rec (76) 2, S. 1.

471   Empfehlung Rec (76) 2, S. 1.

472   Empfehlung Rec (76) 2, S. 1.

473   Empfehlung Rec (76) 2, S. 1.

474   Empfehlung Rec (76) 2, S. 1.

475   Empfehlung Rec (76) 2, S. 2.

476   EGMR, NJW 2012, S. 2173.

der JVA Butzbach (Hessen). Beim Versuch, ihn in eine Gemeinschaftszelle zu verlegen, kam es zu einer körperlichen Auseinandersetzung zwischen ihm und einem Vollzugsbediensteten. Daraufhin wurde er nackt in eine 8,46 m² große Sicherheitszelle verbracht. Diese bestand aus einer Tür mit Vorhängeketten, zwei Kameras, einer Milchglasscheibe für Tageslicht, einer Matratze mit feuerfestem Bezug, einer Hocktoilette, einer Rufanlage, zwei Fenstern über den Türen, Lüftungsschlitzen in der Aluminium-Zimmerdecke und gefliestem Boden. *Hellig* verblieb in der Sicherheitszelle bis zu seiner Verlegung in das Anstaltskrankenhaus, auch weil er sich verweigerte, in eine Gemeinschaftszelle verlegt zu werden. Nachdem alle nationalen Instanzen (LG Gießen, OLG Frankfurt am Main, Bundesverfassungsgericht) seine Klage auf Feststellung seiner rechtswidrigen Unterbringung in der Sicherheitszelle und die rechtswidrige Anwendung von unmittelbarem Zwang abgelehnt hatten, wandte er sich im Jahr 2005 an den Europäischen Gerichtshof für Menschenrechte und begehrte Feststellung, dass seine Behandlung und Unterbringung gegen Art. 3 EMRK verstoßen habe. Im Ergebnis erklärte der Gerichtshof die Beschwerde hinsichtlich der Unterbringung in der Sicherheitszelle für zulässig und mit Blick auf eine Verletzung des Art. 3 EMRK auch für begründet.[477] Zur Begründung führte er aus, dass Art. 3 EMRK Folter sowie unmenschliche oder erniedrigende Behandlung verbiete, unabhängig vom Verhalten des Betroffenen eine Misshandlung aber gleichzeitig auch ein gewisses Mindestmaß an Schwere erreichen müsse, um unter den Schutzbereich von Art. 3 EMRK zu fallen.[478] Ob dies gegeben sei, hänge von den gesamten Umständen des Falles „insbesondere von der Dauer und Art der Behandlung sowie ihrer physischen und psychischen Wirkung, in einigen Fällen auch von Geschlecht, Alter und Gesundheitszustand", ab.[479] Im vorliegenden Fall urteilten die Richter, einen Häftling nackt einzusperren, rufe Gefühle der Angst, Beklemmung und Unterlegenheit hervor und wäre dazu geeignet, ihn zu erniedrigen und zu demütigen. Der Gerichtshof nahm vorliegend in Ermangelung ausreichender, durch die deutsche Regierung vorgetragene Gründe für eine so harte Vorgehensweise eine Verletzung von Art. 3 EMRK an.[480]

Darüber hinaus hat sich der Europäische Gerichtshof für Menschenrechte auch zu einer weiteren Sicherungsmaßnahme, der Einzelhaft, geäußert. Werde der Gefangene im Rahmen der Isolation einer „sensorischen Deprivation" ausgesetzt und würden soziale Kontakte eingeschränkt, sei die Maßnahme geeignet, die

---

477  EGMR, NJW 2012, S. 2173.

478  EGMR, NJW 2012, S. 2173.

479  EGMR, NJW 2012, S. 2173.

480  EGMR, NJW 2012, S. 2175.

„Persönlichkeit des Betroffenen zu zerstören".[481] Je nachdem, wie lange und unter welchen Bedingungen die Einzelhaft praktiziert werde, könne sie (auch) Art. 3 EMRK verletzen.[482]

Im Fall „*Meixner vs. Germany*" entschied der Europäische Gerichtshof für Menschenrechte, dass die Verurteilung eines erwachsenen Straftäters zu einer lebenslangen Freiheitsstrafe nicht grundsätzlich gegen die EMRK verstoße, aber durchaus Fragen nach der Vereinbarkeit mit Art. 3 entstünden, wenn es keinerlei Möglichkeiten einer Entlassung gebe.[483] Der Beschwerdeführer *Rolf Friedrich Meixner*, deutscher Staatsangehöriger, wurde 1986 zu einer lebenslangen Freiheitsstrafe verurteilt. Seine Anträge auf Aussetzung der Strafe zur Bewährung wurden von allen nationalen Instanzen (LG Gießen, OLG Frankfurt am Main, Bundesverfassungsgericht) abgewiesen, da Meixner laut Gutachten als rückfallgefährdet galt und die besondere Schwere der Schuld festgestellt wurde. Daraufhin wandte er sich schließlich an den Gerichtshof und begehrte Feststellung dahingehend, dass Art. 2 und Art. 3 EMRK verletzt seien. Der Gerichtshof wies seine Beschwerde als offensichtlich unbegründet zurück.[484] Auch bei dieser Entscheidung verwies der Gerichtshof darauf, dass eine Misshandlung ein Mindestmaß an Schwere erreichen müsse.[485] Vorliegend zeige eine Analyse der Rechtsprechung, dass es den Anforderungen von Art. 3 EMRK genüge, wenn das staatliche Recht eine Möglichkeit vorsehe, die lebenslange Freiheitsstrafe auf das Ziel der Umwandlung in einen Straferlass, die Beendigung der Strafhaft oder eine bedingte Entlassung hin zu überprüfen.[486] Demzufolge erkannte der EGMR, dass sich die vorherigen Instanzen nicht nur auf die Schwere der Straftat, sondern auch noch auf die weiterhin bestehende Gefährlichkeit gestützt hatten.[487] Der EGMR erkannte hierbei keinen Verstoß gegen die EMRK und wies die Beschwerde zurück.[488]

Im Jahr 2008 entschied der Europäische Gerichtshof für Menschenrechte, dass die Androhung „massiver Schmerzen" gegenüber einem Tatverdächtigen, mit dem Ziel, Erkenntnisse über den möglichen Aufenthaltsort eines entführten Kindes zu erlangen, gegen Art. 3 EMRK verstößt.[489] Der Beschwerdeführer hatte

---

481 EGMR, BeckRS 2013, S. 09643.

482 EGMR, NVwZ 2013, S. 928.

483 EGMR, NJOZ 2011, S. 237.

484 EGMR, NJOZ 2011, S. 237.

485 EGMR, NJOZ 2011, S. 237.

486 EGMR, NJOZ 2011, S. 238.

487 EGMR, NJOZ 2011, S. 238.

488 EGMR, NJOZ 2011, S. 238.

489 EGMR, NStZ 2008, S. 700.

den Bankierssohn J. ermordet und erpresste anschließend von dessen Eltern eine Million Euro Lösegeld. Bei seiner Festnahme weigerte er sich, den Aufenthaltsort des Jungen preiszugeben, woraufhin der leitende Polizeibeamte ihm „massive Schmerzen" androhte, sollte er den Aufenthaltsort des Jungen nicht verraten. Der Gerichtshof betonte, dass das absolute Verbot einer gegen Art. 3 EMRK verstoßenden Behandlung auch im Falle eines öffentlichen Notstandes gilt, der das Leben einer Nation oder einer Person bedroht, und wenn das Verhalten des Betroffenen die Situation erst hervorgerufen hat.[490] Ungeachtet der Gründe, und sei es auch zur Informationsbeschaffung oder zur Förderung strafrechtlicher Ermittlungen, müsse das Verbot der Misshandlung geachtet werden.[491] Die Androhung „massiver Schmerzen" stellte somit nach Auffassung des Gerichtshofs eine gemäß Art. 3 EMRK verbotene unmenschliche Behandlung, aber keine Folter dar.[492] Im vorliegenden Fall betonte der EGMR, dass er ein Abweichen vom Folterverbot, auch zur Informationsgewinnung im Rahmen eines (Lebens-) Rettungsversuches, als nicht zulässig erachte, denn das Folterverbot aus Art. 3 EMRK sei absolut und ließe keine Ausnahme, keine Interessenabwägung und auch keine Rechtfertigungsgründe zu.[493]

### 4.1.10 UN-Handbuch über den Umgang mit gewaltbereiten extremistischen Gefangenen

Ergänzend zu erwähnen ist das UN-Handbuch über den Umgang mit gewaltbereiten extremistischen Gefangenen und die Prävention der Radikalisierung zur Gewaltbereitschaft in Haftanstalten.[494] Das Handbuch beinhaltet Grundsätze und Empfehlungen zum Umgang mit gewaltbereiten extremistischen Gefangenen. Unter anderem wird den Vollzugsverwaltungen angeraten, „sicherzustellen, dass gewaltbereite extremistische Gefangene in sicherem Gewahrsam gehalten werden, Radikalisierung zur Gewaltbereitschaft innerhalb von Haftanstalten zu verhindern und darauf hinzuwirken, dass Gefangene ihre Gewaltbereitschaft aufgeben und diejenigen, die entlassen werden, auf ihre Wiedereingliederung in die Gemeinschaft vorzubereiten".[495] Die Sicherheitsmaßnahmen sollen in einem „ausgewogenen Verhältnis zwischen physischer, prozeduraler und dynamischer

---

490  EGMR, NStZ 2008, S. 700.

491  EGMR, NStZ 2008, S. 700.

492  EGMR, NStZ 2008, S. 700.

493  EGMR, NStZ 2008, S. 700.

494  *Vereinte Nationen* 2018.

495  *Vereinte Nationen* 2018, S. 151.

Sicherheit" bestehen.[496] Zudem seien alle Interventionsmaßnahmen für extremistische gewaltbereite Gefangene an den Mindeststandards der Vereinten Nationen und den Menschenrechten auszurichten.[497] Das Handbuch empfiehlt ferner enge Kooperationen und intensiven (Informations-)Austausch mit anderen Strafjustiz- und Strafverfolgungsbehörden.[498] Das Vollzugspersonal betreffend regen die Vereinten Nationen unter anderem an, dass Vollzugsverwaltungen besonders geeignete Mitarbeiter fördern und im Umgang mit besonders gewaltbereiten extremistischen Gefangen speziell ausbilden.[499] Ferner wird bei der Neuaufnahme eines gewaltbereiten extremistischen Gefangenen angeregt, eine durch Experten erstellte, detaillierte Risiko- und Bedürfnisplanung vorzunehmen, die den „aktuellen Stand der Radikalisierung, die persönlichen Hintergründe des Gefangenen sowie das Risiko der Begehung künftiger extremistischer Gewalttaten" abbildet.[500] Etwaige Interventionsmaßnahmen sollen auf der Überzeugung beruhen, dass jeder Gefangene in der Lage ist, sich von einer extremistischen Gesinnung lossagen zu können und die jeweilige Landeskultur und Umstände angemessen berücksichtigen.[501] Als präventive Maßnahme wird im Handbuch empfohlen, Bedingungen in den Gefängnissen, wie beispielsweise Überbelegung, entgegenzuwirken, so dass Extremismus nicht gedeihen und „potentiell anfällige Gefangene" nicht angeworben werden können.[502] Bei Anhaltspunkten für eine Anwerbung bzw. Radikalisierung sollen die Kontakte des betroffenen Gefangenen beschränkt bzw. zu einzelnen Personen unterbunden werden und Verlegungen in eine andere Abteilung oder ein anderes Gefängnis erwogen werden.[503]

Das UN-Handbuch über den Umgang mit gewaltbereiten extremistischen Gefangenen und die Prävention der Radikalisierung zur Gewaltbereitschaft in Haftanstalten war Grundlage für einzelne Konzeptionen der hier untersuchten Bundesländer und stellt darüber hinaus auf europäischer Ebene geltende Handlungsempfehlungen und Grundsätze zum Umgang mit „islamistischen Terroristen" auf.

---

496 *Vereinte Nationen* 2018, S. 151.

497 *Vereinte Nationen* 2018, S. 151.

498 *Vereinte Nationen* 2018, S. 152.

499 *Vereinte Nationen* 2018, S. 152.

500 *Vereinte Nationen* 2018, S. 153.

501 *Vereinte Nationen* 2018, S. 154.

502 *Vereinte Nationen* 2018, S. 156.

503 *Vereinte Nationen* 2018, S. 156.

## 4.2 Verfassungsrechtliche Aspekte

Der Umgang mit besonders sicherungsbedürftigen Gefangenen weist an vielen Stellen eine hohe Eingriffsintensität in deren Rechte und Freiheiten auf. In den vergangenen Jahrzehnten haben daher nicht nur internationale Organisationen und deren Maßstäbe den Umgang mit besonders sicherungsbedürftigen Gefangenen geprägt. Auch die europäische, verfassungsrechtliche und nationale Rechtsprechung hat mit ihren Entscheidungen die Anforderungen an den Umgang mit besonders sicherungsbedürftigen Gefangenen konkretisiert. Auf internationaler Ebene ist im Folgenden das Augenmerk auf die Rechtsprechung des Europäischen Gerichtshofs für Menschenrechte zu richten. Nicht weniger relevant sind die Entscheidungen des Bundesverfassungsgerichts sowie die weitere, die Problematik betreffende, Rechtsprechung deutscher Gerichte unterschiedlicher Instanzen.

### 4.2.1 Rechtsprechung des Bundesverfassungsgerichts

Das Bundesverfassungsgericht hat in mehreren Entscheidungen die Anforderungen an eine Sicherheitsverlegung konkretisiert. Eine Sicherheitsverlegung gegen den Willen des Betroffenen stelle eine Maßnahme mit erheblicher Eingriffsschwere dar.[504] Alle in der Justizvollzugsanstalt entwickelten Beziehungen würden abrupt abgebrochen, der Aufbau eines sozialen Lebensumfelds müsse in einer anderen Anstalt mit neuem Umfeld erneut aufgebaut werden und die Resozialisierungsbemühungen würden beeinträchtigt, was den Gefangenen wiederum in seinem grundrechtlich geschützten Anspruch auf einen auf Resozialisierung ausgerichteten Strafvollzug verletzen würde.[505] Daher sei eine Verlegung in eine andere Justizvollzugsanstalt insbesondere wegen der schwerwiegenden Folgen, wie des Verlusts der Sozialkontakte, einer Erschwerung der Resozialisierung des Strafgefangenen sowie des Verlusts des Arbeitsplatzes, nur aus Gründen gestattet, die in der Person des Gefangenen begründet liegen.[506] Eine Sicherheitsverlegung, „zur Abwehr von Gefahren, die durch Fehlverhalten des Vollzugspersonals begründet sind, ist weder vom Wortlaut noch vom Sinn und Zweck des § 85 StVollzG (a. F.) gedeckt".[507] Mit gleicher Begründung wurde auch die Sicherheitsverlegung eines Gefangenen mit dem Ziel, „eine erhebliche Unruhe und die Gefahr einer Eskalation mit dem latenten Risiko von Übergriffen" innerhalb einer Station zu vermeiden, abgelehnt.[508] Die Verlegung erfolgte laut Begründung

---

504  BVerfG, NStZ 2007, S. 171.

505  BVerfG, NStZ 2007, S. 171.

506  BVerfG, BeckRS 2005, S. 31123.

507  BVerfG, BeckRS 2005, S. 31123.

508  BVerfG, NJW 2006, S. 2683.

nicht auf Grundlage des Verhaltens des Gefangenen, sondern vielmehr, um die Situation in der Justizvollzugsanstalt zu entschärfen.[509] In einer weiteren Entscheidung hielt das Bundesverfassungsgericht fest, dass eine Sicherheitsverlegung immer aus Gründen der Resozialisierung oder aus anderen „wichtigen Gründen erforderlich sein muss".[510] Bei Sicherheitsverlegungen, die nicht Resozialisierungsinteressen dienen, müsse stets eine „Gesamtabwägung aller Umstände des Einzelfalles" vorgenommen werden, auch dann, wenn „sich der Strafgefangene in einer an sich unzuständigen JVA befindet und in die nach dem Vollstreckungsplan zuständige JVA zurückverlegt werden soll".[511]

Auch die Frage, ob die Unterbringung eines vollständig entkleideten Gefangenen in einer durchgehend videoüberwachten Zelle mit dessen Grundrechten zu vereinen ist, entschied das Bundesverfassungsgericht.[512] Im vorliegenden Fall wurde der Gefangene mittels Handfesseln in einen besonders gesicherten Haftraum mit dauerhafter Kameraüberwachung verbracht und nach Entfernung der Handfesseln vollständig entkleidet. Die Entkleidung wurde vorgenommen, um der Gefahr einer Selbstverletzung- oder Selbsttötung entgegen zu wirken.[513] Das Bundesverfassungsgericht erkannte unter Berücksichtigung der Wertung des Europäischen Gerichtshofes für Menschenrechte im Hinblick auf die Rechtsprechung zu Art. 3 EMRK in dieser Handhabung einerseits eine Verletzung der Intimsphäre des Gefangenen und verwies darauf, dass reißfeste Kleidung hätte ausgehändigt werden müssen und ferner die unbekleidete Unterbringung in einem besonders gesicherten Haftraum die Schwelle zu einer unmenschlichen und erniedrigenden Behandlung im Sinne von Art. 3 EMRK erreiche.[514]

Ferner hat das Bundesverfassungsgericht entschieden, dass die Unterbringung eines Häftlings in einer 5,25 qm (Bodenfläche) großen Einzelzelle ohne abgetrennten Sanitärbereich seine Menschenwürde verletze und eine menschenunwürdige Unterbringung darstelle.[515] [516] Auch die vorherige Instanz, der Verfassungsgerichtshof des Landes Berlin, hatte nach Gesamtbetrachtung aller Um-

---

509  BVerfG, NJW 2006, S. 2683.

510  BVerfG, NStZ-RR 2015, 390.

511  BVerfG, NStZ-RR 2015, 390.

512  BVerfG, NJW 2015, S. 2100.

513  BVerfG, NJW 2015, S. 2100 f.

514  BVerfG, NJW 2015, S. 2101; EGMR, NJW 2012, 2173 (*Hellig vs. Germany*).

515  BVerfG NJW 2016, S. 389.

516  Selbiges entschied das Bundesverfassungsgericht 2016 für einen Haftraum mit ca. 4,5 qm, BVerfG, NJW 2016, S. 1872.

stände einen Verstoß gegen das Erfordernis einer menschenwürdigen Unterbringung bejaht.[517] Im Jahr 2012 hatte das Bundesverfassungsgericht die Mindestzellengröße bei Einzelunterbringung betreffend entschieden, dass etwas mehr als 6 qm gerade noch an der unteren Grenze des Hinnehmbaren liege und die Menschenwürde noch nicht verletzten würde.[518]

### 4.2.2 Rechtsprechung der ordentlichen Gerichtsbarkeit

Abseits der europäischen und verfassungsrechtlichen Rechtsprechung haben sich in den vergangenen Jahren auch unterschiedliche Instanzen der ordentlichen Gerichtsbarkeit zu Sicherheitsverlegungen und den besonderen Sicherungsmaßnahmen geäußert.

Das Berliner Kammergerichts entschied, dass sich bei Verlegungen in einen Sicherheitsbereich derselben Anstalt nicht auf § 85 StVollzG a. F. gestützt werden könne, da diese Anwendung „nicht sachgerecht erscheine", vielmehr „fehle es an einer gesetzlichen Regelung zur Verlegung innerhalb der Anstalt".[519] Diese Rechtsprechung bestätigte es wiederum 12 Jahre später und entschied ebenfalls, dass die Verlegung in einen stärker gesicherten Bereich der gleichen Justizvollzugsanstalt keine Maßnahme nach § 85 StVollzG a. F. oder § 88 II Nr. 3 StVollzG sei und mangels gesetzlicher Grundlage dem Anstaltsleiter und seinem Ermessen unterliege.[520] Dagegen entschied im Jahr 2007 der 1. Strafsenat des OLG Celle, dass es sich bei Verlegung in eine Zweigstelle der selben Anstalt (hier 200 km Entfernung) um eine Maßnahme nach § 85 StVollzG a. F. handle, wenn mit der großen räumlichen Entfernung eine Unterbrechung der bisherigen Sozialkontakte einhergehe.[521]

Das LG Gießen entschied über eine Beschwerde eines Insassen, der entgegen des Vollstreckungsplans in eine andere Justizvollzugsanstalt, aus seiner Sicht „willkürlich", verlegt wurde. Das Gericht stellte in seiner den Antrag ablehnenden Entscheidung fest, dass die Ausgangsanstalt einen Ermessensspielraum hinsichtlich der Verlegung habe und diese zur Sicherung und Erhaltung des geordneten Anstaltslebens zulässig sei.[522] Jedoch seien die Begriffe „sicherere Anstalt", „erhöhte Fluchtgefahr" und auch „Gefahr für die Sicherheit und Ordnung der An-

---

517  BerlVerfGH, BeckRS 2009, S. 41231.

518  BVerfG, NStZ-RR 2013, S. 91; so auch OLG Frankfurt NStZ-RR 2004, S. 29.

519  KG Berlin, NStZ 1986, S. 479.

520  KG Berlin, BeckRS 1998, S. 15421.

521  OLG Celle, NStZ-RR 2007, S. 192.

522  LG Gießen BeckRS 2016, S. 13254.

stalt", d. h. die Voraussetzungen des § 85 StVollzG a. F., unbestimmte Rechtsbegriffe, die gerichtlich überprüfbar sind und nicht im Ermessen der Vollzugsbehörde liegen.[523]

Das LG Gießen konkretisierte die Voraussetzungen des § 85 StVollzG a. F. im Hinblick auf die Fluchtgefahr dahingehend, dass die Verbüßung einer langjährigen Haftstrafe nicht ausreiche, um automatisch von einer erhöhten Fluchtgefahr i. S. v. § 85 StVollzG a. F. auszugehen. Die allgemein bei Gefangenen naheliegende Fluchtvermutung könne keine Verlegung gem. § 85 StVollzG a. F. begründen.[524] Das OLG Celle entschied, dass frühere Fluchtversuche jedoch als abstrakte Gefahr ausreichend seien, um eine Legitimation für eine Verlegung darzustellen.[525] Das OLG Karlsruhe entschied, dass eine ernstzunehmende Bedrohung eines Bediensteten der Anstalt durch einen Gefangenen die Ordnung der Anstalt schwerwiegend gefährden und eine Verlegung gem. § 85 StVollzG a. F. rechtfertigen könne.[526]

Wie bereits zuvor erläutert, haben nach der Föderalismusreform alle hier zu untersuchenden Bundesländer ihre eigenen Strafvollzugsgesetze erlassen. Deren Regelungen zur Sicherheitsverlegung wurden teilweise bereits durch die Rechtsprechung konkretisiert.

Das Landgericht Kassel belegte mit seiner Entscheidung den Umfang der "anderen wichtigen Gründe" aus § 11 I Nr. 4 HStVollzG. Vorliegend begehrte der betroffene Gefangene die Verlegung in eine heimatnahe Justizvollzugsanstalt und berief sich dafür auf § 11 I Nr. 4 HStVollzG. Das Gericht entschied, dass mit "anderen wichtigen Gründen" gem. § 11 I Nr. 4 HStVollzG nur solche Belange gemeint sein können, die den Gesamtvollzug betreffen, nicht aber persönliche Umstände, die sich nur auf die Lebenssituation des Gefangenen auswirken.[527] Ferner hat das LG Marburg festgehalten, dass insbesondere bei unklaren Sachverhalten, die noch Klärung in Form eines beispielsweise staatsanwaltlichen Ermittlungsverfahrens bedürfen, eine kurzzeitige Überstellung in eine andere Justizvollzugsanstalt, im Gegensatz zu einer dauerhaften Verlegung, im Hinblick auf die Rechtsprechung des Bundesverfassungsgerichts, die weniger einschneidende und insgesamt verhältnismäßige Maßnahme darstelle.[528]

Auch die Anwendung der besonderen Sicherungsmaßnahmen wurde konkretisiert. Bei der Sicherungsmaßnahme, die eine Entziehung von Gegenständen vorsieht, urteilte das OLG Celle, dass ein Entzug oder eine Vorenthaltung nur dann

523 OLG Celle, NStZ 1981, S. 407; LG Gießen, StV 2007, S. 205.

524 LG Gießen StV 2007, S. 205; so auch OLG Nürnberg, NStZ 1982, S. 438.

525 OLG Celle, BeckRS 2012, S. 17583.

526 OLG Karlsruhe, BeckRS 2010, S. 00570.

527 LG Kassel, NStZ-RR 2013, S. 61.

528 LG Marburg, BeckRS 2016, S. 13905.

gestattet ist, wenn der Verbleib des Gegenstandes „objektiv zu einer Gefährdungs-situation" führe.[529] Im Rahmen der Beobachtung entschied das OLG Hamm, dass die Einsichtnahme in die Zelle in die durch Art. 2 I i. V. m. Art.1 I GG geschützte Intimsphäre des Gefangenen eingreife.[530] Da das Bewusstsein „jeder Zeit und in jeder Situation einer Beobachtung durch Dritte ausgesetzt zu sein, eine starke see-lische Belastung" darstelle, müsse die Möglichkeit einer dauerhaften Beobach-tung als Sicherungsmaßnahme immer „durch Prüfung des Einzelfalls festgestellt werden".[531] Das OLG Karlsruhe betonte, dass die Einzelhaft als Maßnahme „we-gen der schwerwiegenden Belastungen" nur dann angeordnet werden soll, wenn sie unerlässlich sei, den „strengen Maßstäben an die Anforderungen der Verhält-nismäßigkeit" entspreche und alle sonstigen Mittel eingesetzt worden seien, um die Einzelhaft zu verhindern oder zu beenden.[532] Die Unerlässlichkeit der Ein-zelhaft müsse zudem regelmäßig überprüft[533] und alle besonderen Sicherungs-maßnahmen, inklusive der Einzelhaft, sofort aufgehoben werden, wenn keine Notwendigkeit mehr bestehe.[534]

Im Ergebnis lässt sich festhalten, dass die Sicherheitsverlegung der Bundes- sowie Landesvorschriften und die besonderen Sicherungsmaßnahmen durch die europarechtliche, verfassungsrechtliche und nationale Rechtsprechung in den ver-gangenen Jahren konkretisiert wurden. Insbesondere bei besonders einschneiden-den Maßnahmen, wie der Absonderung oder der Unterbringung in einem beson-ders gesicherten Haftraum, konnte aufgezeigt werden, dass die Grenzen des Erlaubten im Interesse des Gefangenen und seiner Rechte besonders eng auszule-gen sind und an diese Maßnahmen besonders strenge Maßstäbe der Verhältnis-mäßigkeit angelegt werden.

## 4.3 Zusammenfassung

Der deutsche Strafvollzug wurde in den vergangenen Jahren durch nationale und internationale Rechtsprechung sowie internationale Regelungen und Maßstäbe beeinflusst. Die Europäische Konvention zum Schutz der Menschenrechte und Grundfreiheiten (EMRK) beinhaltet unter anderem das für alle Haftorte relevante Folterverbot, verankert in Art. 3 EMRK. Als völkerrechtlicher Vertrag, dem die Bundesrepublik Deutschland durch Anerkennung Gesetzesrang verliehen hat, entfaltet sie bindende Wirkung. Auf moralischer Ebene verpflichten die neueren

---

529  OLG Celle, NStZ 1989, S. 144.

530  BGH, NJW 1991, S. 2653; OLG Hamm, BeckRS 2015, S. 04174.

531  BGH, NJW 1991, S. 2653.

532  OLG Karlsruhe, ZfStrVo 2004, S. 186.

533  OLG Karlsruhe, ZfStrVo 2004, S. 186.

534  OLG Frankfurt a. M., NStZ-RR 2002, S. 156.

Mandela-Rules der Vereinten Nationen und empfehlen Mindestgrundsätze bezüglich des Umgangs mit Gefangenen. Das präventive Besuchssystem des Europäischen Komitees zur Verhütung von Folter (CPT) hat in den vergangenen Jahren zunehmend an Bedeutung gewonnen und stellt heute eine wichtige Quelle zur Beanstandung dar. Das primäre Ziel des Komitees ist die Verhinderung von Folter oder erniedrigender Behandlung bzw. Misshandlung von Gefangenen in Haftanstalten, psychiatrischen Kliniken oder anderen geschlossenen Einrichtungen, in denen Menschen gegen ihren Willen festgehalten werden. Die auf den Länderbesuchen basierenden Empfehlungen des Komitees haben maßgeblich zur Verbesserung der Lebens- und Haftbedingungen dieser Personen beigetragen. Die vom Ministerkomitee des Europarats verabschiedeten Europäischen Strafvollzugsgrundsätze, konzipiert als sogenanntes Soft-Law, haben Empfehlungscharakter und zielen darauf ab, Mindeststandards im Hinblick auf die Ausstattung und Handhabung des Strafvollzugs in den Mitgliedsstaaten zu etablieren, um somit die innerstaatliche Gesetzgebung beeinflussen zu können. Ihnen kommt ebenso wie den anderen Empfehlungen des Europarats über die Rechtsprechung des EGMR und als Auslegungsrichtlinie der nationalen Obergerichte eine zunehmend stärkere Bedeutung zu. Das UN-Handbuch über den Umgang mit gewaltbereiten extremistischen Gefangenen und die Prävention der Radikalisierung zur Gewaltbereitschaft in Haftanstalten stellt auf internationaler Ebene Handlungsempfehlungen und Grundsätze zum Umgang mit jenen Gefangenen auf. Die in ihm unter anderem enthaltenen Handlungsempfehlungen und -vorgaben werden auf nationaler Ebene bereits in manchen der hier untersuchten Bundesländer angewandt.

## 5. Länderspezifische Reaktionsmöglichkeiten

Wird ein Gefangener als besonders sicherungsbedürftig eingestuft, ist der Strafvollzug mit der Frage nach potentiellen Reaktionsmöglichkeiten auf diese Entscheidung konfrontiert. Entscheidend ist hierbei, zu welchem Zeitpunkt des Freiheitsstrafenvollzugs die Sicherungsbedürftigkeit festgestellt wird. Grundsätzlich richtet sich der Ort der Strafverbüßung nach den von den Bundesländern aufgestellten Vollstreckungsplänen. Im Folgenden werden deshalb die Vollstreckungspläne der hier zu untersuchenden Bundesländer auf Regelungen zum Umgang mit besonders sicherungsbedürftigen Gefangenen untersucht. Eine Abweichung vom Vollstreckungsplan und Einweisung in eine unzuständige Anstalt ist auch vor Antritt der Strafverbüßung möglich. Die Strafvollstreckung erfolgt dann in einer sachlich und/oder örtlich unzuständigen Anstalt.[535] Als mögliche Gründe verweist § 26 StVollstrO auf unterschiedliche Vorschriften, sofern sie landesgesetzlich normiert sind, darunter auch die so genannte Sicherheitsverlegung. Im Anschluss an die Erläuterung dieser Vorschriften wird das Augenmerk auf der Sicherheitsverlegung und ihrer landesgesetzlichen Ausgestaltung liegen. Um kurzfristig auf Gefahrensituationen innerhalb der Anstalt reagieren zu können, stehen besondere Sicherungsmaßnahmen zur Verfügung. Die Vollzugsbehörde muss hierbei, insbesondere unter dem Gesichtspunkt der Behandlungsplanung, abwägen, ob vorliegend auf die Gefahr mittels kurzer besonderer Sicherungsmaßnahmen reagiert werden kann, oder ob eine dauerhafte Sicherheitsverlegung die angemessene Maßnahme ist.[536] Abschließend werden die besonderen Sicherungsmaßnahmen der hier zu untersuchenden Bundesländer sowie ihre Voraussetzungen erörtert.

## 5.1 Vollstreckungspläne der Bundesländer

Die Frage, in welcher Justizvollzugsanstalt der Verurteilte seine Freiheitsstrafe zu verbüßen hat, richtet sich grundsätzlich nach dem von der Landesjustizverwaltung aufgestellten Vollstreckungsplan, der ein gesetzlich vorgegebenes Organisationsschema berücksichtigt.[537] Der Vollstreckungsplan enthält eine ab-strakt-generelle Aufteilung der Gefangenen für das Bundesland.[538] Die Regelungen zum Vollstreckungsplan finden sich in der ehemaligen Vorschrift des § 152 StVollzG sowie in den dazu gehörenden landesgesetzlichen Regelungen, Art. 174 BaySt-VollzG, § 110 I StVollzG Bln, § 112 HmbStVollzG, § 71 HStVollzG; § 102

---

535  *Laubenthal* 2018, Rn. 98.

536  *CMD* 2005, § 85, Rn. 1.

537  *Laubenthal* 2019, Rn. 300.

538  *Laubenthal* 2018, Rn. 85.

MVStVollzG, § 185 NJVollzG und § 104 I NRWStVollzG. Sie verweisen darauf, dass die örtliche und sachliche Zuständigkeit der Anstalten in einem Vollstreckungsplan geregelt wird. Die Vorschriften verpflichten die jeweilige Landesjustizverwaltung zunächst, die örtliche Zuständigkeit der Anstalten festzulegen, wobei weniger organisatorische, sondern vielmehr verfassungsrechtliche Gründe ausschlaggebend waren, da mit der Zuständigkeit der Anstalt gleichzeitig die zuständige Vollstreckungskammer und mit ihr der zuständige gesetzliche Richter begründet wird.[539] In der Regel soll sich die örtliche Zuständigkeit nach der Nähe des Wohnortes[540] oder dem Aufenthaltsort der nächsten Bezugsperson richten.[541] Die örtliche Nähe kann aber mit sachlichen Interessen, wie z. B. der Behandlung oder einer angestrebten Therapie oder Berufsausbildung kollidieren.[542] In der Praxis wird die sachliche Zuständigkeit überwiegend nach allgemeinen Merkmalen bestimmt, um den Vollstreckungsbehörden eine Zuweisung in eine bestimmte Justizvollzugsanstalt nach Aktenlage zu ermöglichen.[543] Grundsätzlich richtet sich die sachliche Zuständigkeit der Justizvollzugsanstalten, unter Berücksichtigung von Alter und Geschlecht des Gefangenen, nach der Länge der Freiheitsstrafe, ob der Verurteilte erstmalig und zum widerholten Male in den Strafvollzug eingewiesen wird[544] sowie der kriminellen Gefährdung des Gefangenen.[545] Der Zweck des Vollstreckungsplanes umfasst zweierlei: einerseits ist aus organisatorischen Gründen eine Vorwegfestlegung der örtlich und sachlich zuständigen Anstalt notwendig,[546] andererseits muss aber auch aus rechtsstaatlichen Gesichtspunkten der Verurteilte erkennen können, welche Folgen die Verurteilung zu einer Freiheitsstrafe für ihn hat.[547] Gleichzeitig bezweckt er auch die, unter Behandlungsgesichtspunkten notwendige, differenzierte Unterbringung der Gefangenen.[548] Folglich ermöglicht der Vollstreckungsplan den Vollzugs-

---

539  BeckOK-Strafvollzugsrecht/*Engelstätter* 2018, § 152, Rn. 1.

540  *Arloth/Krä* 2017, § 152 StVollzG, Rn. 3.

541  AK-*Feest* 2017, Teil II § 102, Rn. 3; Diese Empfehlung wurde ebenfalls in den europäischen Strafvollzugsgrundsätzen, Artikel 17.1, formuliert, vgl. REC 2006/2 sowie *Kapitel 4.1.4.*

542  AK-*Feest* 2017, Teil II § 102, Rn. 3.

543  *Laubenthal* 2018, Rn. 89.

544  SBJL-*Koepsel/Jesse* 2020, 13. Kapitel, H., Rn. 6.

545  *Laubenthal* 2018, Rn. 89.

546  *Arloth/Krä* 2017, § 152 StVollzG, Rn. 1.

547  *Laubenthal* 2018, Rn. 86.

548  *Arloth/Krä* 2017, § 152 StVollzG, Rn. 1.

94

und Vollstreckungsbehörden sowie dem Betroffenen lückenlose Aufklärung dahingehend, welche Justizvollzugsanstalt für seine Aufnahme zuständig ist.[549] Im Folgenden sollen die Vollstreckungspläne der hier zu untersuchenden Bundesländer betrachtet und dahingehend untersucht werden, ob sie bereits spezielle Zuweisungen oder anderweitige Regelungen im Hinblick auf den Umgang mit und die Unterbringung von besonders sicherungsbedürftigen Gefangenen beinhalten.

## 5.1.1 Bayern

Der bayerische Vollstreckungsplan in der Fassung vom 10. Februar 2017 enthält die sachlichen und örtlichen Zuständigkeiten der bayerischen Justizvollzugsanstalten sowie Regelungen für weibliche Inhaftierte, Jugendliche und Bestimmungen bezüglich der freiheitsentziehenden Maßregeln sowie der Bundeswehr. Zuständig für den Vollzug der Freiheitsstrafe an erwachsenen, männlichen Gefangenen sind laut Einweisungsbestimmung die Justizvollzugsanstalten Aichach, Amberg, Ansbach, Aschaffenburg, Augsburg-Gablingen, Bamberg, Bernau, Erdingen, Garmisch-Partenkirchen, Hof, Kaisheim, Kempten, Kronach, Landsberg, Landshut, Memmingen, München, Neuburg a. d. D., Nürnberg, Passau, Regensburg, Schweinfurt, St. Georgen-Bayreuth, Straubing, Traunstein, Weiden und Würzburg.[550] Im bayerischen Vollstreckungsplan wird die sichere Unterbringung im Hinblick auf den Vollzug der einstweiligen Unterbringung und der freiheitsentziehenden Maßregeln mit Unterbringung im Bezirkskrankenhaus Straubing detailliert geregelt.[551] Darüber hinaus enthält der bayerische Vollstreckungsplan keine weitergehenden Bestimmungen zum Umgang mit oder der Unterbringung von besonders sicherungsbedürftigen Gefangenen.

## 5.1.2 Berlin

Der Berliner Vollstreckungsplan vom 28. Februar 2017 sieht zunächst vor, dass „für den Vollzug der Untersuchungshaft, der Freiheits- und der Jugendstrafe der Ordnungs-, Sicherungs-, Zwangs-, Erzwingungs- und Auslieferungshaft, der Unterbringung in der Sicherungsverwahrung, des militärischen Strafarrestes, des Jugendarrestes und der freiheitsentziehenden Maßregeln der Besserung und Sicherung" die im Vollstreckungsplan nachstehend aufgeführten Justizvollzugsanstalten zuständig sind.[552] Diese sind namentlich für den geschlossenen Vollzug

549  CMD 2005, § 152, Rn. 2.

550  Justizministerium Bayern 2017, Anlage 1/1 ff.

551  Justizministerium Bayern 2017, 6. Abschnitt, 2) g).

552  Senatsverwaltung für Justiz, Verbraucherschutz und Antidiskriminierung 2017a, S. 2.

die Justizvollzugsanstalten Moabit, Tegel, Heidering und Plötzensee.[553] Darüber
hinaus sind noch weitere Einrichtungen benannt, wie die des offenen Vollzuges
sowie Einrichtungen für Frauen und Jugendliche.[554] Der Vollstreckungsplan des
Landes Berlin enthält Zuständigkeitszuweisungen für männliche Erwachsene, die
als gefährlich eingestuft wurden, besonders fluchtgefährlich sind oder wegen einer Gefährdung der Sicherheit und Ordnung der Anstalt besonders sicher untergebracht werden müssen.[555] Eben jene Gefangene sollen in den Teilanstalten II,
V und VI der Justizvollzugsanstalt Tegel untergebracht werden.[556]

## 5.1.3 Hamburg

Der Vollstreckungsplan der Freien und Hansestadt Hamburg vom 14.09.2017 regelt die örtliche und sachliche Zuständigkeit der Vollzugsbehörden in Hamburg.
Als Vollzugsanstalten werden für den geschlossenen Vollzug zwei Justizvollzugsanstalten, nämlich die Justizvollzugsanstalt Billwerder (die aber auch eine
Teilanstalt für Frauen enthält) und die Justizvollzugsanstalt Fuhlsbüttel benannt.[557] Jedoch ist auch die Sozialtherapeutische Anstalt Hamburg mit der Außenstelle Bergedorf eine Anstalt des geschlossenen Vollzuges.[558] Laut Auskunft
der Hamburger Justizbehörde ist sie hauptsächlich für männliche, erwachsene Sexualstraftäter zuständig.[559] Darüber hinaus gibt es noch Anstalten für den offenen
Vollzug sowie spezielle Fraueneinrichtungen und Anstalten für Jugendliche.[560]
Der Vollstreckungsplan der Freien und Hansestadt Hamburg enthält darüber hinaus keine Regelungen bezüglich der Unterbringung von besonders sicherungsbedürftigen Gefangenen.

## 5.1.4 Hessen

Das Hessische Ministerium der Justiz hat im hessischen Vollstreckungsplan die
sachliche und örtliche Zuständigkeit der Justizvollzugsanstalten mit Stand vom
01.11.2017 geregelt. Anstalten des geschlossenen Vollzuges für männliche, er-

553 *Senatsverwaltung für Justiz, Verbraucherschutz und Antidiskriminierung* 2017a, S. 3 ff.

554 *Senatsverwaltung für Justiz, Verbraucherschutz und Antidiskriminierung* 2017a, S. 5 ff.

555 *Senatsverwaltung für Justiz, Verbraucherschutz und Antidiskriminierung* 2017a, S. 9.

556 *Senatsverwaltung für Justiz, Verbraucherschutz und Antidiskriminierung* 2017a, S. 9.

557 *Justizbehörde Freie und Hansestadt Hamburg* 2017, S. 1 ff.

558 *Justizbehörde Freie und Hansestadt Hamburg* 2017, S. 2.

559 *Justizbehörde Freie und Hansestadt Hamburg* 2017a.

560 *Justizbehörde Freie und Hansestadt Hamburg* 2017, S. 1 ff.

wachsene Gefangene sind die Justizvollzugsanstalten Butzbach, Darmstadt, Dieburg, Frankfurt am Main I, Frankfurt am Main IV, Fulda, Gießen, Hünfeld, Kassel I und II, Limburg an der Lahn, Schwalmstadt und Weiterstadt.[561] Zunächst wird festgehalten, dass die Vollzugsdauer, das Alter, der Wohnort, der Aufenthaltsort oder Verwahrungsort, das Geschlecht, die Haftart und die Art der Delikte maßgebliche Kriterien für die Einweisung in eine bestimmte Justizvollzugseinrichtung sind.[562] Das Einweisungsverfahren des Landes Hessen sieht vor, dass männliche, erwachsene Verurteilte mit einer Freiheitsstrafe von mehr als 24 Monaten, verurteilt wegen Delikten gegen die sexuelle Selbstbestimmung, und generell männliche, erwachsene Verurteilte mit einer Freiheitsstrafe von mehr als 36 Monaten zunächst zur Durchführung des Einweisungsverfahrens in der Justizvollzugsanstalt Weiterstadt unterzubringen sind.[563] Nach Abschluss des Einweisungsverfahrens werden die Gefangenen, entsprechend des Vollstreckungsplanes, in die betreffende Justizvollzugsanstalt oder, abweichend davon, in eine andere Justizvollzugsanstalt verlegt. Als Grund für eine mögliche Weiterverlegung sieht der hessische Vollstreckungsplan gem. Abschnitt 3 Nr. 7 b) die Sicherheit und Ordnung der Anstalt vor und orientiert sich damit an § 11 I HStVollzG (der wiederum die Möglichkeit der Sicherheitsverlegung[564] beinhaltet).[565] Jedoch lässt sich dem Vollstreckungsplan nicht entnehmen, ob und welche Justizvollzugsanstalt für derartige Sicherheitsverlegungen zuständig ist. Dafür enthält der Vollstreckungsplan des Landes Hessen Hinweise auf die Unterteilung der Justizvollzugsanstalten in unterschiedliche Sicherheitsstufen. Justizvollzugsanstalten mit Sicherheitsstufe I sind die Anstalten Butzbach, Frankfurt am Main I (für die Untersuchungshaft), Kassel I, Kassel II, Schwalmstadt (mit Ausnahme des Kornhauses) sowie Weiterstadt.[566] Das hessische Justizministerium gibt auf seiner Website weitergehende Informationen zu den genannten, besonders sicheren Justizvollzugsanstalten und stellt dabei insbesondere die Justizvollzugsanstalten Butzbach sowie Kassel I und II heraus. Demnach ist die Justizvollzugsanstalt Butzbach „ein Gefängnis höchster Sicherheitsstufe", konzipiert für die Unterbringung männlicher Straftäter, bei denen eine „besonders sichere Unterbringung im Vordergrund steht".[567] Auch die JVA Kassel I ist eine Justizvollzugsanstalt

---

561 *Justizministerium Hessen* 2017, S. 15 ff.

562 *Justizministerium Hessen* 2017, S. 5.

563 *Justizministerium Hessen* 2017, S. 9.

564 Vgl. dazu Ausführungen zur Sicherheitsverlegung in *Kapitel 5.2.*

565 *Justizministerium Hessen* 2017, S. 9.

566 *Justizministerium Hessen* 2017, S. 8.

567 *Justizministerium Hessen* 2017a, JVA Butzbach.

höchster Sicherheitsstufe und unter anderem für die Vollstreckung von Freiheitsstrafen an männlichen Erwachsenen zuständig.[568] Die Justizvollzugsanstalt Kassel II ist eine sozialtherapeutische Einrichtung für männliche, erwachsene Strafgefangene, die unter anderem das Ziel verfolgt, die Rückfallgefahr von gefährlichen Straftätern zu senken.[569]

## 5.1.5 Mecklenburg-Vorpommern

Der Vollstreckungsplan von Mecklenburg-Vorpommern mit Stand vom 10. Dezember 2018 sieht vor, dass in ihm die örtliche und sachliche Zuständigkeit der Justizvollzugsanstalten geregelt werde.[570] Mecklenburg-Vorpommern vollstreckt die Freiheitsstrafe an männlichen, erwachsenen Gefangenen in den Justizvollzugsanstalten in Bützow, Stralsund und Waldeck, die Freiheitsstrafen für Verurteilte bis zum 28. Lebensjahr in der Justizvollzugsanstalt Neustrelitz.[571] Darüber hinaus sieht der Vollstreckungsplan von Mecklenburg-Vorpommern keinerlei Regelungen zum Umgang mit besonders sicherungsbedürftigen Häftlingen vor.

## 5.1.6 Niedersachsen

Der Vollstreckungs- und Einweisungsplan des Landes Niedersachsen vom 01.05.2020 regelt die „örtliche und sachliche Zuständigkeit der Vollzugsbehörden", welche Einrichtungen solche des offenen Vollzuges sein sollen sowie die Vollzugseinrichtungen des Maßregelvollzuges und die der Jugendarrestanstalten.[572] Zuständig für den Vollzug an männlichen, erwachsenen Personen sind die Justizvollzugsanstalten Bremervörde, Celle, Hannover, Lingen, Meppen, Oldenburg, Rosdorf, Sehnde, Uelzen und Wolfenbüttel.[573] Der Vollstreckungs- und Einweisungsplan des Landes Niedersachsens weist darüber hinaus eine Besonderheit auf: Als einziges der hier zu untersuchenden Bundesländer hat das Niedersächsische Justizministerium im Rahmen des Einweisungs- und Vollstreckungsplanes auch den geltenden Sicherheitsstufenerlass veröffentlicht (grundsätzlich hat jedes Bundesland seine eigene Sicherheitspolitik, die in der Regel für die Öffentlichkeit nicht zugänglich ist).[574] Der Sicherheitsstufenerlass

---

568  *Justizministerium Hessen* 2017b, JVA Kassel I.

569  *Justizministerium Hessen* 2017c, JVA Kassel II.

570  *Justizministerium Mecklenburg-Vorpommern* 2018, S. 694.

571  *Justizministerium Mecklenburg-Vorpommern* 2018, S. 695 f.

572  *Justizministerium Niedersachsen* 2018, Teil 1, S. 3.

573  *Justizministerium Niedersachsen* 2018, Teil 2, S. 11 ff.

574  *Drenkhahn* 2014, S. 187.

weist den im Bundesland befindlichen Justizvollzugsanstalten eine Sicherheitsstufe zu, beschreibt die baulichen und instrumentellen Standards für die jeweilige
Sicherheitsstufe und regelt, welche Gefangenen welcher Sicherheitsstufe zuzuordnen sind. Der Regelungszweck des Sicherheitsstufenerlasses soll „eine sichere
Unterbringung potentiell höher fluchtgefährdeter Gefangener" gewährleisten, insbesondere, da sich die Justizvollzugsanstalten des Landes Niedersachsen in ihrer
„baulich-instrumentellen Ausstattung" voneinander unterscheiden.[575] Die unterschiedlichen Sicherheitsstufen sollen im Hinblick auf eine optimale „Nutzung der
Ressourcen bei Aufnahme- und Verlegungsentscheidungen" berücksichtigt werden.[576] Laut niedersächsischem Sicherheitsstufenerlass existieren vier Sicherheitsstufen:

Stufe I umfasst den „höchsten baulich-instrumentellen und personellen Sicherheitsstandard" und ist nur vorzufinden auf den „Sicherheitsstationen der Justizvollzugsanstalten Celle, Oldenburg, Rosdorf, Sehnde und Wolfenbüttel".[577]
Stufe II erfüllt einen „hohen baulich-instrumentellen Sicherheitsstandard", dem
die „Hauptanstalten der Justizvollzugsanstalten Celle, Oldenburg, Rosdorf,
Sehnde und Wolfenbüttel entsprechen".[578] Stufe III entspricht einem „mittleren
baulich-instrumentellen Sicherheitsstandard" und findet sich in den „Hauptanstalten der Justizvollzugsanstalten Bremervörde, Hannover, Lingen, Meppen, Uelzen, Vechta sowie in den Abteilungen Goslar, Groß-Hesepe und Langenha-
gen".[579] Die Stufe IV umfasst alle „Abteilungen des offenen Vollzuges" in
Niedersachsen.[580] Des Weiteren regelt der Sicherheitsstufenerlass (für manche
Sicherheitsstufen) die Einstufung der Gefangenen in eine Sicherheitsstufe (Klassifizierung):

Die Unterbringung auf den Sicherheitsstationen mit Sicherheitsstufe I soll
sich nach dem Rahmenkonzept für Sicherheitsstationen des niedersächsischen
Justizvollzuges richten.[581] Was das Rahmenkonzept im Speziellen erfasst, insbesondere wer unter welchen Bedingungen auf Sicherheitsstufe I unterzubringen ist,
ist dem Sicherheitsstufenerlass nicht zu entnehmen. Lediglich vermerkt ist, dass
(in der Regel) die Unterbringung der Sicherungsverwahrten auf der Sicherheitsstation auf selbiger in der Justizvollzugsanstalt Rosdorf vollzogen werden soll.[582]

---

575  *Justizministerium Niedersachsen* 2016, S. 1.

576  *Justizministerium Niedersachsen* 2016, S. 1.

577  *Justizministerium Niedersachsen* 2016, S. 2.

578  *Justizministerium Niedersachsen* 2016, S. 2.

579  *Justizministerium Niedersachsen* 2016, S. 2.

580  *Justizministerium Niedersachsen* 2016, S. 3.

581  *Justizministerium Niedersachsen* 2016, S. 5.

582  *Justizministerium Niedersachsen* 2016, S. 3.

Hinweise bezüglich der praktischen Ausgestaltung des Vollzuges auf niedersächsischen Sicherheitsstationen könnte jedoch die Antwort auf die „Kleine Anfrage zur schriftlichen Beantwortung zum IS-Prozess in Celle" niedersächsischer FDP-Abgeordneter an die Landesregierung vom 15.09.2015 enthalten.[583] Demnach wird die Einzelhaft in Niedersachsen auf Sicherheitsstationen vollzogen.[584] Ziel des Vollzuges auf den Sicherheitsstationen soll demnach nach dem Niedersächsischem Rahmenkonzept sein, „die dort untergebrachten Gefangenen wieder für den Normalvollzug zu befähigen, bzw. die individuellen Risiken zu minimieren".[585] „Die Ausgestaltung der Einzelhaft sei angesichts des hohen Sicherheitsniveaus in besonderem Maße standardisiert", Freistunden, die Nutzung der Teeküche und des Sportangebotes seien nur alleine möglich, Kommunikation finde lediglich mit Bediensteten und gegebenenfalls Besuchern statt.[586] Der Schriftwechsel und die Telekommunikation werden überwacht, die Nutzung von Arbeitsangeboten ist einzelfallabhängig.[587] Um zu verhindern, dass unerlaubte Gegenstände in die Sicherheitsstationen eingeführt werden, ist zudem bei jedem Betreten selbiger eine komplette entkleidete Leibesvisitation vorgesehen.[588] Eine Anfrage des niedersächsischen Landtagsabgeordneten Limburg an die Landesregierung, gestellt im Rahmen der 102. Plenarsitzung im Jahr 2011, lässt zudem darauf schließen, dass die Sicherheitsstufe I ferner in Kategorie A und B unterteilt wird.[589] Laut Antwort des Justizministeriums wird in Stufe I landesweit einheitlich Einzelhaft unter den bereits zuvor beschriebenen Bedingungen vollzogen.[590] In Sicherheitsstufe I b „sind Kontakte unter den Gefangenen möglich; das Beschäftigungs- und Betreuungsangebot ist vielfältiger, die Gefangenen können arbeiten, basteln oder malen, im Rahmen des Umschlusses ihre Zeit zu zweit verbringen, kochen, zur Freistunde gehen und Sport treiben".[591] Es lässt sich somit festhalten, dass die Freizeit-, Arbeitsmöglichkeiten und Kontakte in Sicherheitsstufe 1 a, sofern sie heute noch existiert, deutlich eingeschränkt sind. Die Unterbringung in Sicherheitsstufe I b erscheint dagegen gelockert, da zumindest Kontakt zu anderen Mitgefangenen möglich ist. Es bleibt soweit einzig die Frage

---

583 LT-Drucks. 17/4495.

584 LT-Drucks. 17/4495, S. 2.

585 LT-Drucks. 17/4495, S. 2.

586 LT-Drucks. 17/4495, S. 2.

587 LT-Drucks. 17/4495, S. 2.

588 LT-Drucks. 17/4495, S. 2.

589 Mit Ausnahme der Sicherheitsstation in der Justizvollzugsanstalt Wolfenbüttel; Niedersächsischer Landtag 2011, S. 13129.

590 *Niedersächsischer Landtag* 2011, S. 13129.

591 *Niedersächsischer Landtag* 2011, S. 13129.

unbeantwortet, welche Gefangenen auf den Sicherheitsstationen I a, bzw. b inhaftiert werden.

Gefangene, bei denen eine konkrete Ausbruchsgefahr besteht oder bei denen es Anhaltspunkte für einen Ausbruch oder -versuch im geschlossenen Vollzug gegeben hat, sind in einer Abteilung der Sicherheitsstufe II in einer Justizvollzugsanstalt der Stufe II unterzubringen.[592] Ferner sind in Sicherheitsstufe II Gefangene unterzubringen, die „der organisierten Kriminalität, einer Bande oder dem politischen Radikalismus zuzurechnen sind" oder „zu einer lebenslangen Freiheitsstrafe verurteilt" worden sind, an deren Freiheitsstrafe die Vollstreckung einer Sicherungsverwahrung anknüpfen soll oder sonstige Gründe in der Person des Gefangenen liegen, denen mit Mitteln aus Sicherheitsstufe II wirksamer begegnet werden kann.[593]

Abschließend lässt sich festhalten, dass der niedersächsische Einweisungs- und Vollstreckungsplan inklusive des Sicherheitsstufenerlasses die detailliertesten Ausführungen unter allen hier zu untersuchenden Bundesländern enthält. Der Sicherheitsstufenerlass gewährt rare Einblicke in die sonst vor der Öffentlichkeit verborgene Sicherheitspolitik der Bundesländer. Mit den Sicherheitsstationen in den Justizvollzugsanstalten Celle, Oldenburg, Rosdorf, Sehnde und Wolfenbüttel benennt der Einweisungs- und Vollstreckungsplan explizit, welche Justizvollzugsanstalten für die Vollstreckung der Freiheitsstrafe an besonders sicherungsbedürftigen Gefangenen zuständig sind. Fluchtverdächtige, politisch radikalisierte oder der organisierten Kriminalität zuzurechnende Gefangene sind in den Hauptanstalten der Justizvollzugsanstalten Celle, Oldenburg, Rosdorf, Sehnde und Wolfenbüttel unterzubringen.

### 5.1.7 Nordrhein-Westfalen

Der Vollstreckungsplan des Landes Nordrhein-Westfalen mit Stand vom 01.04.2010 bestimmt, dass die sachliche und örtliche Zuständigkeit der Justizvollzugsanstalten sich nach den Bestimmungen im Vollstreckungsplan und dem Einweisungsplan richtet.[594] Als flächenmäßig großes Bundesland hält Nordrhein-Westfalen eine Vielzahl an Justizvollzugsanstalten für männliche, erwachsene Gefangene bereit. Diese sind Aachen, Bielefeld-Brackwede, Bochum, Detmold, Dortmund, Düsseldorf, Duisburg-Hamborn, Essen, Geldern, Gelsenkirchen, Hagen, Hamm, Kleve, Köln, Münster, Remscheid, Rheinbach, Schwerte, Siegburg, Werl, Willich I und Wuppertal-Vohwinkel.[595] Nordrhein-Westfalen führt, wie

---

592 *Justizministerium Niedersachsen* 2016, S. 3.

593 *Justizministerium Niedersachsen* 2016, S. 3.

594 *Ministerium der Justiz des Landes Nordrhein-Westfalen* 2017, S. 1.

595 *Ministerium der Justiz des Landes Nordrhein-Westfalen* 2017, Teil 4, S. 1 ff.

bereits zuvor erläutert, ein Einweisungsverfahren durch. Demnach werden männliche, erwachsene Gefangene deutscher Nationalität mit einer Freiheitsstrafe von mehr als 24 Monaten zunächst zur Durchführung des Einweisungsverfahrens in die Justizvollzugsanstalt Hagen eingewiesen.[596] Außerdem ist vermerkt, dass eine Abweichung vom Vollstreckungsplan zur sicheren Unterbringung gem. § 85 StVollzG a. F. zulässig ist.[597] Darüber hinaus enthält der Vollstreckungsplan Nordrhein-Westfalens keine Hinweise darauf, in welche Justizvollzugsanstalten besonders sicherungsbedürftige Gefangene vor bzw. nach dem Einweisungsverfahren verlegt werden können.

### 5.1.8 Zusammenfassung

Im Ergebnis lässt sich festhalten, dass zwar alle hier zu untersuchenden Bundesländer einen Vollstreckungsplan erlassen, aber nur wenige sich der Problematik bezüglich des Umgangs und der Unterbringung von besonders sicherungsbedürftigen Gefangenen angenommen und diese substanziell geregelt haben. Die konkretesten Regelungen enthalten die Vollstreckungspläne der Länder Berlin und Niedersachsen. Besonders sicherungsbedürftige, männliche erwachsene Gefangene sind in Berlin in den Teilanstalten II, V und VI der Justizvollzugsanstalt Tegel unterzubringen. In Niedersachsen sind für besonders sicherungsbedürftige Gefangene, Mitglieder der organisierten Kriminalität sowie politisch radikalisierte und fluchtverdächtige Gefangene die Sicherheitsstationen und die Hauptanstalten der Justizvollzugsanstalten Celle, Oldenburg, Rosdorf, Sehnde und Wolfenbüttel vorgesehen. Die Justizbehörde Hamburg erklärt die Außenstelle Bergedorf als überwiegend zuständig für die Behandlung von männlichen Sexualstraftätern, hat darüber hinaus aber keine speziellen Zuweisungen vorgenommen. Die Kombination aus dem hessischen Vollstreckungsplan und den Informationen des Justizministeriums Hessen liefern ebenfalls weiterführende Erkenntnisse: So gelten die Justizvollzugsanstalten Butzbach sowie Kassel I und II als Anstalten mit höchster Sicherheitsstufe. Sie sollen zuständig sein für Gefangene, bei denen „eine besonders sichere Unterbringung im Vordergrund steht".

## 5.2 Abweichungen vom Vollstreckungsplan/ Sicherheitsverlegung

Bereits vor Antritt der Strafverbüßung ist eine Abweichung von der im Vollstreckungsplan sachlich und/oder örtlichen festgelegten Zuständigkeit möglich, so-

---

596  *Ministerium der Justiz des Landes Nordrhein-Westfalen* 2017, S. 1.

597  *Ministerium der Justiz des Landes Nordrhein-Westfalen* 2017, S. 4.

fern der Verurteilte einen dahingehenden Antrag stellt oder von Amts wegen diesbezüglich entschieden wird.[598] Die Abweichung vom Vollstreckungsplan durch Einweisung in eine unzuständige Anstalt ist nur in Ausnahmefällen gestattet.[599] Als mögliche Beweggründe für eine Abweichung vom Vollstreckungsplan benennt § 26 I S. 1 StVollstrO[600] Behandlungs- oder Widereingliederungsgründe, die Notwendigkeit einer sicheren Unterbringung sowie weitere Abweichmöglichkeiten, die durch die jeweiligen landesgesetzlichen Vorschriften legitimiert sind. In den Landesstrafvollzugsgesetzen sind sowohl allgemeine als auch besondere Verlegungsgründe abschließend normiert,[601] jedoch gibt es Unterschiede hinsichtlich des Regelungsumfangs und -standorts.[602] Eine Verlegung ist die dauerhafte Unterbringung in einer anderen Justizvollzugsanstalt abweichend vom Vollstreckungsplan.[603] Die allgemeinen Verlegungsgründe können nur angewandt werden, sofern keiner der besonderen, abschließend geregelten, vorrangigen Verlegungsgründe vorliegt.[604]

Weitere besondere Verlegungsvorschriften, die landesgesetzlich normiert wurden sind:

- Die Verlegung in den offenen Vollzug, beziehungsweise die Rückverlegung in den geschlossenen Vollzug gem. ehemals § 10 I, II StVollzG, heute Art. 12 II, III BayStVollzG, § 16 II, III StVollzG Bln, § 11 II, III HmbStVollzG, § 13 I HStVollzG, § 13 I, II StVollzG M-V, § 12 II NJVollzG, § 12 I, IV StVollzG NRW.

- Die Verlegung in eine sozialtherapeuthische Anstalt gem. ehemals § 9 StVollzG, heute Art. 11 I, II BayStVollzG, § 18 II, III StVollzG Bln, § 10 I, II HmbStVollzG, § 12 I HStVollzG, § 17 II, III StVollzG M-V, § 104 I NJVollzG, § 13 I, II StVollzG NRW

- Der Wechsel der Einrichtung zum Zweck einer Krankenbehandlung gem. ehemals § 65 StVollzG, heute Art. 67 I BayStVollzG, § 76 I StVollzG Bln, § 63 I HmbStVollzG, § 24 IV HStVollzG, § 63 I StVollzG M-V, § 63 I NJVollzG, § 46 I StVollzG NRW.

- Die Verlegung mit dem Ziel der sicheren Unterbringung des Inhaftierten gem. ehemals § 85 StVollzG a. F., heute Art. 92 BayStVollzG, § 17 I Nr. 2 StVollzG Bln, § 9 II HmbStVollzG, § 11 I Nr. 2 HStVollzG,

---

598  *Laubenthal* 2019, Rn. 98.

599  *Laubenthal* 2019, Rn. 99.

600  Fassung vom 01.10.2017.

601  *Laubenthal* 2019, Rn. 102 ff.

602  LNNV-*Verrel* 2015, D, Rn. 21.

603  AK-*Weßels/Böning* 2017, § 16 LandesR, Rn. 5; *Laubenthal* 2019, Rn. 101.

604  LNNV-*Verrel* 2015, D, Rn. 21.

§ 75 StVollzG M-V, § 10 I Nr. 2-4 NJVollzG, § 11 I Nr. 2 StVollzG NRW.

- Die Verlegung zum weiteren Vollzug aus einer Einweisungsanstalt gem. ehemals § 152 II S. 2 StVollzG, heute § 71 II Nr. 2 HStVollzG, § 104 II StVollzG NRW.[605]

Des Weiteren verweist § 26 II S. 1 StVollstrO darauf, dass ein Abweichen vom Vollstreckungsplan nicht nur vor Beginn der Strafverbüßung, sondern auch während der bereits begonnen Strafverbüßung in Form einer Verlegung erfolgen kann. Der Gefangene kann somit auch in eine andere, eigentlich nicht für den Gefangenen zuständige, Justizvollzugsanstalt verlegt werden, wenn die Strafverbüßung bereits begonnen hat.[606] Der Gefangene hat keinen Rechtsanspruch auf eine Verlegung; es steht ihm lediglich zu, zu beantragen, in eine andere Justizvollzugsanstalt verlegt zu werden.[607] Laut Bundesverfassungsgericht darf eine Verlegung zur Förderung der Eingliederung oder besseren Behandlung des Gefangenen erfolgen.[608] Ein Anstaltswechsel erscheint demnach sinnvoll, wenn die aufnehmende Anstalt „individuell geeignetere Aus- und Weiterbildungsangebote oder therapeutische Maßnahmen anbieten" oder im Hinblick auf eine baldige Entlassung die Anknüpfung an berufliche oder persönliche Kontakte begünstigen kann.[609]

Sowohl vor Antritt der Strafverbüßung als auch währenddessen ist, wie zuvor gezeigt, die Abweichung vom Vollstreckungsplan oder die Verlegung zur sicheren Unterbringung möglich. Im Lichte der hier zu untersuchenden Problemstellung soll sich daher im Folgenden auf die Sicherheitsverlegung des ehemaligen § 85 StVollzG a. F. konzentriert werden, der von allen hier zu untersuchenden Bundesländern in die eigenen Landesgesetze übernommen wurde.[610]

Die Regelung des § 85 StVollzG a. F. bezog sich auf Gefangene, bei denen eine Sicherheitsverlegung notwendig ist, da sie auf Dauer eine schwere Belastung für den Vollzug darstellen.[611] Um das Vollzugsziel besser zu erreichen, ein Behandlungsklima zu gewährleisten, welches dieses Ziel fördert, und gleichzeitig dem Gefangenen einen Neuanfang zu ermöglichen, war auf Grundlage von § 85 StVollzG a. F. ausnahmsweise eine Verlegung, über die Vorschriften des § 8

---

605  Die Strafvollzugsgesetze der Bundesländer Bayern, Berlin, Hamburg, Mecklenburg-Vorpommern und Niedersachsen enthalten kein Äquivalent zur Sonderverlegung des § 152 II S. 2 StVollzG.

606  *Laubenthal* 2019, Rn. 101.

607  AK-*Weßels/Böning* 2017, § 16 LandesR, Rn. 2; *Laubenthal* 2019, Rn. 101.

608  BVerfG, NStZ-RR 2006, S. 326.

609  *Laubenthal* 2019, Rn. 103.

610  Für die konkrete landesgesetzliche Ausgestaltung der Sicherheitsverlegung vgl. *Kapitel 3.4.*

611  SBJL-*Harrendorf/Ullenbruch* 2020, 11. Kapitel, E., Rn. 1.

StVollzG hinaus, zulässig.[612] § 85 StVollzG a. F. nannte als Voraussetzungen für die Verlegung in eine andere Justizvollzugsanstalt das Vorliegen einer „Fluchtgefahr in erhöhtem Maße" oder ein „sonstiges Verhalten oder Zustand, der eine Gefahr für die Sicherheit oder Ordnung der Anstalt darstellt. Die Sicherheitsverlegung darf nicht in eine Einrichtung des Maßregelvollzugs vorgenommen werden.[613] Ebenso wenig soll die Unterbringung in einer stärker gesicherten Abteilung in der gleichen Justizvollzugsanstalt eine Sicherheitsverlegung i.S.v. § 85 StVollzG a. F. darstellen.[614] Sie benötigt auch keine besondere gesetzliche Grundlage, da die Unterbringung innerhalb der Justizvollzugsanstalt dem pflichtgemäßen Ermessen des Anstaltsleiters unterliegt.[615] Inwieweit die aufnehmende Anstalt eine mit höherem Sicherheitsniveau sein müsse, ist innerhalb der Kommentarliteratur umstritten. *Calliess/Müller-Dietz* gehen davon aus, dass es sich bei der aufnehmenden Anstalt um eine Einrichtung mit höherem Sicherheitsgrad als bei der vorherigen Justizvollzugsanstalt handeln solle.[616] Hierdurch solle verhindert werden, dass Normalanstalten so genannte „Sicherheitsabteilungen" einrichten, deren Sicherheitsvorkehrungen langfristig auf den gesamten Vollzug durchschlagen und der Alltag durch die Gefährlichkeit einiger weniger Gefangenen für alle anderen Häftlinge mitreglementiert wird.[617] Dagegen verweisen unter anderem *Preusker* und *Goerdeler* darauf, dass eine Sicherheitsverlegung nach § 85 StVollzG a. F. nicht zwangsläufig nur in eine stärker gesicherte Justizvollzugsanstalt vorgenommen werden könne, in Betracht komme auch eine Anstalt des selben Sicherheitsniveaus, wenn dem gefährlichen Gefangenen dadurch seine „logistische Basis" entzogen werden könne.[618]

In der Praxis werden besonders gefährliche oder störende Gefangene in regelmäßigen Abständen von einer Justizvollzugsanstalt in die nächste Einrichtung verlegt, ein sog. „Verlegungskarussell" entsteht.[619] Auch bezüglich dieser Praxis scheint die Kommentarliteratur gespalten. Einerseits wird vertreten, dass diese Vorgehensweise nicht auf § 85 StVollzG a. F. gestützt werden kann, teilweise wird sogar von Missbrauch der Vorschrift des § 85 StVollzG a. F. gesprochen.[620]

---

612  SBJL-*Harrendorf/Ullenbruch* 2020, 11. Kapitel, E., Rn. 1.

613  *Arloth/Krä* 2017, § 85 StVollzG, Rn. 1.

614  *Arloth/Krä* 2017, § 85 StVollzG, Rn. 1.

615  *Arloth/Krä* 2017, § 85 StVollzG, Rn. 1.

616  *CMD* 2005, § 85, Rn. 2.

617  *CMD* 2005, § 85, Rn. 2.

618  *Preusker* 1988, S. 267; AK-*Goerdeler* 2017, § 75 LandesR, Rn. 5.; aber auch in der Vorauflage AK-*Feest/Köhne* 2012, § 85, Rn. 2; dahingehend unterstützend: *Arloth/Krä* 2017, § 85 StVollzG, Rn. 1.; *Laubenthal* 2019, Rn. 708; BVerfG BeckRS 2006, S. 19576.

619  AK-*Feest/Köhne* 2012, § 85, Rn. 3.

620  AK-*Feest/Köhne* 2012, § 85, Rn. 3.

Durch die routinemäßige Verlegung gefährlicher Häftlinge in immer andere Justizvollzugsanstalten würde eine effektive, inhaltliche Vollzugsplanung nahezu unmöglich, was wiederum in direktem Konflikt zum eigentlich verfolgten Resozialisierungsvollzug stünde.[621] Andere hingegen halten das Verlegungskarussell für zulässig und verweisen darauf, dass hierdurch der Belastung durch besonders gefährliche, aggressive Gefangene im Hinblick auf anfallende Kosten und den hohen, notwendigen Personalschlüssel für Behandlungsmaßnahmen besser begegnet werden könne, wenn sie turnusmäßig in verschiedene Justizvollzugsanstalten verlegt würden.[622] Des Weiteren könne so unterbunden werden, dass die Gefangenen die Sicherheitsverhältnisse auf längere Zeit auskundschaften und zu ihrem Vorteil nutzen können.[623]

Im Ergebnis lässt sich festhalten, dass eine Abweichung vom Vollstreckungsplan bereits vor und auch während der Inhaftierung zulässig ist. Besonders relevant ist dabei die Möglichkeit der Sicherheitsverlegung, ehemals § 85 StVollzG a. F., der von allen hier zu untersuchenden Landesgesetzgebern übernommen wurde. Bedenken sind jedoch gegen die Praxis des „Verlegungskarussells" einzuwenden. Auch wenn eine ständige Verlegung sicherungsbedürftiger Gefangener sicherlich ein Auskundschaften der örtlichen Gegebenheiten erschwert und eine Entlastung für die abgebende Justizvollzugsanstalt darstellt, werden durch dieses Vorgehen jegliche Behandlungs- und Resozialisierungsbemühungen erschwert bzw. vereitelt.

## 5.3 Besondere Sicherungsmaßnahmen

Um auch auf individuelle Situationen, bei denen eine schwerwiegende und akute Bedrohung für die Sicherheit oder Ordnung der Justizvollzugsanstalt vorliegt, reagieren zu können, enthielt das ehemalige Bundesstrafvollzugsgesetz mit § 88 StVollzG besondere Sicherungsmaßnahmen zur Gefahrenabwehr.[624] Alle hier zu untersuchenden Landesgesetzgeber haben besondere Sicherungsmaßnahmen in ihren Strafvollzugsgesetzen verankert. Sie stellen eine Reaktionsmöglichkeit auf eine erhöhte Gefahr für die Sicherheit oder Ordnung der Anstalt durch Flucht, Gewalttätigkeiten, Selbstmord oder Selbstverletzung dar.[625] Es muss eine erhebliche Störung der Anstaltsordnung von dem Verhalten des Gefangenen ausgehen,

---

621 AK-*Feest/Köhne* 2012, § 85, Rn. 3.

622 *Laubenthal* 2019, Rn. 708; *Arloth/Krä* 2017, § 85 StVollzG, Rn. 1; dahingehend auch LNNV-*Verrel* 2015, M, Rn. 53.

623 *Laubenthal* 2019, Rn. 708; *Arloth/Krä* 2017, § 85 StVollzG, Rn. 1.

624 AK-*Goerdeler* 2017, Teil II § 78 Rn. 1.

625 SBJL-*Baier/Grote* 2020, 11. Kapitel, I., Rn. 1.

so dass die angeordnete Maßnahme gerade zur Abwendung notwendig ist.[626] Auch wenn die besonderen Sicherungsmaßnahmen äußerlich den Disziplinarmaßnahmen ähneln, geht es bei ihnen nicht um die Sanktionierung eines Verhaltens, sondern um die Abwehr einer individuellen Gefahr.[627] Da sie gerade keine Disziplinarmaßnahme darstellen sollen, wird auch kein Verschulden des Gefangenen vorausgesetzt, sondern stattdessen eine erhöhte Gefahr für die Sicherheit und Ordnung der Anstalt.[628] Die besonderen Sicherungsmaßnahmen dürfen nur präventiv, nicht repressiv angewendet werden[629] und sind ihrer Natur nach eher darauf ausgerichtet, eine zeitlich begrenzte Maßnahme zur Reaktion auf eine akute Gefahrensituation darzustellen.[630] Auf länger andauernde Sicherheitsrisiken sollte tendenziell eher mit einer Sicherheitsverlegung reagiert werden.[631] Die besonderen Sicherungsmaßnahmen sind mit schwerwiegenden Eingriffen in die Grundrechte der Gefangenen sowie in ihre Bewegungsfreiheit, ihre Kontaktmöglichkeiten und ihre Privatsphäre verbunden, weswegen die Maßnahmen nur als „ultima ratio" angewendet werden dürfen, wenn andere Reaktionsmöglichkeiten die Gefahr nicht abwenden können.[632] Sie müssen sofort beendet werden, wenn die Gefahrensituation nicht mehr besteht und dürfen den Betroffenen „nicht mehr und nicht länger als notwendig beeinträchtigen".[633] Die Musterentwürfe für die jeweiligen Landesregelungen waren überwiegend an § 88 StVollzG angelehnt, wurden jedoch durch die §§ 89, 90 StVollzG (Einzelhaft, Fesselung) ergänzt.[634] Die jeweiligen Landesgesetzgeber haben ihre Regelungen an § 88 StVollzG angelehnt.[635] Gemäß § 88 I StVollzG sollen die besonderen Sicherungsmaßnahmen bei Gefangenen Anwendung finden, wenn „nach ihrem Verhalten oder aufgrund ihres seelischen Zustandes in erhöhtem Maße die Gefahr der Entweichung, von Gewalttätigkeiten gegen Personen oder Sachen, der Selbsttötung oder Selbstverletzung besteht". Die dafür zu ergreifenden besonderen Sicherungsmaßnahmen wurden in § 88 II StVollzG abschließend aufgelistet und lauteten wie folgt:

Nr. 1: Der Entzug oder die Vorenthaltung von Gegenständen.

Nr. 2: Die Beobachtung der Gefangenen, auch mit technischen Hilfsmitteln.

---

626  *Laubenthal* 2019, Rn. 715.

627  AK-*Goerdeler* 2017, Teil II § 78 Rn. 1.

628  *Arloth/Krä* 2017, StVollzG § 88, Rn. 1.

629  BT-Drucks. 7/918, S. 77; *Arloth/Krä* 2017, StVollzG § 88, Rn. 1.

630  OLG Zweibrücken NStZ 1994, S. 151.

631  *Arloth/Krä* 2017, StVollzG § 88, Rn. 2.

632  AK-*Goerdeler* 2017, Teil II § 78 Rn. 1; so auch *Council of Europe* 2020, Regel 51.1.

633  OLG Frankfurt, ZfStrVo 1987, S. 381, 381; SBJL-*Baier/Grote* 2020, 11. Kapitel, I., Rn. 4.

634  AK-*Goerdeler* 2017, Teil II § 78 Rn. 2.

635  AK-*Goerdeler* 2017, Teil II § 78 Rn. 2.

Nr. 3: Die Trennung von allen anderen Gefangenen (Absonderung).

Nr. 4: Der Entzug oder die Beschränkung des Aufenthaltes im Freien.

Nr. 5: Die Unterbringung in einem besonders gesicherten Haftraum ohne gefährdende Gegenstände und

Nr. 6: Die Fesselung.

Die besonderen Sicherungsmaßnahmen können immer nur gegen den oder die Störer, die für die Gefahrensituation verantwortlich sind, angeordnet werden.[636] Die im Gesetz beschriebenen Gefahrensituationen müssen der persönlichen Verfassung des Gefangenen entsprungen sein, es muss folglich eine ursächliche Beziehung (zwischen der Verfassung des Gefangenen und der Gefahrensituation) bestehen.[637] Bei Abstellung auf einen seelischen Zustand als Gefahrensituation muss auch dieser gegenwärtig sein und Anlass zur Sorge geben (beispielsweise starke Depressionen, starker Erregungszustand) und als solcher von einem Fachmann, das heißt einem Arzt oder Psychologen, zu beurteilen sein.[638] Die Gefahrentatbestände müssen konkret bestehen, es müssen folglich im Hinblick auf den konkreten Sachverhalt tatsächliche Anhaltspunkte vorliegen, dass ein Schadensereignis mit erheblicher Wahrscheinlichkeit bevorsteht.[639] Die Entweichungsgefahr in erhöhtem Maße muss den allgemein unterstellten Fluchtgedanken bei Häftlingen übersteigen und durch konkrete, substantiierte Anhaltspunkte, die im Verhalten des Gefangenen erkennbar sind (z. B. Bereithaltung von Fluchtmitteln, Fluchtverabredung, Fluchtversuche), belegt werden.[640] Eine Gefahr von Gewalttätigkeiten gegen Personen oder Sachen liegt in erhöhtem Maße vor, wenn diese in massiver Art und Weise durch das Verhalten des Gefangenen bedroht sind.[641] Dies meint eine Gefahr für Mitgefangene, Bedienstete, Dritte (beispielsweise Besucher)[642] sowie im Hinblick auf Sachen die drohende Zerstörung von dem Gefangenen nicht gehörenden Sachen, wie beispielweise seiner Zelleneinrichtung.[643] Die Gefahr eines Selbstmordes oder der Selbstverletzung in erhöhtem Maße setzt voraus, dass das Leben oder die Gesundheit des Gefangenen aufgrund

---

636 AK-*Goerdeler* 2017, Teil II § 78 Rn. 4.

637 BT-Drucks. 7/3998, S. 33.

638 BT-Drucks. 7/3998, S. 33.

639 SBJL-*Baier/Grote* 2020, 11. Kapitel, I., Rn. 8.

640 AK-*Goerdeler* 2017, Teil II § 78 Rn. 7.

641 AK-*Goerdeler* 2017, Teil II § 78 Rn. 8.

642 *Arloth/Krä* 2017, StVollzG § 88, Rn. 2.

643 BeckOK-Strafvollzugsrecht/*Bartel* 2018, § 88, Rn. 17.

eines auffälligen Verhaltens und/oder starken Erregungszustandes unmittelbar gefährdet ist.[644] Aus verfassungsrechtlichen Gründen besteht hier jedoch eine Beschränkung: Ein Eingriff ist nur dann gerechtfertigt, wenn die Gefahr auf eine starke, unkontrollierte Erregung zurück zu führen ist, nicht aber, wenn der Suizid bei vollem Bewusstsein und unter Erkennung der Folgen und Konsequenzen erwogen wird.[645] Davon erfasst werden äußere und innere Verletzungen sowie das Schlucken von Gegenständen.[646]

Die besonderen Sicherungsmaßnahmen wurden von allen hier zu untersuchenden Bundesländern übernommen, jedoch unterschiedlich ausgestaltet.[647]

### 5.3.1 Entzug oder Vorenthaltung von Gegenständen

Gemäß der Art. 96 II Nr. 1 BayStVollzG, §§ 86 II Nr. 1 StVollzG Bln, 74 II Nr. 1 HmbStVollzG, 50 II Nr. 1 HStVollzG, 78 II Nr. 1 StVollzG M-V, 81 II Nr. 1 NJVollzG, 69 II Nr. 1 StVollzG NRW können dem Gefangenen bestimmte Gegenstände entzogen oder vorenthalten werden. Entzug meint die Wegnahme, Vorenthaltung, oder die Nichtaushändigung des Gegenstandes.[648] Beide Maßnahmen sind jedoch nur zulässig, wenn der Verbleib des Gegenstandes „objektiv zu einer Gefährdungssituation" beim Häftling führen würde.[649] Darunter fallen Gegenstände, die als Waffe verwendet werden könnten, Flucht- oder Ausbruchsmaterialien, Spiegel, auf Grund ihrer Scherben sowie Materialien, die einen Suizid oder eine Selbstverletzung ermöglichen, wie Gürtel, Besteck oder Rasierklingen.[650] Gleichzeitig muss bei jeder Wegnahme bzw. Vorenthaltung die Menschenwürde des Gefangenen beachtet werden, sodass ihm gegebenenfalls ungefährlichere Gegenstände (wieder) auszuhändigen sind.[651] Wird dem Gefangenen beispielsweise auf Grund einer Suizidgefahr der Gürtel abgenommen, muss ihm gleichzeitig eine

---

644  AK-*Goerdeler* 2017, Teil II § 78 Rn. 9.

645  AK-*Goerdeler* 2017, Teil II § 78 Rn. 9.

646  *CMD* 2005, § 88, Rn. 2.

647  Zu den allgemeinen Vorgaben in der Neufassung der Europäischen Strafvollzugsgrundsätze von 2020 zu security (51.1-51.5), safety (52.1-52.5) und special high security measures (53.1-53.9) s. o. *Kapitel 4.1.4.*

648  SBJL-*Baier/Grote* 2020, 11. Kapitel, I., Rn. 15.

649  OLG Celle, NStZ 1989, S. 144.

650  SBJL-*Baier/Grote* 2020, 11. Kapitel, I., Rn. 15.

651  *Arloth/Krä* 2017, StVollzG § 88, Rn. 4.

eng geschnittene Hose zugeteilt werden,[652] oder der Klingenrasierer gegen einen elektrischen Rasierapparat ausgetauscht werden.[653]

Das hessische Strafvollzugsgesetz enthält eine besondere Regelung zum Entzug bzw. der Vorenthaltung von Gegenständen. Die hessische Landesregierung erweiterte 2015 § 50 III HStVollzG um S. 2, sodass es nun möglich ist, extremistische Gefahren mit besonderen Sicherungsmaßnahmen zu begegnen.[654] Danach ist es zulässig, Gefangenen Gegenstände vorzuenthalten und zu entziehen, sie abzusondern oder ihren Aufenthalt im Freien zu beschränken, wenn sie auf extremistisches Verhalten oder entsprechende Einstellungen hinweisen. Die neue Regelung soll ermöglichen, Propagandamaterial, das die Strafbarkeitsgrenze des § 86 StGB noch nicht erreicht, einzuziehen, bevor Mitinsassen für extremistische Ansichten gewonnen werden und das Material ggf. verbreitet werden kann.[655] Sollte diese Maßnahme nicht den gewünschten Effekt erzielen, kann der Gefangene darüber hinaus von seinen Mitinsassen abgesondert oder sein Aufenthalt im Freien beschränkt werden, um so die „Anwerbung" neuer Unterstützer zu unterbinden.[656] Unter den hier zu untersuchenden Bundesländern hat nur der hessische Gesetzgeber auf die Bedrohung durch extremistische Verhaltensweisen reagiert und entsprechende Regelungen gesetzlich verankert.

### 5.3.1.1 Kompatibilität mit internationalen Maßstäben

Weder die Europäischen Strafvollzugsgrundsätze oder die Europäische Menschenrechtskonvention noch die Standards zur Gefängnishaft des CPT sowie die Nelson-Mandela-Regeln enthalten Vorgaben zum Entzug oder der Vorenthaltung von Gegenständen.

### 5.3.2 Beobachtung

Gemäß Art. 96 II Nr. 2 BayStVollzG, §§ 86 II Nr. 2 StVollzG Bln, 74 II Nr. 2 HmbStVollzG, 50 II Nr. 2, VI HStVollzG, 78 II Nr. 2 StVollzG M-V, 81 II Nr. 2 NJVollzG, 69 II Nr. 2, IV StVollzG NRW ist eine Beobachtung des Gefangenen zulässig. Beobachtung meint die unregelmäßige Einsichtnahme in den Haftraum, meist durch Türspione oder eine Kommunikationsklappe.[657] Die Beobachtung

---

652  AK-*Goerdeler* 2017, Teil II § 78 Rn. 13.

653  *Arloth/Krä* 2017, StVollzG § 88, Rn. 4.

654  LT-Drucks. 19/2058, S. 24.

655  LT-Drucks. 19/2058, S. 24.

656  LT-Drucks. 19/2058, S. 24.

657  AK-*Goerdeler* 2017, Teil II § 78 Rn. 14.

des Gefangenen kommt hauptsächlich bei der Gefahr eines Selbstmords oder einer Selbstverletzung in Betracht.[658] In den hier zu untersuchenden Bundesländern gibt es keine Beschränkung der Beobachtung auf eine bestimmte Tageszeit; sie ist sowohl nachts als auch am Tage anwendbar.[659] Beobachtungen in der Nacht müssen so schonend wie möglich erfolgen, sodass der Gefangene keine Beeinträchtigungen seines Schlafes erleidet.[660] Um das Schamgefühl zu schonen, soll sich vor Einsichtnahme der, bestenfalls gleichgeschlechtliche, Bedienstete bemerkbar machen.[661] Jedoch muss der Sanitärbereich von der Einsichtnahme zwingend ausgeschlossen bleiben.[662] Dies kann durch einen baulichen Sichtschutz oder, bei Anwendung von Videotechnik, durch eine Verpixelung sichergestellt werden.[663] Der niedersächsische Gesetzgeber hat diese Vorgabe in § 81a II S. 2 NJVollzG explizit normiert, sodass eine „Beobachtung des Toilettenbereichs unzulässig ist".

Im Unterschied zur ehemaligen Regelung aus § 88 II Nr. 2 StVollzG haben Bayern, Berlin, Hamburg, Hessen, Mecklenburg-Vorpommern, Niedersachsen und Nordrhein-Westfalen einen Zusatz in ihre Landesgesetze aufgenommen, wonach eine Beobachtung auch durch technische Hilfsmittel zulässig ist, Art. 96 II Nr. 2 BayStVollzG, §§ 86 II Nr. 2 StVollzG Bln, 74 II Nr. 2 HmbStVollzG, 50 II Nr. 2, HStVollzG, 78 II Nr. 2 StVollzG M-V, 81 II Nr. 2 iVm 81a I NJVollzG, 69 II Nr. 4 StVollzG NRW.

Jedoch wurde auch die Überwachung mit technischen Hilfsmitteln von den einzelnen Bundesländern unterschiedlich ausgestaltet.

Bayern gestattet die „ständige Beobachtung, auch mit technischen Hilfsmitteln", ohne jegliche gesetzlich normierte Einschränkung von Räumlichkeiten.

Eine Beobachtung ist in Berlin in den sogenannten Kriseninterventionsräumen, d.h. in besonders gesicherten Haftraumen, in Krankenzimmern des Justizvollzugskrankenhauses sowie in Haftraumen zulässig, § 86 II Nr. 2 StVollzG Bln.

Der hessische Gesetzgeber hat in seiner Gesetzesaktualisierung zum 25.05.2018 eine Einschränkung der technischen Überwachung dahingehend vorgenommen, dass diese nur angewendet werden soll, „soweit dies unbedingt erforderlich ist", § 50 II Nr. 2 HStVollzG. Gemäß § 50 VI HStVollzG gilt für die dauerhafte Beobachtung der Gefangenen mittels technischer Hilfsmittel der

---

658 SBJL-*Baier/Grote* 2020, 11. Kapitel, I., Rn. 16.

659 Der Niedersächsische Gesetzgeber sah eine Beobachtung zunächst nur bei Nacht vor, hat sich aber in seiner Gesetzesänderung mit Wirkung zum 01.07.2017 davon abgewandt und gestattet ab sofort eine tageszeitunabhängige Beobachtung, §§ 81 II Nr. 2, 81a NJVollzG.

660 SBJL-*Baier/Grote* 2020, 11. Kapitel, I., Rn. 16.

661 AK-*Goerdeler* 2017, Teil II § 78 Rn. 15.

662 AK-*Goerdeler* 2017, Teil II § 78 Rn. 15.

663 AK-*Goerdeler* 2017, Teil II § 78 Rn. 16.

Grundsatz, dass diese überhaupt und nur so lange zulässig sind, „wie sie zur Abwendung der Gefahr einer Selbsttötung oder Selbstverletzung erforderlich sind". Gleichzeitig ist eine Abdunkelung in der Nacht zu gewährleisten und das Schamgefühl soweit wie möglich zu schonen. Des Weiteren verweist § 50 V HStVollzG auf die Regelung des § 34 V S. 2, 3 HStVollzG, die entsprechend gelten soll. Demnach sind auch Aufzeichnungen zulässig, soweit sie für die Sicherheit und Ordnung der Anstalt erforderlich sind.

Im hamburgischen Strafvollzugsgesetz finden sich Beschränkungen bezüglich der Räumlichkeiten, die mittels Videotechnik überwacht werden dürfen Gemäß § 74 II Nr. 2 HmbStVollzG ist eine Beobachtung mittels technischer Hilfsmittel nicht in den normalen Hafträumen, sondern nur in besonderen Hafträumen zulässig. § 74 II Nr. 2 HmbStVollzG verweist auf eine technische Überwachung, „insbesondere durch den Einsatz von optisch-elektronischen Einrichtungen", was im Umkehrschluss bedeuten könnte, dass auch eine akustische Überwachung nicht ausgeschlossen ist.[664]

Der niedersächsische Gesetzgeber hat die Beobachtung mit technischen Hilfsmitteln dahingehend eingeschränkt, dass diese nur „in besonders dafür vorgesehenen Räumen und in besonders gesicherten Hafträumen zulässig" angewendet werden dürfen, § 81a I NJVollzG. Eine technische Beobachtung der Hafträume der Gefangenen ist somit nicht gestattet.

Der Gesetzgeber von Nordrhein-Westfalen hat seine Regelungen mit Wirkung zum 01.09.2017 gelockert. Die zuvor enthaltenen Beschränkungen hinsichtlich der Räumlichkeiten gem. § 69 IV StVollzG NRW a. F.,[665] dass die „ununterbrochene Beobachtung von Gefangenen mittels Videotechnik nur in besonders gesicherten Hafträumen ohne gefährdende Gegenstände oder in dafür gesondert vorgesehenen Behandlungszimmern im Justizvollzugskrankenhaus zulässig ist", wurde mit Wirkung zum 01.09.2017 aufgehoben. Die Beobachtung der Gefangenen ist nun „unregelmäßig" oder „ununterbrochen" auch mit technischen Hilfsmitteln in jeder Zelle möglich, § 69 II Nr. 4, IV StVollzG NRW n. F. Jedoch muss eine „ununterbrochene Beobachtung von Gefangenen mit technischen Hilfsmitteln" in ihren Zellen, die länger als drei Tage andauert, unverzüglich der Aufsichtsbehörde mitgeteilt werden, § 70 V S. 1 StVollzG NRW. Das Schamgefühl muss gemäß § 69 IV StVollzG NRW dabei geschont werden. Eine zusätzliche akustische Überwachung war in der vorherigen Gesetzesfassung nur bei besonders gesicherten Hafträumen in Ausnahmefällen erlaubt. Nach der neuen Gesetzesfassung ist eine akustische Überwachung nach wie vor nur in Ausnahmefällen gestattet, kann nun jedoch für jede Art von Zelle angeordnet werden, § 69 II Nr. 4, IV S. 2 StVollzG NRW nF. Einzig für die Zeit seelsorgerlicher Betreuung sind

---

664 AK-*Goerdeler* 2017, Teil II § 78 Rn. 19.

665 Gültig ab 27.01.2015 bis 31.08.2017.

sowohl Beobachtung als auch akustische Überwachung zu unterlassen, § 69 V StVollzG NRW.

### 5.3.2.1  Kompatibilität mit internationalen Maßstäben

Auf europäischer Ebene enthalten die Richtlinien und Empfehlungen nur wenige Vorgaben im Hinblick auf die Beobachtung bzw. Überwachung der Gefangenen. Die Europäischen Strafvollzugsgrundsätze sehen in Regel 19.3. vor, dass die Intimsphäre der Gefangenen bei Nutzung der Sanitärbereiche zu schützen ist. Nur wenige der hier zu untersuchenden Bundesländer sind dieser Vorgabe auf nationaler Ebene gefolgt.

Der niedersächsische Gesetzgeber hat in § 81a II S. 2 NJVollzG explizit normiert, dass eine „Beobachtung des Toilettenbereichs unzulässig ist" und ansonsten gem. § 81a II S. 1 NJVollzG „das Schamgefühl der oder des Gefangenen zu schonen ist". Nordrhein-Westfalen hat im Rahmen der technischen Überwachung gesetzlich verankert, dass das Schamgefühl der Gefangenen zu schonen ist, § 69 IV S. 1 StVollzG NRW. Auch das Hessische Strafvollzugsgesetz sieht vor, dass bei technischer Überwachung „das Schamgefühl soweit wie möglich zu schonen ist", § 50 VI S. 4 HStVollzG. Darüber hinaus haben die verbleibenden Bundesländer keine explizite Regelung verankert, die der europäischen Vorgabe in Regel 19.3. entsprechen würde.

Die CPT-Standards enthalten keine Vorgaben zur Beobachtung oder Überwachung. Die Nelson-Mandela-Regeln sehen in Regel 81 3. vor, dass weibliche Gefangene nur von weiblichen Bediensteten überwacht und betreut werden dürfen.

### 5.3.2.2  Fazit

Alle hier zu untersuchenden Bundesländer gestatten eine Beobachtung der Gefangenen und haben entsprechende Vorschriften in ihren jeweiligen Landesstrafvollzugsgesetzen normiert. Eine Beobachtung des Gefangenen ist in den hier zu untersuchenden Bundesländern mittlerweile zu jeder Tageszeit möglich. Zunächst sah der Niedersächsische Gesetzgeber nur eine Beobachtung bei Nacht vor, hat diese aber letztlich zum Nachteil der Gefangenen mit Wirkung zum 01.07.2017 tageszeitenunabhängig ausgeweitet. Die tageszeitunabhängige, persönliche Beobachtung dürfte jedoch, soweit sie zur Nachtzeit erfolgt, durch das Einschalten von Licht und zusätzlicher Geräuschbelastung dazu führen, dass die betroffenen Gefangenen in ihrer Ruhezeit Beeinträchtigungen in ihrer Schlafqualität erfahren.

Der explizite Ausschluss der Überwachung des Sanitärbereiches wurde vorliegend ausschließlich durch den Niedersächsischen Gesetzgeber normiert. Mehrere der hier zu untersuchenden Bundesländer gestatten zusätzlich eine technisch-optische Überwachung. Diese technisch-optische Überwachung haben Bayern, Berlin, Hamburg, Hessen, Mecklenburg-Vorpommern, Niedersachsen und Nordrhein-Westfalen in ihre Landesgesetze aufgenommen, jedoch unterschiedlich ausgestaltet. Bayern gestattet eine dauerhafte Überwachung und hat keinerlei Einschränkungen hinsichtlich der Dauer, Tageszeit oder Räumlichkeiten getroffen. Im Ergebnis können bayerische Gefangene folglich mit Ausnahme des Sanitärbereiches ununterbrochen technisch überwacht werden. Berlin gestattet die Überwachung in allen Räumen, d. h. in Hafträumen, besonders gesicherten Räumen sowie Krankenzimmern des Justizvollzugskrankenhauses. Der Hamburger Gesetzgeber hat die Beobachtung dahingehend eingeschränkt, dass eine technische Überwachung nicht in den normalen, sondern nur in besonderen Hafträumen gestattet ist. Hessen gestattet die technisch-optische Überwachung, jedoch unter Einschränkungen, d. h. nur, wenn sie zwingend erforderlich sind und auch nur so lange die Gefahr einer Selbsttötung oder -verletzung aktiv besteht, darf eine technische Überwachung vorgenommen werden. Ferner muss eine Abdunkelung in der Nacht gewährleistet sein. Auch Niedersachsen hat die technische Überwachung auf besonders dafür vorgesehen Räumlichkeiten sowie besonders gesicherte Hafträume begrenzt. Nordrhein-Westfalen hat seine Regelung zum 01.09.2017 erweitert und gestattet, anders als zuvor, nun eine unregelmäßige bis dauerhafte technische Überwachung in jeder Zelle, nicht mehr nur in besonders gesicherten Hafträumen und Krankenhauszimmern. Auf europäischer Ebene schreiben die Europäischen Strafvollzugsgrundsätze den zwingenden Schutz der Intimsphäre bei Überwachung der Sanitärbereiche vor. Als einziges der hier zu untersuchenden Bundesländer hat Niedersachsen explizit die Beobachtung des Toilettenbereiches verboten. Nordrhein-Westfalen und Hessen verlangen allgemein gehaltener „das Schamgefühl des Gefangenen zu schonen". Die Vorgehensweise Bayerns, Berlins und Nordrhein-Westfalens im Hinblick auf die dauerhafte ununterbrochene Überwachung erscheint jedoch problematisch: bei dauerhafter, ununterbrochener Videoüberwachung im persönlichen Haftraum droht dem Gefangenen eine erhebliche Beeinträchtigung seiner grundrechtlich geschützten Privat- und Intimsphäre. Bei einer unterstellten durchgehenden Beobachtung wären dem Gefangenen jegliche Rückzugsmöglichkeiten verwehrt und genommen.

## 5.3.3 Absonderung, Einzelhaft

Alle hier zu untersuchenden Bundesländer sehen eine Absonderung bzw. Einzelhaft vor, Art. 96 II Nr. 3, 97 BayStVollzG, §§ 86 II Nr. 3, IV StVollzG Bln, 74 II Nr. 3, III HmbStVollzG, 50 II Nr. 3, VII, VIII HStVollzG, 78 II Nr. 3, IV StVollzG M-V, 81 II Nr. 3, 82 NJVollzG, 69 II Nr. 2, VI StVollzG NRW. Die Maßnahme der Absonderung dient der Isolierung des Gefangenen von seinen Mithäftlingen.[666] Keine Absonderung liegt hingegen vor, wenn der Gefangene in eine stärker gesicherte Abteilung verlegt wird, auf der er immer noch Kontakt zu

---

666  AK-*Goerdeler* 2017, Teil II § 78 Rn. 20.

seinen Mithäftlingen pflegen kann.[667] Eine besondere Form der Absonderung ist die Unterbringung in einem besonders gesicherten Haftraum ohne gefährdende Gegenstände.[668] Die Absonderung kann sowohl in den normalen Haftäumen der Gefangenen als auch in besonders gesicherten Haftäumen vollzogen werden.[669] Neben der Absonderung existiert noch die Einzelhaft beziehungsweise die so genannte „unausgesetzte Absonderung über 24 Stunden". Der entscheidende Unterschied zwischen der Absonderung und der Einzelhaft ist die ununterbrochene Trennung von den Mitinsassen. Umfasst die Trennung den gesamten Tagesablauf und dauert länger als 24 Stunden, handelt es sich nicht mehr um eine Absonderung, sondern um eine Einzelhaft.[670] Die ehemalige Bundesvorschrift des § 89 I StVollzG definierte die Einzelhaft als „unausgesetzte Absonderung eines Gefangenen".

Die Einzelhaft wurde bei den hier zu untersuchenden Bundesländern in drei Landesgesetzen explizit normiert. Im bayerischen Strafvollzugsgesetz wurde sie ebenfalls als die „unausgesetzte Absonderung eines Gefangenen" in Art. 97 I BayStVollzG normiert. Die Anwendung ist nur aus „Gründen, die in der Person des oder der Gefangenen liegen" gestattet, Art. 97 I BayStVollzG. Darüber hinaus hat Hamburg die Einzelhaft unter gleicher Definition in § 74 III S. 1 HmbStVollzG verankert, gleichzeitig aber auch bestimmt, dass „während des Einzelhaftvollzuges die Gefangenen in besonderem Maße zu betreuen sind", S. 4. Der niedersächsische Gesetzgeber hat die Einzelhaft in § 82 I NJVollzG gleichermaßen definiert verankert.

In den Strafvollzugsgesetzen von Berlin, Hessen, Mecklenburg-Vorpommern und Nordrhein-Westfalen ist die Einzelhaft ebenfalls normiert, aber nicht als solche benannt, §§ 86 IV S. 1 StVollzG Bln, 50 VII, VIII HStVollzG, 78 IV StVollzG M-V, 69 VI StVollzG NRW. In den dortigen Bestimmungen wird sie als „Absonderung von mehr als vierundzwanzig Stunden" bezeichnet. Die Isolierung von den anderen Gefangenen bezieht sich auf alle Tageszeiten und findet während der Arbeits- und Ausbildungszeit, der Freizeit und der Ruhezeit statt.[671] Die Einzelhaft sollte, anders als die Absonderung, nur dann zulässig sein, wenn sie „zur Abwehr einer in der Person des Gefangenen liegenden Gefahr unerlässlich ist". Anders als die Absonderung, darf die Einzelhaft nicht zur Abwendung oder Vermeidung von Gefahren angeordnet werden, die von anderen Gefangenen ausgehen,[672] sondern es muss sich um die Gefahrentatbestände des § 88 I

---

667  SBJL-*Baier/Grote* 2020, 11. Kapitel, I., Rn. 29; *Arloth/Krä* 2017, § 88 StVollzG, Rn. 6.

668  AK-*Goerdeler* 2017, Teil II § 78 Rn. 20.

669  AK-*Goerdeler* 2017, Teil II § 78 Rn. 20.

670  BeckOK-Strafvollzugsrecht/*Bartel* 2018, § 88, Rn. 32.

671  AK-*Goerdeler* 2017, Teil II § 78 Rn. 22.

672  AK-*Goerdeler* 2017, Teil II § 78 Rn. 24.

StVollzG handeln.[673] Die Einzelhaft ist ein besonders schwerer Eingriff, der für den Gefangenen mit extremen Belastungen verbunden ist.[674] Die Einzelhaft kann die körperliche und geistige Gesundheit des Betroffenen erheblich beeinträchtigen, je nach Ausgestaltung und Dauer kommt sogar ein Verstoß gegen das Verbot einer unmenschlichen Behandlung gem. Art. 3 EMRK in Betracht.[675]

Gerade weil die Einzelhaft als besonders einschneidende Sicherungsmaßnahme und in Einzelfällen als unmenschliche Behandlung i. S. d. Art. 3 EMRK angesehen werden kann, sollten die Anordnungsvoraussetzungen unmissverständlich und eindeutig sein. Teilweise wurde jedoch eine dem Wortlaut und der Gesetzesbegründung widersprechende Auslegung hinsichtlich der potentiell erlaubten Gründe für die Anordnung der unausgesetzten Absonderung zu Grunde gelegt. Im Mittelpunkt der Auseinandersetzung stehen die Regelungen aus Hamburg und Hessen.

*Goerdeler* erläutert, dass die Strafvollzugsgesetze von Hamburg und Hessen die Einzelhaft auch als Maßnahme zur Abwehr von Gefahren gestatten, die unabhängig von der Person des Gefangenen begründet sein können.[676] Hamburg hat diesen Grundsatz in § 74 III S. 1 HmbStVollzG normiert.[677] Auch das hessische Strafvollzugsgesetz enthielte weitergehende Möglichkeiten im Hinblick auf Einzelhaftanordnung, als nur die Abwehr von Gefahren, die in der Person des Gefangenen liegen. Grundsätzlich sei gemäß § 50 III HStVollzG die Anordnung der Einzelhaft auch zulässig, „wenn die Gefahr einer Befreiung oder eine sonstige erhebliche Störung der Anstaltsordnung anders nicht abgewendet werden kann".[678]

*Verrel* verweist darauf, dass die Einzelhaft allein aus Gründen, die in der Person des Gefangenen begründet liegen, zulässig sei, was sich für die hier streitigen Fälle aus §§ 74 II S. 1 HmbStVollzG, 50 VII HStVollzG ergäbe.[679]

*Arloth/Krä* verweisen für die hier umstrittenen Paragraphen darauf, dass der Hamburgische Gesetzgeber mit § 74 III S. 1 HmbStVollzG den ehemaligen § 89 I, II StVollzG ersetzen wollte,[680] somit also nur Gründe, die in der Person des Gefangenen liegen als Anordnungsvoraussetzung herhalten können. § 50 VII HStVollzG solle ebenfalls § 89 StVollzG ersetzen und gleichzeitig „eine Rege-

---

673 LNNV-*Verrel* 2015, M, Rn. 96.

674 BeckOK-Strafvollzugsrecht/*Bartel* 2018, § 88, Rn. 32.

675 AK-*Goerdeler* 2017, Teil II § 78 Rn. 23.

676 AK-*Goerdeler* 2017, § 78 LandesR, Rn. 25.

677 AK-*Goerdeler* 2017, § 78 LandesR, Rn. 25.

678 AK-*Goerdeler* 2017, § 78 LandesR, Rn. 25.

679 LNNV-*Verrel* 2015, M, Rn. 96.

680 *Arloth/Krä* 2017, § 74 HmbStVollzG, Rn. 4.

lungslücke schließen", wonach Gefangene wegen Gründen, die nicht in ihrer Person liegen bisher nur bis zu 24 Stunden abgesondert werden durften.[681] § 50 VII HStVollzG würde die Einzelhaft an die hohen Anforderungen der Unerlässlichkeit knüpfen, sei aber gerade auch dazu geschaffen worden, Einzelfälle, in denen eine personenunabhängige Einzelhaft von mehr als 24 Stunden verhängt wurde, zu legitimieren.[682]

*Baier/Grote* erörtern die hier umstrittenen Fälle aus Hamburg und Hessen nicht, verweisen aber allgemein darauf, dass „die Einzelhaft aus Gründen, die ausschließlich in der Person des Gefangenen liegen, unerlässlich sein müsse".[683]

§ 74 IV S. 1 HmbStVollzG sieht vor, dass u. a. die Absonderung „auch zulässig ist, wenn die Gefahr einer Befreiung oder eine erhebliche Störung der Anstaltsordnung anders nicht vermieden oder behoben werden kann", gestattet demnach zunächst die Absonderung auch aus Gründen, die nicht in der Person des Gefangenen begründet liegen. § 74 III S. 1 HmbStVollzG stellt jedoch in seiner jetzigen sowie den mittlerweile außer Kraft gesetzten Fassungen explizit klar, dass die Einzelhaft nur aus den in Abs. 1 genannten Gründen zulässig ist.

§ 74 I HmbStVollzG benennt und benannte auch in den vorherigen Fassungen als legitime Gründe, das Verhalten oder den seelischen Zustand des Gefangenen, was sich in erhöhter Fluchtgefahr, der Gefahr von Gewalttätigkeiten gegen Personen oder Sachen sowie der Gefahr der Selbstverletzung oder -tötung widerspiegeln kann. § 74 I HmbStVollzG benennt folglich keinen Grund als Rechtfertigung für eine unausgesetzte Absonderung, der nicht in dem Verhalten oder mit der Person des Gefangenen in Verbindung stehen würde. Der Hamburgische Gesetzgeber gestattet somit, entgegen mancher Auffassung in der Kommentarliteratur, keine unausgesetzte Absonderung aus Gründen, die nicht in der Person des Gefangenen liegen.

Unstreitig lässt sich festhalten, dass der Hessische Gesetzgeber in § 50 III S. 1 ausdrücklich Absonderungen, die nicht mit der Person des Gefangenen in Verbindung stehen, legitimiert hat. Anders als die anderen hier zu untersuchenden Strafvollzugsgesetze sieht auch das Hessische Strafvollzugsgesetz keine Einschränkung von diesem Grundsatz für Absonderungen über 24 Stunden vor. Eine Absonderung von mehr als 24 Stunden ist gem. § 50 VII HStVollzG zulässig, „wenn diese unerlässlich ist". In der Drucksache des Hessischen Landtages zur Änderung des § 50 VII HStVollzG wird explizit angeführt, dass die Wörter „aus Gründen, die in der Person des Gefangenen liegen" ersatzlos gestrichen werden sollen.[684] *Arloth/Krä* verweisen darauf, dass der Hessische Gesetzgeber die Einzelhaft aus Gründen, die nicht in der Person des Gefangenen liegen, ausweiten

---

681  *Arloth/Krä* 2017, § 50 HStVollzG, Rn. 4.

682  *Arloth/Krä* 2017, § 50 HStVollzG, Rn. 4.

683  SBJL-*Baier/Grote* 2020, 11. Kapitel, I., Rn. 47.

684  LT-Drucks. 19/2058, S. 6, Nr. 18.

wollte, um so auf „massive Bedrohungslagen" gegen die Person des Gefangenen reagieren zu können.[685] Tatsächlich hat demnach unter den hier zu untersuchenden Landesstrafvollzugsgesetzen nur der Hessische Gesetzgeber eine unausgesetzte Absonderung, die mit Gründen abseits des Verhaltens oder seelischen Zustandes des Gefangenen gerechtfertigt wird, normiert.

Die Absonderung, bzw. die Einzelhaft hat in keinem der hier zu untersuchenden Strafvollzugsgesetze eine zeitliche Begrenzung. Formal sehen einige der hier zu untersuchenden Bundesländer jedoch eine Überprüfung nach einem bestimmten Zeitraum vor. In Bayern, Hamburg und Niedersachsen liegt dieser Überprüfungszeitpunkt bei drei Monaten Gesamtdauer, in Hessen bei 30 Tagen oder mehr als insgesamt drei Monaten binnen 12 Monaten.

### 5.3.3.1 Kompatibilität mit internationalen Maßstäben

Im Hinblick auf die Absonderung bzw. Einzelhaft enthalten die europäischen Standards eine Vielzahl an Vorgaben und Empfehlungen.[686] Das CPT hat zusätzlich zu den allgemeinen Empfehlungen zur Gefängnishaft Sondervorgaben zur Einzelhaft entwickelt. Den Begriff der Einzelhaft definiert das CPT als „die Unterbringung eines Gefangenen getrennt von anderen Inhaftierten".[687] Das CPT verlangt, dass die Einzelhaft, „die eine zusätzliche Einschränkung der Inhaftierung darstellt", gesondert zu begründen ist.[688] Das Bayerische Strafvollzugsgesetz sieht keine explizit gesetzlich normierte Begründungspflicht der besonderen Sicherungsmaßnahmen, und im speziellen der Einzelhaft vor, wenngleich sich eine solche natürlich aus dem allgemeinen rechtsstaatlichen Grundsatz ergibt, dass belastende Grundrechtseingriffe gegenüber den Betroffenen zu erläutern bzw. zu begründen sind. Das Berliner Strafvollzugsgesetz enthält die Regelung, dass alle besonderen Sicherungsmaßnahmen den Gefangenen zu erläutern sind, § 87 IV S. 1 StVollzG Bln. Eine mündliche Eröffnung über die Sicherungsmaßnahme in Verbindung mit einer schriftlichen Begründung verlangt das Hamburgische Strafvollzugsgesetz, § 75 II HmbStVollzG, ebenso wie das Strafvollzugsgesetz Mecklenburg-Vorpommerns, § 79 III StVollzG M-V. Auch das Hessische Strafvollzugsgesetz sowie das Strafvollzugsgesetz Nordrhein-Westfalens sehen eine Erläuterung der verhängten Sicherungsmaßnahme gegenüber dem betroffenen Gefangenen vor, § 51 V S. 1 HStVollzG, § 70 IV S. 1

---

685  *Arloth/Krä* 2017, § 50 HStVollzG, Rn. 4.

686  Zu den allgemeinen Vorgaben der neu gefassten Europäischen Strafvollzugsgrundsätze von 2020 zu Sicherheits- und Hochsicherheitsmaßnahmen vgl. *Kapitel 4.1.4.*

687  *CPT* 2011, S. 1.

688  *CPT* 2011, S. 1.

StVollzG NRW. Das Niedersächsische Strafvollzugsgesetz verlangt ausdrücklich eine schriftliche Begründung, § 84 I S. 2 NJVollzG.

Das CPT geht ferner davon aus, dass die „Staaten eine maximale Dauer" für die Einzelhaft festgelegt haben.[689] Wird die Einzelhaft als Disziplinarstrafe verhängt, spricht sich das CPT für eine maximale Obergrenze von 14 Tagen als zulässige Dauer der Einzelhaft aus.[690] Zusätzlich soll die weitere Notwendigkeit der Unterbringung in Einzelhaft mindestens alle drei Monate einer vollständigen Überprüfung unterzogen werden.[691] Eine ähnliche Wertung enthalten die 2020 neu gefassten Europäischen Strafvollzugsgrundsätze, die vorsehen, dass die Absonderung so kurz wie möglich aufrecht erhalten und ihre Notwendigkeit fortwährend überprüft werden soll (Regel 53Ac.).

Keines der hier zu untersuchenden Bundesländer hat eine maximale Höchstdauer für die Einzelhaft festgelegt. Die Bundesländer haben jedoch alle Überprüfungs- und Zustimmungsvorschriften in ihren Landesstrafvollzugsgesetzen normiert, die in zeitlicher Hinsicht jedoch erheblich voneinander abweichen.

Bayern schreibt verpflichtend eine Überprüfung und Zustimmung durch die Aufsichtsbehörde nach einer Gesamtdauer von drei Monaten Einzelhaft binnen eines Jahres vor, Art. 97 II BayStVollzG. Selbiges hat in gleicher Ausgestaltung der Hamburgische Gesetzgeber in § 74 III S. 2 HmbStVollzG normiert.

Das Berliner Strafvollzugsgesetz sieht vor, dass eine Absonderung der Aufsichtsbehörde sofort angezeigt werden muss, wenn „sie länger als drei Tage aufrechterhalten wird", § 87 V S. 1 StVollzG Bln. Absonderungen „von mehr als 30 Tagen Gesamtdauer innerhalb von 12 Monaten" müssen von der Aufsichtsbehörde genehmigt werden, § 87 VI S. 1 StVollzG Bln. Die gleiche Regelung hat Mecklenburg-Vorpommern in seinem Strafvollzugsgesetz verankert. Danach ist die Absonderung von mehr als drei Tagen der Aufsichtsbehörde unverzüglich mitzuteilen, bei einer Gesamtdauer von mehr als „30 Tagen innerhalb von zwölf Monaten" muss die Zustimmung der Aufsichtsbehörde eingeholt werden, § 79 V S. 1, S. 2 StVollzG M-V. Das Hessische Strafvollzugsgesetz schreibt ebenfalls eine Überprüfung der Absonderung vor. Die Aufsichtsbehörde muss ihre Zustimmung zur weiteren Einzelhaft bei „einer Absonderung von mehr als 30 Tagen Dauer oder mehr als drei Monaten innerhalb von zwölf Monaten" erteilen, § 50 VIII S. 2 HStVollzG. Auch das Niedersächsische Strafvollzugsgesetz schreibt eine Zustimmung des Fachministeriums nach „mehr als drei Monaten Gesamtdauer Einzelhaft in einem Jahr" vor, §§ 82 II S. 1 NJVollzG. Das Strafvollzugsgesetz Nordrhein-Westfalens verlangt die Zustimmung bei Absonderung von „mehr als 30 Tagen Gesamtdauer in einem Jahr", § 70 V S. 3 StVollzG NRW.

---

689 *CPT* 2011, S. 3.

690 *CPT* 2011, S. 4.

691 *CPT* 1993, S. 36, Rn. 106.

Es lässt sich zunächst festhalten, dass die Strafvollzugsgesetze von Bayern, Hamburg und Niedersachsen eine Zustimmung des Fachministeriums nach drei Monaten Einzelhaft vorsehen. Berlin und Mecklenburg-Vorpommern verlangen, die Einzelhaft, sollte sie länger als drei Tage andauern, beim Fachministerium anzuzeigen. Bei mehr als 30 Tage innerhalb eines Jahres andauernder Einzelhaft ist die Genehmigung des Fachministeriums einzuholen. Nordrhein-Westfalen verlangt die Zustimmung bereits nach 30 Tagen Einzelhaft binnen eines Jahres. Hessen verlangt eine Zustimmung des Fachministeriums ab 30 Tagen andauernder Einzelhaft, oder bei drei Monaten Einzelhaft innerhalb eines Jahres.

Auch verlangt es ein Verbot „aufeinander folgender Disziplinarstrafen", da diese die maximale Dauer der Einzelhaft überschreiten könnten.[692] Keines der hier zu untersuchenden Bundesländer hat das vom CPT geforderte Verbot der aufeinander folgenden Disziplinarstrafen in seinem Strafvollzugsgesetz normiert.

Die Gründe für die Anordnung der Einzelhaft sollen „vollständig in den Akten des Disziplinarverfahrens dokumentiert werden".[693] Auch sieht das CPT „ein wirksames Einspruchsverfahren" sowie tägliche Besuche des Anstaltsleiters, oder eines leitenden Mitglieds der Anstaltsleitung, während der Dauer der Einzelhaft vor.[694] Letzteres verlangen auch die 2020 neu formulierten Europäischen Strafvollzugsgrundsätze in Regel 53Ah. Danach sollen abgesonderte Gefangene ebenfalls täglich durch den Anstaltsleiter oder ein Mitglied der Anstaltsleitung besucht werden.

Die Strafvollzugsgesetze von Bayern und Niedersachsen sehen keine besondere Betreuung, auch nicht durch medizinisches Personal, während der Dauer der Einzelhaft vor.

Das Berliner Strafvollzugsgesetz schreibt keine täglichen Besuche eines Mitglieds der Anstaltsleitung vor, schreibt aber vor, den Gefangenen „während der Absonderung und Unterbringung im besonders gesicherten Haftraum in besonderem Maße zu betreuen", § 87 VI S. 2 StVollzG Bln. Jedoch legt § 88 II Alt. 3 StVollzG Bln fest, dass bei einer länger als 24 Stunden andauernden Absonderung der Justizvollzugsarzt zu den gesundheitlichen Auswirkungen anzuhören ist.

Auch im Hamburgischen Strafvollzugsgesetz ist nicht geregelt, dass der Anstaltsleiter oder ein leitendes Mitglied der Anstaltsleitung täglich nach dem sich in Einzelhaft befindenden Gefangenen zu sehen hat, jedoch bestimmt es in §§ 74 III S. 4, 76 III Alt. 2, 76 IV S. 1 HmbStVollzG eine „Betreuung in besonderem Maße", auch durch ärztliches Personal.

Das Hessische Strafvollzugsgesetz hat selbige Regelungen in § 50 VIII S. 1 HStVollzG aufgenommen, jedoch anders als Hamburg gibt es dort keine zusätzliche ärztliche Überwachung. Bei einer Fesselung sind die Gefangenen dauerhaft

---

692  *CPT* 2011, S. 4.

693  *CPT* 2011, S. 5.

694  *CPT* 2011, S. 5.

zu beobachten, § 50 VIII S. 2 HStVollzG. Darüber hinaus verlangt das Hessische Strafvollzugsgesetz, dass bei einer länger als 24 Stunden andauernden Absonderung, binnen drei Tagen, zwingend eine „Stellungnahme des ärztlichen Dienstes" einzuholen ist, § 51 II S. 3 Alt. 2 HStVollzG.

Auch das Strafvollzugsgesetz Mecklenburg-Vorpommerns fordert, dass die Gefangenen während der „Absonderung und Unterbringung im besonders gesicherten Haftraum" in besonderem Maße zu betreuen sind, § 79 VI S. 1 StVollzG M-V. Sind die Gefangenen länger als 24 Stunden abgesondert, sieht das Strafvollzugsgesetz darüber hinaus zwingend eine regelmäßige Unterredung mit dem Anstaltsarzt vor, § 80 II StVollzG M-V.

Das Nordrhein-Westfälische Strafvollzugsgesetz verlangt eine besondere Betreuung während der Zeit der Absonderung, § 70 VI S. 1 StVollzG NRW. Zudem ist bei einer länger als 24-stündigen Absonderung regelmäßig der ärztliche Dienst zu konsultieren, § 71 II S. 3 Alt. 2 StVollzG NRW.

In materieller Hinsicht sollen „die Zellen der Einzelhaft die gleichen Mindeststandards erfüllen", die für die übrigen Gefangenen gelten.[695] Selbiges sehen die 2020 neu gefassten Europäischen Strafvollzugsgrundsätze in Regel 53Ae. vor.

Ferner soll der „Außenbereich für jene Gefangene ausreichend groß und wettergeschützt sein", sodass sie sich mindestens eine Stunde am Tag im Freien bewegen können.[696] Das CPT fordert, dass es für Gefangene in Einzelhaft niemals zu einer „völligen Kontaktsperre" mit den Familien kommen dürfe, ebenso wenig zu einer „Einschränkung des Rechts auf Hinzuziehung eines Rechtsanwaltes".[697] Das CPT und die Europäischen Strafvollzugsgrundsätze 2020 (Regel 53Ag.) fordern, dass eine „angemessene Auswahl an Lesematerial" zur Auswahl steht, die zur „Aufrechterhaltung der geistigen Gesundheit beitragen" kann.[698] Darüber hinaus verlangen die 2020 neu gefassten Europäischen Strafvollzugsgrundsätze in derselben Regel zudem die Festschreibung mindestens einer Stunde Bewegung im Freien, auch für abgesonderte gefährliche Gefangene. Auch wenn die neu gefassten Strafvollzugsgrundsätze erst seit dem 01.07.2020 bestehen und eine Umsetzung auf Bundesländerebene noch nicht zu erwarten war, wurde dieses Verständnis vom Berliner Gesetzgeber bereits 2016 normiert. Aus dem Umkehrschluss des § 86 IV S. 2 StVollzG Bln ergibt sich, dass der Berliner Gesetzgeber den Entzug des Aufenthaltes im Freien auch für abgesonderte, gefährliche Gefangene nicht vorsieht, da eine vollständige Entziehung des Aufenthaltes im Freien nur bei andauernder Selbstgefährdung in Verbindung mit einer Unterbringung im besonders gesicherten Haftraum zulässig ist. Selbige Wertung haben

---

695  *Council of Europe* 2011, S. 6.

696  *Council of Europe* 2011, S. 7.

697  *Council of Europe* 2011, S. 7.

698  *Council of Europe* 2011, S. 8; dahingehend auch *CPT* 1997, S. 50, 51, Rn. 160; *CPT* 2007, S. 60, Rn. 144.

auch der Hamburger und Niedersächsische Gesetzgeber bereits 2019 und 2017 zugrunde gelegt. Gem. § 74 III S. 3 HmbStVollzG und § 82 II S. 2 NJVollzG wird die Zustimmungsfrist seitens der Aufsichtsbehörde zur längeren Einzelhaft nicht durch den Aufenthalt im Freien unterbrochen, was zumindest impliziert, dass dieser für abgesonderte, gefährliche Gefangene nicht grundsätzlich ausgeschlossen ist.

In den CPT-Standards zur Gefängnishaft hat sich das Komitee explizit Gefangenen in Hochsicherheitstrakten gewidmet. Es hält zunächst fest, dass es in jedem Land eine kleine Anzahl an Gefangenen geben dürfte, die besonders sicher unterzubringen sind, da ihnen ein hohes Sicherheitsrisiko unterstellt wird.[699] Eben jene Gefangene sollten als Ausgleich zu ihren „strengen Haftbedingungen" ein relativ gelockertes Regime innerhalb der Begrenzung ihres Gefängnistraktes" erhalten.[700] Sie sollten die Möglichkeit haben, mit ihren Mitgefangenen in Kontakt treten zu können sowie vielseitige Aktivitäten zur Auswahl haben.[701] Insbesondere sollen jene Gefangene Zugang zu Arbeit erhalten, auch wenn naturgemäß einige Tätigkeiten nicht mit dem hohen Sicherheitsrisiko vereinbar sind.[702] Das CPT fordert die strengen Haftbedingungen regelmäßig auf ihre Notwendigkeit zu kontrollieren und die Ergebnisse dem Gefangenen umfassend zu erläutern.[703]

Auch die Nelson-Mandela-Regeln aus dem Jahr 2015 beinhalten Vorgaben zur unfreiwilligen Absonderung. Sie sehen vor, dass „jede Form der unfreiwilligen Absonderung", so auch die Einzelhaft, durch Gesetz oder Verwaltungsvorschrift legitimiert sein müssen.[704] Alle hier zu untersuchenden Bundesländer haben die Einzelhaft in ihren Landesstrafvollzugsgesetzen normiert, Art. 96 II Nr. 3, 97 BayStVollzG, §§ 86 II Nr. 3, IV StVollzG Bln, 74 II Nr. 3, III HmbStVollzG, 50 II Nr. 3, VII, VIII HStVollzG, 78 II Nr. 3, IV StVollzG M-V, 81 II Nr. 3, 82 NJVollzG, 69 II Nr. 2, VI StVollzG NRW.

Regel 43 verbietet Disziplinarstrafen oder andere Einschränkungen, die „Folter oder anderer grausamer, unmenschlicher oder erniedrigender Behandlung oder Strafe gleichkommen". Als eine solche verbotene Disziplinarstrafe werteten die Vereinten Nationen die unausgesetzte Einzelhaft ebenso wie die Langzeit-Einzelhaft.[705] Einzelhaft soll nur „in Ausnahmefällen und als letztes Mittel sowie nach

---

699 *Council of Europe* 2001, S. 5.

700 *CPT* 2001, S. 5.

701 *CPT* 2001, S. 5, 6.

702 *CPT* 2001, S. 6.

703 *CPT* 2001, S. 6.

704 *Generalversammlung der Vereinten Nationen* 2015, Regel 37 d).

705 *Generalversammlung der Vereinten Nationen* 2015, Regel 43 a), b); Unter „Einzelhaft" soll gem. Regel 44 „die Absonderung eines Gefangenen für mindestens 22 Stunden pro Tag ohne wirklichen zwischenmenschlichen Kontakt" verstanden werden. „Langzeit-

unabhängiger Prüfung und Genehmigung der zuständigen Behörde" angewendet werden[706] und bei Gefangenen mit psychischen oder körperlichen Behinderungen völlig verboten sein.[707]

Wie bereits zuvor dargestellt, enthalten die Landesstrafvollzugsgesetze keine zeitliche Begrenzung im Hinblick auf die Dauer der Einzelhaft, sondern lediglich eine externe Anzeige- und Genehmigungspflicht nach Ablauf einer gewissen Zeitspanne. Ebenfalls enthält keines der Landesstrafvollzugsgesetze der hier zu untersuchenden Bundesländer eine Zustimmungspflicht der Aufsichtsbehörde vor Anordnung der Einzelhaft.

Die Strafvollzugsgesetze von Bayern, Hamburg und Niedersachsen sehen eine Zustimmung des Fachministeriums nach drei Monaten Einzelhaft vor. Die Strafvollzugsgesetze von Berlin und Mecklenburg-Vorpommern verlangen, die Einzelhaft, sollte sie länger als drei Tage andauern, beim Fachministerium anzuzeigen. Bei mehr als 30 Tage innerhalb eines Jahres andauernder Einzelhaft ist die Genehmigung des Fachministeriums einzuholen. Nordrhein-Westfalen verlangt die Zustimmung des Fachministeriums ebenfalls nach 30 Tagen Einzelhaft binnen eines Jahres. Hessen verlangt eine Zustimmung des Fachministeriums ab 30 Tagen andauernder Einzelhaft, oder bei drei Monaten Einzelhaft innerhalb eines Jahres.

Auffällig sind die unterschiedlichen Bewertungen im Hinblick auf die Dauer der Einzelhaft. Während die Nelson-Mandela-Regeln Langzeiteinzelhaft ab einer 15-tägigen Einzelhaft annehmen, sehen die Strafvollzugsgesetze von Berlin, Hessen, Mecklenburg-Vorpommern und Nordrhein-Westfalen, als die in dieser Hinsicht strengsten der hier zu untersuchenden Strafvollzugsgesetze, eine Genehmigung der Aufsichtsbehörde erst ab 30 Tagen Einzelhaft vor. Der Begriff „Langzeiteinzelhaft" ist in keinem der hier zu untersuchenden Strafvollzugsgesetze geläufig.

Auch an anderer Stelle wird die unterschiedliche Bewertung sichtbar: die Mandela-Regeln stellen explizit klar, dass eine ununterbrochene 15-tägige Langzeiteinzelhaft ebenso wie die unausgesetzte Absonderung ausdrücklich verboten sind und als Folter angesehen werden (Regel 43, Nr. 1a), b). Selbst nach den strengsten hier zu untersuchenden Strafvollzugsgesetzen (Berlin, Hessen, Mecklenburg-Vorpommern und Nordrhein-Westfalen) wäre es möglich, Gefangene bis zu 30 Tage in Einzelhaft unterzubringen, bevor eine externe Kontrolle und Genehmigung durch das Fachministerium erforderlich ist. Nach dem Verständnis der Mandela Regeln würden jedoch bereits diese 30 Tage, sollten sie ausgeschöpft werden, als unmenschliche und erniedrigende Behandlung angesehen werden. Besonders problematisch zeigt sich dieses unterschiedliche Verständnis bei den

---

Einzelhaft soll eine mehr als 15 aufeinanderfolgende Tage währende" Einzelhaft darstellen.

706   *Generalversammlung der Vereinten Nationen* 2015, Regel 45 Nr. 1.

707   *Generalversammlung der Vereinten Nationen* 2015, Regel 45 Nr. 2.

verbleibenden hier zu untersuchenden Bundesländern (Bayern, Hamburg, Niedersachsen), die mit einer bis zu dreimonatigen Einzelhaft, noch deutlich längere Zeitspannen vorsehen, bevor eine externe Überprüfung und Genehmigung der Einzelhaft stattfindet.

Die Europäischen Strafvollzugsgrundsätze schreiben in Regel 60.5 vor, dass Einzelhaft nur „in Ausnahmefällen und für einen fest umrissenen, möglichst kurzen Zeitraum verhängt werden darf". Damit fordern die Europäischen Strafvollzugsgrundsätze ebenso wie die Mandela-Regeln und das CPT eine zeitliche Höchstgrenze im Hinblick auf die Einzelhaft. Wie bereits zuvor dargelegt, hat keines der hier zu untersuchenden Bundesländer eine Höchstgrenze gesetzlich verankert.

Regel 43.2 der Europäischen Strafvollzugsgrundsätze sieht vor, dass das ärztliche- oder Pflegepersonal ein besonderes Augenmerk auf die Gesundheit von Gefangenen in Einzelhaft richtet und jene Gefangenen täglich aufzusuchen hat. Ferner ist der Anstaltsleiter sofort zu unterrichten, wenn die Fortsetzung der Einzelhaft die Gesundheit des Gefangenen ernsthaft gefährden würde, Regel 43.3. Wie bereits zuvor ausführlich dargelegt, fordert auch das CPT einen intensiven Kontakt zwischen Anstaltsleitung bzw. medizinischem Fachpersonal und dem Gefangenen in Einzelhaft. Jedoch haben hierbei mit Berlin, Hamburg, Hessen, Mecklenburg-Vorpommern und Nordrhein-Westfalen zumindest einige Bundesländer die Pflicht einer „besonderen Betreuung" während der Zeit der Absonderung normiert.

Darüber hinaus enthalten die neu gefassten Europäischen Strafvollzugsgrundsätze 2020 weitere Vorgaben zum Umgang mit abgesonderten, gefährlichen Gefangenen. Regel 53Aa. sieht vor, dass abgesonderten Gefangenen mindestens zwei Stunden „sinnvollen" menschlichen Kontakt (*„meaningful contact"*) am Tag ermöglicht werden soll. Eine Normierung dieser Vorgabe kann natürlich aufgrund der kurzen Existenz der überarbeiteten Europäischen Strafvollzugsgrundsätze nicht erwartet werden, allerdings ist festzustellen, dass zum gegenwärtigen Zeitpunkt keines der hier untersuchten Bundesländer eine solche Vorgabe normiert hatte.

Regel 53Ab. sieht zudem vor, dass bei der Entscheidung über die Absonderung die gesundheitliche Verfassung sowie eventuelle Einschränkungen des Gefangenen, die ihn besonders anfällig und verletzlich für die Auswirkungen der Absonderung machen, zu berücksichtigen sind.

Abgesonderte Gefangene sollen möglichst über die Maßnahme hinausgehend keinen weiteren Einschränkungen unterworfen werden (Regel 53Ad.).

Je länger die Absonderung andauert, desto mehr Maßnahmen, wie beispielsweise die Erhöhung der Sozialkontakte oder Zurverfügungstellung von anderen Angeboten oder Aktivitäten, sollen ergriffen werden, um die negativen Auswirkungen der Absonderung zu minimieren (Regel 53Af.). Auch hierbei kann entsprechend vorherigen Ausführungen natürlich keine Normierung erwartet werden, allerdings wurde das dieser Regel zugrunde liegende Verständnis, dass den negativen Auswirkungen der Absonderung durch erhöhte Sozialkontakte oder Aktivitäten entgegengewirkt werden kann und sollte bis zum gegenwärtigen Zeitpunkt von keinem der vorliegend untersuchten Bundesländer explizit normiert. Ferner soll die Absonderung beendet oder ausgesetzt werden, wenn erkennbar wird, dass sie negative gesundheitliche Auswirkungen auf den Gefangenen hat (Regel 53Ai.), und es muss den betroffenen Gefangenen ein Beschwerderecht i. S. v. Regel 70 eingeräumt werden (Regel 53Aj.).

Darüber haben sich die neu gefassten Europäischen Strafvollzugsgrundsätze intensiv mit der disziplinarischen Einzelhaft auseinandergesetzt. Die vorliegende Untersuchung beinhaltet keine Auseinandersetzung mit den Disziplinarmaßnahmen. Jedoch enthalten die Regeln 60.6a.-f. Vorgaben zur Einzelhaft und offenbaren das zugrundeliegende Verständnis bzw. die Wertungen des Ministerkomitees im Hinblick auf diese Form der Isolation. Zwar sind diese Regeln nicht unmittelbar auf die besonderen Sicherungsmaßnahmen anzuwenden, da es sich explizit um Regelungen zu Disziplinarmaßnahmen handelt, jedoch können die teilweise weitreichenderen Gedanken auf die Einzelhaft im Rahmen von besonderen Sicherungsmaßnahmen übertragen werden.

So enthält beispielsweise Regel 60.6a. eine grundlegende Definition zur Einzelhaft. Diese Definition besagt, dass Einzelhaft die Unterbringung eines Gefangenen für mehr als 22 Stunden am Tag ohne sinnvollen menschlichen Kontakt darstellt. Sie ist grundsätzlich nicht auf Kinder, schwangere Frauen, stillende Frauen oder Eltern mit Kindern in Haft anzuwenden. Diese Einschränkung hinsichtlich der Gefangenengruppierungen, auf die Einzelhaft angewendet werden darf, fehlt bei der Absonderung aus Sicherheitsgründen gänzlich, obwohl aus den Vorgaben des Komitees ersichtlich wird, dass jene Gefangene besonders umfassenden Schutz erfahren sollen.

Regel 60.6.b sieht vor, dass in die Entscheidung, ob Einzelhaft verhängt wird, die gesundheitliche Verfassung des Gefangenen einzubeziehen ist und Einzelhaft grundsätzlich nicht gegenüber geistig oder körperlich behinderten Gefangenen anzuordnen ist. Dieser Regel ist folglich eine grundlegende, über den Anwendungsbereich der Disziplinarstrafen hinausgehende, Wertung des Komitees zu entnehmen, körperlich und geistig Behinderte nicht in Einzelhaft unterzubringen.

Die folgenden, allgemein gehaltenen Regeln können in ihrer Grundwertung ebenfalls auf die Absonderung und Einzelhaft im Rahmen der besonderen Sicherungsmaßnahmen übertragen werden, da sie sich auf die einschneidende Situation der Einzelhaft und weniger auf die Zweckrichtung ihrer Verhängung beziehen. So ist die Einzelhaft, sobald die Gesundheit des Gefangenen unter der Einzelhaft leidet, auszusetzen oder zu beenden, Regel 60.6.b S. 3. Gemäß Regel 60.6.c soll Einzelhaft bestmöglich nicht als (disziplinarische) Strafe angewendet werden, wenn doch, nur in Ausnahmefällen und nur für eine begrenzte Zeit, die so kurz wie möglich sein soll und niemals das Maß einer unmenschlichen oder erniedrigenden Behandlung erreichen darf. Zudem geht das Komitee davon aus, dass eine maximale Höchstgrenze für die Einzelhaft in nationalem Recht normiert wird, Regel 60.6.d. Ferner sehen die Europäischen Strafvollzugsgrundsätze 2020 in Regel 60.6.e. vor, dass bei der Verbüßung der (nach Regel 60.6.d. im Landesrecht normierten) Maximaldauer der Einzelhaft, dem Gefangenen eine angemessene Zeit zur Erholung von den Effekten der vorangegangenen Einzelhaft eingeräumt werden muss. Gemäß Regel 60.6.f. sollen Gefangene in Einzelhaft täglich durch den Anstaltsleiter oder ein Mitglied der Anstaltsleitung besucht werden.

### 5.3.3.2  Fazit

Alle Bundesländer sehen eine Absonderung bzw. Einzelhaft vor. Nahezu alle hier zu untersuchenden Bundesländer erachten als legitime Gründe für die unausgesetzte Absonderung nur solche, die in der Person des Gefangenen liegen. Eine Ausnahme hiervon bildet Hessen, das die Einzelhaft explizit dahin ausgeweitet hat, dass auch Gründe abseits des Verhaltens bzw. seelischen Zustandes des Gefangenen als Anordnungsgrund taugen. Die Hessische Regelung wurde letztlich zum Schutz der Person des Gefangenen erweitert, im Ergebnis handelt es sich jedoch um eine präventive Absonderung, deren negative Folgen ein Gefangener zu tragen hat, dessen Verhalten oder seelischer Zustand im Regelfall keinerlei Grundlage für eine Absonderung oder Einzelhaft bieten würde. Im Hinblick auf die extrem schädlichen Aspekte und Folgen der Einzelhaft wird die hessische Vorgehensweise äußerst kritisch betrachtet.

Auf internationaler Ebene haben sich verschiedene Komitees und Gremien zur Absonderung und Einzelhaft geäußert. Die vom CPT geforderte gesonderte Begründung der Einzelhaft haben alle hier zu untersuchenden Bundesländer außer Bayern normiert.

Große inhaltliche Differenzen ergeben sich bei der Frage nach einer maximalen Höchstdauer der Einzelhaft. Während das CPT als maximale Obergrenze 14 Tage benennt, fordern die Nelson-Mandela-Regeln eine maximale Höchstdauer von 15 Tagen. Die Europäischen Strafvollzugsgrundsätze 2006 enthalten keine zeitliche Vorgabe, schreiben aber vor, dass die Einzelhaft nur für einen fest umrissenen, möglichst kurzen Zeitraum verhängt werden darf. Trotz der intensiven Auseinandersetzung und der Verschriftlichung expliziter Vorgaben für besonders gefährliche Gefangene in Einzelhaft enthalten die Europäischen Strafvollzugsgrundsätze 2020 bedauerlicherweise erneut keine konkrete Vorgabe zu einer maximalen Höchstdauer der Einzelhaft.

Die Gesetzgeber der Bundesländer sehen lediglich Kontroll- und Zustimmungsmechanismen vor. Bayern, Hamburg und Niedersachsen sehen eine Zustimmungspflicht zur Einzelhaft nach drei Monaten vor, Berlin, Mecklenburg-Vorpommern und Nordrhein-Westfalen nach 30 Tagen. Hessen verlangt ebenfalls die Zustimmung des Ministeriums ab einer 30 Tage andauernden Einzelhaft bzw.

bei drei Monaten Einzelhaft binnen eines Jahres. Berlin und Mecklenburg-Vorpommern verlangen zudem eine Anzeigepflicht bei einer länger als drei Tage andauernden Einzelhaft.

Alle hier zu untersuchenden Bundesländer überschreiten somit die vom CPT ausgegebene Höchstgrenze von 14 Tagen erheblich und verstoßen in der Folge gegen diese internationale Vorgabe.

Die größten und brisantesten inhaltlichen Unterschiede finden sich bei der sogenannten Langzeiteinzelhaft. Die Nelson-Mandela-Regeln werten jegliche unausgesetzte Absonderung und Einzelhaft von mehr als 15-tägiger Dauer als Folter bzw. unmenschliche und erniedrigende Behandlung. Selbst die strengsten der hier zu untersuchenden Regelungen aus Berlin, Hessen, Mecklenburg-Vorpommern und Nordrhein-Westfalen gestatten eine 30-tägige Unterbringung, bevor eine Zustimmung durch das Fachministerium erforderlich werden würde. Sollten Gefangene für 30 Tage in Einzelhaft untergebracht werden, würde dies nach dem Verständnis der Nelson-Mandela-Regeln nicht nur eine Verdoppelung der aus ihrer Sicht zulässigen Höchstdauer, sondern gleichzeitig auch eine unmenschliche und erniedrigende Behandlung darstellen. Im Ergebnis müssten sich damit alle hier zu untersuchenden Bundesländer im Hinblick auf jene Mandela-Regel bei derart langen Unterbringungen in Einzelhaft den Vorwurf der unmenschlichen und erniedrigenden Behandlung gefallen lassen.

Auch sehen das CPT und die Europäischen Strafvollzugsgrundsätze eine besondere Betreuungspflicht während der Einzelhaft vor. Im Ergebnis sehen Bayern und Niedersachen keinerlei besondere Betreuung, das Berliner Strafvollzugsgesetz eine Rücksprache mit dem Anstaltsarzt bei einer mehr als 24 Stunden andauernden Absonderung vor. Hamburg verlangt lediglich eine Betreuung in besonderem Maße, auch durch medizinisches Personal. Die Gesetzgeber Hessens, Mecklenburg-Vorpommerns und Nordrhein-Westfalens sehen ebenfalls eine Betreuung in besonderem Maße vor, eine ärztliche Stellungnahme und Konsultation ist jedoch erst nach einer länger als 24-Stunden andauernden Absonderung vorgeschrieben. Die Regelungen aus Berlin, Hamburg, Hessen, Mecklenburg-Vorpommern und Nordrhein-Westfalen erfüllen demnach die Vorgaben der Europäischen Strafvollzugsgrundsätze.

Die Nelson-Mandela-Regeln verlangen zudem eine Anhörungspflicht des ärztlichen Dienstes vor Verhängung der Einzelhaft. Dieser Vorgabe ist keines der hier zu untersuchenden Bundesländer nachgekommen.

Im Lichte der 2020 neu erlassenen Europäischen Strafvollzugsgrundsätze ist zudem erfreulich zu sehen, dass einzelne Bundesländer die nunmehr durch das Komitee aufgestellten Vorgaben bereits normiert und umgesetzt hatten. So normierten beispielsweise Berlin, Hamburg und Niedersachsen bereits Jahre zuvor die Forderung des Komitees, dass auch abgesonderten, ggf. gefährlichen, Gefangenen mindestens eine Stunde Aufenthalt im Freien zu gewähren ist.

### 5.3.4 Beschränkung der Zeit im Freien

Alle hier zu untersuchenden Bundesländer sehen einen Entzug, beziehungsweise eine Beschränkung des Aufenthalts im Freien vor, Art. 96 II Nr. 4 BayStVollzG, §§ 86 II Nr. 4, IV S. 2 StVollzG Bln, 74 II Nr. 4 HmbStVollzG, 50 II Nr. 4 HSt-VollzG, 78 II Nr. 4 StVollzG M-V, 81 II Nr. 4 NJVollzG, 69 II Nr. 3, III StVollzG NRW. Ein Entzug oder eine Beschränkung des Aufenthalts im Freien liegt demnach vor, wenn „ein Insasse ganz oder teilweise von der für alle Gefangenen der jeweiligen Anstalt geltenden Aufenthaltszeit im Freien ausgeschlossen wird".[708] Ein Entzug ist dabei „die Vollständige Vorenthaltung des Aufenthaltes im Freien".[709] Soll ein Aufenthalt im Freien beschränkt werden, soll den Insassen nach Möglichkeit ein einzeln überwachter Aufenthalt im Freien ermöglicht werden.[710]

### 5.3.4.1 Kompatibilität mit internationalen Maßstäben

Auf europäischer Ebene wird der Entzug bzw. die Beschränkung des Aufenthaltes im Freien äußerst kritisch betrachtet. Das CPT, die Europäischen Strafvollzugsgrundsätze sowie die Nelson-Mandela-Regeln sprechen sich alle explizit gegen einen Entzug der Bewegung im Freien für jegliche Gefangenengruppierungen aus. Die Europäische Menschenrechtskonvention enthält hierzu keine Vorgaben.

Die Nelson-Mandela-Regeln besagen in Regel 23 Nr. 1 i. V. m. Regel 42, dass allen Gefangenen, die nicht bereits im Freien arbeiten, täglich eine Stunde Bewegung im Freien zu gewähren ist. Die Europäischen Strafvollzugsgrundsätze schreiben gem. Regel 27.1 vor, dass allen Gefangenen täglich mindestens eine Stunde Bewegung im Freien ermöglicht werden müsse. Sollte es die Witterung nicht zulassen, müssen alternative Bewegungsmöglichkeiten vorgehalten werden, 27.2. Das CPT spricht sich in seinen Empfehlungen zur Gefängnishaft, Nr. 48, ebenfalls für mindestens eine Stunde Bewegung pro Tag unter freiem Himmel aus und betont mehrfach, dass die Bewegung an der frischen Luft ausnahmslos allen Gefangenen, auch jenen in Einzelhaft, zusteht.[711] Ferner plädiert das CPT seit mehreren Jahrzehnten dafür, die normative Grundlage, die den Entzug der Bewegung im Freien als Disziplinarstrafe vorsieht ersatzlos aufzuheben.[712]

---

708  AK-*Goerdeler* 2017, Teil II § 78 Rn. 30.

709  *Arloth/Krä* 2017, § 88, Rn. 7.

710  AK-*Goerdeler* 2017, Teil II § 78 Rn. 30.

711  So beispielsweise *CPT* 1997, S. 50, Rn. 159.

712  *CPT* 1993, S. 49, Rn. 159; *CPT* 2007, S. 40, Rn. 89; *CPT* 2014, S. 21, Rn. 40.

Obigen Forderungen sind die Gesetzgeber der hier zu untersuchenden Bundesländer nur vereinzelt nachgekommen. Das Bayerische Strafvollzugsgesetz gestattet den vollständigen Entzug des Aufenthaltes im Freien, schreibt aber vor, dass für diese Zeit regelmäßig ein Arzt zu hören ist, Art. 100 II BayStVollzG. Das Berliner Strafvollzugsgesetz sieht gem. § 86 II Nr. 4 StVollzG Bln zwar nach wie vor den Entzug des Aufenthaltes im Freien vor, jedoch nur noch unter den Voraussetzungen des § 86 IV S. 2 StVollzG Bln. Danach ist ein kompletter Entzug des Aufenthaltes im Freien nur zulässig, wenn „eine Unterbringung im besonders gesicherten Haftraum erfolgt und aufgrund fortbestehender erheblicher Gefahr der Selbst- oder Fremdgefährdung nicht verantwortet werden kann, einen täglichen Aufenthalt im Freien zu gewähren". Durch diese Regelung soll den Bedenken des CPT Rechnung getragen werden.[713] Ferner fordert es in § 88 II Alt. 2 StVollzG Bln, dass sobald der Aufenthalt im Freien entzogen wurde, in regelmäßigem Abstand ein Arzt zu den „gesundheitlichen Auswirkungen" befragt werden muss.

Das Hamburgische Strafvollzugsgesetz erlaubt die Beschränkung sowie den Entzug des Aufenthaltes im Freien als Sicherungsmaßnahme. Jedoch regelt § 74 III S. 2 HmbStVollzG ebenso wie § 82 II S. 2 NJVollzG, dass die Teilnahme an der Freistunde oder dem Gottesdienst die Einzelhaft nicht unterbricht. Hieraus lässt sich ableiten, dass die Freistunde zumindest in Hamburg und Niedersachsen grundsätzlich auch für Gefangene in Einzelhaft vorgesehen ist. Dies entspricht der Forderung des CPT, dass Bewegung im Freien allen Gefangenen zu gewähren ist. Ferner ist beim Entzug des Aufenthaltes im Freien zwingend regelmäßig ein Arzt anzuhören, § 76 III Alt. 1 HmbStVollzG.

Der Hessische Gesetzgeber erlaubt nach wie vor den Entzug und die Beschränkung des Aufenthaltes im Freien Jedoch verlangt das Hessische Strafvollzugsgesetz, dass sobald der Aufenthalt im Freien entzogen wurde, spätestens binnen drei Tagen eine Stellungnahme des ärztlichen Dienstes einzuholen ist, § 51 II S. 3 HStVollzG.

Gemäß § 78 II Nr. 4 StVollzG M-V ist als besondere Sicherungsmaßnahme nur noch eine Beschränkung, nicht jedoch die komplette Versagung des Aufenthalts im Freien zulässig.

Das Niedersächsische Strafvollzugsgesetz sieht den vollständigen Entzug oder die Beschränkung des Aufenthaltes im Freien vor, § 81 II Nr. 4 NJVollzG. Sobald der Aufenthalt im Freien entzogen ist, ist regelmäßig der Arzt zu konsultieren, § 85 II NJVollzG.

Nordrhein-Westfalen sieht ebenfalls die Beschränkung und den vollständigen Entzug des Aufenthaltes im Freien vor, § 69 II Nr. 4 StVollzG NRW. Auch in Nordrhein-Westfalen muss bei Entzug des Aufenthaltes im Freien regelmäßig der Anstaltsarzt angehört werden, § 71 II S. 3 StVollzG NRW.

---

713 LT-Drucks. 17/2442, S. 259.

## 5.3.4.2    Fazit

Die Beschränkung bzw. der Entzug des Aufenthalts im Freien wurde in allen hier zu untersuchenden Bundesländern als besondere Sicherungsmaßnahme normiert. Auf internationaler Ebene wird die Beschränkung bzw. der Entzug des Aufenthaltes im Freien äußerst kritisch gesehen. Die Nelson-Mandela-Regeln, Europäischen Strafvollzugsgrundsätze und das CPT empfehlen für ausnahmslos alle Gefangene mindestens eine Stunde Bewegung pro Tag unter freiem Himmel. Das CPT spricht sich seit mehreren Jahrzehnten für eine ersatzlose Abschaffung des Entzuges des Aufenthaltes im Freien aus.

Insgesamt lässt sich festhalten, dass die Landesgesetzgeber von Bayern, Hamburg, Hessen, Niedersachen und Nordrhein-Westfalen nach wie vor einen vollständigen Entzug des Aufenthaltes im Freien vorsehen und damit den Empfehlungen auf europäischer Ebene, jedem Gefangenen täglich einen Aufenthalt im Freien zu ermöglichen, nicht nachgekommen sind.

Im Berliner Strafvollzugsgesetz wurde der Entzug des Aufenthaltes im Freien erfreulicherweise stark eingeschränkt und darf nun nur noch angeordnet werden, sofern eine Eigen- oder Fremdgefährdung besteht oder der Gefangene im besonders gesicherten Haftraum untergebracht ist.

Der Gesetzgeber von Mecklenburg-Vorpommern ist als einziges der hier zu untersuchenden Bundesländer den Empfehlungen auf europäischer Ebene gefolgt und erlaubt nur noch eine Beschränkung, nicht jedoch eine komplette Versagung des Aufenthaltes im Freien. Positiv zu bewerten ist jedoch, dass die Gesetzgeber von Bayern, Berlin, Hamburg, Hessen, Niedersachen und Nordrhein-Westfalen beim vollständigen Entzug des Aufenthaltes im Freien zumindest vorsehen, dass der ärztliche Dienst der Anstalt zeitnah zu informieren und anzuhören ist.

### 5.3.5    Besonders gesicherter Haftraum

Alle hier zu untersuchenden Landesgesetze sehen die Möglichkeit vor, den Gefangenen in einem besonders gesicherten Haftraum ohne gefährdende Gegenstände unterzubringen, Art. 96 II Nr. 5 BayStVollzG, §§ 86 II Nr. 5 StVollzG Bln, 74 II Nr. 5 HmbStVollzG, 50 II Nr. 5 HStVollzG, 78 II Nr. 5 StVollzG MV, § 81 II Nr. 5 NJVollzG, 69 II Nr. 5, III StVollzG NRW. Diese Beruhigungszelle, auch „Gummizelle" genannt, ist meistens nur mit einer Matratze und einer Abort-Vorrichtung ausgestattet und soll ansonsten reizarm und kahl ausgestaltet sein.[714] Die Unterbringung darf nur während eines „akuten Zustandes" erfolgen, gleichzeitig ist medizinische Betreuung zu gewährleisten.[715] Sollte sich keine Besserung abzeichnen und die Unterbringung länger als einen Tag dauern, ist der Gefangene

---

714    AK-*Goerdeler* 2017, Teil II § 78 Rn. 33.

715    AK-*Goerdeler* 2017, Teil II § 78 Rn. 33.

unverzüglich in eine psychiatrische Einrichtung, medizinische Abteilung oder in ein Krankenhaus zu verlegen.[716] Dauert die Maßnahme mehr als drei Tage an, ist die Aufsichtsbehörde darüber zu unterrichten.[717]

Die Landesgesetzgeber von Bayern, Hamburg, Hessen, Mecklenburg-Vorpommern, Niedersachsen und Nordrhein-Westfalen gestatten die Maßnahme der Unterbringung im besonders gesicherten Haftraum auch, wenn eine Fluchtgefahr oder eine erhebliche Störung der Anstaltsordnung nicht anderweitig abgewendet werden kann. Einzig das Berliner Strafvollzugsgesetz erlaubt diese Maßnahme zur Gefahrenabwehr nicht, hält dafür aber, mit beispielsweise der Beschränkung im Freien, andere Maßnahmen vor.

Bayern erlaubt die Unterbringung im besonders gesicherten Haftraum ohne gefährdende Gegenstände in Art. 96 II Nr. 5 BayStVollzG. Ferner sieht das Landesstrafvollzugsgesetz von Bayern vor, dass der Gefangene ab der Unterbringung im besonders gesicherten Haftraum (möglichst) täglich durch den Anstaltsarzt besucht wird, Art. 100 I S. 1 Alt. 1 BayStVollzG. Eine länger als drei Tage andauernde Unterbringung muss der Aufsichtsbehörde mitgeteilt werden, VV zu Art. 96 BayStVollzG.

Das Berliner Strafvollzugsgesetz enthält ebenfalls Vorgaben bei Unterbringung im besonders gesicherten Haftraum ohne gefährdende Gegenstände. Eine mehr als dreitägige Unterbringung in diesem Haftraum muss der Aufsichtsbehörde sofort mitgeteilt werden, § 87 V S. 1 StVollzG Bln. Bei einer Unterbringung von mehr als 30 Tagen binnen eines Jahres ist die Genehmigung des Fachministeriums einzuholen, § 87 VI S. 1 StVollzG Bln. Während der Unterbringung müssen die Gefangenen „in besonderem Maße" betreut werden, § 87 VI S. 2 StVollzG Bln. Ebenso wie in Bayern muss auch hier (möglichst) täglich ein Anstaltsarzt den Gefangenen aufsuchen und gleichzeitig in regelmäßigem Abstand Aussagen zu den „gesundheitlichen Auswirkungen" der Haft machen, § 88 I, II StVollzG Bln.

Auch das Hamburger Strafvollzugsgesetz enthält Kontrollmechanismen: gem. § 75 V HmbStVollzG ist eine mehr als drei Tage andauernde Unterbringung der Aufsichtsbehörde anzuzeigen. Ebenso schreibt es eine ärztliche Überwachung der Unterbringung vor. Anders als in Bayern und Berlin erlaubt das Hamburger Strafvollzugsgesetz hingegen keine Ausrede im Hinblick auf die täglichen Besuche des Gefangenen im besonders gesicherten Haftraum ohne gefährdende Gegenstände. Gem. § 76 II HmbStVollzG hat der Anstaltsarzt den Gefangenen sofort und ab dann täglich aufzusuchen. Gem. § 76 IV S. 1 Alt. 2 HmbStVollzG sind die Gefangenen darüber hinaus während der Unterbringung „in besonderem Maße" zu betreuen.

---

716 AK-*Goerdeler* 2017, Teil II § 78 Rn. 33.
717 AK-*Goerdeler* 2017, Teil II § 78 Rn. 33.

Das Hessische Strafvollzugsgesetz sieht vor, dass Gefangene bei Unterbringung im besonders gesicherten Haftraum ohne gefährdende Gegenstände gem. §§ 50 II Nr. 5, VIII S. 1 Alt. 2 HStVollzG „in besonderem Maße zu betreuen" sind. Auch das Hessische Strafvollzugsgesetz verlangt eine sofortige Aufsuchung des Gefangenen durch das anstaltsärztliche Personal und fordert darüber hinaus weitere tägliche Besuche, § 51 IV S. 1 Alt. 1 HStVollzG. Ferner muss eine mehr als dreitätige Unterbringung im besonders gesicherten Haftraum ohne gefährdende Gegenstände sofort dem Fachministerium angezeigt werden, § 51 VI HStVollzG.

Mecklenburg-Vorpommern hat die Unterbringung im besonders gesicherten Haftraum ohne gefährdende Gegenstände in § 78 II Nr. 5 StVollzG M-V geregelt. Gem. § 79 V S. 1 Alt. 2 StVollzG M-V müssen mehr als drei Tage andauernde Unterbringungen im besonders gesicherten Haftraum ohne gefährdende Gegenstände dem Fachministerium angezeigt werden, gem. § 79 V S. 2 Alt. 2 StVollzG M-V muss die Genehmigung des Fachministeriums bei einer mehr einer mehr als 30-tägigen Unterbringung im besonders gesicherten Haftraum ohne gefährdende Gegenstände eingeholt werden. Ferner sind gem. § 79 VI S. 1 Alt. 2 StVollzG M-V die Gefangenen während der Unterbringung „in besonderem Maße zu betreuen". Das Strafvollzugsgesetz Mecklenburg-Vorpommerns sieht im Hinblick auf die ärztliche Betreuung wieder etwas mehr Spielraum vor: der ärztliche Dienst muss den Gefangenen nach Unterbringung im besonders gesicherten Haftraum ohne gefährdende Gegenstände zügig aufsuchen, danach „möglichst" täglich.

Niedersachsen sieht die Unterbringung im besonders gesicherten Haftraum ohne gefährdende Gegenstände in § 81 II Nr. 5 NJVollzG vor. Auch ist eine ärztliche Betreuung während der Unterbringung vorgeschrieben. Gem. § 85 I Alt. 1 NJVollzG soll der Arzt den Gefangenen zeitig aufsuchen und ihn anschließend „möglichst" täglich aufsuchen.

Nordrhein-Westfalen hat die Unterbringung im besonders gesicherten Haftraum ohne gefährdende Gegenstände in § 69 II Nr. 5 StVollzG NRW normiert. Nordrhein-Westfalen enthält unter den hier zu untersuchenden Landesstrafvollzugsgesetzen als einziges Strafvollzugsgesetz keine explizite Berichtspflicht an die Aufsichtsbehörde bei Unterbringung im besonders gesicherten Haftraum. § 70 V S. 2 StVollzG NRW verlangt lediglich eine Pflicht zur Anzeige nach 24 Stunden bei Unterbringung im besonders gesicherten Haftraum ohne gefährdende Gegenstände und gleichzeitiger Fesselung des Gefangenen. Auch beinhaltet das Strafvollzugsgesetz keine Zustimmungspflicht nach einer bestimmten Anzahl an untergebrachten Tagen im besonders gesicherten Haftraum. Jedoch sind gem. § 70 VI S. 1 die Gefangenen bei Unterbringung im besonders gesicherten Haftraum ohne gefährdende Gegenstände in „besonderem Maße zu betreuen". Darüber hinaus ordnet es an, dass der medizinische und, wenn notwendig, der psychologische Dienst den Gefangenen zügig aufsuchen und ihn ab dann, sofern möglich, täglich, § 71 II Nr. 1 StVollzG NRW.

## 5.3.5.1 Kompatibilität mit internationalen Maßstäben

Die Europäischen Strafvollzugsgrundsätze, die Menschenrechtskonvention und die Nelson-Mandela-Regeln enthalten keine Vorgaben zur Unterbringung in besonders gesicherten Haftträumen. Die CPT-Standards zur Gefängnishaft formulieren ebenfalls keine Vorgaben zu besonders gesicherten Haftträumen, jedoch können den durch das Komitee veröffentlichten Berichten zu den einzelnen Länderbesuchen Vorgaben zur Unterbringung in besonders gesicherten Haftträumen entnommen werden.

Im Hinblick auf die teilweise in besonders gesicherten Haftträumen vorgefundenen im Boden verankerten Metallringe, die zur Fixierung von Insassen verwendet werden können, spricht sich das CPT für eine Abschaffung bzw. Entfernung der Ringe[718] und insgesamt gegen die Fesselung an Gegenstände und für eine intensive menschliche Betreuung aus, sollte der Gefangene stark unruhig oder gewalttätig sein.[719]

Keiner der hier zu untersuchenden Gesetzgeber hat in seinem Strafvollzugsgesetz ein Verbot der Fesselung an Gegenständen verankert. Im Ergebnis verstoßen daher alle hier zu untersuchenden Bundesländer gegen die Vorgabe des CPT.

Ebenso wie bei der Unterbringung in Einzelhaft besteht das CPT darauf, dass bei einer Unterbringung von mehr als 24 Stunden im besonders gesicherten Haftraum, dem Gefangenen mindestens eine Stunde Aufenthalt im Freien zu ermöglichen ist.[720]

Ebenfalls hat keines der hier zu untersuchenden Bundesländer den Anspruch auf mindestens eine Stunde Aufenthalt im Freien auch bei Unterbringung im besonders gesicherten Haftraum normiert. Umgekehrt hat auch keines den Aufenthalt im Freien grundsätzlich bei Unterbringung im besonders gesicherten Haftraum ausgeschlossen oder verboten.

Das CPT verweist darauf, dass es eine unzulässige Praxis darstelle, „Gefangene, die sich in Bedrängnis befinden und unruhig sind, hinter einer verschlossenen Tür an ein Bett gefesselt in einem besonders gesicherten Haftraum allein zu lassen".[721] Sollten Gefangene fixiert im besonders gesicherten Haftraum untergebracht werden, sind dieselben Prinzipien, wie bei einer Fesselung, anzuwenden, d.h. die Fixierung darf nur so kurz wie möglich angewandt werden, schädlichen Auswirkungen der Fesselung, wie z. B. bei Metallringen im Boden, sind unbedingt entgegen zu wirken, eine ständige, qualifizierte Sitzwache hat den Gefangenen zu betreuen und die Maßnahme ist in einem dafür vorgesehen Register inkl.

---

718  *CPT* 2014, S. 24, Rn. 45; so auch *CPT* 2012, S. 38, Rn. 89 sowie Rn. 93.

719  *CPT* 2012, S. 17, Rn. 29.

720  *CPT* 2014, S. 25, Rn. 48; so auch *CPT* 2017, S. 38, Rn. 77 sowie *CPT* 2012, S. 38, Rn. 86, jedoch ohne die zeitliche Einschränkung auf 24 Stunden.

721  *CPT* 2007, S. 10, Nr. 11.

aller Rahmenbedingungen wie der Dauer, Beginn, Gründe für die Maßnahme, anordnende Person usw., zu vermerken.[722]

Der Bayerische Gesetzgeber sieht keine Sitzwache bei der Unterbringung eines Gefangenen im besonders gesicherten Haftraum ohne gefährdende Gegenstände vor. Gesetzlich normiert ist die medizinische Betreuung und Behandlung durch den Anstaltsarzt unmittelbar nach Unterbringung des Gefangenen im besonders gesicherten Haftraum ohne gefährdende Gegenstände, ab dann sieht das Gesetz möglichst tägliche Besuche vor, Art. 100 I S. 1 BayStVollzG.

Der Berliner Gesetzgeber sieht bei Unterbringung im besonders gesicherten Haftraum eine „Betreuung im besonderen Maße" vor, § 87 VI S. 2 StVollzG Bln, eine Sitzwache ist gem. S. 3 bei einer Fixierung zu positionieren. Die Berliner Regelung entspricht damit den Vorgaben auf europäischer Ebene. Bei Unterbringung im besonders gesicherten Haftraum muss der Anstaltsarzt den Gefangenen zeitnah besuchen und ihn ab dann möglichst täglich aufsuchen, § 88 I StVollzG Bln. Gem. § 88 II StVollzG Bln ist der Anstaltsarzt ab dann regelmäßig zu den gesundheitlichen Auswirkungen der Unterbringung im besonders gesicherten Haftraum zu hören.

Laut Hamburgischem Strafvollzugsgesetz sind die Gefangenen ebenfalls in „besonderem Maße" bei einer Unterbringung im besonders gesicherten Haftraum zu betreuen, § 76 IV S. 1 HmbStVollzG, eine Sitzwache ist jedoch nur bei einer zusätzlichen Fesselung, eine besonders geschulte Sitzwache nur bei Fixierungen einzusetzen, § 76 IV S. 2 HmbStVollzG, was der Regelung des CPT entspricht. Die Anstaltsärztin hat den Gefangenen nach Unterbringung im besonders gesicherten Haftraum sofort aufzusuchen und ihn in den darauffolgenden Tagen mindestens einmal täglich zu besuchen, § 76 II HmbStVollzG.

Hessen sieht eine Betreuung in besonderem Maße bei Unterbringung im besonders gesicherten Haftraum vor, § 50 VIII S. 1 HStVollzG, jedoch ist erst bei einer Fixierung eine Sitzwache anzuordnen, § 50 VIII S. 2 HStVollzG. Die zwingend erforderliche Sitzwache bei einer Fixierung entspricht den Vorgaben des CPT, die hessische Regelung wird somit den europäischen Anforderungen gerecht. Der Anstaltsarzt hat den Gefangenen bei Unterbringung im besonders gesicherten Haftraum zügig aufzusuchen und in der Folge in der Regel täglich nach ihm zu sehen, § 51 IV S. 1 HStVollzG.

Das Strafvollzugsgesetz von Mecklenburg-Vorpommern sieht ebenfalls eine besondere Betreuung während Unterbringung im besonders gesicherten Haftraum vor, § 79 VI S. 1 StVollzG M-V. Eine Sitzwache wird auch in Mecklenburg-Vorpommern bei einer Fesselung angeordnet, § 79 VI S. 2 StVollzG M-V, was ebenfalls den CPT-Vorgaben auf europäischer Ebene gerecht wird. Der ärztliche Dienst hat den Gefangenen bei Unterbringung im besonders gesicherten Haftraum zeitnah aufzusuchen und betreut ihn in der Folge möglichst täglich, § 80 I S. 1 StVollzG M-V.

---

722  *CPT* 2012, S. 39, Rn. 93.

Das Strafvollzugsgesetz von Niedersachsen schreibt lediglich vor, dass der Anstaltsarzt den Gefangenen nach Unterbringung im besonders gesicherten Haftraum zügig aufzusuchen hat und in den darauffolgenden Tagen möglichst täglich nach ihm sehen soll, § 85 I S. 1 NJVollzG. Niedersachsen sieht keine Sitzwache für die Fälle der Unterbringung im besonders gesicherten Haftraum und zeitgleicher Fesselung vor, was auf europäischer Ebene gegen die Vorgaben des CPT verstößt.

Auch in Nordrhein-Westfalen ist keine Sitzwache bei Unterbringung im besonders gesicherten Haftraum vorgesehen, jedoch sind die Gefangenen dort besonders zu betreuen, § 70 VI S. 1 StVollzG NRW. Eine Sitzwache ist erst bei zusätzlicher Fixierung vorgesehen, § 70 VI S. 2 StVollzG NRW. Dies entspricht jedoch vollständig den europäischen Vorgaben. Für Gefangene, die im besonders gesicherten Haftraum untergebracht sind, soll sofort nach Unterbringung und in der Folge möglichst täglich der medizinische und, sofern notwendig, der psychologische Dienst der Anstalt kontrollierend tätig werden, § 71 II S. 1 StVollzG NRW.

Insgesamt lässt sich festhalten, dass die meisten der hier zu untersuchenden Bundesländer der Anordnung des CPT, dem Gefangenen bei gefesselter Unterbringung im besonders gesicherten Haftraum eine Sitzwache zur Seite zu stellen, nachgekommen sind.

Der Bayerische Gesetzgeber hat weder die Protokollierung der Umstände der Unterbringung im besonders gesicherten Haftraum, noch eine allgemeine Protokollierung der Anordnung und Anwendung der besonderen Sicherungsmaßnahmen normiert. Die Gesetzgeber von Berlin, Hamburg und Mecklenburg-Vorpommern sehen keine direkte Protokollierungspflicht für die Unterbringung im besonders gesicherten Haftraum vor, gem. § 87 IV StVollzG Bln, § 75 II S. 1 HmbStVollzG, § 79 III StVollzG M-V sind jedoch alle besonderen Sicherungsmaßnahmen dem Gefangenen zu erläutern und schriftlich sowie begründet festzuhalten. Auch der Hessische Gesetzgeber schreibt keine Protokollierungspflicht vor, sondern verweist auf die Erläuterung und Dokumentation aller besonderen Sicherungsmaßnahmen, § 51 V S. 1, 2 HStVollzG. Der Niedersächsische Gesetzgeber verlangt lediglich eine schriftliche Begründung aller Sicherheitsmaßnahmen, jedoch keine gesonderte Protokollierungspflicht für die Unterbringung im besonders gesicherten Haftraum, § 84 I S. 2 NJVollzG.

Der Nordrhein-Westfälische Gesetzgeber fordert keine explizite Protokollierung der Unterbringung im besonders gesicherten Haftraum, jedoch müssen alle besonderen Sicherungsmaßnahmen den Gefangenen inkl. der Anordnung erläutert werden, § 70 IV S. 1 StVollzG NRW. Gem. § 70 IV S. 3 StVollzG NRW müssen „die Anordnung, Entscheidung zur Fortdauer und die Durchführung einschließlich der Beteiligung des ärztlichen Dienstes" dokumentiert werden.

Die Praxis, den Gefangenen im besonders gesicherten Haftraum die Kleidung abzunehmen und durch Papierunterwäsche zu ersetzen, kann, je nach Ausgestaltung laut CPT, eine erniedrigende Behandlung darstellen.[723] Vielmehr sollte den Gefangenen beispielsweise suizidsichere Kleidung ausgehändigt werden.[724]

Keines der hier zu untersuchenden Strafvollzugsgesetze enthält Vorgaben oder Vorgehensweisen für die Fälle, in denen dem Gefangenen die Kleidung abgenommen werden muss.

Das CPT erläuterte nach seinem Besuch deutscher Hafteinrichtungen in Bayern, Niedersachsen und Thüringen im Jahr 2015, dass auch in besonders gesicherten Hafträumen, ebenso wie in normalen Hafträumen, die Sanitärbereiche von der ständigen Überwachung ausgeschlossen sein müssen.[725] Auch müssen Gefangene von einem Mitarbeiter des medizinischen Dienstes täglich aufgesucht werden, der ihm bei Bedarf sofort ärztliche Hilfe und Behandlung zukommen lässt.[726]

Unter den hier zu untersuchenden Landesstrafvollzugsgesetzen, enthalten lediglich diejenigen der Länder Niedersachsen und Nordrhein-Westfalen Vorgaben im Hinblick auf die Beobachtung des Sanitärbereiches in besonders gesicherten Hafträumen. Niedersachsen hat in § 81a I, II NJVollzG normiert, dass der besonders gesicherte Haftraum beobachtet werden könne, auch mit technischen Hilfsmitteln, dabei aber eine Überwachung des Toilettenbereiches unzulässig sei. Nordrhein-Westfalen hat in § 69 IV S. 1 StVollzG NRW normiert, dass das Schamgefühl der Gefangenen bei einer Beobachtung zu schonen sei.

## 5.3.5.2  Fazit

Auf europäischer Ebene finden sich kaum Vorgaben, die die Unterbringung in besonders gesicherten Hafträumen betreffen würde. Lediglich den Länderberichten des CPT sind vereinzelt Hinweise zu entnehmen. Insgesamt lässt sich festhalten, dass die hier zu untersuchenden Bundesländer den Vorgaben des CPT nur bedingt gefolgt sind.

Keiner der hier zu untersuchenden Gesetzgeber hat in seinem Strafvollzugsgesetz ein Verbot der Fesselung an Gegenständen verankert. Ebenfalls hat keines der hier zu untersuchenden Bundesländer den Anspruch auf mindestens eine Stunde Aufenthalt im Freien auch bei Unterbringung im besonders gesicherten Haftraum normiert, obwohl sich insbesondere das CPT mittlerweile seit Jahrzehnten für die Abschaffung des Verbotes des Aufenthalts im Freien einsetzt. Positiv anzumerken ist jedoch, dass auch keines der hier zu untersuchenden Bundesländer

---

723  *CPT* 2012, S. 38, Rn. 87.

724  *CPT* 2012, S. 38, Rn. 87.

725  *CPT* 2017, S. 38, Rn. 76.

726  *CPT* 2017, S. 38, Rn. 78.

den Aufenthalt im Freien bei Unterbringung im besonders gesicherten Haftraum grundsätzlich ausgeschlossen oder verboten hat.

Die meisten der hier zu untersuchenden Bundesländer sind der Anordnung des CPT gefolgt, dem Gefangenen eine Sitzwache bei gefesselter Unterbringung im besonders gesicherten Haftraum zur Seite zu stellen. Auch haben mit Ausnahme von Bayern alle hier zu untersuchenden Bundesländer nur eine allgemeine Protokollierungspflicht für alle besonderen Sicherungsmaßnahmen in ihren Landesstrafvollzugsgesetzen verankert. Bayern hat weder für die Unterbringung im besonders gesicherten Haftraum noch für die Anordnung und Ausführung der übrigen besonderen Sicherungsmaßnahmen eine Protokollierungspflicht gesetzlich normiert.

Keines der hier zu untersuchenden Strafvollzugsgesetze enthält Vorgaben oder Hinweise, wie mit Gefangenen umgegangen werden soll bzw. muss, die bei Unterbringung im besonders gesicherten Haftraum ihre Kleidung ausziehen mussten.

Unter den hier zu untersuchenden Landesstrafvollzugsgesetzen, haben lediglich Niedersachsen und Nordrhein-Westfalen Vorgaben im Hinblick auf die Beobachtung des Sanitärbereiches in besonders gesicherten Haträumen erlassen. In beiden Bundesländern ist bei Überwachung das Schamgefühl zu schonen, in Niedersachsen ist eine Überwachung des Toilettenbereiches unzulässig.

## 5.3.6 Fesselung

Alle hier zu untersuchenden Bundesländer haben Regelungen zur Fesselung oder Fixierung in ihre Landesgesetze aufgenommen. Die Fesselung bezweckt eine „vollständige Beraubung der persönlichen Bewegungsfreiheit des Gefangenen"[727] mithilfe von Handschellen, Fußfesseln, Laufketten oder einem Bauchgurt.[728] Die Fixierung eines Gefangenen bedeutet „das Festbinden bestimmter Körperteile des Gefangenen an festen Gegenständen."[729]

Bayern, Hamburg, Hessen, Mecklenburg-Vorpommern und Niedersachsen haben in ihren Gesetzen lediglich die Fesselung geregelt, Art. 96 II Nr. 6, IV, 98 BayStVollzG, §§ 74 II Nr. 6, V-VI HmbStVollzG, 50 II Nr. 6, IV, V HStVollzG, 78 II Nr. 6, V, VI StVollzG M-V, 81 II Nr. 6, 83 NJVollzG. Nordrhein-Westfalen eröffnet die Möglichkeit einer Fesselung oder Fixierung, § 69 Abs. 2 Nr. 6, VII, VIII StVollzG NRW, Berlin erlaubt die Fesselung oder Fixierung „mittels spezieller Gurtsysteme an dafür vorgesehenen Gegenständen, insbesondere Matratzen oder Liegen", § 86 II Nr. 6, V-VII StVollzG Bln.

---

727 BeckOK-*Bartel*, Strafvollzugsrecht Bund, § 88 Rn. 41.

728 SBJL-*Baier/Grote* 2020, 11. Kapitel, I., Rn. 34.

729 Landtag Nordrhein-Westfalen, Drucks. 16/5413, S. 144, ergänzend SBJL-*Baier/Grote* 2020, 11. Kapitel, I., Rn. 34.

Die Regelungen zur Fesselung vereinen unterschiedliche Standardsituationen. Einerseits ist die Fesselung von Gefangenen, die ihre Sicherung und den Schutz vor Übergriffen während beispielsweise Transport- oder Bewegungsvorgängen gewährleisten soll, erfasst.[730] Andererseits gibt es aber auch das Festschnallen von Gefangenen auf Vorrichtungen, wie zum Beispiel einem Fesselbrett, um eine Selbstverletzung in Zuständen akuten Kontrollverlustes zu verhindern.[731] Generell soll mit der Fesselung akuten Selbstmord- oder Selbstverletzungsgefahren begegnet werden.[732] Die Fesselung soll nur an den Händen oder Füßen angebracht werden.[733] Die Fesselung ist ein schwerwiegendes Instrument. Sie greift stark in das Persönlichkeitsrecht und in die Würde des Betroffenen ein und zwingt den Fixierten in eine absolute Ohnmachtssituation.[734] Sie ist daher insgesamt auf ein absolutes Minimum zu begrenzen und muss in regelmäßigen, besonders kurzen Abständen (spätestens nach zwei Stunden) dahingehend überprüft werden, ob sie noch erforderlich ist.[735] Zur Nahrungsaufnahme, aus gesundheitlichen Gründen, zur Verrichtung der Notdurft, zum Waschen oder aus anderen, notwendigen Gründen muss sie gelockert werden.[736] Gleichzeitig soll sie im Allgemeinen so unauffällig wie möglich angebracht werden, um die Menschenwürde des Gefangenen zu wahren.[737] Das Bundesverfassungsgericht hat darüber bzgl. der Fesselung „dauergefährlicher Gefangener" festgehalten, dass diese über längere Zeit aufrechterhalten werden darf und eine Fesselung, beispielsweise an den Händen auf dem Rücken, während des Hin- und Rückweges der Freistunde oder auf dem Weg zum Duschen zulässig sein kann, sofern die Verhältnismäßigkeit gewahrt bleibt, die hierbei jedoch besonders strengen Anforderungen unterliege.[738]

Die Landesgesetze enthalten darüber hinaus noch spezielle Vorschriften, unter anderem für Ausführungen, Vorführungen oder beim Transport vor.[739]

Gem. Art. 96 II Nr. 6, IV, 98 BayStVollzG ist eine Fesselung bei einer Ausführung, Vorführung oder beim Transport auch aus anderen, als den Gefahrentat-

---

730   AK-*Goerdeler* 2017, Teil II § 78 Rn. 34.

731   AK-*Goerdeler* 2017, Teil II § 78 Rn. 34.

732   SBJL-*Baier/Grote* 2020, 11. Kapitel, I., Rn. 51.

733   AK-*Goerdeler* 2017, Teil II § 78 Rn. 38.

734   AK-*Goerdeler* 2017, Teil II § 78 Rn. 34.

735   AK-*Goerdeler* 2017, Teil II § 78 Rn. 39.

736   AK-*Goerdeler* 2017, Teil II § 78 Rn. 39.

737   *Arloth/Krä* 2017, StVollzG § 88 Rn. 9.

738   BVerfG, VollzD 1997, S. 6, 7; SBJL-*Baier/Grote* 2020, 11. Kapitel, I., Rn. 35.

739   AK-*Goerdeler* 2017, Teil II § 78 Rn. 35.

beständen in Art. 96 I BayStVollzG zulässig, wenn aus anderen Gründen Fluchtgefahr besteht. Gem. Art. 98 BayStVollzG dürfen Fesseln „in der Regel nur an den Händen oder den Füßen angelegt werden", im Interesse des Gefangenen kann aber auch eine andere Art der Fesselung angeordnet werden.

Das Berliner Strafvollzugsgesetz konkretisiert die Regelung aus § 86 II Nr. 6, V-VII StVollzG Bln dahingehend, dass die Fesselung in der Regel nur an den Händen oder Füßen des Gefangenen erfolgen darf. Um eine Entweichung zu verhindern, dürfen Gefangene bei einer Ausführung, Vorführung oder beim Transport auch über die in § 86 I StVollzG Bln hinausgehenden Tatbestände im erforderlichen Umfang gefesselt werden. Gemäß Abs. VI ist eine teilweise Fixierung des Körpers, oder gesamte Fixierung des Körpers nur zulässig, wenn eine gegenwärtige, erhebliche Gefahr besteht, dass der Gefangene sich oder andere ernsthaft zu verletzen, oder gar zu töten beabsichtigt. Des Weiteren schreibt Abs. VII vor, dass die Gefangenen bezüglich „Art und Umfang der Fesselung zu schonen sind" und diese „unverzüglich zu lockern ist, wenn die Gefahr sich verringert hat oder eine Lockerung zeitweise, beispielsweise zur Nahrungsaufnahme, oder ärztlichen Untersuchung, notwendig ist". Die Regelung des Abs. VII ist damit eine besondere Ausprägung des Verhältnismäßigkeitsgrundsatzes.[740]

Das Hamburger Strafvollzugsgesetz konkretisiert seine Regelung gemäß § 74 II Nr. 6, V, VI HmbStVollzG dahingehend, dass nach Abs. V bei Ausführung, Vorführung oder beim Transport die Fesselung ebenfalls zulässig ist, wenn einfache Fluchtgefahr anzunehmen ist. Nach Abs. VI dürfen Fesseln in der Regel nur an Händen oder Füßen angelegt werden. Sollte eine andere Art der Fesselung jedoch eher im Interesse des Gefangenen liegen, kann die Anstaltsleitung diese anordnen. Gemäß Absatz II Nr. 6 S. 2 sind zudem besondere Vorschriften im Rahmen einer körperlichen Durchsuchung bei Gefahr im Verzug gem. § 70 II HmbStVollzG zu beachten. Eine Fesselung der nackten Gefangenen ist nur dann zulässig, wenn und solange sie unerlässlich ist. In diesem Fall sind, soweit möglich, besondere Maßnahmen zur Schonung des Schamgefühls zu treffen.

Das Hessische Strafvollzugsgesetz ergänzt seine Regelungen nur dahingehend, dass gem. § 50 II Nr. 6, IV, V HStVollzG die Fesseln ebenfalls (in der Regel) nur an Händen und Füßen angelegt werden dürfen, die Anstaltsleitung aber eine andere Fesselung im Interesse des Häftlings anordnen kann, Abs V. Gemäß § 50 IV HStVollzG ist die Fesselung auch bei Ausführung, Vorführung oder beim Transport zulässig, „wenn die vorgesehene Bewachung durch Bedienstete nicht ausreicht, die Gefahr einer Entweichung zu beseitigen".

Gem. § 78 II Nr. 6, V, VI StVollzG M-V dürfen auch in Mecklenburg-Vorpommern Fesseln (in der Regel) nur an den Händen oder Füßen angebracht werden, gleichzeitig kann der Anstaltsleiter eine andere Art der Fesselung im Interesse des Häftlings anordnen. Die Fesselung ist, wenn notwendig, zeitweise zu

---

740 *Arloth/Krä* 2017, Bln StVollzG § 87 Rn. 1.

lockern. Auch bei Ausführung, Vorführung oder beim Transport ist eine Fesselung zulässig, wenn Fluchtgefahr besteht.

Der Niedersächsische Gesetzgeber gestattet eine Fesselung bei Ausführung, Vorführung oder beim Transport, wenn „konkrete Anhaltspunkte" vorliegen, dass die Beaufsichtigung des Gefangenen nicht reicht, um die Fluchtgefahr zu beheben, § 81 II Nr. IV NJVollzG. Gleichzeitig enthält das Niedersächsische Strafvollzugsgesetz eine eigenständige Regelung zur Fesselung, § 83 NJVollzG. Demnach dürfen „in der Regel" nur die Hände oder Füße gefesselt werden. Eine andere Art der Fesselung kann aber im Interesse des Gefangenen angeordnet werden, § 83 S 1, 2 NJVollzG.

Nordrhein-Westfalen erlaubt gem. § 69 II Nr. 6, VII, VIII StVollzG NRW ebenfalls überwiegend nur eine Fesselung an Händen und Füßen und verlangt gleichzeitig bei Art und Umfang der Fesselung oder Fixierung den Gefangenen zu schonen. Besteht die Gefahr nicht mehr, oder kann durch mildere Mittel abgewendet werden, ist die Fesselung sofort zu lockern oder gar zu entfernen. Gemäß Absatz VIII ist eine Fesselung auch bei einer Ausführung, Vorführung oder beim Transport zulässig, sollte die Beaufsichtigung nicht ausreichen, um eine potentielle Entweichung zu verhindern. Gleichzeitig erlaubt Absatz VIII eine Beobachtung der Gefangenen mittels Videotechnik im Gefangenentransportfahrzeug. Dafür sollen, ebenso wie bei der Beobachtung mittels technischer Hilfsmittel, die Vorschriften des § 69 I, II Nr. 4, IV StVollzG NRW gelten.

Bei den hier zu untersuchenden Bundesländern haben Bayern und Hessen abweichende Regelung in ihre Strafvollzugsgesetze aufgenommen. Der bayerische Gesetzgeber verlangt als Voraussetzung für die Fesselungen in diesen Zusammenhängen gem. Art. 96 II Nr. 6, IV BayStVollzG eine Fluchtgefahr in „erhöhtem Maße".

Auch das hessische Strafvollzugsgesetz sieht gem. § 50 IV HStVollzG eine Fesselung bei Ausführung, Vorführung oder beim Transport vor, allerdings nur für diejenigen Gefangenen, deren Eignung für die vollzugsöffnenden Maßnahmen nach § 13 II S. 1 HStVollzG nicht festgestellt wurden und die vorgesehene Bewachung durch Bedienstete nicht ausreicht, um die Fluchtgefahr oder Angriffsgefahr auf Personen zu beseitigen. Ferner wird gem. § 50 IV S. 2 Nr. 1-3 HStVollzG definiert, wann eine Bewachung in der Regel nicht ausreichend ist, nämlich wenn die gem. § 13 VI HStVollzG genannten Fristen noch unerreicht sind (Nr. 1), bei einer kurzfristig notwendig gewordenen Maßnahme, bei der auf Grund Zeitmangels eine Bewertung der Gesamtumstände nicht möglich war (Nr. 2) und die Maßnahme an einem fremden Ort durchgeführt wird, an dem die Sicherheitsverhältnisse zuvor nicht bestimmbar waren (Nr. 3).

### 5.3.6.1 *Kompatibilität mit internationalen Maßstäben*

Obwohl die Fesselung bzw. Fixierung wahrscheinlich als die schwerwiegendste Sicherungsmaßnahme angesehen werden kann, da sie dem Gefangenen jegliche

Bewegungsfreiheit entzieht und ihn in eine absolute Ohnmachtsposition zwingt, enthalten die europäischen Regeln erstaunlich wenige Vorgaben und Empfehlungen hierzu.

Die Nelson-Mandela-Regeln enthalten keine expliziten Empfehlungen zur Fesselung bzw. Fixierung und sprechen allgemein von Zwangsmitteln. Gem. Regel 47 2. b) dürfen Zwangsmittel auf „Anordnung des Leiters der Vollzugsanstalt" angeordnet werden, wenn andere Sicherungsmaßnahmen nicht dahingehend zielführend wären, den Gefangenen von einer Selbst-, Fremdverletzung oder Sachbeschädigung abzuhalten. Jedoch muss in diesen Fällen unmittelbar ein Arzt oder anderes medizinisches Personal und das Fachministerium unterrichtet werden. Regel 48 enthält eine strenge Verhältnismäßigkeitsprüfung für die Anwendung von Zwangsmitteln.

Die Europäischen Strafvollzugsgrundsätze beinhalten ebenfalls keine Vorgaben zur Fesselung bzw. Fixierung und enthalten im Hinblick auf die allgemein gehaltenen Zwangsmittel in Nr. 68.2 und 68.3 dieselben Ausführungen und Vorgaben wie die Nelson-Mandela-Regeln.

Das CPT hat in seinen Standards die Fesselung bzw. Fixierung nicht expressis verbis erwähnt. Es spricht allgemein von körperlichen Zwangsmitteln, die notwendig sein können, um einen gewalttätigen Gefangenen unter Kontrolle zu bringen.[741] Bei Anwendung der Zwangsmittel soll sofort ein Arzt konsultiert werden und der Gefangene, sofern notwendig, behandelt werden.[742] Die Behandlung soll abgeschottet vom nicht-medizinischen Personal stattfinden und dokumentiert werden.[743] In den wenigen Fällen, in denen körperlicher Zwang notwendig sei, soll der Gefangene unter eine dauerhafte Überwachung gestellt werden.[744]

Wie bereits zuvor erwähnt, strebt das CPT die ersatzlose Abschaffung der Fixierung an.[745] Alle der hier zu untersuchenden Strafvollzugsgesetze enthalten nach wie vor die Möglichkeit der Fesselung, teilweise auch der Fixierung, Art. 96 II Nr. 6, IV, 98 BayStVollzG, §§ 86 II Nr. 6, V-VII StVollzG Bln, § 74 II Nr. 6, V-VI HmbStVollzG, 50 II Nr. 6, IV, V HStVollzG, 78 II Nr. 6, V, VI StVollzG M-V, 81 II Nr. 6, 83 NJVollzG, § 69 Abs. 2 Nr. 6, VII, VIII StVollzG NRW. Die Bundesländer sind damit der Hauptforderung des CPT nicht nachgekommen und verstoßen auf europäischer Ebene gegen diesen Grundsatz.

Sollte es dennoch zu einer Fixierung kommen, verlangt es eine genaue Protokollierung des Beginns und Endes der Fixierung, der Dauer der Fixierung, der Umstände und Gründe, die zur Fixierung führten, des Namens der anordnenden

---

741 *CPT* 1992, S. 3, Rn. 53.

742 *CPT* 1992, S. 3, Rn. 53.

743 *CPT* 1992, S. 3, Rn. 53.

744 *CPT* 1992, S. 3, Rn. 53.

745 *CPT* 2014, S. 22, Rn. 42; *CPT* 2017, S. 39, Rn. 79.

Person sowie eine Auflistung eventueller Verletzungen, die die fixierte Person oder Bedienstete erlitten haben.[746] Auch sollen dem Gefangenen die Gründe für seine Fixierung erläutert und den Mitarbeitern der Justizvollzugsanstalt schriftlich ausgearbeitete Leitlinien für den Fall der Fixierung ausgehändigt werden, die die oben benannten Kriterien berücksichtigen.[747] Nach Beendigung der Fixierung soll dem Gefangenen die Möglichkeit eingeräumt werden, mit dem medizinischen Personal oder anderen geschulten Mitarbeitern über seine Erfahrungen im Hinblick auf die Fixierung zu sprechen.[748]

Das Bayerische Strafvollzugsgesetz enthält keine Vorgaben zu einer detaillierten Protokollierung der Fesselung, die Verwaltungsvorschrift Nr. 3 zu Art. 100 BayStVollzG sieht jedoch nach dem Besuch des Anstaltsarztes eine Dokumentierung der erhobenen Befunde vor.

Das Berliner Strafvollzugsgesetz enthält auch keine gesonderte Protokollierungsvorschrift zur Fesselung bzw. Fixierung, sieht aber in § 87 IV S. 3 explizit vor, dass in Bezug auf besondere Sicherungsmaßnahmen „die Anordnung, Entscheidungen zur Fortdauer und die Durchführung einschließlich ärztlicher Beteiligung mit einer kurzen Begründung schriftlich abzufassen sind". Das Berliner Gesetz enthält somit eine indirekte Protokollierungsvorschrift. Das Hamburger Strafvollzugsgesetz hat in § 75 II S. 2 HmbStVollzG detaillierte Regeln bei Fesselung aller Gliedmaßen aufgestellt. So ist ein Protokoll anzufertigen, das „die Anordnung, maßgeblichen Gründe, den Verlauf, die Dauer, die Art der Überwachung und die Beendigung dokumentiert". Ferner muss gem. § 75 II S. 3 HmbStVollzG der Gefangene im direkten Anschluss darauf hingewiesen werden, dass er die Fesselung vollumfänglich gerichtlich überprüfen lassen kann. Darüber hinaus muss jede Fixierung der gesamten Gliedmaßen, die die Dauer einer halben Stunde überschreitet, durch ein Gericht angeordnet worden sein oder diese Anordnung ist unverzüglich nachträglich einzuholen, § 75 I S. 4-7 HmbStVollzG. Das Hessische Strafvollzugsgesetz sieht allgemein eine Dokumentationspflicht aller besonderer Sicherungsmaßnahmen sowie deren Anordnung und Durchführung einschließlich der Beteiligung des ärztlichen bzw. psychologischen Dienstes vor, § 51 V S. 2 HStVollzG. Das Strafvollzugsgesetz Mecklenburg-Vorpommerns enthält eine „kurze, begründete" Dokumentationspflicht im Hinblick auf alle besonderen Sicherungsmaßnahmen, § 79 III StVollzG M-V. Auch Niedersachsen fordert eine allgemeine schriftliche Begründung der Anordnung der besonderen Sicherungsmaßnahme, jedoch keine gesonderte ausführliche Protokollierung der Fesselung oder Fixierung, § 84 I S. 2 NJVollzG. Das Strafvollzugsgesetz Nordrhein-Westfalens enthält eine allgemeine Dokumentationspflicht, die „die Anordnung, Entscheidungen zur Fortdauer und die Durchführung der Maßnahme einschließlich

---

746  *CPT* 2014, S. 22, Rn. 42; *CPT* 2012, S. 39, Rn. 93; *CPT* 2007, S. 11, Rn. 11.

747  *CPT* 2007, S. 11, Rn. 11.

748  *CPT* 2007, S. 11, Rn. 11.

142

der Beteiligung des ärztlichen Dienstes" beinhaltet, § 70 IV S. 3 StVollzG NRW. Demzufolge stellen alle hier zu untersuchenden Bundesländer entweder indirekte, ausdrückliche oder allgemeine Protokollierungsvorschriften zur Fesselung auf und erfüllen somit die auf europäischer Ebene aufgestellten Vorgaben.

Ferner spricht sich das CPT für eine direkte menschliche Sitzwache, bestmöglich eine des medizinischen Personals, aus, die den fixierten Gefangenen „ununterbrochen und unmittelbar" überwacht und so seine Ängste reduzieren und auf die persönlichen Bedürfnisse zeitnah angemessen reagieren kann.[749] Eine Überwachung mittels Video und/oder Mikrophonen sei nicht ausreichend.[750] Das Bayerische Strafvollzugsgesetz sieht keine Sitzwache beim gefesselten Gefangenen vor, was ausdrücklich gegen die Vorgaben des CPT verstößt. Das Bayerische Strafvollzugsgesetz verlangt lediglich, dass der Anstaltsarzt unmittelbar nach der Fesselung den Patienten besucht und in der Folge (möglichst) täglich nach ihm sieht, Art. 100 I S. 1 BayStVollzG. Das Berliner Strafvollzugsgesetz sieht bei einer Fixierung des Gefangenen eine „ständige und unmittelbare Beobachtung durch Sichtkontakt" vor, § 87 VI S. 3 StVollzG Bln. Gem. § 88 I StVollzG Bln soll der Arzt den fixierten Gefangenen zeitnah aufsuchen und ihn im Anschluss möglichst täglich besuchen. Obwohl das Hamburger Strafvollzugsgesetz bei der Aufzählung der besonderen Sicherungsmaßnahmen nur die Fesselung benennt (§ 74 II Nr. 6 HmbStVollzG) unterscheidet es im Hinblick auf die ärztliche Überwachung zwischen Fesselung und Fixierung: bei einer Fesselung soll ein Bediensteter den Gefangenen gem. § 76 IV S. 2 durch unmittelbaren Sichtkontakt beobachten. Bei einer Fixierung sieht das Hamburger Strafvollzugsgesetz ebenfalls eine Beobachtung durch unmittelbaren Sichtkontakt, jedoch durch einen auf Fixierungen geschulten Bediensteten vor, § 76 IV S. 2 HmbStVollzG. Bei einer Fesselung hat der Anstaltsarzt den gefesselten Gefangenen sofort aufzusuchen und in der Folge mindestens einmal täglich nach ihm zu sehen, § 76 II HmbStVollzG. In Hessen ist jeder gefesselte Gefangene zu beobachten, jeder auf einer Liege fixierte Gefangene durch eine unmittelbare Sitzwache zu betreuen, § 50 VIII S. 2 HStVollzG. Damit entspricht die Hessische Regelung nur in Teilen den Vorgaben des CPT, da nur fixierte Gefangene unmittelbar durch eine Sitzwache beobachtet werden sollen. Bei einer Fesselung sieht der Hessische Gesetzgeber einen zügigen Besuch durch den Anstaltsarzt beim gefesselten Gefangenen vor, der sich im bestmöglichen Fall täglich wiederholt, § 51 IV S. 1 HStVollzG. Mecklenburg-Vorpommern schreibt bei einer Fesselung eine ständige und unmittelbare Überwachung des Gefesselten durch einen Bediensteten vor, § 79 VI S. 2 StVollzG M-V. Ferner soll gem. § 80 I S. 1 StVollzG M-V der Arzt den Gefangenen zeitnah besuchen und in der Folge möglichst täglich nach dem Gefesselten sehen. Niedersachsen verfügt über keine gesetzliche Normierung, die eine Sitzwache oder eine

---

749 *CPT* 2007, S. 11, Rn. 11.

750 *CPT* 2007, S. 11, 12, Rn. 11.

sonstige Überwachung bzw. Beobachtung bei gefesselten Gefangenen vorsieht. Lediglich der Anstaltsarzt hat den gefesselten Gefangenen zeitnah zu besuchen und in der darauffolgenden Zeit möglichst täglich wiederzukehren, § 85 I S. 1 NJStVollzG, was der ausdrücklichen Vorgabe des CPT entgegensteht. Der Nordrhein-Westfälische Gesetzgeber sieht bei der Fixierung eine ständige und unmittelbare Beobachtung des Gefangenen vor, § 70 VI S. 2 StVollzG NRW. Bei einer Fesselung oder Fixierung hat zudem der ärztliche und, bei Bedarf, der psychologische Dienst den Gefangenen sofort zu besuchen und möglichst die darauffolgenden Tage ebenfalls, § 71 II S. 1 StVollzG NRW.

Schädliche Auswirkungen, Beschwerden und Schmerzen durch die Fixiervorrichtung sollen verhindert werden, sodass beispielsweise Betten mit Stoffgurten bevorzugt, im Boden verankerte Metallringe jedoch nicht genutzt und bestmöglich dauerhaft entfernt werden sollen.[751] Auch Metallhandschellen und Ledergurte sollen nicht verwendet werden.[752]

Ausgenommen von Berlin haben weder Bayern, Hamburg, Hessen noch Mecklenburg-Vorpommern, Niedersachsen oder Nordrhein-Westfalen Regelungen in ihren Landesstrafvollzugsgesetzen verankert, die vorgeben, welches Fixiermittel zu verwenden oder nicht anzuwenden ist. Lediglich Berlin hat gesetzlich normiert, dass eine Fixierung „mittels spezieller Gurtsysteme an dafür vorgesehenen Gegenständen, insbesondere Matratzen und Liegen" zu erfolgen hat, § 86 II Nr. 6 StVollzG Bln. Ob in der Praxis jedoch dennoch die vom CPT abgelehnten Ledergurte genutzt werden, lässt sich der Vorschrift nicht entnehmen.

Die Fixierung soll nur so kurz wie möglich angewendet werden (das CPT spricht hier von Minuten, nicht von Stunden).[753] Die Fixierung darf zu keinem Zeitpunkt als Bestrafung oder zur Bewältigung von Personalmangel eingesetzt werden, auch ist eine mehrere Tage andauernde Einschränkung der Bewegungsfreiheit durch nichts zu rechtfertigen und kommt nach Meinung des CPT einer Misshandlung gleich.[754] Keines der hier zu untersuchenden Bundesländer formuliert eine zeitliche Höchstgrenze im Hinblick auf die Anwendung der Fesselung bzw. Fixierung. Das Berliner und Nordrhein-Westfälische Strafvollzugsgesetz schreibt jedoch vor, dass die Fesselung oder Fixierung unverzüglich zu lockern ist, sobald sich die Gefahr reduziert hat, §§ 86 VII S. 2 StVollzG Bln, 69 VII S. 3 StVollzG NRW.

Die Strafvollzugsgesetze von Bayern, Berlin, Hamburg, Hessen, Mecklenburg-Vorpommern, Niedersachsen und Nordrhein-Westfalen enthalten den allgemeinen Hinweis, dass alle besonderen Sicherungsmaßnahmen, so auch die Fesselung und Fixierung, regelmäßig dahingehend überprüft werden müssen, ob sie

---

751  *CPT* 2012, S. 39, Rn. 93; *CPT* 2007, S. 11, Rn. 11.

752  *CPT* 2014, S. 22, Rn. 43.

753  *CPT* 2012, S. 39, Rn. 93.

754  *CPT* 2012, S. 39, Rn. 93.

weiterhin angewendet und aufrecht erhalten werden müssen, Art. 96 V BaySt-VollzG, § 87 III StVollzG Bln, § 75 III HmbStVollzG, § 51 III S. 1, 2 HStVollzG, § 79 IV StVollzG M-V, § 84 IV NJVollzG, § 70 III StVollzG NRW.

Jede Fixierung muss entweder von einem Arzt angeordnet oder einem solchen unverzüglich gemeldet werden und bestmöglich nicht vor Personen vorgenommen werden, die nicht dem Personal angehören.[755]

Die Anordnungsbefugnis obliegt in Bayern, Berlin, Hamburg, Hessen, Mecklenburg-Vorpommern, Niedersachsen und Nordrhein-Westfalen allein dem Anstaltsleiter oder bei Gefahr im Verzug auch anderen Mitarbeitern der Anstalt, Art. 99 I S. 1, 2 BayStVollG, § 87 I S. 1, 2 StVollzG Bln, § 75 I S. 1, 2 HmbStVollzG, § 51 I S. 1, 2 HStVollzG, § 79 I S. 1, 2 StVollzG M-V, § 84 I, II S. 1 NJVollzG, § 70 I S. 1, 2 StVollzG NRW.

Jedoch enthält das Hamburgische Strafvollzugsgesetz eine detaillierte Vorgehensweise für Fälle der nicht kurzfristigen Fixierung, d.h. Fixierungen, die eine halbe Stunde überschreiten, § 75 I S. 5 HmbStVollzG. Demnach ist jede dieser auf längere Zeit angelegten Fixierungen nur durch ein Gericht anzuordnen und zu genehmigen, § 75 I S. 4 HmbStVollzG. Den Antrag bei Gericht stellt der Anstaltsleiter oder bei Gefahr im Verzug andere Bedienstete, § 75 I S. 6 HmbStVollzG. Bei Gefahr im Verzug kann die Anstaltsleitung oder andere Bedienstete eine vorläufige Fixierung anordnen, die gerichtliche Entscheidung muss aber unverzüglich nachträglich eingeholt werden, es sei denn, es ist absehbar, dass die gerichtliche Entscheidung ergehen würde, wenn der Sachverhalt bereits wieder abgeschlossen ist, § 75 I S. 7, 8 HmbStVollzG.

Bei Gefangenen, gegen die eine besondere Sicherungsmaßnahme auf Grund ihres seelischen Zustandes angeordnet werden soll, muss vor Anordnung Rücksprache mit dem Anstaltsarzt gehalten werden, Art. 99 II S. 1 BayStVollzG, § 87 II S. 1 StVollzG Bln, § 76 I S. 1 HmbStVollzG, § 51 II S. 1 HStVollzG, § 79 II S: 1 StVollzG M-V, § 84 III S. 1 NJVollzG, § 71 I S. 1 NJVollzG.

*5.3.6.2    Fazit*

Alle hier zu untersuchenden Bundesländer gestatten die Fesselung oder Fixierung. Bayern, Hamburg, Hessen, Mecklenburg-Vorpommern und Niedersachsen haben in ihren Gesetzen lediglich die Fesselung geregelt, Art. 96 II Nr. 6, IV, 98 BaySt-VollzG, §§ 74 II Nr. 6, V-VI HmbStVollzG, 50 II Nr. 6, IV, V HStVollzG, 78 II Nr. 6, V, VI StVollzG M-V, 81 II Nr. 6, 83 NJVollzG. Nordrhein-Westfalen eröffnet die Möglichkeit einer Fesselung oder Fixierung, § 69 Abs. 2 Nr. 6, VII, VIII StVollzG NRW, Berlin erlaubt die Fesselung oder Fixierung „mittels spezieller Gurtsysteme an dafür vorgesehenen Gegenständen, insbesondere Matratzen oder Liegen", § 86 II Nr. 6, V-VII StVollzG Bln.

---

755  *CPT* 2007, S. 11, Rn. 11.

Erstaunlicherweise enthalten die europäischen Richtlinien kaum Vorgaben zur Fesselung oder Fixierung. Die Nelson-Mandela-Regeln und Europäischen Strafvollzugsgrundsätze sprechen allgemein von „Zwangsmitteln". Konkrete Vorgaben sind lediglich den Länderberichten des CPT zu entnehmen. Der Hauptforderung des CPT, die Fesselung ersatzlos abzuschaffen, sind die hier zu untersuchenden Bundesländer nicht nachgekommen. Ferner sieht das CPT eine genaue Protokollierung der Fesselung und ihrer Umstände vor. Die Bayerische Verwaltungsvorschrift zum Strafvollzugsgesetz sieht eine Protokollierung nach ärztlichen Besuchen vor, der Berliner Gesetzgeber lediglich eine indirekte. Das Hamburger Strafvollzugsgesetz ist den Vorgaben des CPT gefolgt und verlangt ein detailliertes Protokoll zu den Umständen der Fesselung. Hessen, Mecklenburg-Vorpommern, Niedersachsen und Nordrhein-Westfalen verlangen eine Dokumentation aller Sicherungsmaßnahmen, so auch der Fesselung.

Ferner verlangt das CPT eine direkte, menschliche Sitzwache, die unmittelbar auf die Bedürfnisse des Gefangenen eingehen kann.

Die Gesetzgeber von Bayern und Niedersachsen sehen weder bei der Fesselung noch der Fixierung eine direkte Sitzwache vor, was den Vorgaben des CPT ausdrücklich widerspricht. Die Fesselung bzw. Fixierung führt bei dem betroffenen Gefangenen zu einer äußerst belastenden, ohnmächtigen Situation. Der Verzicht auf eine direkte Sitzwache Bayerns und Niedersachsens genügt den aus dieser besonderen Situation heraus resultierenden Anforderungen nicht. Der Berliner Gesetzgeber sieht eine Sitzwache vor, wenn der Gefangene fixiert ist, ebenso der Hamburger Gesetzgeber, der jedoch noch einmal differenziert: bei einer Fesselung ist der Gefangene durch eine Sitzwache unmittelbar zu beobachten, bei einer Fixierung ist die Sitzwache mit einem auf Fixierungen geschulten Bediensteten zu besetzen. Der Hessische Gesetzgeber sieht ebenso wie Nordrhein-Westfalen eine Sitzwache nur bei Fixierungen vor, Mecklenburg-Vorpommern eine Sitzwache bei Fesselungen.

Das CPT spricht sich ferner dafür aus, keine Fesselvorrichtungen zu verwenden, die Beschwerden und Schmerzen verursachen könnten, wie z. B. Metallhandschellen und Ledergurte. Keines er hier zu untersuchenden Bundesländer hat eine solche Vorgabe in seinem Landesstrafvollzugsgesetz verankert. Einzig Berlin hat normiert, dass die Fixierung mittels „spezieller Gurtsysteme" vorzunehmen ist.

Auch soll die Fixierung nur so kurz wie möglich angewendet werden. Das CPT verweist hierbei auf Minuten statt Stunden. Keines der hier zu untersuchenden Bundesländer hat eine zeitliche Höchstgrenze für die Fesselung oder Fixierung normiert. Berlin und Nordrhein-Westfalen sehen jedoch vor, dass die Fesselung oder Fixierung unverzüglich gelockert werden muss, wenn sich die Gefahr reduziert hat.

Auch bei der Anordnungsbefugnis sind die hier zu untersuchenden Bundesländer dem CPT nicht gefolgt. Es sieht vor, dass eine Fesselung bzw. Fixierung nur durch einen Arzt angeordnet und nur von Personen vorgenommen werden sollte, die dem medizinischen Personal zugehörig sind. In allen hier zu untersuchenden Bundesländern obliegt die Anordnungsbefugnis der Fesselung bzw. Fixierung dem Anstaltsleiter, teilweise auch seinen Kollegen, wenn Gefahr im Verzug herrscht. Der Hamburgische Gesetzgeber bildet hierzu jedoch eine Ausnahme: bei Fixierungen, die auf längere Zeit (d.h. länger als 30 Minuten) angelegt sind, bzw. bei denen abzusehen ist, dass sie eine halbe Stunde überschreiten, muss im Regelfall ein Gericht die Fixierung anordnen und genehmigen.

## 5.4 Zusammenfassung

Alle hier zu untersuchenden Bundesländer haben die besonderen Sicherungsmaßnahmen des ehemaligen § 88 StVollzG in ihren Strafvollzugsgesetzen normiert. Auf europäischer Ebene wurden viele Vorgaben und Empfehlungen zur Anwendung der besonderen Sicherheitsmaßnahmen erlassen.

Jedoch schweigen auf europäischer Ebene die Institutionen zur Vorenthaltung oder dem Entzug von Gegenständen. Als einziges der hier zu untersuchenden Bundesländer hat Hessen die Regelungen der besonderen Sicherungsmaßnahmen dahingehend erweitert, dass selbige nun auch gegen extremistische Verhaltensweisen eingesetzt werden können. So ist es nun beispielsweise möglich, Propagandamaterial zu entziehen.

Der Vorgabe, die Sanitärbereiche von der Beobachtung auszuschließen, sind nur wenige der hier zu untersuchenden Bundesländer gefolgt. Explizit hat dies nur der niedersächsische Gesetzgeber getan, Nordrhein-Westfalen und Hessen haben immerhin verankert, das Schamgefühl der Gefangenen zu schonen. Die übrigen Bundesländer sind dieser Anforderung nicht gefolgt, was entsprechend obigen Ausführungen Bedenken hinsichtlich der Vereinbarkeit dieser Vorgehensweise mit der grundrechtlich geschützten Privat- und Intimsphäre aufwirft.

Im Hinblick auf die Absonderung oder Einzelhaft, enthalten die europäischen Richtlinien einige Vorgaben und Empfehlungen. Die größten inhaltlichen Differenzen zwischen europäischen Vorgaben und der deutschen Umsetzung in den Strafvollzugsgesetzen betreffen die zeitliche Höchstgrenze der Einzelhaft. Die deutschen Landesgesetzgeber sehen lediglich Kontroll- und Zustimmungsmechanismen vor, überschreiten aber mit ihrem Verständnis die auf europäischer Ebene geforderten 14 Tage als maximale Höchstdauer bei weitem. Auch sehen die europäischen Richtlinien eine besondere Betreuung des sich in Einzelhaft befindenden Gefangenen durch die Anstaltsleitung oder leitende Mitglieder vor. Diesen Vorgaben sind die Bundesländer nur teilweise und auch nicht ausreichend gefolgt.

Im Hinblick auf die Beschränkung oder komplette Versagung der Zeit im Freien haben nahezu alle hier zu untersuchenden europäischen Richtlinien ausnahmslos klargestellt, dass diese besondere Sicherungsmaßnahme ersatzlos ab zu schaffen ist. Dieser Empfehlung nähern sich bei den hier zu untersuchenden Bundesländern Berlin und Mecklenburg-Vorpommern wenigstens an. Das Berliner Strafvollzugsgesetz gestattet den Entzug des Aufenthalts im Freien nur noch unter besonders engen Umständen, der Gesetzgeber des Landes Mecklenburg-Vorpommern hat als einziges der hier zu untersuchenden Bundesländer die komplette Versagung des Aufenthaltes im Freien erfreulicherweise ersatzlos gestrichen.

Auf europäischer Ebene ähneln sich die Vorgaben in Hinblick auf die Unterbringung im besonders gesicherten Haftraum und bezüglich der Fesselung beziehungsweise Fixierung. Bei allen drei Sicherungsmaßnahmen wird eine direkte menschliche Sitzwache gefordert, die auf die Bedürfnisse des Gefangenen unmittelbar reagieren kann. Es müssen strenge Protokollierungsvorschriften befolgt und eine engmaschige medizinische Betreuung gewährleistet werden. Die menschliche Sitzwache wird in der überwiegenden Zahl der hier zu untersuchenden Bundesländer nur bei der Fixierung, manchmal auch bei der Fesselung, angeordnet. Gesonderte Protokollierungsvorschriften haben die meisten der hier zu untersuchenden Bundesländer nicht normiert, die medizinische Betreuung gestaltet sich in den meisten Bundesländern sehr ähnlich und sieht einen täglichen Kontakt mit dem Anstaltsarzt vor. Gerade weil die Fesselung beziehungsweise Fixierung eine besonders einschneidende Maßnahme darstellt, die den Gefangenen in eine totale Hilflosigkeit – und Ohnmachtssituation zwingt, verlangen die internationalen Standards, dass die Fesselung und Fixierung einer zeitlichen Höchstgrenze unterliegen. Dieser Forderung ist bedauerlicherweise keines der hier zu untersuchenden Bundesländer nachgekommen.

# 6. Empirische Untersuchung der „Konzeptionen ausgewählter deutscher Bundesländer zum Umgang mit besonders sicherungsbedürftigen Gefangenen"

## 6.1 Einführung

Die hier vorliegende Untersuchung zur Frage nach der Existenz etwaiger Konzeptionen ausgewählter Bundesländer zum Umgang mit besonders sicherungsbedürftigen, bzw. gefährlichen Gefangenen wurde im Zeitraum Mai 2018 bis Mai 2019 durchgeführt. Die Ziele der Untersuchung waren eine empirische Bestandsaufnahme und die Gewinnung neuer wissenschaftlicher Erkenntnisse in sieben deutschen Bundesländern (Bayern, Berlin, Hamburg, Hessen, Mecklenburg-Vorpommern, Niedersachsen und Nordrhein-Westfalen). Die Auswahl der hier zu untersuchenden Bundesländer basierte auf zwei Aspekten: Einerseits sollten bestehende Forschungskontakte des Greifswalder Lehrstuhls für Kriminologie genutzt werden. Gleichzeitig sollte ein umfassender, vergleichbarer Überblick über die gegenwärtige Situation ausgewählter deutscher Bundesländer erfasst werden, die Deutschland repräsentativ widerspiegeln konnten. Aus diesem Grund wurden bewusst Flächenstaaten (Bayern, Hessen, Mecklenburg-Vorpommern, Niedersachsen, Nordrhein-Westfalen) und Stadtstaaten (Berlin, Hamburg) ausgewählt, jedoch wurde auch die geografische Lage der jeweiligen Bundesländer berücksichtigt, so dass im Endergebnis sowohl der Norden und Osten Deutschlands (Hamburg, Berlin, Mecklenburg-Vorpommern), als auch der Westen (Niedersachsen, Nordrhein-Westfalen), Süden (Bayern) und die Mitte Deutschlands (Hessen) repräsentiert sind.

Auch wenn einzelne der hier zu untersuchenden Tätergruppierungen bereits zuvor Gegenstand anderer Forschungsvorhaben waren,[756] gab es keine umfassende innerdeutsche, vergleichende Studie auf dem Gebiet der besonders sicherungsbedürftigen, gefährlichen Gefangenen. Für die Erhebung war ursprünglich ein multimethodisches Vorgehen geplant: zunächst sollte ein Fragebogen an die zuständigen Justizministerien gesandt werden, um statistische Zahlen zu erfragen. Gleichzeitig sollten etwaige Konzeptionen und Vorgehensweisen zum Umgang mit besonders sicherungsbedürftigen Gefangenen bei den Justizvollzugsanstalten erfragt werden.[757]

---

756 Vgl. dazu *Kapitel 6.2.4.*

757 Vgl. dazu unten *Kapitel 6.2.2.*

# 6.2 Methodisches Vorgehen

## 6.2.1 Konzeption der Untersuchung

Das Kernstück der vorliegenden Arbeit besteht nach einer notwendigen Veränderung bzw. Einschränkung des ursprünglich geplanten Untersuchungsdesigns[758] in der Erfassung der Konzeptionen zum Umgang ausgewählter deutscher Bundesländer mit besonders sicherungsbedürftigen Gefangenen und – soweit möglich – in der Erhebung von Daten hinsichtlich der Lebens- und Haftbedingungen dieser Gefangenengruppe. Für die Erhebung wurde ein Fragebogen konzipiert, der an die betreffenden Landesjustizministerien versandt wurde. Die Ergebnisse der Befragung sollten, soweit möglich, ein umfassendes Bild des länderspezifischen Umgangs mit ausgewählten, gefährlichen Gefangenengruppierungen und, basierend auf den Konzeptionen, der Gestaltung des Vollzugsalltags sowie ggf. spezifischer Grundrechtseinschränkungen vermitteln.

Inhaltlich unterteilte sich der Fragebogen in verschiedene Aspekte: einerseits sollte durch ihn der Begriff des „besonders sicherungsbedürftigen Gefangenen" aus Sicht der Justizministerien geklärt werden, sodass zunächst überprüft werden konnte, ob alle hier zu untersuchenden Bundesländer das gleiche Begriffsverständnis zu Grunde legen. Gleichzeitig sollten vorhandene statistische Daten der betroffenen Justizvollzugsanstalten (Anzahl der besonders sicherungsbedürftigen Gefangenen pro Bundesland, Haftraumsituation, durchschnittliche Belegung und Verweildauer, etc.) ausgewertet werden, um so die Anzahl der als besonders sicherungsbedürftig geltenden Gefangenen in ein Verhältnis zur gesamten Vollzugspopulation setzen zu können. Konkret galt es daher unter anderem folgende Fragen zu untersuchen:

- Wer gilt im Bundesland als sicherungsbedürftig und warum? Bei wem ist/wird eine sicherere Unterbringung notwendig/angeordnet?
- Wie viele Gefangene werden in den untersuchten Bundesländern als „besonders sicherungsbedürftig" eingeschätzt (zum Stichtag 31.03.2018)?
- Wer und auf welcher (evtl. rechtlichen) Grundlage entscheidet über eine sichere Unterbringung?
- Wird das Justizministerium dabei beteiligt und ggf. in welcher Form? (Berichtspflichten an die Aufsichtsbehörde etc.)?
- Wie erfolgt die Verteilung der als sicherungsbedürftig bewerteten Gefangenen auf die im Bundesland zur Verfügung stehenden Plätze? (Verteilungsschlüssel)

---

758  vgl. hierzu *Kapitel 6.2.2* und *6.2.3*.

Darüber hinaus sollten mit dem Fragenkatalog auch Aspekte der baulichen, technischen und personellen Ausstattung erfragt werden, um so der Frage nachgehen zu können, inwieweit sich die stärker gesicherten Abteilungen oder Bereiche von Einrichtungen des geschlossenen Vollzugs unterscheiden. Die Fragen beschränkten sich auf allgemeine Unterschiede (z. B. erhöhter Personalschlüssel, mehr Überwachungskameras etc.), um kein Sicherheitsrisiko zu begründen. Hierbei sollten unter anderem folgende Aspekte erforscht werden:

- Gibt es besondere baulich-technische Standards für die Einrichtung entsprechender Sicherheitsstationen? (Baubeschreibung)
- Wer entscheidet über diese baulichen Standards? (Justizministerium, Anstaltsleiter und Bauabteilung?)
- Wie unterscheiden sich die Stationen zur sicheren Unterbringung konkret in baulicher/technischer/personeller Hinsicht von Einrichtungen des allgemeinen geschlossenen Vollzuges?

Schließlich sollten eventuell vorhandene Konzeptionen der Justizministerien hinsichtlich des Umgangs mit ausgewählten Gefangenengruppen erfasst werden. Konkret sollten folgende Tätergruppierungen, die allgemein als besonders gefährlich betrachtet werden,[759] untersucht werden. Im Speziellen sollte die Umgangsweise der hier zu untersuchenden Bundesländer mit folgenden Gefangenengruppierungen untersucht werden:

- Islamistische (oder andere) Terroristen
- Besonders gefährliche Gewaltstraftäter
- Besonders gefährliche Sexualstraftäter
- Gefangene mit einer akuten Drogen- oder Alkoholproblematik
- Gefangene mit psychiatrischen Auffälligkeiten

### 6.2.2 Vorgehensweise und Datenerhebung

Die geplante Vorgehensweise der Datenerhebung erfuhr während der Bearbeitung mehrere Veränderungen.

Ursprünglich war ein zweigleisiges Vorgehen geplant. Es sollte zunächst ein Fragebogen an die Leiter der Abteilung Strafvollzug in den Justizministerien versandt werden. Dieser Fragebogen zielte hauptsächlich auf die Erlangung quantitativer Daten (Kapazitäten, Auslastung etc.) sowie der Konzeptionen, also bundeslandinterne Leitlinien, zum Umgang mit besonders sicherungsbedürftigen Gefangenen ab. Im Anschluss daran sollten qualitative Einzelinterviews mit den

---

759 Vgl. dazu *Kapitel 3.7.*

Leitern der jeweiligen Justizvollzugsanstalten, den Abteilungsleitern der betreffenden Station sowie Ärzten bzw. Sozialarbeitern oder Seelsorgern die Situationen vor Ort erfassen. Ziel der Einzelinterviews war es, einen vergleichenden, detaillierten Blick auf die alltäglichen Lebens- und Haftbedingungen von besonders sicherungsbedürftigen Gefangenen innerhalb der hier zu untersuchenden Bundesländer zu erhalten. Insbesondere ging es hierbei um den Haftalltag der entsprechenden Gefangenengruppen aus der Sicht der Bediensteten. Einzelinterviews mit betroffenen Gefangenen waren zunächst ebenfalls in Erwägung gezogen worden, jedoch musste dieser Ansatz aufgegeben werden, weil die einbezogenen Landesjustizverwaltungen signalisierten, dass die Genehmigung des Gesamtprojektes angesichts der zugrundeliegenden Tätergruppierungen und der damit verbundenen Sicherheitsprobleme gefährdet wäre. Auch wurde klar, dass der dafür benötigte zeitliche und finanzielle Aufwand im Rahmen einer Dissertation einer einzelnen Forscherin nicht zu bewältigen wäre. Die Rückmeldungen der Entscheidungsträger und Kriminologischen Dienste der Bundesländer waren dennoch verhalten. Einige Entscheidungsträger reagierten zügig mit einer Ablehnung, andere reagierten überhaupt nicht, manch einer suchte das Gespräch. Jene Entscheidungsträger oder Vertreter der Kriminologischen Dienste, die ein Gespräch gesucht hatten, äußerten starke Bedenken und deuteten an, sollte an der ursprünglich geplanten Vorgehensweise festgehalten werden, ebenfalls ablehnend entscheiden zu müssen. Ein Grund für die Bedenken schien im erwarteten Arbeitsaufwand für die Justizvollzugsanstalten zu liegen. Hin und wieder sickerten aber bei weiteren Gesprächen auch starke Vorbehalte hinsichtlich der brisanten Themenwahl und der angestrebten Untersuchung gefährlicher Gefangener durch.

Nachdem nahezu alle Entscheidungsträger der Bundesländer ablehnend oder dahin tendierend reagiert hatten, musste die geplante Erhebungsmethode verändert werden. Die zweite Anfrage an die Bundesländer zur Unterstützung des Vorhabens beinhaltete nun nur noch einen ca. 20 Fragen umfassenden Erhebungsbogen, der ministeriumsintern beantwortet werden konnte und sollte. Auf eine Befragung der Anstaltsleiter und deren Mitarbeiter wurde verzichtet. Im erneuten Genehmigungsantrag wurde darüber hinaus darauf hingewiesen, dass man sich der Sensibilität und Brisanz des Themas sowie der zu untersuchenden Gefangenengruppierung bewusst sei. Um die Bereitschaft einer Unterstützung des Forschungsvorhabens zu erhöhen, wurde eingeräumt, dass, sollten Sicherheitsbedenken bestehen, manche Fragen unbeantwortet bleiben könnten. Die Reaktionen auf den zweiten Antrag gestalteten sich wie folgt:

- Bayern: Das Bayerische Staatsministerium der Justiz genehmigte den Antrag binnen einer Woche, übersandte einen detailliert ausgefüllten Fragebogen und beantwortete die entstandenen Rückfragen in einem ausführlichen Telefonat.

- Berlin: Der „Kriminologische Dienst für den Berliner Justizvollzug und die Sozialen Dienste der Justiz" des Landes Berlin genehmigte das Forschungsvorhaben und übersandte zeitnah den vollständig ausgefüllten Fragebogen inklusive weiterführenden Materialien. Aus „zeitlichen Gründen" wurden jedoch keinerlei Rückfragen beantwortet.
- Hamburg: Die Justizbehörde des Landes Hamburg hat dem Forschungsvorhaben zugestimmt und den Fragenkatalog zurückgesandt. Die gestellten Rückfragen konnten aus zeitlichen Gründen nur teilweise beantwortet werden.
- Hessen: Das Hessische Ministerium der Justiz hat die Bitte um Unterstützung des Forschungsvorhabens als einziges der hier zu untersuchenden Bundesländer abgelehnt. Als offizielle Begründung nannte es die gegenwärtige Unterstützung einer beträchtlichen Anzahl anderer wissenschaftlicher Untersuchungen.
- Mecklenburg-Vorpommern: Das Justizministerium Mecklenburg-Vorpommerns hat das Forschungsvorhaben genehmigt, unterstützt und darüber hinaus weitere Materialien und nützliche Informationen zur Verfügung gestellt. Rückfragen wurden umfassend und zügig beantwortet.
- Niedersachsen: Das Justizministerium Niedersachsen genehmigte das Forschungsvorhaben zeitnah und übersandte zügig den angehängten Fragebogen. Er war vollständig ausgefüllt und enthielt darüber hinaus zusätzliche Anmerkungen, Hinweise und weiterführende Informationen. Rückfragen wurden ebenfalls umfassend und detailliert beantwortet.
- Nordrhein-Westfalen: Das Ministerium der Justiz des Landes Nordrhein-Westfalens hat das Forschungsvorhaben unterstützt und den Fragebogen zurückgesandt, jedoch jegliche Rückfragen mit Verweis auf „Sicherheitsgründe" verweigert.

Insgesamt erfuhr das veränderte Forschungsdesign überwiegend Unterstützung. Als einziges Bundesland der hier um Unterstützung gebetenen lehnte Hessen eine Unterstützung des Vorhabens ab. Besonders engagiert und unterstützend, teilweise auch in persönlicher Hinsicht, zeigten sich Bayern, Berlin, Niedersachsen und Mecklenburg-Vorpommern, die über den Fragebogen hinaus weitere Materialien, Hinweise und wertvolle Dokumente zur Verfügung stellten sowie persönliche Gespräche führten.

### 6.2.3 Untersuchungsprobleme

Untersuchungsprobleme traten in vielfältiger Hinsicht auf. Die ersten Anträge mit Bitte um Unterstützung des Forschungsvorhabens erfuhren erheblichen Widerstand und blieben von einigen Bundesländern unbeantwortet, die übrigen lehnten eine Unterstützung zügig ab. Nachdem in überwiegend persönlichen Gesprächen durchsickerte, dass unter anderem der zu erwartende hohe Arbeitsaufwand einer der Ablehnungsgründe darstellte, wurde das Forschungsdesign für den zweiten Antrag mit Bitte um Unterstützung stark verändert.

Da die Interviews mit den Anstaltsleitern und den Justizministerien abgelehnt worden waren, verblieb als Befragungsinstrument ein allgemeiner Fragebogen, der an die zuständigen Leiter der Abteilung Strafvollzug in den Justizministerien versandt wurde. Dabei wurde schnell deutlich, dass dieser Art der Erhebungsmethode Grenzen teilweise nur begrenzt aussagekräftig ist. Jedoch wurde versucht, und teilweise gelang dies auch, über andere Quellen wie Landtagsdrucksachen sowie andere Literatur- und Internetquellen, die Selbstangaben der Ministerien zu validieren bzw. fehlende Detailangaben zu kompensieren.

Zunächst bestand eine Schwierigkeit in der Formulierung der Fragen für die Erhebungsbögen. Ausgehend von den Landesstrafvollzugsgesetzen musste im Hinblick auf die besonders gesicherte Unterbringung und die Gestaltung des Haftalltages von Einzelfallentscheidungen ausgegangen werden. Die eher allgemein gehaltenen Fragen mussten so formuliert werden, dass unterschiedliche Fallkonstellationen innerhalb der Anstalten erfasst werden. Schließlich wurden Fallgruppen gebildet und benannt, um die Konzeptionen der Bundesländer zum Umgang mit diesen Gruppierungen erfragen zu können. Ebenfalls gestaltete sich die Frage nach dem „Wer" schwierig. Aus den zuvor bereits geführten persönlichen Gesprächen war bekannt, dass die Bundesländer die hier zu untersuchende Zielgruppe unterschiedlich benannten. Daraus folgte das Problem, dass manche Bundesländer mit dem Begriff des „besonders sicherungsbedürftigen Gefangenen" nichts anzufangen wussten, da die hier zu untersuchende Gefangenengruppierung in ihrem Bundesland unter dem Begriff des „gefährlichen" Gefangenen geläufiger war.

Wie bereits zuvor geschildert, wurde den Bundesländern im Rahmen des zweiten Antrags auf Unterstützung des Forschungsvorhabens freigestellt, für sie brisante oder sicherheitsrelevante Fragen unbeantwortet zu lassen. Im Ergebnis führte diese Zusage jedoch dazu, dass einige Fragen innerhalb der Fragebögen ebenso wie etwaige Rückfragen unbeantwortet blieben. Dies erschwerte nicht nur die Auswertung, sondern auch die angestrebte Vergleichbarkeit der Antworten der Bundesländer. Davon betroffen waren teilweise auch die Konzeptionen der Bundesländer zum Umgang mit besonderen Gefangenengruppen. Die fehlenden Konzeptionen und die Zusage, nicht alle Fragen beantworten zu müssen führte insbesondere dazu, dass über die alltäglichen Lebens- und Haftbedingungen von besonders sicherungsbedürftigen Gefangenen in manchen Bundesländern nahezu keine Aussagen getätigt wurden. Die Veränderung der Erhebungsmethode von Einzelinterviews zu einem standardisierten Fragebogen führte schließlich auch zu einer Veränderung des Schwerpunktes der Untersuchung. Der Schwerpunkt lag dabei auf der Untersuchung der Konzeptionen, das heißt der Verschriftlichung der Leitlinien bezüglich der eingangs dargestellten besonderen Tätergruppierungen (besonders gefährliche Gewalt- und Sexualstraftäter, islamistische Terroristen, Gefangene mit psychiatrischen Auffälligkeiten und solche mit akuter Suchtproblematik). Dieser Perspektivwechsel ist unter anderem damit zu erklären, dass durch die Untersagung der Einzelinterviews keine Aussagen über die konkreten Lebens- und Haftbedingungen innerhalb der Justizvollzugsanstalten getätigt werden konnten. Als einziger Anhaltspunkt für derartige Aussagen blieben die landesweiten Konzeptionen zum Umgang mit besonders sicherungsbedürftigen Gefangenen, deren Verfügbarkeit, inhaltlicher Umfang und generelle Aussagekraft jedoch von Anfang an unsicher waren. Hierbei erfuhr die Untersuchung mittels eines standardisierten Fragebogens dann auch ihre Grenze. Im Ergebnis konnte das wesentliche, eingangs formulierte Ziel der Erfassung der Lebens- und Haftbedingungen besonders sicherungsbedürftiger Gefangener nur ansatzweise vermittelt über die teilweise nur lückenhaft zur Verfügung gestellten Informationen der Landesjustizverwaltungen untersucht werden. Die Untersuchungsfragen zum alltäglichen Umgang mit besonders sicherungsbedürftigen Gefangenen in den hier zu untersuchenden Bundesländern blieben damit teilweise unbeantwortet.

### 6.2.4 (Empirischer) Forschungsstand

In der Vergangenheit war der Strafvollzug des Öfteren Gegenstand von Forschungsvorhaben.[760] Verhältnismäßig selten wurden jedoch besonders sicherungsbedürftige, männliche Gefangene thematisiert. Eine Auseinandersetzung mit jener Gefangenengruppe fand hauptsächlich auf europäischer Ebene statt.[761] So hat sich das Ministerkomitee des Europarates in mehreren Einzelempfehlungen zur Problematik um gefährliche Gefangene sowie Langzeit- und zu lebenslanger Freiheitsstrafe verurteilte Gefangene[762] geäußert. Auch die Untersuchungsberichte des Anti-Folter-Komitees beinhalten Empfehlungen im Hinblick auf die Behandlung besonders sicherungsbedürftiger Gefangener. Darüber hinaus wird zudem eine Auswahl an Forschungsprojekten dargestellt, die im Zusammenhang mit der hier zu untersuchenden Fragestellung stehen.

---

760 Vgl. oben *Kapitel 1*, Fn. 1 und 2.

761 Vgl. *Kapitel 4.1.*

762 Vgl. ausführliche Erläuterungen in *Kapitel 3*. Gefährliche, Langzeit- und zu lebenslanger Freiheitsstrafe verurteilte Gefangene sind in der Regel voneinander zu trennen. Da aber, wie erläutert, von einer gewissen Teilkongruenz auszugehen ist, sollen Forschungsvorhaben und andere Untersuchungen an dieser Stelle ebenfalls Erwähnung finden.

## 6.2.4.1 Mare-Balticum-Prison-Survey

Von 2003-2006 untersuchte *Dünkel* im Rahmen der „Mare-Balticum-Prison-Survey" die Ausgestaltung des Männererwachsenenvollzugs in Deutschland, Estland, Finnland, Lettland, Litauen, Polen und Schweden unter Beachtung menschenrechtlicher Standards.[763],[764] Die Studie offenbarte jedoch in allen untersuchten Ländern „problematische Verhältnisse", wobei die Lebensbedingungen von Schweden und Finnland noch am ehesten mit menschenrechtlichen Standards vereinbar waren.[765] Deutschland lag im Mittelfeld.[766] Erstaunlich war jedoch, dass Gefangene in Ostdeutschland ihre Bedingungen als positiver bewerteten, als es jene in Westdeutschland taten.[767] Auffällig war das erhebliche Maß an Gesundheitsbeschwerden und depressiven Symptomen, welche sich auch unter günstigen Haftbedingungen entwickelten.[768] Spitzenreiter in dieser Hinsicht waren die baltischen Staaten, Westdeutschland und Polen mit Anteilen von bis zu 60%.[769] Gleichzeitig klagten jedoch auch die Bediensteten über körperliche Schmerzen und Schlafstörungen.[770] In den polnischen Anstalten war der Anteil von Beschwerden unter den untersuchten Ländern mit einem Drittel bis hin zu einer Hälfte am Höchsten.[771] Die Unterbringungssituation war in einigen untersuchten Ländern ebenso wie die hygienischen Bedingungen unzulänglich.[772] Darüber hinaus förderte die Untersuchung eklatante Probleme im Hinblick auf die gesetzlich verankerte Arbeitspflicht zu Tage: In einer Vielzahl der untersuchten Länder hatten insgesamt ein Drittel bis zu drei Viertel der Gefangenen keinen Arbeitsplatz.[773] Auch war der Anteil von Gefangenen, die an Behandlungs- und Trainingsmaßnahmen teilnahmen sehr niedrig (ausgenommen Finnland, Lettland

---

763 *Dünkel* 2007, S. 102; vgl. dazu ausführliche Ausführungen bei *Dünkel* 2009.

764 Der Vollständigkeit halber soll an dieser Stelle erwähnt werden, dass *Dünkel/Kestermann/Zolondek* 2005 und *Zolondek* 2007 eine Studie zum Frauenstrafvollzug im europäischen Vergleich vorgelegt haben, die aber weniger auf die Frage sicherheitsbezogener Unterbringung als auf die spezifischen Bedürfnisse weiblicher Gefangener fokussiert war.

765 *Dünkel* 2007, S. 119.

766 *Dünkel* 2007, S. 119.

767 *Dünkel* 2007, S. 119.

768 *Dünkel* 2007, S. 121.

769 *Dünkel* 2007, S. 121.

770 *Dünkel* 2007, S. 121.

771 *Dünkel* 2007, S. 121.

772 *Dünkel* 2007, S. 121.

773 *Dünkel* 2007, S. 121.

und Schweden, dort waren es ca. 50%-66%).[774] Abschließend wurde die Empfehlung ausgesprochen, die Lebensbedingungen zu verbessern, indem die Gefangenenrate reduziert und so der Überbelegung entgegen gewirkt werden könne.[775] Gleichzeitig wurde auch betont, dass Verbesserungen hinsichtlich der Strafvollzugssituation immer vom politischen Gestaltungswillen abhängig seien.[776]

Die Mare-Balticum-Prison-Survey konnte einen ersten Einblick in die konkrete Ausgestaltung und einen Überblick über die Bedingungen des männlichen Erwachsenenstrafvollzuges in Deutschland gewährleisten. Im Hinblick auf die beschriebenen hohen Anteile an Gesundheitsbeschwerden sowie den bemängelten niedrigen Anteil an Therapie- und Behandlungsmaßnahmen bot die Studie erste Anhaltspunkte für erwartete Parallelen, die in die vorliegende Untersuchung von besonders sicherungsbedürftigen männlichen Gefangenen eingeflossen sind.

### 6.2.4.2 Langstrafenvollzug und die Frage der Menschenrechte in Staaten der Europäischen Union

Ab April 2007 untersuchte ein Projektteam[777] unter *Dünkel* den „Langstrafenvollzug und die Frage der Menschenrechte in Staaten der Europäischen Union".[778] Angestrebt war eine „empirische Bestandsaufnahme und Bedarfsanalyse des Vollzugs langer Freiheitsstrafen und ähnlicher freiheitsentziehender Maßnahmen für Männer in zehn Mitgliedstaaten der EU und in Kroatien".[779] Die Situation der Unterbringung variierte innerhalb der untersuchten Länder: England, Dänemark und Schweden praktizierten die Einzelunterbringung im Langstrafenvollzug als Standard während der Ruhezeiten, dazu im Unterschied sahen Polen, Kroatien und Litauen Gemeinschaftszellen vor.[780] Generell ließ sich feststellen, dass die west- und nordeuropäischen Länder den Vorgaben der 18.5-Regel der Europäischen Strafvollzugsgrundsätze am meisten entsprachen.[781] Obwohl die individuelle Vollzugsplanung, gerade im Langstrafenvollzug, für eine

---

774 *Dünkel* 2007, S. 121.

775 *Dünkel* 2007, S. 121.

776 *Dünkel* 2007, S. 121.

777 Weitere Partner waren die Klinik und Poliklinik für Psychiatrie und Psychotherapie Greifswald, Dudeck, Drenkhahn (Deutschland), Snacken (Belgien), Storgaard (Dänemark), Gimenez-Salinas (Spanien), Lappi-Seppälä (Finnland), Décarpes (Frankreich), van Zyl Smit (Großbritannien), Grozdanic (Kroatien), Sakalauskas (Litauen), Stando-Kawecka (Polen), von Hofer (Schweden), vgl. *Dünkel* 2009, S. 213 ff.

778 *Drenkhahn* 2009, S. 8; *Dünkel* 2009, S. 211.

779 *Dünkel* 2009, S. 211.

780 *Dünkel* 2009, S. 214.

781 *Drenkhahn/Dudeck/Dünkel* 2014a, S. 374.

spätere Resozialisierung unerlässlich ist, erstaunte das Forschungsteam der Befund, dass unter den betrachteten Ländern lediglich zwei Drittel eine individuelle Vollzugsplanung vornahmen.[782] Negativ fielen hierbei Polen, Frankreich und Belgien auf.[783] Die Gesundheitsfürsorge entsprach durchgehend überwiegend den Vorgaben der Europäischen Strafvollzugsgrundsätze, jedoch gab es einzelne Anstalten, bei denen die Gesundheitsvorsorge nicht ausreichend war (z. B. mangelndes Pflegepersonal in den Anstalten, keine Krankenhaustransporte).[784] Ähnlich wie bei der „Mare-Balticum-Prison-Survey" wurden auch im Rahmen dieser Untersuchung mangelnde Arbeits- und Ausbildungsmöglichkeiten, darüber hinaus aber auch mangelnde Freizeitmöglichkeiten sowie fehlende Vollzugslockerungen bemängelt. Defizite wiesen in dieser Hinsicht vor allem Polen, Litauen, England, Belgien, Frankreich, Spanien und Teile Deutschlands auf.[785] Die Gefangenen selbst beklagten eine zu geringe Anzahl an Freizeit- und Sportaktivitäten, die Versorgung mit Nachrichten wurde jedoch allgemein als gut bewertet, auch, weil eine Vielzahl von Medien zur Verfügung stand.[786] Eine kleine Anzahl an Gefangenen kritisierte, ihre Religion nicht regelmäßig ausüben zu können.[787] Es zeigte sich, dass Gefangene in Ländern, die Probleme hatten, die Grundsätze der Europäischen Strafvollzugsgrundsätze zu gewährleisten, gerade im Hinblick auf die Unterbringung, Probleme innerhalb der menschlichen Beziehungen sowohl zu Mitgefangenen als auch zu den Bediensteten hatten.[788] Die Kontakte zur Außenwelt waren im Rahmen der üblichen Angebote möglich, der Zugang zum Internet war jedoch weitestgehend beschränkt.[789] Die Besuchsmöglichkeiten variierten stark, einige Vorgehensweisen stachen jedoch positiv heraus: Manche dänischen Gefängnisse boten mehrmals pro Woche mehrstündige Besuchsmöglichkeiten an, französische und litauische Gefängnisse boten die Möglichkeit, unüberwachte Langzeitbesuche durchzuführen.[790]

Die Studie zum Langstrafenvollzug und die Frage der Menschenrechte, hier bezogen auf Deutschland, bot ebenfalls erste Anhaltspunkte für mögliche Parallelen zu der hier untersuchten Gruppe des besonders sicherungsbedürftigen Gefangenen. Menschenrechtliche Aspekte sowie europäische Rechtsquellen und

---

782 *Drenkhahn/Dudeck/Dünkel* 2014a, S. 375.

783 *Drenkhahn/Dudeck/Dünkel* 2014a, S. 375.

784 *Drenkhahn/Dudeck/Dünkel* 2014a, S. 376.

785 *Dünkel* 2009, S. 214.

786 *Drenkhahn/Dudeck/Dünkel* 2014a, S. 378.

787 *Drenkhahn/Dudeck/Dünkel* 2014a, S. 378.

788 *Drenkhahn/Dudeck/Dünkel* 2014a, S. 378.

789 *Drenkhahn/Dudeck/Dünkel* 2014a, S. 379.

790 *Drenkhahn/Dudeck/Dünkel* 2014a, S. 380.

Maßstäbe waren ebenfalls Grundlage für die vorliegend getätigte Untersuchung. Gleichzeitig gab es eine Verbindung zwischen den jeweils untersuchen Gefangenengruppierungen. Wie noch näher auszuführen sein wird, existiert eine Teilkongruenz zwischen Gefangenen mit langen Freiheitsstrafen und der hier untersuchten Gruppe der besonders sicherungsbedürftigen Gefangenen.

### 6.2.4.3 Behandlung und Übergangsmanagement von Hochrisikotätern

Ebenfalls Erwähnung finden soll das Justice-Cooperation-Netzwerk-(JCN)-Projekt, das sich der „Behandlung" und dem „Übergangsmanagement von Hochrisikotätern" widmete.[791] *Dünkel u. a.* schilderten, dass für die Reintegration von „gefährlichen" Straf- und Hochrisikotätern eine „besondere Vollzugsplanung und intensive Arbeit zur Risikominimierung sowie eine enge Zusammenarbeit zwischen dem Vollzug, der Bewährungshilfe und allen weiteren Kooperationspartnern im Bereich der Hilfe und Kontrolle nach der Entlassung" notwendig sei.[792] Die teilnehmenden Länder waren Estland, Finnland, Irland und Deutschland.[793] Von besonderer Bedeutung für die hier getätigte Untersuchung war jedoch die von *Dünkel u. a.* vorgenommene Definition des „Hochrisikotäters". Die von der Projektgruppe verwendete und zu Grunde gelegte Definition lautete: „Ein Hochrisikotäter (ein Gewalt- oder Sexualstraftäter) ist jemand, der eine hohe Wahrscheinlichkeit für das Begehen von Straftaten zeigt, die zu sehr schweren persönlichen, körperlichen oder psychologischen Schäden führen können."[794] Im Ergebnis ließ sich festhalten, dass es auf rechtlicher Ebene keine Definitionen, Bestimmungen zur Risikoeinschätzung oder direkte Bezugnahme auf das Konzept der „Gefährlichkeit" oder des Hochrisikostraftäters gab.[795] Auch ergab sich, dass bei automatisierten Haftentlassungen das Rückfallrisiko keine Beachtung findet, bei der Mehrheit der Systeme das Rückfallrisiko jedoch eine Rolle spielt, sodass Hochrisikotäter, denen *per definitionem* ein hohes Risiko unterstellt wird, zumeist von der vorzeitigen Entlassung ausgeschlossen werden.[796] Erschwert wird die frühzeitige Haftentlassung noch durch die öffentliche Debatte, wonach Entscheidungsträger bei Hochrisikotätern im Hinblick auf Entlassungen eher zurückhaltend agieren.[797] Ebenso verlangen die meisten der untersuchten Staaten im Hinblick auf Lockerungen und Ausgänge, dass eine bestimmte Risikoschwelle

---

791 Vgl. dazu *Dünkel/Jesse/Pruin/von der Wense* 2016.

792 *Dünkel/Jesse/Pruin/von der Wense* 2016, S. 1.

793 *Dünkel/Jesse/Pruin/von der Wense* 2016, S. 348.

794 *Vollan* 2016, S. 94.

795 *Dünkel/Jesse/Pruin/von der Wense* 2016, S. 348.

796 *Dünkel/Jesse/Pruin/von der Wense* 2016, S. 356.

797 *Dünkel/Jesse/Pruin/von der Wense* 2016, S. 356.

nicht überschritten wird. Hochrisikostraftäter könnten aller Voraussicht nach dieses Kriterium nicht erfüllen.[798] Im Anschluss wurden relevante Forschungsergebnisse sowie Empfehlungen ausgesprochen und erläutert.[799]

Die von *Dünkel u. a* getätigte Forschung zu Hochrisikotätern hat entschiedenen Einfluss auf die vorliegende Arbeit genommen. Angelehnt an der von der Forschungsgruppe entwickelten Definition eines Hochrisikotäters, konnte unter anderem der Gefährlichkeitsbegriff der Gegenwart, mit dem sich die vorliegende Arbeit im weiteren Verlauf beschäftigen wird, bestimmt werden.

### 6.2.4.4 Zusammenfassung

Im Ergebnis kann festgehalten werden, dass besonders sicherungsbedürftige Gefangene in der Vergangenheit selten Gegenstand von Forschungsvorhaben waren.

Eine detaillierte Auseinandersetzung mit der hier zu untersuchenden Gruppierung fand hauptsächlich auf europäischer Ebene durch die Empfehlungen des Ministerkomitees des Europarates statt.[800]

Darüber hinaus beschäftigten sich ebenfalls überwiegend international ausgerichtete Forschungsvorhaben mit der Problematik von gefährlichen Gefangenen sowie dem internationalen Vergleich des männlichen Erwachsenenstrafvollzuges. *Dünkel* untersuchte im Rahmen der „Mare-Balticum-Prison-Survey" die Ausgestaltung des Männererwachsenenvollzugs in Deutschland, Estland, Finnland, Lettland, Litauen, Polen und Schweden unter Beachtung menschenrechtlicher Standards. Die Untersuchung gelangte zum Ergebnis, dass in allen untersuchten Ländern Defizite bestehen, sodass die Forschungsgruppe abschließend unter anderem eine Reduzierung der Gefangenenrate sowie eine Verbesserung der Haftbedingungen der übrigen Insassen empfahl.

Ebenfalls am Lehrstuhl für Kriminologie in Greifswald koordiniert untersuchte ein internationales Projektteam den „Langstrafenvollzug und die Frage der Menschenrechte in Staaten der Europäischen Union". Auch diese Studie förderte Missstände zu Tage.

Das Justice-Cooperation-Netzwerk-(JCN)-Projekt widmete sich der „Behandlung und Übergangsmanagement von Hochrisikotätern". *Dünkel u. a.* schilderten, dass für die Reintegration von „gefährlichen" Straf- und Hochrisikotätern eine „besondere Vollzugsplanung und intensive Arbeit zur Risikominimierung sowie eine enge Zusammenarbeit zwischen dem Vollzug, der Bewährungshilfe und allen weiteren Kooperationspartnern im Bereich der Hilfe und Kontrolle nach der Entlassung" notwendig sei. Das Projekt entwickelte zudem eine der wenigen

---

798 *Dünkel/Jesse/Pruin/von der Wense* 2016, S. 362.

799 vgl. dazu ausführliche Beschreibung der Ergebnisse bei *Dünkel/Jesse/Pruin/von der Wense* 2016, S. 373 ff.

800 Vgl. *Kapitel 4.1.*

Definitionen eines Hochrisikotäters: „Ein Hochrisikotäter (ein Gewalt- oder Sexualstraftäter) ist jemand, der eine hohe Wahrscheinlichkeit für das Begehen von
Straftaten zeigt, die zu sehr schweren persönlichen, körperlichen oder psychologischen Schäden [beim Opfer] führen können.

Die vorliegenden Ausführungen zeigen, dass sich mehrere Projektteams und
Komitees auf europäischer Ebene mit dem Konzept des besonders sicherungsbedürftigen bzw. gefährlichen Gefangenen beschäftigt haben, nationale Forschung
jedoch die Ausnahme bleibt. Das hier vorliegende Forschungsvorhaben versucht,
zur Schließung dieser Lücke beizutragen.

## 6.3 Fragebogenauswertung

Im Folgenden werden die Ergebnisse der Fragebogenuntersuchung, an denen die
Bundesländer Bayern, Berlin, Hamburg, Mecklenburg-Vorpommern, Niedersachsen und Nordrhein-Westfalen beteiligt waren, dargestellt. Bei den hier dargestellten statistischen Zahlen ist zu berücksichtigen, dass die Untersuchungsgruppe
von vornherein auf männliche Erwachsene im geschlossenen Vollzug begrenzt
war und es sich bei der hier zu untersuchenden Gefangenengruppierung der besonders sicherungsbedürftigen Gefangenen um einen sehr kleinen Anteil innerhalb der männlichen erwachsenen Vollzugspopulation handelt. Augenscheinlich
besonders niedrige prozentuale Anteile sind somit erklärbar. Ferner ist zu berücksichtigen, dass bei allen Bundesländern zur Beantwortung des Fragenkataloges
unterschiedliche Referate innerhalb der Justizministerien einbezogen wurden, die
wiederum manche Fragen aus Sicherheitsgründen nicht beantworten konnten
bzw. wollten. Daher kann bei manchen Fragen kein vollumfänglicher Bundesländervergleich gewährleistet werden. Markiert werden die besagten Antworten in
der Auswertung als Verschlusssache.

Die nachfolgenden Kapitel setzen sich inhaltlich aus den Fragen des Erhe-
bungsbogens zusammen, der an die Justizministerien versandt wurde. Inhaltlich
zusammenhängende Fragen beziehungsweise solche, die aufeinander aufbauen,
wurden zur Gewährleistung einer besseren Übersichtlichkeit zusammengefasst.

Der erste Themenkomplex beschäftigt sich mit „Sicherheitsstationen" im
Bundesländervergleich. Dabei wird ein entscheidender Fokus darauf liegen, wie
die einzelnen hier zu untersuchenden Bundesländer diese Stationen, sofern sie
über solche verfügen, ausgestaltet haben und, sollten sie über keine verfügen, welche anderweitigen Konzepte das Bundesland verfolgt (*Kapitel 6.3.1*). Im Folgenden widmet sich die Arbeit den unterschiedlichen Sicherheitsstufen bzw. den
Bundesländerkonzepten zur Differenzierung der Sicherungsbedürftigkeit (*Kapitel
6.3.2*). Schließlich wird die Frage ausgewertet, wer in welchem Bundesland als
besonders sicherungsbedürftig gilt (*Kapitel 6.3.3*). *Kapitel 6.3.4* behandelt die
Frage nach den Anordnungsbefugnissen im Hinblick auf die sichere Unterbringung im Bundesländervergleich. Im Anschluss daran gilt es, einen Blick auf die

Bedarfsermittlung und etwaige Verteilungsschlüssel für sicherungsbedürftige Gefangene der Bundesländer zu werfen (*Kapitel 6.3.5*). Schließlich wird der prozentuale Anteil an besonders sicherungsbedürftigen Gefangenen im Bundesländervergleich ermittelt (*Kapitel 6.3.6*). Das umfangreichste Kapitel (*Kapitel 6.3.7*) wird sich mit den landesweiten Konzepten der Bundesländer zu einzelnen Tätergruppierungen, die im Allgemeinen als besonders sicherungsbedürftig gelten, befassen. Das Augenmerk wird dabei auf Terroristen, besonders gefährlichen Gewalt- und Sexualstraftätern sowie Gefangenen mit akuter Drogen- oder Alkoholproblematik oder psychiatrischen Auffälligkeiten liegen. Abschließend werden noch die baulichen Unterschiede besonders gesicherter Haftbereiche beleuchtet (*Kapitel 6.3.8*).

### 6.3.1 „Sicherheitsstationen" im Bundesländervergleich

Der erste Fragenkomplex bezog sich auf die Sicherheitsstationen oder andere individuellen Möglichkeiten zur sicheren Unterbringung in den hier zu untersuchenden Bundesländern.

Die erste Frage widmete sich der Anzahl der Justizvollzugsanstalten (beziehungsweise der Haftplätze) im Landesgebiet, die Sicherheitsstationen oder verstärkt gesicherte Haftbereiche aufweisen und in denen Gefangene besonders sicher im Sinne der jeweiligen Landesregelungen[801] untergebracht werden können. Die hier zu untersuchenden Bundesländer haben sogenannte Sicherheitsstationen oder verstärkt gesicherte Haftbereiche unterschiedlich, teilweise jedoch auch gar nicht realisiert. Daher verfügen auch nicht alle untersuchten Bundesländer über Sicherheitsstationen oder verstärkt gesicherte Haftbereiche. Einen ersten Überblick gewährleistet *Tabelle 1*.

---

801  Im Sinne von § 92 BayStVollzG, § 17 I Nr. 2 StVollzG Bln, § 9 II HmbStVollzG, § 75 StVollzG M-V, § 10 I Nr. 2-4 NJVollzG, § 11 I Nr. 2 NRWStVollzG.

**Tabelle 1:     Sicherheitsstationen und Haftplätze im Landesgebiet**

| Bundesland | BY | BE | HH | MV | NS | NRW |
|---|---|---|---|---|---|---|
| Sicherheits-stationen | Nein | Ja | Ja | Nein | Ja | Ja |
| Anzahl der Haftplätze | 0 | 8 | 34 | 0 | 46 | Ver-schluss-sache* |
| Aufteilung auf JVA im Landesgebiet | - | Station B I JVA Tegel | Hahnöfer-sand: 5 U-Haft: 16 Fuhlsbüt-tel: 6 Billwer-der: 7 | - | Celle: 10 Olden-burg: 10 Sehnde: 20 Wolfen-büttel: 6 | Bielefeld-Brack-wede: 26** |

Anmerkung:
\*      Ausweislich des Fragebogens.
\*\*     *Benli* benennt jedoch 26 Haftplätze im verstärkt gesicherten Haftbereich (Hafthaus 6) in der Justizvollzugsanstalt Bielefeld-Brackwede, vgl. *Benli* 2018, S. 13; vgl. zur Belegung und den Anteilen sicherungsbedürftiger Gefangener an der Gesamtpopulation des Strafvollzugs unten *Kapitel 6.3.7.*

Berlin, Hamburg, Niedersachsen und Nordrhein-Westfalen halten in einigen ihrer Justizvollzugsanstalten besonders gesicherte Haftbereiche vor. Die Anzahl der Haftplätze variiert jedoch teils erheblich. Bei den hier zu untersuchenden Stadtstaaten Hamburg und Berlin ist beispielsweise eine große Diskrepanz erkennbar.

Berlin hält im gesamten Landesgebiet eine Sicherheitsstation, namentlich Station B I in der Teilanstalt II der JVA Tegel, bereit. Bei dieser Station handelt es sich um einen im Vergleich zu anderen Stationen stärker gesicherten Haftbereich, der insgesamt acht Haftplätze vorhält. Zwei dieser acht Haftplätze sind zusätzlich noch zum Schutz der Bediensteten mit einem Trenngitter im Türbereich versehen. Die Haftplätze dienen dem Vollzug der Absonderung, § 86 II Nr. 2 StVollzG Bln. Abseits der Sicherheitsstation in der JVA Tegel verfügen jedoch alle Justizvollzugsanstalten im Land über besonders gesicherte Haftträume, in denen bei Bedarf die Gefangenen untergebracht werden können.

Hamburg hält dagegen mehrere Sicherheitsstationen vor. Vier geschlossene Hamburger Justizvollzugsanstalten verfügen über Sicherheitsstationen, die insgesamt 34 Haftplätze umfassen. Solche Einrichtungen finden sich in den Justizvollzugsanstalten Fuhlsbüttel, Billwerder, Hahnöfersand sowie in der Untersuchungshaftanstalt Hamburg. Die sozialtherapeutische Anstalt Hamburg darf auf Grund der örtlichen Nähe bei Bedarf die Kapazitäten der Sicherheitsstation der Justizvollzugsanstalt Fuhlsbüttel benutzen.

Bei den hier zu untersuchenden Flächenländern verfügen Niedersachsen und Nordrhein-Westfalen über Sicherheitsstationen, Bayern und Mecklenburg-Vorpommern hingegen nicht.

Nordrhein-Westfalen verweist jedoch darauf, dass das Bundesland über keine sog. Sicherheitsstationen verfüge, vielmehr seien die gemeinten Bereiche in Nordrhein-Westfalen als verstärkt gesicherte Haftbereiche bekannt. Diese befinden sich in den Justizvollzugsanstalten Bielefeld-Brackwede, Bochum, Düsseldorf, Köln und Wuppertal-Vohwinkel. Die Rückfrage zur Anzahl der dortigen Haftplätze wurde auf Grund einer Einstufung als Verschlusssache nicht mitgeteilt. Allerdings ist der Präsentation *Benlis* zu entnehmen, dass die Justizvollzugsanstalt Bielefeld-Brackwede über 26 Haftplätze im verstärkt gesicherten Haftbereich (Hafthaus 6) verfügt.[802]

Niedersachen verfügt über Sicherheitsstationen in insgesamt vier Justizvollzugsanstalten. Diese Stationen, die laut Justizministerium Niedersachsen mit einem hohen baulich-instrumentellen Standard ausgestattet sind finden sich in den Justizvollzugsanstalten Celle, Oldenburg, Sehnde und Wolfenbüttel. Darüber hinaus verfügen die Justizvollzuganstalten Rosdorf (3 Plätze) und Hameln (19 Plätze) ebenfalls über Sicherheitsstationen, diese sind jedoch für Sicherungsverwahrte und Jugendliche vorbehalten. In den vier zuvor genannten Justizvollzugsanstalten hält Niedersachsen insgesamt 46 Plätze auf Sicherheitsstationen vor.

Bayern und Mecklenburg-Vorpommern haben, wie bereits zuvor ausgeführt, keine Sicherheitsstationen und auch nicht anderweitig benannte Bereiche, die diesen Stationen entsprechen würden.

Im bayerischen Landesgebiet befinden sich insgesamt 36 Justizvollzugsanstalten. Die meisten Justizvollzugsanstalten verfügen über einzelne Bereiche oder zumindest Hafträume, die dazu geeignet sind, fremd- und/oder eigengefährliche, fluchtgefährliche oder problematische Gefangene unterzubringen. Die genaue Ausgestaltung der Bereiche oder Räumlichkeiten ist von der Größe der Justizvollzugsanstalt abhängig, da naturgemäß kleinere Anstalten räumlich und logistisch keine ganzen Bereiche vorhalten können. Diese Hafträume oder Bereiche weisen jedoch keinen einheitlichen Sicherheitsstandard auf, sondern werden individuell und situationsbedingt ausgewählt. Basierend auf dem Grund beziehungsweise Vorfall, aufgrund dessen eine sichere Unterbringung angezeigt ist, entscheidet der Anstaltsleiter einzelfallabhängig, welcher Haftraum in der Justizvollzugsanstalt am besten geeignet ist, um die Situation zu beruhigen und zu entschärfen. Die Justizvollzugsanstalt mit dem höchsten dauerhaften Sicherheitsniveau in Bayern ist die Justizvollzugsanstalt Straubing. Sie beherbergt unter anderem die zu le-

---

802 *Benli* 2018, S. 13.

benslanger Haftstrafe verurteilten Gefangenen und zeichnet sich durch hohe Umwehrungsmauern, Sicherheitszäune mit Stacheldraht sowie mit Schusswaffen
ausgestattete bemannte Wachtürme aus.

Auch Mecklenburg-Vorpommern besitzt keine Sicherheitsstation oder anderweitig benannte Bereiche, die diesem Zweck entsprechen würden. Alle besonders
sicherungsbedürftigen Gefangen werden in jeder der vier Justizvollzugsanstalten
im Landesgebiet untergebracht. In allen gibt es spezielle baulich ausgestattete
Haftäume. Die Gefangenen können im Krisenfall somit in einem besonders gesicherten Haftraum ohne gefährdende Gegenstände, einen Einzelhaftraum oder
einen Haftraum verlegt werden, der (auch) mit technischen Mitteln beobachtet
werden kann.

Es lässt sich folglich festhalten, dass mit Berlin, Hamburg, Niedersachsen und
Nordrhein-Westfalen insgesamt vier der sechs hier zu untersuchenden Bundesländer Sicherheitsstation oder verstärkt gesicherte Haftbereiche eingerichtet haben. Überraschenderweise verfügt Hamburg, als das kleinste der hier zu untersuchenden Bundesländer,[803] mit insgesamt 34 Plätzen über die zweithöchste
Anzahl an Haftplätze auf Sicherheitsstationen. Niedersachsen verfügt über insgesamt 46 Plätze im Landesgebiet. Wahrscheinlich ist jedoch, dass Nordrhein-Westfalen im Hinblick auf die vermutliche Gesamtkapazität an Plätzen innerhalb der
hier zu untersuchenden Bundesländer die meisten Haftplätze auf Sicherheitsstationen aufweist, da 26 Plätze allein in der Justizvollzugsanstalt Bielefeld-Brackwede zur Verfügung stehen.

### 6.3.2 Sicherheitsstufendifferenzierung im Bundesländervergleich

Im Anschluss an die Erkenntnis, dass vier der sechs hier zu untersuchenden Bundesländer Sicherheitsstationen oder verstärkt gesicherte Bereiche vorhalten, sollte
untersucht werden, ob und inwieweit die einzelnen Bundesländer diese Stationen
oder Bereiche noch in unterschiedliche Sicherheitsniveaus bzw. -stufen einteilen.

Vier der sechs hier zu untersuchenden Bundesländer, namentlich Berlin,
Hamburg, Niedersachsen und Nordrhein-Westfalen, halten Sicherheitsstationen
oder sog. verstärkt gesicherte Haftbereiche vor. Berlin und Hamburg gaben an,
nicht nach weiteren Sicherheitsniveaus oder -stufen zu differenzieren.

Nordrhein-Westfalen verwies auf die autonome Entscheidungskompetenz der
einzelnen Anstaltsleiter, sodass dem Justizministerium nicht bekannt sei, inwieweit diese ihren Entscheidungen besondere Sicherheitsstufen zu Grunde legen
würden.

Bei den hier zu untersuchenden Bundesländern, die Sicherheitsstationen oder
verstärkt gesicherte Haftbereiche vorhalten, hat einzig Niedersachsen ein diffe-
renziertes Sicherheitsstufenkonzept für die sich im Landesgebiet befindlichen Sicherheitsstationen erlassen.

---

803  Gemessen an den Bevölkerungszahlen.

Die niedersächsischen Justizvollzugseinrichtungen unterscheiden sich in ihrem baulich-instrumentellen Standard voneinander und sind in entsprechende Sicherheitsstufen eingeteilt. Die Justizvollzugseinrichtungen, die über einen hohen baulich-instrumentellen Standard im Landesgebiet verfügen, sind die zuvor benannten Anstalten mit Sicherheitsstationen Celle, Oldenburg, Rosdorf, Sehnde und Wolfenbüttel. Alle Sicherheitsstationen im Landesgebiet entsprechen der Sicherheitsstufe I. Mit Ausnahme der Justizvollzugseinrichtung Wolfenbüttel werden alle hier genannten Sicherheitsstationen in insgesamt zwei Sicherheitsstufen, nämlich Sicherheitsstufe Ia und Ib, differenziert. Die beiden Sicherheitsstufen unterscheiden sich hauptsächlich in der Möglichkeit des Kontakts zu anderen Mitgefangenen. Die Ausgestaltung des Vollzuges in der Sicherheitsstufe Ia ist in hohem Maße standardisiert und vereinheitlicht. Die auf der Sicherheitsstation Ia untergebrachten Gefangenen können auf ein vielfältiges Freizeitprogramm zurückgreifen. Sie erhalten die Möglichkeit, sich in Einzelfreistunden zu bewegen, Sportangebote oder die Teeküche alleine zu benutzen. Sie haben zwischenmenschlichen Kontakt zu den Bediensteten, aber auch zu Besuchern, ebenso gibt es die Möglichkeit, Telefongespräche zu tätigen und Schriftverkehr auszutauschen. In Einzelfällen können den Gefangenen sogar Arbeitsangebote unterbreitet werden. Die Sicherheitsstufe Ib unterscheidet sich insbesondere von der Sicherheitsstufe Ia im Hinblick auf die möglichen Kontakte unter den Gefangenen. In der Sicherheitsstufe Ib ist es den Gefangenen gestattet, ihre Freizeit zu zweit zu verbringen, beispielsweise gemeinsam zu kochen, zur Freistunde oder zum Sport zu gehen. Die Sicherheitsstufe Ib ist das Bindeglied zum Normalvollzug.

Wie bereits zuvor dargestellt, verfügen die Justizvollzugsanstalten in Bayern und Mecklenburg-Vorpommern über keine Sicherheitsstationen oder verstärkt gesicherte Haftbereiche. Beide Bundesländer differenzieren daher auch nicht nach Sicherheitsstufen oder -niveaus.

Dennoch hat Bayern ein zu Grunde liegendes Konzept, bzw. eine anerkannte Vorgehensweise für den Fall, dass Gefangene besonders sicher untergebracht werden müssen. Das von Bayern verfolgte und praktizierte System lässt sich mit den Worten der „flexiblen Sicherheit" beschreiben. Grundlegend dafür ist eine Einzelfallprüfung des Anstaltsleiters. Basierend auf dem Vorfall, auf Grund dessen eine sichere Unterbringung angezeigt ist, entscheidet der Anstaltsleiter, welcher Haftraum zur sicheren Unterbringung geeignet ist. Bei Differenzen innerhalb der Gefangenenpopulation wäre beispielsweise eine kurzzeitige Verlegung in die Untersuchungshaft vorteilhaft, da der Gefangene so, auch auf Grund des geringeren Aufschlusses, von seinem Mitgefangenen vorrübergehend getrennt werden könnte. Sollen Kontaktversuche zur Außenwelt verhindert werden, kommen Haft-räume mit Lage zum Innenhof oder beispielsweise solche, die durch ihre Lage innerhalb der Justizvollzugsanstalt gar keine Kommunikation ermöglichen, in Betracht. Basierend auf dem Einzelfall kann es auch bereits ausreichen, den Gefangenen in einen Haftraum zu verlegen, der näher am Stationsbediensteten verortet ist, sodass eine engmaschigere Überwachung gewährleistet ist. Auch Zellen, die mit Videotechnik überwacht werden können, können eine mögliche Reaktion auf das Erfordernis einer sicheren Unterbringung darstellen. Das Konzept der flexiblen Sicherheit ermöglicht es Bayern, kurzfristig auf die sich ständig verändernde Gefängnispopulation zu reagieren. Auch die Sicherheitsmaßnahmen werden ständig der Gefangengenpopulation angepasst. Bayern verfügt, wie dargestellt, demnach über keine standardisierten Sicherheitszellen, sondern entscheidet individuell und basierend auf dem Einzelfall, welche Station oder welcher Haftraum dem Bedürfnis nach einer sicheren Unterbringung gerecht wird.

Abschließend kann festgehalten werden, dass bei den hier zu untersuchenden Bundesländern lediglich Bayern und Niedersachsen nach Sicherheitsstufen bzw. -niveaus differenzieren. Diese beiden Konzepte unterscheiden sich jedoch. Das niedersächsische Vorgehen basiert auf einem umfassenden Sicherheitskonzept und ist in hohem Maße standardisiert und vereinheitlicht. Trotz der hoch gesicherten Unterbringung scheinen die Gefangenen jedoch innerhalb der Stationen vielfältige Möglichkeiten zur Freizeitgestaltung zu erhalten und insgesamt einen verhältnismäßig gelockerten Haftalltag bestreiten zu können. Bayern verfolgt einen individuellen, dynamischen Sicherheitsansatz, bei dem zunächst versucht wird, mittels interner Verlegung den Gefangenen sicher unterzubringen, um so weitergehende, einschneidende Sicherheitsmaßnahmen zu vermeiden. Erkennbar ist jedoch, dass beide Bundesländer trotz divergierender Konzeptionen darum bemüht sind, den betroffenen Gefangenen in der herausfordernden Situation der angezeigten sicheren Unterbringung so wenig wie möglich weitergehend zu belasten.

### 6.3.3 Der „sicherungsbedürftige Gefangene" im Bundesländervergleich

Die folgende Frage untersuchte, wer im Bundesland als sicherungsbedürftig gilt, bei wem folglich eine besonders sichere Unterbringung notwendig erscheint und angeordnet wird.

Bayern verwies darauf, dass die Kategorie des „besonders sicherungsbedürftigen Gefangenen" im Bundesland nicht geläufig sei. Eine schematische Einstufung existiert nicht und wird nicht angewendet. Vielmehr unterscheide man die Gefangenen nach fremd- und/oder eigengefährlichem, fluchtgefährlichem und „problematischem" Verhalten. Grundlage dieser Einschätzungen ist immer die Beurteilung des Einzelfalles. Auf Grund jahrzehntelanger Erfahrung des Justizministeriums lassen sich jedoch Tendenzen erkennen und benennen: Fremdgefährliche Gefangene sollen solche sein, die eine Gefährdung für Mitgefangene und Bedienstete darstellen. Fluchtgefährliche Gefangene sind solche, die eine hohe Straferwartung haben oder bereits in der Vergangenheit durch Ausbruchsversuche auffällig geworden sind. Problematische Gefangene können psychisch auffällig sein und machen häufig mit „unschönem" Verhalten, wie dem Werfen mit den eigenen Fäkalien, auf sich aufmerksam. Als rechtliche Grundlage für Reaktionen seitens der Anstalt gelten insbesondere die besonderen Sicherungsmaßnahmen über Absonderung und Einzelhaft.

Berlin führte aus, dass im Bundesland alle Gefangenen als besonders sicherungsbedürftig gelten, welche die tatbestandlichen Voraussetzungen der § 86 StVollzG Bln, § 47 UVollzG Bln, § 70 JStVollzG Bln und § 83 SVVollzG erfüllen. Die Landesgesetze zur Untersuchungshaft, Sicherungsverwahrung und der Jugendstrafe sollen an dieser Stelle ausgeklammert werden. § 86 Abs. 1 StVollzG Bln enthält mehrere personenbezogene Fallgruppen, bei deren Zugehörigkeit eine besondere Sicherungsbedürftigkeit angenommen werden könne. Als besonders sicherungsbedürftig gelten demnach Gefangene, die in erhöhtem Maße fluchtverdächtig sind, bei denen die Gefahr von Gewalttätigkeiten gegen andere Personen oder Sachen oder die Gefahr der Selbsttötung oder Selbstverletzung besteht. Die Vermutung und Begründung der erhöhten Gefahrenlage kann nur an die Person des Gefangenen anknüpfen: Entweder sein Verhalten oder sein seelischer Zustand müssen Anlass zu dieser Vermutung liefern.

Hamburg beantwortete die vorliegende Frage ebenso wie Berlin. Die Anordnung der sicheren Unterbringung erfolge ausschließlich auf Grundlage der gesetzlichen Anordnungsvoraussetzungen über besondere Sicherungsmaßnahmen. Die die Anordnungsvoraussetzungen der besonderen Sicherungsmaßnahmen regelnde Norm, § 74 Abs. 1 HmbStVollzG, enthält dabei Vorgaben, die wortlautgleich der Berliner Regelung entsprechen. Folglich gelten auch in Hamburg Gefangene als besonders sicherungsbedürftig, wenn ihr Verhalten oder seelischer Zustand die Annahme nahelegt, dass sie in erhöhtem Maße fluchtverdächtig sind, oder von ihnen die Gefahr von Gewalttätigkeiten gegen andere Personen oder Sachen oder die Gefahr der Selbsttötung oder Selbstverletzung ausgeht.

Auch in Mecklenburg-Vorpommern können Gefangene bei Vorliegen der Voraussetzungen der besonderen Sicherungsmaßnahmen, § 75 StVollzG M-V, als sicherungsbedürftig angesehen werden. Ebenso wie in Berlin und Hamburg knüpft die Regelung an das Verhalten bzw. den Zustand des Gefangenen an. Eine Sicherungsbedürftigkeit kann demnach vorliegen, wenn in erhöhtem Maße die Gefahr einer Entweichung gegeben ist. Darüber hinaus ergänzt die Regelung aus Mecklenburg-Vorpommern den Aspekt des Ausbruches noch um die Möglichkeit einer Befreiung. Im weiteren Verlauf unterscheidet sich die Regelung aus Mecklenburg-Vorpommern von denen aus Berlin und Hamburg. § 75 StVollzG M-V benennt keine speziellen Fallgruppen, sondern sieht lediglich vor, dass das Verhalten, der Zustand der Gefangenen oder ihre Kontakte eine Gefahr für die Sicherheit der Anstalt darstellen müssen. § 75 Abs. 1 StVollzG M-V eröffnet durch die allgemeinere Formulierung im Gegensatz zu den Regelungen aus Berlin und Hamburg ein breiteres Anwendungsfeld.

Ebenso wie Berlin, Hamburg und Mecklenburg-Vorpommern verweist auch Niedersachsen auf die tatbestandlichen Voraussetzungen der besonderen Sicherungsmaßnahmen, betont jedoch, dass jeder Anordnung eine Prüfung des Einzelfalles zu Grunde liegen würde. Gem. § 81 Abs. 1 NJVollzG könnten demnach gegen Gefangene besondere Sicherungsmaßnahen angeordnet werden, wenn auf

Grund ihres Verhaltens oder seelischen Zustandes in erhöhtem Maße Fluchtgefahr oder die Gefahr von Gewalttätigkeiten gegen Personen oder Sachen oder die
Gefahr der Selbsttötung oder -verletzung besteht. Die niedersächsischen Voraussetzungen für die Anordnung einer Sicherungsbedürftigkeit entsprechen folglich
den Regelungen aus Berlin und Hamburg. Ausweislich des Fragebogens ist darüber hinaus auch die Gefahr der Befreiung erfasst, die jedoch in § 81 NJVollzG
nicht explizit benannt ist. Darüber hinaus hat Niedersachsen Tätergruppenbei-
spiele benannt, die in der Vergangenheit auf Sicherheitsstationen untergebracht
waren. Hierunter fallen beispielsweise Gefangene aus dem Umfeld der organisierten Kriminalität, Bandenmitglieder oder solche Gefangene, die dem religiösen
und politischen Extremismus zugerechnet werden.

In Nordrhein-Westfalen entscheidet ausweislich des Fragebogens allein der
Anstaltsleiter in eigener Zuständigkeit über eine notwendige gesicherte Unter-
bringung einzelner Gefangener. Hierfür würden immer die dem Einzelfall zu
Grunde liegenden Aspekte berücksichtigt und abgewogen.

Im Ergebnis lässt sich festhalten, dass Berlin, Hamburg, Mecklenburg-Vorpommern und Niedersachsen explizit die besonderen Sicherungsmaßnahmen in
ihrer landesgesetzlichen Ausführung als tatbestandliche Voraussetzungen zur sicheren Unterbringung bzw. Feststellung einer Sicherungsbedürftigkeit anführen.
Dabei knüpfen alle vier Bundesländer an ein Verhalten oder einen seelischen Zustand des Gefangenen an. Mögliche Gründe zur Anordnung sind eine erhöhte
Fluchtgefahr, wobei Mecklenburg-Vorpommern und Niedersachsen den zusätzlichen Aspekt der Befreiung berücksichtigen. Darüber hinaus benennen Berlin,
Hamburg und Niedersachsen die Gefahr für andere Personen oder Sachen sowie
die Gefahr der Selbsttötung oder -verletzung. Die Anordnungsgründe sind abschließend aufgezählt und klar benannt. Mecklenburg-Vorpommern benennt hier
keine Fallgruppen, sondern verweist darauf, dass der Zustand, das Verhalten oder
die Kontakte des Gefangenen eine Gefahr für die Sicherheit der Anstalt darstellen
müssen. Inwieweit das Verhalten oder der Zustand des Gefangenen die Sicherheit
der Anstalt gefährden kann, ist nicht näher umschrieben. Die allgemein gehaltene
Formulierung, dass die Sicherheit der Anstalt gefährdet sein muss, lässt Raum für
weite Interpretationen und Anwendungsbereiche. Auch wenn Bayern die Fall-
gruppierungen anders benennt, lassen sich Ähnlichkeiten zu den anderen hier zuvor untersuchen Bundesländern erkennen. Insbesondere benennt auch Bayern die
erhöhte Fluchtgefahr als Anordnungsgrund, ebenso wie die Gefahr für andere Personen. Einzig die Kategorie des unschönen bzw. problematischen Verhaltens wird
von den anderen hier zu untersuchenden Bundesländern nicht genannt. Die Einstufung eines Verhaltens als problematisch oder unschön könnte als Anordnungsgrund mit Schwierigkeiten verbunden sein, da beide Begriffe vage sind und in
hohem Maß der subjektiven Einschätzung unterliegen. Nordrhein-Westfalen hat
keine Anordnungsgründe benannt und darauf verwiesen, dass die Anstaltsleiter
die Entscheidung auf Grundlage der Einzelfallabwägung in eigener Zuständigkeit
treffen würden. Die sichere Unterbringung in Nordrhein-Westfalen entspricht

demnach ausweislich des Fragebogens einer subjektiven Bewertung des Anstaltsleiters, da objektive Kriterien oder Fallgruppen fehlen.[804]

### 6.3.4 Anordnungsbefugnisse

An die Ausführungen der Bundesländer, wer in ihrem Bundesland auf welcher Grundlage als sicherungsbedürftig gelte, schloss sich die Frage an, wer auf welcher rechtlichen Grundlage über die gesicherte Unterbringung entscheidet.

Die Bundesländer beantworteten diese Frage einheitlich. In allen Bundesländern hatten die jeweiligen Anstalts- oder Bereichsleitungen die Entscheidungskompetenz inne.

Bayern benannte als rechtliche Grundlage die besonderen Sicherungsmaßnahmen, über die der Anstaltsleiter, sofern er die Aufgabe nicht delegiert habe, die Entscheidungsbefugnis habe. In Einzelfällen könne auch das Bayerische Staatsministerium der Justiz eingebunden werden, nämlich dann, wenn eine Verlegung zum Zweck der sicheren Unterbringung in eine andere, zu dem Zeitpunkt höher gesicherte Anstalt, in Betracht komme.

Berlin benannte ebenfalls die Anstalts- oder Bereichsleitung als entscheidungsbefugt. Die rechtliche Grundlage hierfür bilden ebenfalls die besonderen Sicherungsmaßnahmen gem. § 86 StVollzG Bln.

Auch in Hamburg haben die Anstalts- und Vollzugsleitungen die Entscheidungskompetenz der sicheren Unterbringung inne. Jedoch wurde gleichzeitig darauf verwiesen, dass bei Gefahr im Verzug auch die vorläufig berechtigten Anstaltsbediensteten ausnahmsweise diese Entscheidung treffen dürften. Als rechtliche Grundlage benannte Hamburg ebenfalls die Regelung der besonderen Sicherungsmaßnahmen.

In Mecklenburg-Vorpommern entscheiden die Justizvollzugsanstalten ebenfalls in eigner Zuständigkeit über die sichere Unterbringung.

Auch Niedersachsen benannte als rechtliche Grundlage die besonderen Sicherungsmaßnahmen. Gem. § 176 NJVollzG trägt der Anstaltsleiter die Verantwortung für den gesamten Vollzug in der Anstalt, so auch für die Anordnung besonderer Sicherungsmaßnahmen. Die Anordnungskompetenz darf nur mit Zustimmung des Fachministeriums an andere Justizvollzugsbedienstete übertragen werden. Diese Regelung gilt jedoch gem. § 84 Abs. 2 S. 1 NJVollZG nicht bei Gefahr im Verzug.

Auch in Nordrhein-Westfalen entscheidet die Anstaltsleitung in eigener Zuständigkeit nach Prüfung des Einzelfalles über die sichere Unterbringung.

---

804 Nordrhein-Westfalen verfügt auf rechtlicher Ebene selbstverständlich ebenfalls über eine gesetzliche Grundlage zur Anordnung besonderer Sicherungsmaßnahmen, vgl. § 69 StVollzG NRW. Es handelt sich vorliegend demnach nicht um eine ausschließlich subjektive Bewertung, wie sie im Fragebogen anklingt.

Im Hinblick auf die Anordnungsbefugnis stimmten alle Bundesländer miteinander überein. Die Anordnungsbefugnis liegt demnach beim Anstaltsleiter, teilweise auch bei den jeweiligen Bereichsleitungen.

### 6.3.5 Berichts- und Zustimmungspflichten zur sicheren Unterbringung im Bundesländervergleich

Im Anschluss daran sollte untersucht werden, ob und inwieweit das Justizministerium an diesen Entscheidungen beteiligt wird. Gefragt wurde, ob und, sofern zutreffend in welchem Umfang, es Berichts- bzw. Zustimmungspflichten an die Justizministerien gab. Darüber hinaus sollte statistisch erfasst werden, wie oft das Justizministerium im Zeitraum eines Jahres (31.03.2017-31.03.2018) Berichte erhielt oder seine Zustimmung zu den unterschiedlichen Maßnahmen erteilen musste. Die nachfolgende *Tabelle 2* gewährleistet einen ersten Überblick. In ihr sind die Ergebnisse der Gesetzes- und Analyse der Verwaltungsvorschriften zu den Landesstrafvollzugsgesetzen sowie die Auswertung der Fragebögen zusammengeführt und dargestellt.

**Tabelle 2:** Berichts- und Zustimmungspflicht im Bundesländervergleich

| Bundes- land | Mitteilungspflicht an Justizministerium | | | Zustimmungspflicht des Justizministeriums | | |
|---|---|---|---|---|---|---|
| | Besonders gesicherter Haftraum | Einzelhaft | Fesselung/ Fixierung | Besonders gesicherter Haftraum | Einzelhaft | Fesselung / Fixierung |
| **Bayern** | Länger als 3 Tage, VV zu Art. 96 BaySt- VollzG | Rechtzeitig Binnen 3 Monaten, VV zu Art. 97 BaySt- VollzG | Länger als 3 Tage, VV zu Art. 96 BaySt- VollzG | - | Länger als 3 Monate, § 97 II Ba- yStVollzG | - |
| **Berlin** | Länger als 3 Tage, § 87 V S. 1 StVollzG Bln | Länger als 3 Tage, § 87 V S. 1 StVollzG Bln | Länger als 3 Tage, § 87 V S. 1 StVollzG Bln | Länger als 30 Tage, § 87 VI S. 1 StVollzG Bln | Länger als 30 Tage, § 87 VI S. 1 StVollzG Bln | - |
| **Hamburg** | Länger als 3 Tage, § 75 IV HmbSt- VollzG | - | Länger als 3 Tage, § 75 IV HmbSt- VollzG; nachtr. Be- richt über Fixierung am Bett (Fragebo- gen) | - | Länger als 3 Monate, § 74 III S. 2 HmbSt- VollzG | - |
| **Mecklen- burg-Vor- pommern** | Länger als 3 Tage, § 79 V S. 1 StVollzG M-V | Länger als 3 Tage, § 79 V S. 1 StVollzG M-V | Länger als 3 Tage, § 79 V S. 1 StVollzG M-V | Länger als 30 Tage, § 79 V S. 2 StVollzG M-V | Länger als 30 Tage, § 79 V S. 2 StVollzG M-V | - |
| **Nieder- sachsen** | Länger als 3 Tage (Fragebo- gen) | Binnen 3 Werktagen ab Unter- bringung in Einzelhaft (Fragebo- gen) | Unverzüg- lich (Erlass- weg) | Inzidente Zustim- mungs- pflicht (Er- lassweg) | Länger als 3 Monate, § 82 II S. 1 NJVollzG | Inzidente Zustim- mungs- pflicht (Er- lassweg) |
| **Nordrhein- Westfalen** | Länger als 3 Tage, § 70 V S. 1 StVollzG NRW | - | Länger als 3 Tage, § 70 V S. 1 StVollzG NRW | - | Länger als 30 Tage, § 70 V S. 3 StVollzG NRW | - |

Bayern sieht Mitteilungspflichten an das Justizministerium jeweils bei einer länger als drei Tage andauernden Unterbringung im besonders gesicherten Haftraum bzw. einer Fesselung gem. VV zu Art. 96 BayStVollzG vor. Eine Zustimmungspflicht ist in Bayern nur für eine länger als drei Monate andauernde Unterbringung in Einzelhaft vorgesehen, § 97 Abs. 2 BayStVollzG.

Das Berliner Strafvollzugsgesetz bestimmt, dass bei einer länger als drei Tage andauernden Unterbringung im besonders gesicherten Haftraum oder in Einzelhaft oder einer ebenso langen Fesselung bzw. Fixierung, die Aufsichtsbehörde zu informieren ist, § 87 Abs. 5 S. 1 StVollzG Bln. Gem. § 87 Abs. 6 S. 1 StVollzG Bln ist die Zustimmung des Justizsenates bei einer länger als 30 Tage andauernden Unterbringung im besonders gesicherten Haftraum oder in Einzelhaft einzuholen.

In Hamburg bestehen Berichtspflichten bei einer länger als drei Tage andauernden Unterbringung im besonders gesicherten Haftraum bzw. Fesselung gem. § 75 Abs. 4 HmbStVollzG. Ausweislich des Fragebogens ist in den Fällen einer Fixierung an der Bettstatt zudem ein nachträglicher Bericht an die Justizbehörde zu senden. Eine Zustimmungspflicht besteht in Hamburg bei einer länger als 30 Tage andauernden Unterbringung in Einzelhaft gem. § 74 Abs. 3 S. 2 HmbStVollzG.

Mecklenburg-Vorpommern sieht gem. § 79 Abs. 5 S. 1 StVollzG M-V vor, dass eine Unterbringung im besonders gesicherten Haftraum oder in Einzelhaft ebenso wie eine Fesselung oder Fixierung, die länger als drei Tage aufrechterhalten wird, dem Justizministerium umgehend mitzuteilen ist. Gem. § 79 Abs. 5 S. 2 StVollzG M-V ist bei einer länger als 30 Tage andauernden Unterbringung im besonders gesicherten Haftraum oder in Einzelhaft die Zustimmung der Aufsichtsbehörde einzuholen.

Niedersachsen sieht ausweislich des Fragebogens eine Informationspflicht bei einer länger als drei Tage andauernden Unterbringung im besonders gesicherten Haftraum vor. Die Zustimmung des Justizministeriums ist bei einer länger als drei Monate andauernden Unterbringung in Einzelhaft einzuholen, § 82 Abs. 2 S. 1 NJVollzG. Ebenso gilt eine inzidente Zustimmungspflicht für die Unterbringung im besonders gesicherten Haftraum sowie bei Fesselungen/Fixierungen.[805] Darüber hinaus wurde auf dem Erlasswege angeordnet, dass die Unterbringung eines Gefangenen in Einzelhaft binnen drei Werktagen und die Fesselung bzw. Fixierung eines Gefangenen unverzüglich dem Justizministerium mitzuteilen ist.

In Nordrhein-Westfalen bestehen Berichtspflichten bei einer länger als drei Tage andauernden Unterbringung im besonders gesicherten Haftraum, § 70 Abs. 5 S. 1 StVollzG NRW, ebenso bei einer länger als drei Tage andauernden Fesselung bzw. Fixierung. Bei einer länger als 30 Tage andauernden Unterbringung in Einzelhaft ist die Zustimmung des Justizministeriums einzuholen, § 70 Abs. 5 S. 3 StVollzG NRW.

---

805 Vgl. dazu Ausführungen bei *Kapitel 6.3.5.3.*

Im Ergebnis lässt sich festhalten, dass die Mitteilungs- und Zustimmungspflichten an die Landesjustizministerien unterschiedlich ausgeprägt sind. Die wenigsten Berichts- und Zustimmungspflichten sehen die Bundesländer Bayern, Hamburg und Nordrhein-Westfalen vor. In allen drei Bundesländern existiert eine Mitteilungspflicht an das Justizministerium bei einer länger als drei Tage andauernden Fesselung bzw. Fixierung. Bayern und Nordrhein-Westfalen sehen zusätzlich eine Mitteilungspflicht an das Justizministerium bei einer länger als drei Tage andauernden Unterbringung im besonders gesicherten Haftraum vor. Der Hamburger Gesetzgeber verlangt lediglich eine umgehende Informierung bei einer länger als drei Tage andauernden Unterbringung in Einzelhaft. Bayern und Hamburg haben eine Zustimmungspflicht des Justizministeriums bei einer länger als drei Monate andauernden Unterbringung in Einzelhaft normiert, Nordrhein-Westfalen verlangt eine Zustimmung bereits bei einer länger als 30 Tage andauernden Unterbringung in Einzelhaft.

Die umfangreichsten Vorgaben sind in den Bundesländern Berlin, Mecklenburg-Vorpommern und Niedersachsen normiert.

Alle Bundesländer verlangen eine sofortige Benachrichtigung des Justizministeriums bei einer länger als drei Tage andauernden Unterbringung im besonders gesicherten Haftraum, in Einzelhaft oder bei einer Fesselung bzw. Fixierung. Berlin und Mecklenburg-Vorpommern sehen zudem vor, dass bei einer länger als 30 Tage andauernden Unterbringung im besonders gesicherten Haftraum oder in Einzelhaft die Zustimmung des Justizministeriums für das weitere Vorgehen einzuholen ist.

In Niedersachsen existiert nur eine gesetzlich normierte Zustimmungspflicht nach einer mehr als drei Monate andauernden Unterbringung in Einzelhaft. Darüber hinaus hat das Niedersächsische Justizministerium jedoch umfangreiche Berichtspflichten auf dem Erlassweg geregelt: Bei einer länger als drei Tage andauernden Unterbringung im besonders gesicherten Haftraum ist das Justizministerium in Kenntnis zu setzen. Eine unverzügliche Meldung hat bei einer Fesselung oder Fixierung zu erfolgen, ebenso eine Mitteilung binnen drei Werktagen bei Unterbringung bzw. Verlegung in Einzelhaft.

### 6.3.5.1 Durchschnittliche Aufenthaltsdauer der Gefangenen auf Sicherheitsstationen

Die nächste Frage betraf die durchschnittliche Verweildauer der Gefangenen auf den Sicherheitsstationen.

Bayern führte aus, dass diese Daten statistisch nicht erfasst werden. Allerdings muss an dieser Stelle auf die Anfrage des bayerischen Landtagsabgeordneten Streibl vom 27.11.2015 verwiesen werden.[806] Die Anfrage des Abgeordneten

---

806  Bayerischer Landtag, Drucks. 17/9600, S. 4.

beinhaltete unter anderem die Frage nach der „jeweiligen Dauer dieser Unterbringung (im besonders gesicherten Haftraum) im Einzelfall und den Grund für die Aufhebung".[807] Das Staatsministerium der Justiz benannte die durchschnittliche Unterbringungsdauer für das Jahr 2013 mit 122 Stunden, für das Jahr 2014 mit 136 Stunden und für das Jahr 2015 mit 141 Stunden.[808] „Die Gründe für die Aufhebung der Unterbringung in einem besonders gesicherten Haftraum würden statistisch nicht erfasst".[809]

Berlin verwies im Fragebogen darauf, dass eine durchschnittliche Verweildauer nicht beziffert werden könne. Die Verweildauer der Gefangenen auf der Sicherheitsstation sei vom jeweiligen Einzelfall abhängig. Die Verweildauer der Gefangenen im besonders gesicherten Haftraum sei jedoch im Vergleich dazu eine wesentlich kürzere. Im Rahmen einer engmaschigen Überprüfung werde regelmäßig untersucht, inwieweit eine Unterbringung weiterhin erforderlich sei. Die Frage nach einer Rückintegration in den Regelvollzug, werde in regelmäßigen Konferenzen, an denen die zuständige Gruppenleitung, Anstaltsleitung und der medizinische Dienst beteiligt sein, erörtert.

Hamburg verwies darauf, dass diese Daten nicht erhoben werden. Auch Mecklenburg-Vorpommern konnte zu dieser Frage keinerlei Angaben machen.

Niedersachsen verwies darauf, dass die durchschnittliche Verweildauer der Gefangenen auf den Sicherheitsstationen statistisch nicht erfasst werde.

Nordrhein-Westfalen führte aus, dass entsprechende Erkenntnisse nicht vorlägen. Insbesondere würden auch in den Anstalten nach Kenntnis des Justizministeriums keine Statistiken über die durchschnittliche Verweildauer von Gefangenen auf den Sicherheitsstationen des Landes geführt.

Im Ergebnis lässt sich festhalten, dass sich die Frage nach der durchschnittlichen Verweildauer der Gefangenen auf Sicherheitsstationen in dem hier zu Grunde liegenden Bundesländervergleich nicht beantworten lässt. Alle beteiligten Bundesländer gaben an, diese Frage statistisch nicht zu erfassen, was im eklatanten Widerspruch zu den auf internationaler Ebene, insbesondere vom CPT, geforderten Protokollierungspflichten steht. Die für den bayerischen Strafvollzug dargestellten Daten sind nicht interpretierbar. Einzig erkennbar ist, dass sich die durchschnittliche Unterbringungsdauer für hier die benannten Jahre kontinuierlich erhöht hat.

---

807 Bayerischer Landtag, Drucks. 17/9600, S. 4.

808 Bayerischer Landtag, Drucks. 17/9600, S. 4.

809 Bayerischer Landtag, Drucks. 17/9600, S. 4.

## 6.3.5.2 *Mitteilungsvorkommnisse im Bundesländervergleich*

Im Anschluss an die Darstellung etwaiger Mitteilungs- und Zustimmungspflichten innerhalb der Bundesländer sollte erfasst werden, wie oft die hier zu untersuchenden Bundesländer Mitteilungen über eine Unterbringung im besonders gesicherten Haftraum, in Einzelhaft oder von einer Fesselung bzw. Fixierung im Zeitraum 31.03.2017-31.03.2018 erhalten hatten. Manche Bundesländer verwiesen darauf, die Anzahl der Mitteilungen durch die Justizvollzugsanstalten im Bundesland nicht statistisch zu erfassen, sodass hierzu nur eine eingeschränkte Vergleichbarkeit möglich ist. Die nachfolgende *Tabelle. 3* gewährt einen ersten Eindruck über die Mitteilungsvorkommnisse im zuvor benannten Zeitraum im Bundesländervergleich.

**Tabelle 3:    Mitteilungsvorkommnisse im Bundesländervergleich**

| Mitteilungsvor-kommnisse im Zeitraum 31.03.17-31.03.18 | Unterbringung im besonders gesicherten Haftraum | Unterbringung in Einzelhaft | Fesselung/ Fixierung |
|---|---|---|---|
| **Bayern** | Keine statistische Erfassung* | Keine statistische Erfassung | Keine statistische Erfassung |
| **Berlin** | Die Rückfragen können auf Grund des zu erwartenden erheblichen Arbeitsaufwandes nicht beantwortet werden.** | | |
| **Hamburg** | Keine statistische Erfassung | Keine gesetzliche Mitteilungspflicht | Keine statistische Erfassung |
| **Mecklenburg-Vorpommern** | Keine Mitteilung/ Vorkommnisse | 1 Mitteilung (JVA Stralsund) | Keine Mitteilung/ Vorkommnisse |
| **Niedersachsen** | 86 Vorkommnisse (keine Aufschlüsselung nach JVA) | Keine statistische Erfassung (Einzelvorgänge) | 2 Fixierungen (JVA Oldenburg) |
| **Nordrhein-Westfalen** | Bielefeld-Br.: 31 Bochum: 14 Düsseldorf: 30 Köln: 41 Wupp.-Vohw.: 4 Insgesamt: 120 | Keine gesetzliche Mitteilungspflicht | Keine statistische Erfassung |

Anmerkung:
*       Ausweislich des Fragebogens, siehe dazu aber Bayerischer Landtag, Drucks. 17/9600 und i. E. unten.
**     Ausweislich des Fragebogens.

Bayern sieht sowohl für die Unterbringung im besonders gesicherten Haft-raum und in Einzelhaft als auch für die Fesselung bzw. Fixierung eine Mittei-lungspflicht entsprechend den Verwaltungsvorschriften zu Art. 96, 97 BaySt-VollzG vor. Allerdings erfolgt ausweislich des Fragebogens keinerlei statistische Erfassung im bayerischen Staatsministerium der Justiz, so dass auf dieser Grund-lage keine Angaben zu etwaigen Mitteilungen getätigt werden können.

An dieser Stelle soll jedoch auf die schriftliche Anfrage des Abgeordneten Streibl im Bayerischen Landtag vom 27.11.2015 hingewiesen werden.[810]

Der Abgeordnete erfragte unter anderem, „in wie vielen Fällen es zur Unter-bringung von Strafgefangenen in speziellen Einzelzellen aufgrund einer Abwehr einer Selbstgefährdung, aufgeschlüsselt nach der Anzahl jeweiliger Unterbrin-gungen in den einzelnen Justizvollzugsanstalten seit dem Jahr 2013" gekommen sei.[811] Das Justizministerium übersandte eine detaillierte Aufschlüsselung der Unterbringungen im besonders gesicherten Haftraum für die Jahre 2013 bis 2015. Basierend auf der „zentralen Softwareanwendung IT-Vollzug" ergaben sich daher für die zuvor benannten Jahre folgende Fälle, von denen das Staatsministerium der Justiz Kenntnis erlangt hat:

---

810 Bayerischer Landtag, Drucks. 17/9600.

811 Bayerischer Landtag, Drucks. 17/9600, S. 4.

**Tabelle 4:** Unterbringungen im besonders gesicherten Haftraum in Bayern in den Jahren 2013-2015

| Justizvollzugsanstalt | 2013 | 2014 | 2015 (Stand: 08.12.2015) |
|---|---|---|---|
| Augsburg | 4 | 13 | 4 |
| Amberg | - | 1 | 1 |
| Aschaffenburg | 2 | 1 | - |
| Bamberg | 1 | 3 | 1 |
| Bernau | 13 | 15 | 7 |
| Ebrach | 4 | 6 | 3 |
| Hof | - | 1 | 1 |
| Kaisheim | 11 | 10 | 3 |
| Kempten | 2 | 1 | 1 |
| Kronach | 1 | 1 | 2 |
| Landshut | 4 | 2 | 4 |
| Landsberg am Lech | 4 | 4 | 7 |
| Memmingen | - | 1 | - |
| München | 9 | 7 | 11 |
| Mühldorf am Inn | 1 | - | - |
| Neuburg-Herrenwörth | 7 | 10 | 8 |
| Niederschönenfeld | - | 1 | 1 |
| Nürnberg | - | 2 | 5 |
| Straubing | 62 | 55 | 56 |
| Traunstein | 2 | - | - |
| Weiden | - | 1 | - |
| Würzburg | 196 | 208 | 177 (Stand: 22.12.2015) |
| Gesamt | 323 | 343 | 292 |

Quelle: *Bayerischer Landtag*, Drucks. 17/9600, S. 4.

Das Staatsministerium der Justiz verwies darauf, dass sich die „hohe Anzahl der Unterbringungen in den Justizvollzugsanstalten Würzburg und Straubing mit den dort eingerichteten akutpsychiatrischen Abteilungen" erklären ließe.[812] Berlin wollte die Rückfragen, die unter anderem auch die Mitteilungs- und Zustimmungspflichten im Zeitraum 31.03.2017-31.03.2018 beinhalteten auf Grund des erwarteten Arbeitsaufwandes nicht beantworten. Allerdings sei an dieser Stelle auf die E-Mail der Berliner Senatsverwaltung für Justiz und Verbraucherschutz an den Vorsitzenden der Länderkommission der Nationalen Stelle zur Verhütung von Folter vom 22.09.2016 als Reaktion auf den Besuch der Justizvollzugsanstalt für Frauen Berlin Lichtenberg hingewiesen.[813] In dieser E-Mail wurde ausgeführt, dass die statistische Erfassung „der besonderen Sicherungsmaßnahmen, darunter gesondert die Anzahl der Fesselungen/Fixierungen und die Anzahl der Unterbringungen in einem besonders gesicherten Haftraum ohne gefährdende Gegenstände" in einer zentralen Justizvollzugsstatistik ab Januar 2018 vorgesehen ist.[814]

Das Hamburger Justizministerium erhält ebenfalls Meldung über die Unterbringung im besonders gesicherten Haftraum sowie bei Fesselungen. Allerdings werden die Mitteilungsvorkommnisse statistisch ebenfalls nicht erfasst. Für die Unterbringung in Einzelhaft besteht ausweislich der Fragebögen keine Mitteilungspflicht.

Mecklenburg-Vorpommern, Niedersachsen und Nordrhein-Westfalen waren diejenigen Bundesländer unter den hier zu untersuchenden, die teilweise statistische Daten übermittelten.

Mecklenburg-Vorpommern sieht Berichtspflichten für die Unterbringung im besonders gesicherten Haftraum sowie in Einzelhaft, ebenso für Fesselungen/Fixierungen vor. Im Zeitraum 31.03.2017-31.03.2018 erhielt das Justizministerium in Mecklenburg-Vorpommern insgesamt eine Mitteilung wegen einer Unterbringung in Einzelhaft aus der Justizvollzugsanstalt Stralsund und keine Mitteilungen auf Grund von Fesselungen oder einer Unterbringung im besonders gesicherten Haftraum.

Niedersachsen erhielt im selben Zeitraum Kenntnis von 86 Unterbringungen im besonders gesicherten Haftraum, wobei eine Aufschlüsselung nach den Justizvollzugsanstalten im Bundesland nicht möglich war. Im selben Zeitraum gab es zudem Meldungen über zwei Fixierungen in der Justizvollzugsanstalt Oldenburg. Die Verlegungen in Einzelhaft sind ausweislich des Fragebogens dem Justizministerium binnen drei Tagen nach Verlegung in die Einzelhaft mitzuteilen. Hierbei erfolgt allerdings keine statistische Erfassung über die Mitteilungen. Die Mitteilung einer Verlegung in Einzelhaft bildet in Niedersachsen einen aktengeführ-

---

812  Bayerischer Landtag, Drucks. 17/9600, S. 4.

813  *Senatsverwaltung für Justiz, Verbraucherschutz und Antidiskriminierung* 2017, S. 1.

814  *Senatsverwaltung für Justiz, Verbraucherschutz und Antidiskriminierung* 2017, S. 4.

ten Einzelvorgang, dessen Auswertung für den Zeitraum 31.03.2017-31.03.2018 aus personellen und zeitlichen Aspekten nicht umzusetzen war.

In Nordrhein-Westfalen gab es bei den hier betrachteten Bundesländern, die statistische Daten übermitteln konnten, die größte Anzahl an Meldungen über die Unterbringung in besonders gesicherten Haftträumen. Im Zeitraum 31.03.2017-31.03.2018 erhielt das Justizministerium insgesamt Kenntnis von 120 Vorfällen. Die insgesamt 120 Mitteilung unterteilten sich dabei wie folgt: 31 Mitteilung erhielt das Justizministerium aus der Justizvollzugsanstalt Bielefeld-Brackwede, 14 Mitteilungen aus der Justizvollzugsanstalt Bochum, 30 Mitteilungen aus der Justizvollzugsanstalt Düsseldorf, 41 Mitteilungen aus der Justizvollzugsanstalt Köln und weitere vier Mitteilungen aus der Justizvollzugsanstalt Wuppertal-Vohwinkel. Für die Unterbringung in Einzelhaft besteht keine gesetzliche Mitteilungspflicht. Die Fixierungen werden statistisch nicht erfasst.

Im Ergebnis lässt sich festhalten, dass die Vergleichbarkeit der Mitteilungsvorkommnisse auf Bundesländerebene nur eingeschränkt möglich ist, da weder Bayern, Berlin noch Hamburg statistische Daten übermittelten. Die zuvor dargestellten bayerischen Zahlen können nur bedingt in den Vergleich einfließen, da sie sich, anders als die übrigen übersandten Daten, auf den Zeitraum 2013 bis Ende 2015 und nicht auf den Zeitraum 31.03.2017-31.03.2018 beziehen.

Im Hinblick auf die Unterbringung in besonders gesicherten Haftträumen zeigte das Justizministerium in Nordrhein-Westfalen mit insgesamt 120 zunächst die meisten Meldungen innerhalb der hier zu vergleichenden Bundesländer an. Bezüglich einer Unterbringung im besonders gesicherten Haftraum erfolgten dabei innerhalb Nordrhein-Westfalens in der Justizvollzugsanstalt Köln (41) und in der Justizvollzugsanstalt Bielefeld-Brackwede (31). Das niedersächsische Justizministerium erhielt insgesamt 86 Mitteilungsvorkommnisse. Das Justizministerium Mecklenburg-Vorpommern erhielt im gesamten Zeitraum vom 31.03.2017 bis 31.03.2018 keine Mitteilung über Unterbringungen im besonders gesicherten Haftraum im Landesgebiet.

Allerdings sollten die von Nordrhein-Westfalen und Niedersachsen übermittelten Daten anhand der Anzahl der Meldungen pro 100 Gefangene interpretiert werden, um eine bessere Vergleichbarkeit zu gewährleisten. Zum Stichtag 31.03.2018 waren in Nordrhein-Westfalen abzüglich Sicherungsverwahrter und zu einer Jugendstrafe Verurteilte insgesamt 11.007 männliche Gefangene inhaftiert.[815] Zum selben Stichtag waren in Niedersachsen 3.412 männliche erwachsene Gefangene inhaftiert.[816] Hieraus ergaben sich für Nordrhein-Westfalen 1,09 Meldungen pro 100 Gefangene hinsichtlich einer Unterbringung in besonders gesicherten Haftraum. Auf Grund der deutlich niedrigeren Gefangenenrate ergeben

---

815 *Statistisches Bundesamt* 2018, S. 12.

816 *Statistisches Bundesamt* 2018, S. 12.

sich für Niedersachsen 2,5 Meldungen pro 100 Gefangene hinsichtlich der Unterbringung im besonders gesicherten Haftraum.

Ein anderes Bild zeichnet sich für die Unterbringung in Einzelhaft. Mecklenburg-Vorpommern erhielt innerhalb des zuvor genannten Zeitraumes eine Mitteilung aus der Vollzugsanstalt Stralsund. Niedersachsen erfasst die Verlegung in Einzelhaft nicht auf statistischer Ebene. Die Entscheidung über eine Unterbringung in Einzelhaft und die damit verbundene Verlegung in eine Sicherheitsstation erfolgt sowohl aus dem Regelvollzug als auch aus allen anderen neun Justizvollzugsanstalten inklusive deren Abteilungen des Landes Niedersachsen. Die Mitteilung über eine Aufnahme in eine Sicherheitsstation der Justizvollzugsanstalten, Oldenburg, Sehnde und Wolfenbüttel stellt einen aktengeführten Einzelvorgang dar. Eine Auswertung aller Einzelvorgänge auf statistischer Ebene erfolgt daher nicht. In Nordrhein-Westfalen besteht für die Unterbringung in Einzelhaft keine gesetzliche Mitteilungspflicht. Im Ergebnis werden daher auch keine Statistiken geführt.

Im Hinblick auf Fesselungen und Fixierungen erhielt das Justizministerium Mecklenburg-Vorpommerns keine Mitteilung. Im genannten Zeitraum gab es folglich kein Vorkommnis dieser Art. In Niedersachsen erhielt das Justizministerium Kenntnisse über insgesamt zwei Fixierungen im zuvor benannten Zeitraum in der Justizvollzugsanstalt Oldenburg. Nordrhein-Westfalen teilte mit, dass die das Justizministerium erreichten Mitteilungen zu Fesselungen bzw. Fixierungen statistisch nicht erfasst.

Abschließend ist daher für die Bundesländer Mecklenburg-Vorpommern, Niedersachsen und Nordrhein-Westfalen eine restriktive Anwendungspraxis erkennbar, da die jeweiligen Justizministerien erfreulicherweise nahezu keine Mitteilungen betreffend die Unterbringung in Einzelhaft oder Fesselung bzw. Fixierung erhielten. Einzig die Meldungen über die Unterbringung im besonders gesicherten Haftraum, die in Niedersachsen und Nordrhein-Westfalen jeweils bei einer länger als drei Tage andauernden Unterbringung mitgeteilt werden muss, weichen von diesem Eindruck ab. Ausgehend von einer Vergleichsgröße von 100 Gefangenen hat Niedersachsen mit 2,5 Meldungen die hier meisten Mitteilungen erhalten. Trotz einer nahezu dreifach höheren Gefangenenpopulation erhielt das Justizministerium in Nordrhein-Westfalen zum gleichen Zeitpunkt statistisch nur 1,09 Meldungen über eine Unterbringung im besonders gesicherten Haftraum.

Insgesamt sind die vorliegenden Erkenntnisse insbesondere im Hinblick auf die zuvor dargestellten Berichtspflichten und den damit einhergehenden offensichtlichen Widerspruch zwischen Berichtspflichten einerseits und angeblicher mangelnder statistischer Erfassung andererseits deprimierend und nur schwer hinnehmbar.

## 6.3.5.3 *Zustimmungserfordernisse im Bundesländervergleich*

Ebenso erfragt wurde, wie oft die hier untersuchten Bundesländer ihre Zustimmung zur Unterbringung im besonders gesicherten Haftraum, der Unterbringung in Einzelhaft oder zur Fesselung bzw. Fixierung im Zeitraum 31.03.2017-31.03.2018 erteilen mussten. Auch hierbei ist zu berücksichtigen, dass nicht alle untersuchten Bundesländer die Zustimmungen statistisch erfasst haben, sodass auch hier nur eine eingeschränkte Vergleichbarkeit gewährleistet ist.

**Tabelle 5:     Zustimmungsvorkommnisse im Bundesländervergleich**

| Zustimmungs-vorkommnisse im Zeitraum 31.03.17-31.03.18 | Unterbringung im besonders gesicherten Haftraum | Unterbringung in Einzelhaft | Fesselung/ Fixierung | Sicherheits-verlegungen |
|---|---|---|---|---|
| **Bayern** | Keine Zustimmungspflicht | Keine statistische Erfassung | Keine Zustimmungspflicht | Keine statistische Erfassung |
| **Berlin** | „Die Rückfragen können auf Grund des zu erwartenden erheblichen Arbeitsaufwandes nicht beantwortet werden." | | | |
| **Hamburg** | Keine Zustimmungspflicht | Keine statistische Erfassung | Keine Zustimmungspflicht | Verschlusssache |
| **Mecklenburg-Vorpommern** | Zustimmung (binnen 12 Monaten) | Zustimmung (binnen 12 Monaten) | Keine Zustimmungspflicht | 3 Verlegungen (von der JVA Waldeck nach Bützow) |
| **Niedersachsen** | Inzidente Zustimmungspflicht, keine statistische Erfassung | Grundsätzlich keine statistische Erfassung, im genannten Zeitraum. 14 Zustimmungen bei insg. 9 Gefangenen[817] | Inzidente Zustimmungspflicht, keine statistische Erfassung | Keine statistische Erfassung |
| **Nordrhein-Westfalen** | Keine Zustimmungspflicht | Bielefeld-Br.: 0 Bochum: 0 Düsseldorf: 2 Köln: 2 Wupp.-Vohw.: 0 | Keine Zustimmungspflicht | Keine statistische Erfassung |

Ebenso wie bei den vorherigen Ausführungen zu den Mitteilungsvorkommnissen hat Berlin die Beantwortung aller Rückfragen aufgrund des zu erwartenden erheblichen Arbeitsaufwandes abgelehnt.

---

817   Die genannten Zustimmungen wurden durch manuelle Aktenauswertung seitens des Justizministeriums Niedersachsen generiert.

Bayern sieht für die Unterbringung im besonders gesicherten Haftraum und die Fesselung keine Zustimmungspflicht auf Seiten des Justizministeriums vor. Eine länger als drei Monate andauernde Unterbringung in Einzelhaft erfordert zwar die Zustimmung des Justizministeriums, jedoch werden auch diese Vorgänge statistisch in und für Bayern nicht erfasst, auch nicht etwaige Sicherheitsverlegungen auf der Ebene des Justizministeriums.

In und für Hamburg zeichnet sich ein ähnliches Bild: Für Unterbringungen im besonders gesicherten Haftraum ist keine Zustimmungspflicht vorgesehen, ebenso wenig für Fesselungen oder Fixierungen. Etwaige Unterbringungen in Einzelhaft werden statistisch nicht erfasst bzw. mitgeteilt. Die Anzahl der im Landesgebiet getätigten Sicherheitsverlegungen ist als Verschlusssache eingestuft.

Statistische Daten können, sofern vorhanden, lediglich für die Bundesländer Mecklenburg-Vorpommern, Niedersachsen und Nordrhein-Westfalen dargestellt werden.

Das Justizministerium in Mecklenburg-Vorpommern hatte im Zeitraum 31.03.2017-31.03.2018 im gesamten Landesgebiet eine Zustimmung zu einer länger als 30 Tagen andauernden Unterbringung im besonders gesicherten Haftraum zu erteilen. Ebenso musste eine Zustimmung zur Unterbringung in Einzelhaft erteilt werden. Fesselung bzw. Fixierung bedürfen in Mecklenburg-Vorpommern keiner Zustimmung durch das Justizministerium. Im zuvor genannten Zeitraum fanden zudem drei Sicherheitsverlegungen von der Justizvollzugsanstalt Waldeck in die Justizvollzugsanstalt Bützow statt.

Niedersachsen sieht für die Unterbringung im besonders gesicherten Haftraum und etwaige Fesselungen bzw. Fixierungen keine gesetzliche Zustimmungspflicht vor. Das niedersächsische Justizministerium betonte jedoch, dass es in den Fällen längerer Unterbringung im besonders gesicherten Haftraum oder bei Fesselungen bzw. Fixierungen eine enge Abstimmung zwischen den Justizvollzugsanstalten und dem Justizministerium gäbe. In Niedersachsen bestehen sowohl für die Unterbringung im besonders gesicherten Haftraum und in Einzelhaft sowie in Fällen von Fesselung oder Fixierung umfangreiche Berichtspflichten. Obwohl die Anordnungen im Ermessen der Justizvollzugsanstalten stehen, kann das Justizministerium bei etwaigen Zweifeln einen zusätzlichen Bericht anfordern. Bis zur Aufhebung der besonderen Sicherungsmaßnahmen berichten die Justizvollzugsanstalten dem Justizministerium etwaige Veränderungen. Sofern keine Zweifel oder Reaktionen seitens des Justizministeriums erfolgen, kann das Schweigen inzident als Zustimmung zur weiteren Unterbringung bzw. Fesselung/Fixierung gewertet werden. Letztlich bestehen folglich ebenso Zustimmungspflichten für die Unterbringung im besonders gesicherten Haftraum sowie bei Fesselungen/Fixierungen, die jedoch, anders als bei Unterbringung in Einzelhaft gem. § 82 Abs. 2 S. 1 NJVollzG, auf dem Erlasswege im Landesrahmenkonzept für Sicherheitsstationen normiert wurden.

Unterbringungen in Einzelhaft, die länger als drei Monate andauern, werden jedoch statistisch in Niedersachsen nicht erfasst. Eine Auswertung der Vorgänge im vorgenannten Zeitraum ergab jedoch 14 Zustimmungen bei insgesamt neun Gefangenen. Die Sicherheitsverlegungen in Landesgebiet werden ebenfalls statistisch nicht erfasst.

In Nordrhein-Westfalen ist grundsätzlich nur eine Zustimmungspflicht des Justizministeriums bei einer länger als 30 Tage andauernden Unterbringung in Einzelhaft vorgesehen. Im zuvor genannten Zeitraum hatte das nordrhein-westfälische Justizministerium jeweils zwei Zustimmungen für die Justizvollzugsanstalt Düsseldorf und Köln zu erteilen. Ebenso wie in Niedersachsen werden Sicherheitsverlegungen statistisch nicht erfasst und ausgewertet.

Im Ergebnis lässt sich daher festhalten, dass zu den Zustimmungsvorkommnissen im Bundesländervergleich im Zeitraum 31.03.2017 bis 31.03.2018 nur eingeschränkt Aussagen, für Bayern, Berlin und Hamburg keinerlei Aussagen getätigt werden können.

Bei den verbleibenden Bundesländern Mecklenburg-Vorpommern, Niedersachsen und Nordrhein-Westfalen sind die gewonnenen Ergebnisse ebenfalls lediglich bedingt vergleichbar. Allerdings scheint es sich – wie die nachfolgenden Zahlen andeuten – in allen Bundesländern um sehr seltene Ereignisse zu handeln.

Mecklenburg-Vorpommern tätigte jeweils eine Zustimmung bei einer länger als 30 Tage andauernden Unterbringung im besonders gesicherten Haftraum und einer länger als 30 Tage andauernde Unterbringung in Einzelhaft im zuvor genannten Zeitraum. Im selben Zeitraum erfolgten insgesamt drei Sicherheitsverlegungen im Landesgebiet.

Niedersachsen tätigte nahezu keine statistischen Erfassungen, einzig durch Aktenauswertungen seitens des Justizministeriums konnte in Erfahrung gebracht werden, dass für den hier zu untersuchten Zeitraum 14 Zustimmungen zur Unterbringung in Einzelhaft für insgesamt neun Gefangene getätigt werden mussten.

Im zuvor benannten Zeitraum erteilte Nordrhein-Westfalen in insgesamt vier Fällen die Zustimmung zu einer länger als 30 Tage andauernden Unterbringung in Einzelhaft. Dabei war jeweils zwei Gefangenen in den Justizvollzugsanstalten Düsseldorf und Köln betroffen.

Die einzig tatsächlich vergleichbaren Zustimmungserfordernisse betreffen die Unterbringung in Einzelhaft. Mit insgesamt 14 Zustimmungen bei neun Gefangenen erteilte Niedersachsen die meisten Zustimmungen, gefolgt von Nordrhein-Westfalen mit vier Zustimmungen und Mecklenburg-Vorpommern mit einer Zustimmung im Zeitraum 31.03.2017 bis 31.03.2018.

### 6.3.6 Bedarfsermittlung und Verteilungsschlüssel

Der folgende größere Themenkomplex widmete sich der Bedarfsermittlung und dem Verteilungsschlüssel. Dabei stellte sich als erstes die Frage, wie der Bedarf an benötigten Plätzen zur sicheren Unterbringung im Landesgebiet ermittelt wird. Auch galt es zu untersuchen, ob der Bedarf landesweit oder individuell für jede Justizvollzugsanstalt im Bundesland festgestellt wird. Schließlich wurde erfragt, wie das individuelle Vorgehen der Bundesländer ausgestaltet war, sofern alle bereitgehaltenen Plätze zur sicheren Unterbringung belegt bzw. ausgeschöpft sind. Die nachfolgenden Fragen widmeten sich der Verteilung innerhalb des Landesgebiets. Ein Augenmerk lag dabei auf dem Verteilungsschlüssel der Bundesländer, der zweite Schwerpunkt darauf, ob die hier zu untersuchenden Bundesländer bei der Verteilung nach einem bestimmten System oder Konzept vorgehen, also beispielsweise fluchtgefährliche Gefangene in einer bestimmten Justizvollzugsanstalt untergebracht werden.

### 6.3.6.1 Bedarfsermittlung

Im Rahmen der Bedarfsermittlung stellte sich die Frage, wie die hier zu untersuchenden Bundesländer den Bedarf an benötigten Plätzen zur sicheren Unterbringung ermitteln und ob dieser Bedarf landesweit kalkuliert oder individuell für jede Justizvollzugsanstalt im Landesgebiet erfasst wird.

Bayern verwies ausweislich des Fragebogens darauf, dass sich diese Frage bei 36 Justizvollzugsanstalten im Landesgebiet noch nicht gestellt hätte. Gerade bei problematischen und gefährlichen Gefangenen erfolge üblicherweise zunächst eine Verlegung in eine Anstalt, die aktuell ein höheres Sicherheitsniveau aufweise. Die Verlegung erfolge auch nicht nach einem vorgegebenen Verteilungssystem, vielmehr würden die Betroffenen Anstaltsleiter miteinander telefonieren und die Verlegung so vereinbaren. Durch die Sicherheitsverlegung könne, aufgrund des höheren Sicherheitsniveaus, insgesamt häufig auf einschneidende Maßnahmen wie die Absonderung und Einzelhaft verzichtet werden. Die Anwendung dieser Maßnahmen sei unvermeidlich, wenn die Inhaftierten in ihrer ursprünglichen Anstalt verbleiben müssten. Insgesamt strebt der Freistaat Bayern eine sogenannte „WIN-WIN"-Situation für alle Beteiligten an. Der Gefangene hat die Möglichkeit, dem belastenden Umfeld zu entkommen und seinen Alltag in einer anderen Justizvollzugsanstalt zu verleben, während die ursprünglich Justizvollzugsanstalt auf die Anordnung einschneidender Maßnahmen, wie beispielsweise der Einzelhaft, verzichten kann.

In Berlin wird der Bedarf an benötigten Plätzen zur sicheren Unterbringung individuell für jede Justizvollzugsanstalt durch Auswertung der jährlich anfallenden Zahlen ermittelt.

Hamburg betonte, dass eine Ermittlung der benötigten Plätze nicht notwendig sei, da der Bedarf hinreichend gedeckt sei. Aus den Rückfragen ergab sich jedoch, dass der Bedarf an benötigten Plätzen zur sicheren Unterbringung nicht im Justizressort des Senats ermittelt, sondern durch die Anstalten gemeldet werden würde. Der Bedarfsermittlung liegen langjährige Erfahrungswerte aus dem Anstaltsbetrieb zu Grunde.

Mecklenburg-Vorpommern teilt mit, dass der Bedarf an benötigten Plätzen zur sicheren Unterbringung nicht gesondert ermittelt werden, weder anstaltsintern noch landesweit.

In Niedersachsen wird der Bedarf an benötigten Plätzen zur sicheren Unterbringung für das gesamte Landesgebiet auf Grundlage der allgemeinen Belegungsentwicklung ermittelt.

Nordrhein-Westfalen teilt mit, dass aufgrund jahrzehntelanger Erfahrung der Aufsichtsbehörde bekannt sei, wie viele Plätze in verstärkt gesicherten Abteilungen vorgehalten werden müssten. Allerdings verfolge Nordrhein-Westfalen das Konzept, solche Abteilung nicht nur mit gefährlichen Gefangenen zu belegen, da hierdurch die Gefahr einer beispielsweise Geiselnahme oder Meuterei erhöht werden würde. Darüber hinaus ist jede Anstaltsleitung dafür verantwortlich, die Gefährlichkeit jedes einzelnen Gefangene einzuschätzen. Führt diese zum Ergebnis, dass die eigene Anstalt zur sicheren Unterbringung nicht geeignet ist, hat sie sich um eine Verlegung aus Sicherheitsgründen zu bemühen. Der Bedarf wird folglich anstaltsintern ermittelt.

Im Ergebnis ergibt sich ein geteiltes Bild. Berlin und Niedersachsen eruieren den Bedarf auf Grundlage der allgemeinen Belegungsentwicklung, wobei Berlin den Bedarf anstaltsintern, Niedersachsen landesweit berechnet. Bayern und Mecklenburg-Vorpommern ermitteln den Bedarf weder landesweit noch anstaltsintern. Insbesondere Bayern verfolgt ein eigenes Verlegungskonzept, das „sowohl dem Interesse der Justizvollzugsanstalt als auch dem des Gefangenen dienen soll". In Nordrhein-Westfalen ergibt sich ein geteiltes Bild: Einerseits kann das Justizministerium aufgrund langjähriger Erfahrung abschätzen, wie viele Plätze in der Zukunft benötigt werden, andererseits bestimmen die Anstaltsleiter über die angemessene sichere Unterbringung des Gefangenen in ihrer Anstalt. Auch Hamburg berechnet den Bedarf auf Grundlage langjähriger Erfahrung sowie den Bedarfsmeldungen aus den landesweiten Justizvollzugsanstalten.

### 6.3.6.2   Vorgehensweise bei Kapazitätsauslastung

Im Anschluss daran sollte erfragt werden, wie die individuelle Vorgehensweise der Bundesländer bei Kapazitätsauslastung aussieht.

Bayern verwies auf die Antwort auf die vorherigen Fragen, wonach versucht wird, eine Justizvollzugsanstalt unter den 36 Justizvollzugsanstalten im bayerischen Landesgebiet zu finden, in der der Gefangene, auch in seinem eigenen Interesse, sicher und störungsfrei untergebracht werden kann. Dabei wird eine Verlegung angestrebt, die sowohl für die abgebende Justizvollzugsanstalt als auch für den Gefangenen vorteilhaft ist. Ziel dieser Verlegung ist es, einschneidende Sicherungsmaßnahmen wie die Absonderung oder Einzelhaft zu vermeiden und den Gefangenen in der aufnehmenden Justizvollzugsanstalt einen reibungslosen Alltag zu ermöglichen.

Berlin strebt in Fällen der Kapazitätsauslastung eine Verlegung in eine andere Justizvollzugsanstalt des Landes Berlin an. In besonderen Fällen, in denen in keiner anderen Anstalt des Landes Berlin eine sichere Unterbringung des Gefangenen ohne erhebliche Gefährdung des Personals möglich ist, wird die Verlegung in ein anderes Bundesland angestrebt.

Hamburg betont, dass solche Fälle sehr selten vorkommen und, sofern sie eintreten, eine Verlegung auf eine Sicherheitsstation einer anderen Justizvollzugsanstalt vorgenommen wird.

Mecklenburg-Vorpommern prüft vor einer potentiellen Verlegung die Anwendung besonderer Sicherungsmaßnahmen. Sollten diese Maßnahmen nicht erfolgversprechend sein, wird gegebenenfalls versucht, den Gefangenen in eine andere Justizvollzugsanstalt des Landes oder in ein anderes Bundesland zu verlegen.

Niedersachsen verwies darauf, dass dieser Fall bisher noch nicht eingetreten war, da das Bundesland seinen Haftraumbedarf vorausschauend planen würde.

Nordrhein-Westfalen meldet, dass ein solcher Fall aufsichtsbehördlich bislang noch nicht bekannt geworden wäre.

Es lässt sich feststellen, dass die Vorgehensweise der meisten hier zu untersuchenden Bundesländer einheitlich ist. Bayern, Berlin, Hamburg und Mecklenburg-Vorpommern streben eine Verlegung in eine andere Justizvollzugsanstalt des Landes an. Berlin und Mecklenburg-Vorpommern betonten zudem, dass auch eine Verlegung über Landesgrenzen hinaus möglich sei. Niedersachsen hob hervor, dass aufgrund vorausschauender Haftraumbedarfsplanung dieser Fall bisher nicht eingetreten ist. Nordrhein-Westfalen verwies ebenfalls darauf, dass dieser Fall ministeriumsintern unbekannt sei.

### 6.3.6.3 Verteilungsschlüssel

Die folgenden Fragen untersuchten den potentiellen Verteilungsschlüssel für besonders sicherungsbedürftige Gefangene auf die sich im Bundesland befindlichen Justizvollzugsanstalten. Im Anschluss daran wurde erfragt, ob bei der Verteilung nach einem bestimmten System oder Konzept vorgegangen wird, d. h. ob sicherungsbedürftige Gefangene, die ähnliche Merkmale aufweisen (beispielsweise Fluchtgefahr) zusammen in bestimmten Justizvollzugsanstalten untergebracht werden.

Bayern führte aus, dass es für das Bundesland keine Verteilungskonzepte gebe. Der Vollstreckungsplan für den Freistaat Bayern stelle die erste und wesentliche Weichenstellung dar, in dem insbesondere auch nach der Dauer der zu vollstreckenden Strafe differenziert werde. Darüberhinausgehende Aspekte würden in jedem Einzelfall geprüft und gewichtet. Gegebenenfalls erfolge eine gezielte Verlegung in Abweichung vom Vollstreckungsplan, die jedoch der Zustimmung der Aufsichtsbehörde bedürfe.

Auch Berlin betonte, dass eine Verteilung immer nach den Gegebenheiten des jeweiligen Einzelfalls erfolgen würde. Anhaltspunkte würden sich hierbei ebenfalls aus dem Vollstreckungsplan des Landes Berlin ergeben. So werde unter anderem die zu vollziehende Haftart berücksichtigt werden. Fluchtgefährliche Gefangene werden in Anstalten untergebracht, die einen hohen Sicherheitsgrad aufweisen. Im Land Berlin entsprechen diesem Standard die Justizvollzugsanstalten Moabit und Tegel. Sollte wegen Gefährlichkeit oder Gefährdung durch andere Gefangene eine Unterbringung in der Justizvollzugsanstalt Moabit nicht möglich sein, kann der Gefangene ausnahmsweise in einer anderen Anstalt im Land Berlin oder, sollte auch dies nicht ausreichen, in einem anderen Bundesland untergebracht werden.

Hamburg verwies darauf, dass die Verteilung sich grundsätzlich nach dem in den Vollstreckungsplan aufgeführten Justizvollzugsanstalten richten würde. In besonderen Ausnahmefällen erfolge jedoch eine vorübergehende Überstellung in eine andere Justizvollzugsanstalt innerhalb Hamburgs oder in ein anderes Bundesland. Die Verlegung geschähe dabei immer im Rahmen einer Einzelfallprüfung. Entsprechende Konzepte bestünden nicht.

Mecklenburg-Vorpommern bezog sich auf die vorangegangenen Ausführungen, wonach es keine Sicherheitsstationen oder entsprechend feste Haftplätze im Land gebe. Demnach existiere auch kein Verteilungsschlüssel oder ein bestimmtes Konzept zur Verteilung.

Niedersachsen erklärte, dass die Übernahme eines Gefangenen in die Sicherheitsstation einer anderen Justizvollzugsanstalt im Bundesland als eine Sache behandelt werde. Bei Verlegung bzw. Überstellung auf dem Normalvollzug in Sicherheitsstation trage die Entscheidungsverantwortung und Begründungspflicht die abgebende Justizvollzugseinrichtung. Bestimmte Verteilungskonzepte existieren nicht.

Nordrhein-Westfalen führte aus, dass es keinen Verteilungsschlüssel oder ein Verteilungskonzept im Bundesland gebe. Jede Anstaltsleitung sei für die Verlegung gefährlicher Gefangener selbstständig verantwortlich. Es existieren lediglich Sicherheitsempfehlungen, wonach es sich verbiete mehrere Geiselnehmer auf derselben Haftabteilung unterzubringen, da die Gefahr eines erneuten einschlägigen Vorkommnisses zu groß sei.

Abschließend kann festgehalten werden, dass die Bundesländer Bayern, Berlin und Hamburg als Grundlage für die Verteilung im Bundesland die Maßgaben der Vollstreckungspläne berücksichtigen. Mecklenburg-Vorpommern, Niedersachsen und Nordrhein-Westfalen haben dieses Vorgehen in ihren Ausführungen nicht explizit benannt, es ist jedoch davon auszugehen, dass hierbei ähnliche Abläufe Anwendung finden. Darüber hinaus erklärten Mecklenburg-Vorpommern, Niedersachsen und Nordrhein-Westfalen das es keine Verteilungskonzepte gebe. Niedersachsen und Nordrhein-Westfalen verwiesen erneut darauf, dass die Verlegung sicherungsbedürftiger Gefangener der Entscheidungskompetenz des jeweiligen Anstaltsleiters unterliege.

### 6.3.7 Prozentuale Anteile an der Gesamtgefängnispopulation

Wie bereits eingangs ausgeführt, handelt es sich bei den hier zu untersuchenden Gefangenengruppierungen im Vergleich zur gesamten Gefangenenpopulation um eine verhältnismäßig kleine Gruppe. Die nächsten Fragen zielten daher darauf ab, jenes Verhältnis innerhalb der hier zu untersuchenden Bundesländer herauszustellen. Zunächst wurde erfragt, wie groß die Anzahl der inhaftierten Gefangenen zum Stichtag 31.03.2018 war, die sich auf den jeweiligen Sicherheitsstationen der zuvor genannten Justizvollzugsanstalten befanden. Sofern statistische Daten übermittelt wurden, ergibt sich aus *Tabelle 3* ein erster Überblick.

Die hierbei gewonnenen Ergebnisse wurden im Anschluss in Verhältnis zu der Gesamtgefangenenpopulation in den zuvor genannten Justizvollzugsanstalten gesetzt, um ein prozentuales Verhältnis von besonders sicherungsbedürftigen Häftlingen zu der Gesamtgefangenenpopulation zu erhalten.

**Tabelle 6:** **Prozentuale Anteile im Bundesländervergleich zum Stichtag 31.03.2018**

| | Gesamtgefangenen-population | Besonders sicherungsbedürftige Gefangene | Prozentualer Anteil |
|---|---|---|---|
| **Bayern** | 10.465* | Keine Angabe möglich | - |
| **Berlin (JVA Tegel)** | 854* (28.03.2018) 842* (04.04.2018) | 7 6 | 0,8% 0,7% |
| **Hamburg (Landesweit)** | 1.997* | Keine Angabe möglich | - |
| **Mecklenburg-Vorpommern** | 834* | Keine Angabe möglich | - |
| **Niedersachsen** | 3.708* | 24 | 0,7% |
| **Nordrhein-Westfalen** | 10.690* | 9 | (0,08%) |

Anmerkung:
* Ausweislich der Fragebögen wurden männliche erwachsene Gefangene im geschlossenen Vollzug zu Grunde gelegt. Zu einer Berechnung bezogen auf den Gesamtvollzug in Berlin siehe unten.

Bei den hier zu untersuchenden Bundesländern war die Ermittlung des prozentualen Verhältnisses der besonders sicherungsbedürftigen Gefangenen nicht für jedes Bundesland möglich.

Ausweislich des Fragebogens lässt sich ein prozentuales Verhältnis für Bayern nicht ermitteln. Die Gefangenen werden nicht statistisch hinsichtlich ihres Gefährdungspotenzials erfasst. Zum 31.03.2018 befanden sich insgesamt 11.300

männliche Gefangene in Haft, davon 10.465 männliche Gefangene im geschlossenen Vollzug. Da Bayern, wie bereits zuvor ausgeführt, über keine Sicherheitsstationen verfügt und die Anzahl der besonders sicher untergebrachten Gefangenen statistisch nicht erfasst, ist ein prozentualer Vergleich an dieser Stelle nicht möglich.

Für das Bundesland Berlin muss berücksichtigt werden, dass sich die einzige Sicherheitsstation des Landes in der Justizvollzugsanstalt Tegel befindet. Ausweislich der sogenannten Mittwochszahlen waren auf der Sicherheitsstation B I der Justizvollzugsanstalt Tegel am 28.03.2018 sieben Gefangene und am 04.04.2018 sechs Gefangene untergebracht. Im Vergleich dazu waren am 28.03.2018 in der Justizvollzugsanstalt Tegel insgesamt 854 männliche Gefangene und am 04.04.2018 842 Gefangene inhaftiert. Für den Stichtag 28.03.2018 betrug daher der Anteil an besonders sicherungsbedürftigen Gefangenen im Verhältnis zur Gesamtgefangenenpopulation 0,8%. Für den Stichtag 04.04.2018 war der Anteil an besonders sicherungsbedürftigen Gefangenen im Verhältnis zur Gesamtgefangenenpopulation 0,7%. Berechnet man den Anteil auf die Gesamtpopulation des Berliner Strafvollzugs von männlichen Gefangenen des Erwachsenenvollzugs (n = 2.386 zum Stichtag 31.03.2018), so reduziert sich der Prozentanteil auf lediglich 0,3%.

Für das Bundesland Hamburg muss wiederum berücksichtigt werden, dass im gesamten Landesgebiet Sicherheitsstationen in unterschiedlichen Justizvollzugsanstalten vorgehalten werden (vergleiche dazu vorherige Ausführungen). Hamburg erfasst jedoch die Auslastung der Sicherheitsstationen im Landesgebiet nicht auf statistischem Wege. Der prozentuale Anteil besonders sicherungsbedürftiger Gefangene, die zum hier fraglichen Zeitpunkt auf einer Sicherheitsstation im Hamburger Landesgebiet untergebracht waren, kann demnach nicht angegeben werden.

Die Berechnung des prozentualen Anteils besonders sicherungsbedürftiger Gefangener im Vergleich zur Anzahl der Gesamtgefangenenpopulation war für das Bundesland Mecklenburg-Vorpommern ebenso wie für Bayern nicht möglich. Da die Justizvollzugsanstalten Mecklenburg-Vorpommerns nicht über Sicherheitsstationen oder verstärkt gesicherte Haftbereiche verfügen und auch darüber hinaus die Anzahl besonders sicherungsbedürftiger Gefangener statistisch nicht erfasst wird, kann kein prozentuales Verhältnis errechnet werden. Zum Stichtag 31.03.2018 betrug jedoch die Gesamtgefangenenpopulation von männlichen erwachsenen Strafgefangenen im geschlossenen Vollzug im gesamten Landesgebiet Mecklenburg-Vorpommerns insgesamt 834 Gefangene.

Für das Bundesland Niedersachsen war eine genaue Aufschlüsselung hingegen wieder möglich. Da die Sicherheitsstationen des erwachsenen Männervollzuges eine landesweite Zuständigkeit haben, muss die Anzahl der in den Sicherheitsstationen untergebrachten Gefangenen auf die Gesamtbelegung des Landes bezogen werden. Zum Stichtag 31.03.2018 waren insgesamt 3.708 erwachsene Männer inhaftiert. Zu diesem Stichtag waren insgesamt 24 erwachsene Männer auf den Sicherheitsstationen im Landesgebiet Niedersachsen untergebracht. Dies entspricht einem prozentualen Anteil von 0,6%. Die vom Justizministerium Niedersachsen benannten 37 Strafgefangenen verteilen sich auf die zuvor genannten Justizvollzugsanstalten mit Sicherheitsstationen wie folgt, vgl. *Tabelle 7*:

**Tabelle 7:** **Belegungsfähigkeit und tatsächliche Auslastung der Sicherheitsstationen in den niedersächsischen Justizvollzugsanstalten**

| Anstalt | Belegungs-fähigkeit | Belegung zum 31.03.2018 | Auslastung |
|---------|---------------------|-------------------------|------------|
| JA Hameln[818] | 19 | 12 | 63% |
| JVA Celle | 10 | 2 | 20% |
| JVA Oldenburg | 10 | 6 | 60% |
| JVA Rosdorf[819] | 3 | 1 | 33% |
| JVA Sehnde | 20 | 10 | 50% |
| JVA Wolfenbüttel | 6 | 6 | 100% |
| Gesamt: | 68 | 37 | 54% |

\*      Davon im Männererwachsenenvollzug: 24, s. *Tabelle 6*.

Zwei Gefangene waren in der Justizvollzugsanstalt Celle auf der Sicherheitsstation untergebracht, wobei insgesamt 10 Plätze vorgehalten werden. Dies entspricht einer Auslastung von 20%.

Sechs Gefangene beherbergte die Justizvollzugsanstalt Oldenburg bei einer Belegungsfähigkeit von 10 Plätzen. Dies entspricht einer Auslastung von 60%.

Zehn Gefangene verbüßten in der Justizvollzugsanstalt Sehnde ihre Haftstrafe auf der Sicherheitsstation. Insgesamt werden in der Justizvollzugsanstalt Sehnde 20 Haftplätze vorgehalten. Dies entspricht einer Auslastung von 50%.

Sechs Gefangene waren in der Justizvollzugsanstalt Wolfenbüttel auf der Sicherheitsstation untergebracht, wobei die maximale Belegungsfähigkeit sechs Haftplätze umfasst. Dies entspricht einer Auslastung von 100%.

---

818  Ausweislich des Fragebogens handelt es sich hierbei um die Sicherheitsstation der Jugendanstalt Hameln. Im Hinblick auf den Forschungsgegenstand sind die Daten in *Tabelle 6* nicht mit einbezogen, sollen der Vollständigkeit halber jedoch an dieser Stelle Erwähnung finden.

819  Ausweislich des Fragebogens handelt es sich hierbei um eine ausschließliche Sicherheitsstation für Sicherungsverwahrte. Im Hinblick auf den Forschungsgegenstand sind die Daten in *Tabelle 6* nicht mit einbezogen, sollen der Vollständigkeit halber jedoch an dieser Stelle Erwähnung finden.

Für die Berechnung des prozentualen Verhältnisses für das Bundesland Nord-rhein-Westfalen muss berücksichtigt werden, dass ausweislich des Fragebogens besonders sicherungsbedürftige Gefangene in Nordrhein-Westfalen nicht bekannt und daher statistisch nicht erfasst werden. Berichtspflichtig sind nur sogenannte gefährliche Gefangene. Zum Stichtag 31.03.2018 waren in Nordrhein-Westfalen insgesamt neun gefährliche Gefangene untergebracht. Die Gesamtgefangenenpo-pulation männlicher, erwachsener Gefangener im geschlossenen Vollzug betrug zum gleichen Zeitpunkt 10.690 Inhaftierte. Dies entspräche einem Anteil von 0,1%. Jedoch muss hierbei berücksichtigt werden, dass die Definition des gefähr-lichen Gefangenen im Rahmen des Fragebogens als Verschlusssache eingestuft und nicht näher erläutert werden konnte. Es ist demnach an dieser Stelle unklar, welche Kriterien die gefährlichen Gefangenen aufweisen müssen und ob es Über-schneidungen mit den hier zu untersuchenden besonders sicherungsbedürftigen Gefangenen gibt. Der prozentuale Anteil kann zwar ermittelt werden, ist aber auf Grund der vorherigen Ausführungen nur eingeschränkt aussagekräftig.

Ausweislich des Fragebogens ist jedoch erkennbar, dass die neun gefährli-chen Gefangenen alle auf den verstärkt gesicherten Abteilungen der vorgenannten Justizvollzugsanstalten untergebracht sind. Die neun gefährlichen Gefangenen verteilen sich wie folgt (s. auch oben *Tabelle 5*):

**Tabelle 8:** **Belegungsfähigkeit und tatsächliche Auslastung der Si-cherheitsstationen in den nordrhein-westfälischen Justiz-vollzugsanstalten**

| Anstalt | Belegungsfähigkeit | Belegung zum 31.03.2018 |
|---|---|---|
| **JVA Bielefeld- Brackwede** | 26* | 3 |
| **JVA Bochum** | - | 1 |
| **JVA Düsseldorf** | - | 3 |
| **JVA Köln** | - | 2 |
| **JVA Wuppertal-Vohwinkel** | - | 0 |

\* Ausweislich *Benli* 2018, S. 13.

Drei Gefangene sind in der Justizvollzugsanstalt Bielefeld-Brackwede als ge-fährlich gemeldet. *Benlis* Präsentation konnte entnommen werden, dass in der Jus-tizvollzugsanstalt Bielefeld-Brackwede insgesamt 26 Haftplätze in verstärkt ge-sicherten Haftbereichen zur Verfügung stehen. Sofern gefährliche Gefangene in Nordrhein-Westfalen in den verstärkt gesicherten Haftbereichen untergebracht werden, hätte die Auslastung die Justizvollzugsanstalt Bielefeld-Brackwede zum

31.03.2018 11% betragen. Wie groß die Belegungsfähigkeit auf verstärkt gesicherten Haftbereichen in den übrigen hier benannten Justizvollzugsanstalten ist, wurde nicht beantwortet. Folglich können hierbei ebenfalls keine Rückschlüsse auf die Auslastung gezogen werden. Ein Gefangener gilt in der Justizvollzugsanstalt Bochum als gefährlich, drei Gefangene in der Justizvollzugsanstalt Düsseldorf, zwei Gefangene in der Justizvollzugsanstalt Köln und kein Gefangener ist in der Justizvollzugsanstalt Wuppertal-Vohwinkel als gefährlich gemeldet.

Die vorherigen Ausführungen fördern eine Vielzahl von Resultaten zu Tage. Zunächst ist festzuhalten, dass die Gesamtgefangenenpopulationen von männlichen erwachsenen Strafgefangenen im geschlossenen Vollzug innerhalb der hier untersuchten Bundesländer in Nordrhein-Westfalen mit insgesamt 10.690 Inhaftierten, dicht gefolgt vom Freistaat Bayern mit insgesamt 10.465 Gefangenen die höchsten darstellen. Landesweit betrachtet ist dagegen Mecklenburg-Vorpommern mit insgesamt 834 männlichen erwachsenen Gefangenen im geschlossenen Vollzug das Bundesland mit der niedrigsten Gesamtgefangenenpopulation unter den hier untersuchten Ländern.

Das Verhältnis zwischen besonders sicherungsbedürftigen Gefangenen und der Gesamtgefangenenpopulation von männlichen erwachsenen Strafgefangenen im geschlossenen Vollzug konnte vorliegend nicht für jedes der Bundesländer dargestellt werden. Bayern und Mecklenburg-Vorpommern verfügen über keine Sicherheitsstation oder verstärkt gesicherte Haftbereiche, sodass dahingehend keine Angaben möglich waren. Auch wird in beiden Bundesländern die Anzahl der besonders sicher untergebrachten Gefangenen statistisch nicht erfasst. Auch Hamburg weist die Auslastung der Sicherheitsstationen im Landesgebiet nicht statistisch aus. Nordrhein-Westfalen gibt zur hier zu untersuchenden Tätergruppierung keine Zahlen an. Ein Vergleich mit den dort bekannten „gefährlichen" Gefangenen ist allenfalls Indiz dafür, dass es sich um eine sehr kleine Gruppe handeln muss. Ein konkretes prozentuales Verhältnis konnte nur für Berlin und Niedersachsen ermittelt werden.

In der Justizvollzugsanstalt Tegel (Berlin) betrug die Gesamtgefangenenpopulation zum Stichtag 28.03.2018 854 Gefangene, sieben galten als besonders sicherungsbedürftig. Dies entspricht einem prozentualen Anteil von 0,8%, bezogen auf den gesamten Männererwachsenenvollzug in Berlin knapp 0,3%. Für den Stichtag 04.04.2018 betrug die Gesamtgefangenenpopulation 842 Gefangene, davon galten sechs Gefangene als besonders sicherungsbedürftig. Dies entspricht einem Anteil von 0,7%, bezogen auf den gesamten Männererwachsenenvollzug in Berlin knapp 0,3%.

Da in Niedersachsen für Sicherheitsstationen ebenfalls eine landesweite Zuständigkeit gilt, musste auch hier die Gesamtgefangenenpopulationen des Landes zu Grunde gelegt werden. Zum Stichtag 31.03.2018 betrug diese 3.708 männliche erwachsene Gefangene im geschlossenen Vollzug. Zu diesem Zeitpunkt waren landesweit insgesamt 24 Gefangene auf Sicherheitsstationen untergebracht. Dies entspricht einem prozentualen Anteil von 0,6%.

Für die Bundesländer, für die ein prozentualer Anteil ermittelt werden konnte, lässt sich demnach festhalten, dass der Anteil an besonders sicherungsbedürftigen Gefangenen im Verhältnis zur Gesamtgefangenenpopulation i. d. R. weniger als ein Prozent beträgt.

Im Ergebnis lässt sich folglich festhalten, dass Bayern, Hamburg und Mecklenburg-Vorpommern in den Vergleich nicht mit einbezogen werden konnten, Nordrhein-Westfalens Ergebnisse an dieser Stelle nur eingeschränkt interpretierbar sind und sich die Resultate aus Berlin und Niedersachsen sich insoweit ähneln, dass es sich quantitativ um eine sehr kleine Gruppe besonders sicherungsbedürftiger Gefangener handelt.

### 6.3.8 Besondere baulich-technische Standards

Der folgende Fragenkomplex widmete sich den baulich-technischen Standards der Sicherheitsbereiche. Es wurde erfragt, ob baulich-technische Standards für Sicherheitsstationen bestünden und wer über diese entscheidet. Schließlich sollte dargelegt werden, in welchen Bereichen (baulich, technisch, personell) sich die Sicherheitsbereiche konkret von regulären Einrichtungen des geschlossenen Vollzugs unterscheiden.

Bayern führte aus, dass es „für den Neubau von Justizvollzugsanstalten einheitliche Standards gebe, die unter Beteiligung des Staatsministeriums der Justiz, dem Staatsministerium der Finanzen, der Bauverwaltung sowie erfahrenen Praktikern ausgearbeitet wurden". Die Anforderungen werden regelmäßig überarbeitet. Weitergehende Ausführungen seien hierzu nicht möglich, da sie als Verschlusssache eingestuft sind. Da aber keine Sicherheitsstationen oder -bereiche existieren, gibt es dahingehend weder baulich-technische noch personelle Vorgaben. Müssen Gefangene unter besonderen Sicherheitsvorgaben inhaftiert und betreut werden, werden die für den Einzelfall notwendigen Maßnahmen festgelegt („z. B. Öffnen des Haftraums mit Sicherheitsgruppe oder feste Anzahl an anwesenden Beamten").

In Berlin existieren spezielle Vorgaben, „die, sofern es die örtlichen Gegebenheiten zulassen, beachtet werden". Dazu gehört beispielsweise ein gesonderter Freistundenbereich. Manche Zellen sind mit gesonderten Trenngittern versehen. Die „Standards werden von der Senatsverwaltung für Justiz unter Beteiligung des Mietermanagements[820] für Justizvollzugsanstalten und der betroffenen Justizvollzugsanstalt fest".

Auch Hamburg verfügt über spezielle baulich-technische Vorgaben für die sich im Land befindlichen Sicherheitsstationen. Die Standards werden bei Neu-

---

820 Das Land Berlin hat ausgewählte Justizvollzugsanstalten im Rahmen eines Pilotprojektes in ein Vermieter-Mieter-Modell übertragen, vgl. *Senatsverwaltung für Justiz, Verbraucherschutz und Antidiskriminierung* 2011.

bauten oder im Rahmen von Sanierungsmaßnahmen „soweit wie möglich umgesetzt". Dazu gehören unter anderem der Einbau von „Videotechnik, Verpixelung, Haftraumausstattung, gesichert gegen Vandalismus, Fesselbetten, besondere Haftraumtüren und abweichende Haftraumgrößen". Darüber hinaus verändert sich der personelle Schlüssel, um den gesetzlichen Vorgaben der Unterbringung gerecht zu werden. Die Standards werden kontinuierlich aktualisiert und dem neuesten technisch-wissenschaftlichen Stand angepasst. Über die Standards entscheidet die Abteilung Justizvollzug des Justizministeriums in Abstimmung mit den Justizvollzugsanstaltsleitungen.

In Ermangelung von Sicherheitsstationen verfügt Mecklenburg-Vorpommern folglich auch nicht über Standards für solche. Allerdings gibt es sog. Raumbedarfspläne für besonders gesicherte Haftraume und Einzelhaftraume.

Einzelhaftraume (ausgestattet als Arresthaftraum) mit Sanitärbereich sollen folgenden Standard aufweisen:

- Edelstahl-WC und Edelstahl-Waschtisch, gesichert gegen Vandalismus;
- WC mit in der Wand installiertem Wasserkasten (Installationsschacht vom Flur zugänglich) sowie einer Konsole;
- Handtuchdoppelhaken aus Metall, Spiegel aus Sicherheitsglas, WC-Papierhalter, WC-Bürstenhalter, Steckdose und Leuchte in Spiegelnähe mit integriertem Bewegungsmelder, Absperrventil für das Wasser nur von außen zugänglich;
- Dreh-Kippfenster;
- Fenstervergitterung, Feingitter;
- Haftraumtür mit Kostklappen nach außen öffnend, Haftraumschloss;
- Zellenkommunikationsanlage mit Lichtruf sowie Gegensprechanlage zur Aufsicht und Signallampe über der Haftraumtür (außen);
- Einputzschiene für Vorhänge;
- Fußbodenbelag in Form von vollständiger Verklebung ohne Fußleisten.

Besonders gesicherte Haftraume sollen wie folgt ausgestattet sein:

- ein Haftraum mit Vorraum;
- Videoüberwachung:
- Fest installiertes Hock-WC, gesichert gegen Vandalismus;
- Raumtemperatur bis 36 Grad regulierbar.

Die Raumbedarfspläne werden von den Justizvollzugsanstalten aufgestellt und durch das Justizministerium genehmigt.

Auch Niedersachsen verfügt über baulich-technische Standards für Sicherheitsstationen. Konkret sind zwei separierte Unterkunftsbereiche einzurichten, die von der Zentrale einsehbar sein müssen. Die Haftraume werden nur auf einer Flurseite angeordnet und liegen abseits des Freistundenhofes. Die Teeküche, der Fitnessraum und die Duschen sind auf der anderen Seite des Flures angeordnet. Der

Haftraum entspricht den üblichen Haftäumen, allerdings sind die Lampen, Schalter und Steckdosen gesichert gegen Vandalismus auszugestalten. Böden und Wände müssen abwaschbar sein, eine Fußboden- oder Wandheizung ist zu verbauen. Alle Bereiche der Sicherheitsstation mit Ausnahme der Haftäume und der Zentrale werden mit Kameras überwacht, deren Aufschaltung in der Zentrale und Sicherheitszentrale erfolgt. Die Flure verfügen über Alarmschalter. Die Sicherheitsstationen haben eine deutlich geringere Anzahl an Haftplätzen und der Betreuungsschlüssel ist auf Grund der Sicherungs- und Betreuungsaufgaben höher. Alle Abläufe sind in hohem Maße standardisiert. Die übrigen Anforderungen sind als Verschlusssache eingestuft und können an dieser Stelle nicht weiter ausgeführt werden. Über die Standards entscheidet das Justizministerium in Abstimmung mit der betroffenen Justizvollzugseinrichtung.

Nordrhein-Westfalen weist baulich-technische Standards für die verstärkt gesicherten Haftbereiche im Bundesland auf, über die das Justizministerium entscheidet. Weitergehende Details sind auf Grund der Einstufung als Verschlusssache nicht möglich. Jedoch sei an dieser Stelle auf den Vortrag des Regierungsoberinspektors *Özgür Benlis*[821] verwiesen, der sich zum Umgang mit islamistischen Gefangenen im nordrhein-westfälischen Justizvollzug geäußert hat. Gefangene mit terroristischen Bezügen werden dabei hauptsächlich in den Justizvollzugsanstalten Bochum und Bielefeld-Brackwede, und dort wiederum in den verstärkt gesicherten Haftbereichen, untergebracht.[822] Ausweislich *Benlis* Vortrag zeichnen sich die verstärkt gesicherten Haftbereiche durch „ein in sich abgeschlossenes Gebäude mit angegliedertem Freistundenhof" aus.[823] Ferner existiert ein eigenes Schließsystem, „Haftraumtüren und Fenster sind zusätzlich gesichert", „sechs Haftäume sowie die Einzelduschen sind sogar mit einer zusätzlichen innenliegenden Gittertür ausgestattet".[824] Ebenso sind die Einzelduschen und Haftäume gegen Vandalismus gesichert.[825] Im Haus befinden sich

---

821  Leiter der Abteilung Ordnung/Sicherheit der JVA Bielefeld-Brackwede. Der Vortrag wurde auf der 44. Arbeits- und Fortbildungstagung (04.-08.06.2018, Waldheim) zum Thema „Umgang mit islamistischen Gefangenen im nordrhein-westfälischen Justizvollzug" gehalten.

822  *Benli* 2018, S. 6.

823  *Benli* 2018, S. 13.

824  *Benli* 2018, S. 13.

825  *Benli* 2018, S. 13.

zudem zwei Besucherräume, die jedoch Gefangene und Besucher mittels Trennscheiben voneinander abschirmt.[826] Zusätzlich findet eine umfangreiche videotechnische Überwachung und anschließende Aufzeichnung der Treppenhäuser, Abteilungsflure sowie des Freistundenhofes statt.[827]

Im Ergebnis hing die Beantwortung der Frage nach baulich-technischen Standards der Sicherheitsstationen in erster Linie davon ab, inwieweit die hier zu untersuchenden Bundesländer über solche verfügen. Berlin, Hamburg und Niedersachsen gaben als diejenigen Bundesländer, die Sicherheitsstationen in ihrem Landesgebiet vorhalten, an, dass spezielle Vorgaben für die örtlichen Gegebenheiten existieren. Die Ausführungen variierten jedoch stark im Hinblick auf ihren Umfang. Während Berlin als Beispiele einen gesonderten Freistundenbereich und die Möglichkeit von Trenngittern benannte, erweiterte Hamburg die im Bundesland geltenden baulich-technischen Vorgaben um beispielsweise den Einbau von Videotechnik, Fesselbetten, besondere Haftraumtüren und eine gegen Vandalismus gesicherte Haftraumausstattung. Auf den Sicherheitsstationen in Hamburg und Niedersachsen gilt zudem ein anderer Personalschlüssel als auf den übrigen Abteilungen. Die niedersächsischen Ausführungen gewährten vorliegend den detailliertesten Einblick in die bauliche und technische Ausstattung der niedersächsischen Sicherheitsstationen. Hierzu gehörten unter anderem gegen Vandalismus gesicherte Hafträume, abwaschbare Böden und Wände, eine umfangreiche Kameraüberwachung, Alarmschalter sowie Vorgaben hinsichtlich der Lage der Hafträume, der Gemeinschaftsräume und der Zentrale. In allen drei zuvor genannten Bundesländern entscheidet zudem das Justizministerium, bzw. in den Stadtstaaten der Justiz-Senat unter Beteiligung der betroffenen Justizvollzugsanstalt über die zu erfüllenden Standards.

In den Bundesländern Bayern und Mecklenburg-Vorpommern, die über keine Sicherheitsstationen in ihren jeweiligen Justizvollzugsanstalten verfügen, existieren dennoch baulich-technische Standards. Bayern benannte jedoch aufgrund der Einstufung als Verschlusssache keine Details. Mecklenburg-Vorpommern übermittelte eine detaillierte Auflistung der baulich-technischen Ausstattung der Einzelhafträume (ausgestattet als Arresthaftraum) sowie die Standards für besonders gesicherte Hafträume. Auch in Bayern und Mecklenburg-Vorpommern ist unter anderem das Justizministerium an der Entwicklung der baulich-technischen Standards beteiligt.

Nordrhein-Westfalen betonte ebenfalls, baulich-technische Standards für die verstärkt gesicherten Haftbereiche im Landesgebiet entwickelt zu haben, die jedoch als Verschlusssache eingestuft wurden. Dem entgegen stehen jedoch (zumindest für die Justizvollzugsanstalt Bielefeld-Brackwede) *Benlis* Ausführungen,

---

826  *Benli* 2018, S. 13.

827  *Benli* 2018, S. 13.

wonach sich die verstärkt gesicherten Haftbereiche durch ein in sich abgeschlossenes Gebäude mit separatem Freistundenhof, ein eigenes Schließsystem, verstärkt gesicherte Haftraumtüren und Fenster, teilweise zusätzlichen Gittertüren, gegen Vandalismus ausgestattete Haftäume, Trennscheiben in Besucherräumen sowie einer umfangreichen videotechnische Überwachung der Örtlichkeiten auszeichnen.

### 6.3.9 Landesweite Konzeptionen der Bundesländer

Der Schwerpunkt der Untersuchungen bestand in der Erfragung etwaiger Konzeptionen bzw. Vorgehensweisen der Bundesländer zum Umgang mit besonders sicherungsbedürftigen Gefangenen. Zunächst wurde daher erforscht, inwieweit es landesweite Gesamtkonzepte zum Umgang mit besonders sicherungsbedürftigen Gefangenen gibt. Anschließend wurden Konzeptionen zu bestimmten Tätergruppierungen erfragt, die im Laufe der Bearbeitung oftmals im Zusammenhang mit besonders sicherungsbedürftigen Gefangenen standen. Die folgenden Kapitel widmen sich daher zunächst der Frage nach etwaigen landesweiten Gesamtkonzepten sowie der Frage nach Konzepten für islamistische oder andere Terroristen (*6.3.10*), besonders gefährliche Sexual- und Gewaltstraftäter (*6.3.11*), Gefangene mit akuter Drogen- oder Alkoholproblematik (*6.3.12*) und Gefangenen mit psychiatrischen Auffälligkeiten (*6.3.12*).

Zunächst wurde erfragt, inwieweit landesweite Gesamtkonzepte zum Umgang mit besonders sicherungsbedürftigen Gefangenen existieren. Beispielhaft wurde die dauerhafte Absonderung besonders sicherungsbedürftiger Gefangener oder die schnelle Rückintegration in den Regelvollzug benannt.

Bayern führte aus, dass es keine landesweiten Vorgaben für den Umgang mit besonders sicherungsbedürftigen Gefangenen gebe. Jeder Einzelfall müsse unter Berücksichtigung aller Umstände geprüft und entschieden werden. Eine Verallgemeinerung, niedergeschrieben in einem landesweiten Gesamtkonzept, würde den Einzelfällen nicht gerecht werden. Die Lebens- und Haftbedingungen aller Gefangenengruppen seien – vorbehaltlich konkreter Sicherheitsvermerke – zunächst gleich. Unabhängig davon, ob von einer Zugehörigkeit zum politischen Extremismus auszugehen oder der Gefangene psychisch oder im Hinblick auf Drogen- oder Alkoholabhängigkeiten auffällig ist, sollen alle Gefangene, sofern es die Kapazitäten zulassen, die gleichen Möglichkeiten erhalten, zu arbeiten, an Freizeitmaßnahmen teilzunehmen, Kontakte in der Innen- und Außenwelt zu pflegen sowie Post und Besuche zu empfangen. Bayern verfolgt keinen allgemein gültigen konzeptionellen Ansatz, sondern versucht, die Gefangenen von Anfang an in den Vollzugsalltag zu integrieren und situationsbedingt und einzelfallabhängig mit Sicherungsmaßnahmen zu reagieren.

„Aufgrund der Unterschiedlichkeit der Justizvollzugsanstalten im vollzuglichen Auftrag, im Sicherheitsgrad und den baulichen Gegebenheiten existiert auch in Berlin kein einheitliches für alle Anstalten verbindliches Gesamtkonzept zum

Umgang mit besonders sicherungsbedürftigen Gefangenen". „Neben dem allgemeinen Grundsatz der Verhältnismäßigkeit gelten die gesetzlichen Regelungen für die jeweilige Vollzugsart".

Auch für Hamburg existiert kein landesweites Gesamtkonzept zum Umgang mit besonders sicherungsbedürftigen Gefangenen. Ähnlich wie in Bayern handelt es sich auch hierbei immer um eine Einzelfallprüfung.

Mecklenburg-Vorpommern verneinte das Vorliegen eines landesweiten Gesamtkonzeptes.

In Niedersachsen existieren „Standards und Empfehlungen, vereint in einem Rahmenkonzept für die Sicherheitsstationen des niedersächsischen Justizvollzuges, die in den jeweiligen Einzelkonzeptionen der Anstalten konkretisiert werden".

Nordrhein-Westfalen verfolgt eine ähnliche Handhabung wie Bayern und Hamburg. Landesweite Konzepte würden sich im Hinblick auf die in jedem Einzelfall erforderliche Prüfung der Notwendigkeit einer sicheren Unterbringung generell verbieten.

Von den hier betrachteten Bundesländern hat lediglich Niedersachsen ein Rahmenkonzept für die Sicherheitsstation des niedersächsischen Justizvollzuges erstellt. Berlin und Mecklenburg-Vorpommern verneinten das Vorliegen eines landesweiten Gesamtkonzeptes. Bayern, Hamburg und Nordrhein-Westfalen begründeten das Fehlen eines landesweiten Gesamtkonzeptes damit, dass dieses den jeweiligen Einzelfall und der damit verbundenen individuellen Prüfung der Situation und sicheren Unterbringung nicht gerecht werde.

### 6.3.10 Islamistische Terroristen

Im Folgenden werden die Konzepte der Bundesländer zum Umgang mit islamistischen oder anderen Terroristen vorgestellt.

### 6.3.10.1 Bayern

Bayern verfügt über kein gesondertes Konzept zum Umgang mit Gefangenen, bei denen terroristische Hintergründe bestehen. Empfohlen wird jedoch, solche Gefangene dezentral und getrennt voneinander unterzubringen. Die konkrete Ausgestaltung der Haftunterbringung erfolgt in enger Abstimmung mit den betroffenen Sicherheitsbehörden. Jedoch wird auch hier immer einzelfallabhängig entschieden und vorgegangen.

Jedoch bietet der bayerische Strafvollzug umfangreiche Interventions- und De-Radikalisierungsmaßnahmen an. Das Modellprojekt DERAD entspringt einer

Kooperation mit dem Violence Prevention Network[828] unter Beteiligung des Bayerischen Landeskriminalamtes.[829]

Die Grundlage für die hier angebotenen Maßnahmen stellt eine beunruhigende Entwicklung dar. Obwohl sich die Auswirkungen des Bürgerkrieges in Syrien weniger auf dem europäischen Kontinent als noch vor wenigen Jahren bemerkbar machen und die Zahl der Geflüchteten weiter sinkt, „mobilisiert das Bürgerkriegsgeschehen weiterhin die deutsche Salafisten-Szene".[830] Der Drucksache des bayerischen Landtags 17/10146 ist zu entnehmen, dass der bayerischen Staatsregierung zum Zeitpunkt 27.01.2016 insgesamt Kenntnisse über 23 bayerische Islamisten vorlagen, die nach Deutschland zurückgekehrt waren.[831] 20 der bekannten 23 Rückkehrer waren zu dem Zeitpunkt in Bayern mit ihrem Wohnsitz gemeldet.[832] Bei vier Personen haben die bayerischen Sicherheitsbehörden gesicherte Erkenntnisse darüber, dass eine aktive Beteiligung am bewaffneten Widerstand in Syrien oder im Irak stattgefunden hat bzw. haben könnte.[833]

Von diesen Entwicklungen ist der bayerische Strafvollzug unmittelbar betroffen. Im Frühjahr 2017 meldete das bayerische Staatsministerium der Justiz 21 Verdachtsfälle von Radikalisierung im bayerischen Strafvollzug sowie einen weiteren akuten Radikalisierungsfall.[834] Von den zuvor benannten vier Personen, denen eine aktive Beteiligung am bewaffneten Widerstand zugerechnet wird, befanden sich zum damaligen Zeitpunkt zwei in Haft.[835] Es ist davon auszugehen, dass die Zahlen in Zukunft weiter ansteigen werden, da potentielle Rekrutierungsversuche durch die Salafisten-Szene weiterhin auch in Gefängnissen stattfinden werden.[836] Ferner erhöhen Fahndungserfolge sowie der gestiegene Verfolgungsdruck automatisch die Anzahl der Insassen in bayerischen Gefängnissen, die einen „islamistischen und terroristischen Bezug" aufweisen.[837]

Die angebotenen Maßnahmen für den bayerischen Strafvollzug verfolgen verschiedene Ziele: zunächst besteht die primäre Aufgabe darin, die Gefangenen

---

828  Das Violence Prevention Network ist ebenfalls Träger der im Folgenden dargestellten Projekte „Just X Berlin" und „FoKuS ISLEX Niedersachsen", vgl. dazu die Ausführungen unter *6.3.10.2* (Berlin) sowie *6.3.10.5* (Niedersachsen).

829  Projektübersicht DERAD Bayern in *Violence Prevention Network* 2019; 2019a.

830  Projektübersicht DERAD Bayern in *Violence Prevention Network* 2019.

831  LT-Drucks. 17/10146, S. 1.

832  LT-Drucks. 17/10146, S. 1.

833  LT-Drucks. 17/10146, S. 1.

834  Projektübersicht DERAD Bayern in *Violence Prevention Network* 2019.

835  Projektübersicht DERAD Bayern in *Violence Prevention Network* 2019.

836  Projektübersicht DERAD Bayern in *Violence Prevention Network* 2019.

837  Flyer DERAD Bayern in *Violence Prevention Network* 2019a, S. 1.

dazu zu ermutigen, ideologisierte Denkmuster abzulegen, Radikalisierungstendenzen umzukehren und Empathie sowie Toleranz zu fördern.[838] Auf strafvollzuglicher Ebene sollen Diskriminierungen und Gewalttätigkeiten, die auf Ablehnung anderer Herkunft, religiöser Zugehörigkeit oder sexueller Orientierung basieren, vermindert werden.[839] Ebenso nimmt die erneute Inhaftierungswahrscheinlichkeit auf Grund ideologisch motivierter Straftaten ab.[840] Individuell könnten sich für den einzelnen Gefangenen durch die Ablösung von der extremistischen Szene neue Zukunftsperspektiven ergeben und so ihre Lebenslage verbessert werden.[841]

Die Angebote lassen sich in zwei Kategorien aufteilen. Zunächst gibt es Angebote für Gefangene, aber auch Angebote für die Justizvollzugsanstalten, bei denen auch das Kompetenzzentrum für Deradikalisierung des Landeskriminalamtes Bayern beteiligt ist.[842] Die Maßnahmen für Gefangene umfassen wiederum drei Angebote in Form von Einzeltrainings, Gruppentrainings sowie Ausstiegsbegleitung.[843]

Die Maßnahme des Einzeltrainings richtet sich an junge Erwachsene und Jugendliche, „die bereits starke politische oder religiöse Ideologisierungs- oder Radikalisierungstendenzen aufweisen und daher für ein Gruppentraining nicht in Betracht kommen".[844] Inhaltlich zielt das Einzeltraining darauf ab, einen „Dialog mit dem radikalisierten Gefangenen aufzunehmen und zu erhalten", sein Verantwortungsbewusstsein zu schulen sowie mit ihm die eigene „Gewalt-, Militanz- und Extremismuskarriere" aufzuarbeiten und zu verstehen.[845]

Das Gruppentraining richtet sich ebenfalls an junge Erwachsene und Jugendliche, die aber anders als die Adressaten des Einzeltrainings noch nicht so stark bzw. nur „leicht ideologisiert bzw. radikalisierungsanfällig" sind.[846] Bei einer Gruppenstärke von maximal acht Teilnehmern finden 23 Wochen lang wöchentliche Trainings à drei bis vier Stunden statt.[847] Inhaltlich werden, ebenso wie beim Einzeltraining, die Biografien der Teilnehmer aufgearbeitet, aber auch

---

838   Projektübersicht DERAD Bayern in *Violence Prevention Network* 2019.

839   Projektübersicht DERAD Bayern in *Violence Prevention Network* 2019.

840   Projektübersicht DERAD Bayern in *Violence Prevention Network* 2019.

841   Projektübersicht DERAD Bayern in *Violence Prevention Network* 2019.

842   Flyer DERAD Bayern in *Violence Prevention Network* 2019a, S. 2.

843   Flyer DERAD Bayern in *Violence Prevention Network* 2019a, S. 2.

844   Flyer DERAD Bayern in *Violence Prevention Network* 2019a, S. 2.

845   Flyer DERAD Bayern in *Violence Prevention Network* 2019a, S. 2.

846   Flyer DERAD Bayern in *Violence Prevention Network* 2019a, S. 2.

847   Flyer DERAD Bayern in *Violence Prevention Network* 2019a, S. 2.

Kenntnisse im Bereich der politischen Bildung vermittelt sowie Ressourcenarbeit geleistet.[848]

Im Rahmen der Ausstiegsbegleitung soll mit dem betroffenen Gefangenen eine „Arbeitsbeziehung aufgebaut werden, um so gewalttätige Ideologieelemente zu hinterfragen und einen Ablösungsprozess von der gewalttätigen Gruppierung anzustoßen".[849]

Den zweiten essentiellen Pfeiler bilden die Maßnahmen für die Justizvollzugsanstalten. Hierbei können insbesondere „Verdachtsfälle innerhalb der Justizvollzugsanstalten in Kooperation mit dem Kompetenzzentrum für Deradikalisierung des Landeskriminalamtes Bayern geklärt und diagnostiziert werden".[850] Auf Grundlage der hierbei erlangten Ergebnisse können dann „entsprechende Interventions- bzw. Deradikalisierungsmaßnahmen (Einzel- oder Gruppentrainings)" eingeleitet werden.[851] Bei den Interventions- und Deradikalisierungsmaßnahmen werden zudem alle Personen einbezogen, die ein berechtigtes Interesse am Verlauf der Maßnahme haben oder dem sozialen Umfeld des Straftäters angehören.[852] Darüber hinaus können die Justizvollzugsanstalten weiterführende Unterstützung bei der individuellen Entlassungsvorbereitung sowie im Anschluss an die Haftentlassung im Rahmen des Stabilisierungscoachings erhalten.[853] Gleichzeitig wird auch die Bewährungshilfe in die Bemühungen mit einbezogen.[854]

## 6.3.10.2  Berlin

Berlin verfügt über ein Konzept zum Umgang mit Gefangenen mit islamistischen oder anderen terroristischen Hintergründen. Das Konzept entspringt der Anfrage eines Berliner Abgeordneten der Partei Die Linke, gerichtet an die Senatsverwaltung für Justiz zum Thema „Gefährder in Berliner Justizvollzugsanstalten".[855]

„Gefährder" im Sinne der Anfrage werden bundeseinheitlich definiert. Als „Gefährder" werden Personen bezeichnet, bei denen „bestimmte Tatsachen die Annahme rechtfertigen, dass sie politisch motivierte Straftaten von erheblicher Bedeutung, insbesondere im Sinne des § 100a StPO begehen werden".[856] Die

---

848  Flyer DERAD Bayern in *Violence Prevention Network* 2019a, S. 2.

849  Flyer DERAD Bayern in *Violence Prevention Network* 2019a, S. 2.

850  Flyer DERAD Bayern in *Violence Prevention Network* 2019a, S. 2.

851  Flyer DERAD Bayern in *Violence Prevention Network* 2019a, S. 2.

852  Projektübersicht DERAD Bayern in *Violence Prevention Network* 2019.

853  Flyer DERAD Bayern in *Violence Prevention Network* 2019a, S. 2.

854  Projektübersicht DERAD Bayern in *Violence Prevention Network* 2019.

855  Abgeordnetenhaus Berlin, Drucks. 18/12662, S. 1.

856  Abgeordnetenhaus Berlin, Drucks. 18/12662, S. 1.

hierfür notwendigen Bewertungen übernehmen die jeweiligen Staatsschutzdienststellen. Allerdings ist zu berücksichtigen, dass „der Begriff „Gefährder" für Insassen der Berliner Justizvollzugsanstalten nicht mehr verwendet wird".[857] Unter diesem Begriff waren zu „Beginn des Jahres 2015 Gefangene erfasst, die im Justizvollzug erkennbar eine radikal-islamistische Gesinnung aufwiesen".[858] „Um Verwechslungen, gerade im Hinblick auf die bundeseinheitliche Definition des Gefährders zu vermeiden, wurden diese Inhaftierten im Mai 2017 in „Gefangene der Gruppe I" umbenannt".[859] Zum gleichen Zeitpunkt wurden die zuvor als „Sympathisanten" bezeichneten Gefangenen, die eine erkennbare Sympathie für den gewaltbereiten Islamismus hegten, in „Gefangene der Gruppe II" umbenannt".[860]

In der nachfolgenden *Tabelle 9* ergibt sich die Belegungsentwicklung innerhalb Berliner Justizvollzugsanstalten für die Gefangenengruppierungen I und II seit Beginn der statistischen Erfassung im Jahr 2015. Auf Grund von Entlassungen und Verlegungen ist die tatsächliche Gefangenenpopulation Schwankungen unterworfen, so dass für die folgende Tabelle jeweils die Daten des Novembers jenes Jahres zu Grunde gelegt wurden.

**Tabelle 9:**  **„Gefährder" und Sympathisanten im Berliner Justizvollzug**

| Justizvollzugsanstalt | Gruppe I (ehemals „Gefährder" | Gruppe II (ehemals „Sympathisanten") |
|---|---|---|
| JVA Moabit | | |
| 11.2015 | 6 | 0 |
| 11.2016 | 7 | 0 |
| 11.2017 | 14 | 0 |
| JVA Tegel | | |
| 11.2015 | 1 | 12 |
| 11.2016 | 2 | 16 |
| 11.2017 | 5 | 16 |
| JVA Heidering | | |
| 11.2015 | 1 | 1 |
| 11.2016 | 1 | 1 |
| 11.2017 | 1 | 0 |
| JVA Plötzensee | | |
| 11.2015 | 1 | 0 |
| 11.2016 | 1 | 0 |
| 11.2017 | 0 | 0 |

857  Abgeordnetenhaus Berlin, Drucks. 18/12662, S. 1.

858  Abgeordnetenhaus Berlin, Drucks. 18/12662, S. 1.

859  Abgeordnetenhaus Berlin, Drucks. 18/12662, S. 1.

860  Abgeordnetenhaus Berlin, Drucks. 18/12662, S. 1.

| Justizvollzugsanstalt | Gruppe I (ehemals „Gefährder" | Gruppe II (ehemals „Sympathisanten") |
|---|---|---|
| Jugendstrafanstalt Berlin | | |
| 11.2015 | 2 | 1 |
| 11.2016 | 4 | 2 |
| 11.2017 | 3 | 2 |
| JVA des offenen Vollzuges Berlin | | |
| 11.2015 | 0 | 0 |
| 11.2016 | 0 | 0 |
| 11.2017 | 0 | 0 |
| JVA für Frauen Berlin | | |
| 11.2015 | 0 | 0 |
| 11.2016 | 0 | 0 |
| 11.2017 | 0 | 0 |

Quelle: Abgeordnetenhaus Berlin, Drucks. 18/12662, S. 2.

Zunächst ergibt sich aus *Tabelle 9*, dass keinerlei sogenannte Gefährder oder Sympathisanten in der Justizvollzugsanstalt für Frauen oder der des offenen Vollzuges Berlin untergebracht sind. Jedoch befanden sich zwischen November 2015 und November 2017 wenige Gefährder und Sympathisanten in der Jugendstrafanstalt Berlin. In der Justizvollzugsanstalt Plötzensee war im November 2015 und 2016 je ein sogenannter Gefährder untergebracht, im November 2017 keiner mehr. 2015, 2016 und 2017 befanden sich in der Justizvollzugsanstalt Plötzensee keine Sympathisanten mehr. Ein ähnliches Bild ergibt sich für die Justizvollzugsanstalt Heidering. In der Justizvollzugsanstalt Moabit befand sich im November 2015, 2016 und 2017 kein Sympathisant. Jedoch beherbergte die Justizvollzugsanstalt im selben Zeitraum mehrere sogenannte Gefährder, deren Anzahl sich für jedes der hier benannten Jahre von sechs auf sieben und schließlich 14 Gefangene erhöhte. Darüber hinaus war in der Justizvollzugsanstalt Moabit zum gleichen Stichtag kein Sympathisant. Ein umgekehrtes Bild ergibt sich für die Justizvollzugsanstalt Tegel. Während zu den hier beschriebenen Stichtagen die Anzahl der sogenannten Gefährder deutlich niedriger als in der Justizvollzugsanstalt Moabit war, befanden sich dafür deutlich mehr sog. Sympathisanten (vgl. *Tabelle 9*). Im November 2017 beherbergte Tegel fünf Gefährder und 16 Sympathisanten.

Es lässt sich folglich erkennen, dass sogenannte Sympathisanten überwiegend in der Justizvollzugsanstalt Tegel untergebracht werden, wohingegen der größte Anteil sog. Gefährder in der Justizvollzugsanstalt Moabit einsaßen. Vereinzelt werden sowohl Gefährder als auch Sympathisanten auch in anderen Berliner Justizvollzugsanstalten (Heidering und Plötzensee) untergebracht.

Auch wie mit sogenannten Gefährdern oder Sympathisanten im Berliner Justizvollzug zu verfahren ist, wurde detailliert geregelt. Die Vorgehensweise hängt davon ab, ob die Radikalisierung vor Antritt oder während der Haftstrafe in Erscheinung tritt.

Gefangene, die wegen einer Straftat nach den §§ 129a, 129b, 89a StGB verurteilt wurden oder bei denen sich aus anderen Anlässen (z. B. behördliche Mitteilung) eine eindeutige radikal-islamistische Einstellung ergibt, werden zum
Haftantritt in die Gruppe I (ehemals sogenannte Gefährder) eingestuft.[861] „Maßgeblich hierfür sind die Hauptunterlagen oder die für die Haft relevante Mitteilung".[862] „Ist die Zugehörigkeit des Gefangenen zum radikalen Islamismus zum
Zeitpunkt der Inhaftierung bekannt, wird binnen 48 Stunden eine Zugangskonfe-
renz einberufen, in der die Vollzugsleitung, die Sicherheitsabteilung, die Bereichsleitung und gegebenenfalls die zuständige Gruppenleitung den Gefangenen
einer der zuvor benannten Gefangenengruppierungen zuordnet".[863]

Die Einstufung in Gruppe I hat zur Folge, dass „die Mitarbeiterinnen und Mitarbeiter der Justizvollzugsanstalten das Verhalten und die Entwicklung des Gefangenen intensiv begleiten, beobachten und dahingehend bewerten, ob und inwieweit die Sicherheit und Ordnung der Justizvollzugsanstalt oder unbeteiligte
Gefangene gefährdet werden oder strafbares Handeln zu erwarten ist".[864]

Werden im Laufe der Haft radikal-islamistische Tendenzen erkennbar, wird
der Sachverhalt zunächst aufgeklärt.[865] Handelt es sich um einen „ernsthaften o-
der sich wiederholenden Vorfall, wird ebenfalls eine Fallbesprechung einberufen,
an der die Gruppenleitung, Gruppenbetreuerin, Bereichsleitung, Sicherheitsabteilung und gegebenenfalls Mitarbeiter aus den Sozial- und Psychologischen Diensten" teilnehmen.[866] Im Rahmen dieser Konferenz wird ebenfalls über eine „Zu-
ordnung zu den zuvor beschriebenen Gefangenengruppierungen und damit
verbundenen erforderlichen Maßnahmen beraten".[867]

Für den Fall einer bevorstehenden Haftentlassung radikal-islamistischer Ge-
fangener gewinnt das Übergangsmanagement an Bedeutung.[868] Die hier „feder-
führende Gruppenleitung betreut den Gefangenen bereits während der Zeit seiner
Inhaftierung und kann nun verbleibende erforderliche Maßnahmen auf die zum
Entlassungszeitpunkt noch bestehenden Probleme individuell abstimmen".[869]
„Vor der Entlassung eines solchen Gefangenen lädt die betroffene Justizvollzugs-

---

861  Abgeordnetenhaus Berlin, Drucks. 18/12662, S. 3.

862  Abgeordnetenhaus Berlin, Drucks. 18/12662, S. 3.

863  Abgeordnetenhaus Berlin, Drucks. 18/12662, S. 3.

864  Abgeordnetenhaus Berlin, Drucks. 18/12662, S. 1.

865  Abgeordnetenhaus Berlin, Drucks. 18/12662, S. 3.

866  Abgeordnetenhaus Berlin, Drucks. 18/12662, S. 3.

867  Abgeordnetenhaus Berlin, Drucks. 18/12662, S. 3.

868  Abgeordnetenhaus Berlin, Drucks. 18/12662, S. 5.

869  Abgeordnetenhaus Berlin, Drucks. 18/12662, S. 5.

anstalt alle von der Entlassung betroffenen Institutionen (Bewährungshilfe, Führungsaufsicht, Staatsanwaltschaft, Landeskriminalamt und Verfassungsschutz) rechtzeitig zu einer Fallkonferenz ein".[870]

Das Ziel des Berliner Justizvollzuges ist es, die Gefangenen zu keinem Zeitpunkt abzustempeln („zu labeln").[871] Auch die Gruppe I und II zugehörigen Gefangenen sollen dazu befähigt werden, „künftig ein Leben ohne Straftaten in sozialer Verantwortung zu führen, sodass die Allgemeinheit vor weiteren Straftaten geschützt ist".[872] Bestehen Anhaltspunkte für die Annahme einer Radikalisierung, werden „individuell abgestimmte Schritte" eingeleitet.[873] Diese Schritte sind von der Art der Haft abhängig. Bei Untersuchungsgefangenen werden zunächst die „richterlichen Haftbeschlüsse" umgesetzt.[874] Liegen Erkenntnisse vor, wonach insbesondere Dritte zu schützen sind, kommt die Verhängung besonderer Sicherungsmaßnahmen in Betracht.[875] Darüber hinaus „liegt das Hauptaugenmerk auf der Verhinderung einer Radikalisierung anderer Gefangener sowie der Anwendung von Deradikalisierungsmaßnahmen, die wiederum eine mögliche Wiedereingliederung des Gefangenen" anstreben.[876]

Zum Zeitpunkt November 2017 wurden in Berliner Justizvollzugsanstalten insgesamt sechs Deradikalisierungsprojekte angeboten, die von den einzelnen Justizvollzugsanstalten im Bundesland bei Bedarf abgerufen werden konnten und ausweislich des Fragebogens bis heute angeboten werden. Im Folgenden sollen jedoch nur jene Projekte Erwähnung finden, die auf die hier zu untersuchende Gefangenengruppierung abzielen.

Die angebotenen Maßnahmen des „Just X Berlin – Prävention und Deradikalisierung im Berliner Justizvollzug" entspringen einem Verbundprojekt des Violence Prevention Networks e. V.[877], der Forschungsgruppe „NEXUS – Psychologisch-therapeutisches Beratungsnetzwerk Justiz und Familie" sowie der „Denkzeit-Gesellschaft e. V."[878] Das „Modellprojekt strebt die Deradikalisierung im Berliner Justizvollzug sowie in der Gerichts- und Bewährungshilfe"

---

870  Abgeordnetenhaus Berlin, Drucks. 18/12662, S. 5.

871  Abgeordnetenhaus Berlin, Drucks. 18/12662, S. 3.

872  Abgeordnetenhaus Berlin, Drucks. 18/12662, S. 2.

873  Abgeordnetenhaus Berlin, Drucks. 18/12662, S. 3.

874  Abgeordnetenhaus Berlin, Drucks. 18/12662, S. 3.

875  Abgeordnetenhaus Berlin, Drucks. 18/12662, S. 3.

876  Abgeordnetenhaus Berlin, Drucks. 18/12662, S. 3.

877  Das Violence Prevention Network e.V. ist ebenfalls Träger der Modellprojekte „DERAD Bayern" und „FoKuS ISLEX" im niedersächsischen Strafvollzug, vgl. dazu *6.3.10.1* (Bayern) und *6.3.10.5* (Niedersachsen).

878  Projektübersicht Just X Berlin in *Violence Prevention Network* 2019b.

ebenso wie die Radikalisierungsprävention an.[879] Just X Berlin hält ein breit ge-
fächertes Maßnahmenpaket im Hinblick auf „Prävention, Deradikalisierung, Interventionen und Fortbildungen im Berliner Justizvollzug sowie der Bewährungs-
und Gerichtshilfe" vor, die alle Stadien des „typischen" Radikalisierungsprozesses wie Diagnostik, Interventionsmaßnahmen, Reintegrationsmaßnahmen sowie
Ausstiegsbegleitungen abdecken.[880] Wirken sollen die Maßnahmen im Bereich
des religiös basierten Extremismus sowie im Bereich des politischen Extremismus, hier im Speziellen im Bereich des Rechtsextremismus.[881]

Die Angebote für jüngere Erwachsene in Haft umfassen Einzel- und Gruppentrainings, Stabilisierungscoachings und Übergangsmanagement sowie Prä-
ventions-Workshops.[882]

Die Einzeltrainings bestehen aus „Deradikalisierungs- und Ausstiegsbegleitungen für junge Erwachsene, die für eine Teilnahme an den Gruppentrainings
nicht in Betracht kommen".[883] Die Einzeltrainings umfassen „psychodynamisch
fundierte und pädagogische Maßnahmen".[884]

Die Gruppentrainings sind „präventiv und intervenierend ausgestaltet und
richten sich an junge Erwachsene, die radikalisierungsanfällig bzw. leicht religiös
oder politisch ideologisiert sind".[885] Ein weiterer Aspekt des Gruppentrainings
sind „Anti-Gewalt- und Kompetenz-Trainings".[886]

Die Präventionsworkshops zur politischen Bildung sollen den Inhaftierten die
„humanistischen Grundprinzipien wie die Achtung von Menschenrechten, der
Demokratie sowie Gewaltfreiheit" näher bringen, ebenso soll der Abbau von
Ressentiments und die „Entwicklung der persönlichen Ambiguitätstoleranz" gefördert werden.[887] Angesprochen werden sollen junge Gefangene, die radikalisierungsgefährdet oder im Begriff sind, sich stärker zu radikalisieren.[888]

Ein weiteres Angebot speziell für den Zeitraum der herannahenden Entlassung bilden das Übergangsmanagement und ein Stabilisierungscoaching. Hierbei
wird der Gefangene auf seine persönliche Haftentlassung vorbereitet und der

---

879 Projektübersicht Just X Berlin in *Violence Prevention Network* 2019b.

880 Projektübersicht Just X Berlin in *Violence Prevention Network* 2019b.

881 Projektübersicht Just X Berlin in *Violence Prevention Network* 2019b.

882 Projektübersicht Just X Berlin in *Violence Prevention Network* 2019b.

883 Projektübersicht Just X Berlin in *Violence Prevention Network* 2019b.

884 Projektübersicht Just X Berlin in *Violence Prevention Network* 2019b.

885 Projektübersicht Just X Berlin in *Violence Prevention Network* 2019b.

886 Projektübersicht Just X Berlin in *Violence Prevention Network* 2019b.

887 Projektübersicht Just X Berlin in *Violence Prevention Network* 2019b.

888 Projektübersicht Just X Berlin in *Violence Prevention Network* 2019b.

Kontakt weiterhin gepflegt. Auch nach der Entlassung soll eine intensive Betreuung des Gefangenen in enger Kooperation mit der Gerichts- und Bewährungshilfe gewährleistet werden.[889]

## 6.3.10.3 Hamburg

Hamburg verwies darauf, dass es keine gesonderten Sicherheitskonzepte für Gefangene mit islamistischem oder anderen terroristischen Hintergründen gebe. Im Rahmen einer Einzelfallprüfung würden der Umgang und etwaige Sicherheitsmaßnahmen geprüft.

Im Rahmen der gestellten Rückfragen teilte Hamburg jedoch mit, seit März 2017 das Konzept „Maßnahmen gegen gewaltbereite Salafisten und andere extremistische Gefangene im Hamburger Justizvollzug" etabliert zu haben. Ein zentraler Aspekt des Konzepts sei die grundsätzliche Unterbringung jener Gefangenen unter Berücksichtigung der Vorgaben des Vollstreckungsplanes, sodass eine Durchmischung mit der übrigen Gefangenenpopulation erfolge. Im Anschluss daran soll eine Identifizierung mutmaßlicher extremistischer Gefangener stattfinden, sofern diese nicht bereits wegen eines Anlassdeliktes dem Extremismus zugeordnet werden können. Auch sollen die internen und externen Kommunikationswege geregelt und Berichtspflichten für die betreffenden Gefangenen eingeführt werden. Auf den Einzelfall ausgerichtete behandlerische bzw. – soweit erforderlich – repressive Maßnahmen werden parallel angewendet. Außerdem werden die betroffenen Gefangenen in die Modellprojekte „Legato PräJus – Islamismusprävention im justiziellen Feld" und „Kurswechsel – Ausstiegsarbeit rechts" eingebunden.

Das erstgenannte Modellprojekt „Legato PräJus" ist ein Teil der Erprobungen von Präventionsmaßnahmen zur Deradikalisierung im Hamburger Strafvollzug. Ziel ist die Verhinderung von Radikalisierung im Strafvollzug.[890] Verfolgt werden dabei mehrere parallel angewendete Strategien. Zunächst sollen die Mitarbeiter der Justizvollzugsanstalten dahingehend geschult werden, Radikalisierungstendenzen frühzeitig zu erkennen, um sensibel darauf reagieren zu können.[891] Langfristig sollten die Mitarbeiter die Präventionsarbeit des Projektes eigenständig weiter führen.[892] Gleichzeitig wird versucht, über Gruppenarbeiten und Ge-

---

889  Projektübersicht Just X Berlin in *Violence Prevention Network* 2019b.

890  Modellprojekt LEGATO Hamburg, vgl. hierzu *Bundesministerium für Familie, Senioren, Frauen und Jugend* 2019.

891  Modellprojekt LEGATO Hamburg, vgl. hierzu *Bundesministerium für Familie, Senioren, Frauen und Jugend* 2019.

892  Modellprojekt LEGATO Hamburg, vgl. hierzu *Bundesministerium für Familie, Senioren, Frauen und Jugend* 2019.

sprächsangebote radikalisierte und radikalisierungsanfällige Gefangene zu erreichen, um die Problemdynamik zu unterbrechen und ihnen gleichzeitig neue Le-
bensperspektiven abseits der Ideologie aufzeigen zu können.[893] Auch bereits
stark radikalisierten Gefangenen werden Gesprächsangebote unterbreitet.[894]

### 6.3.10.4 Mecklenburg-Vorpommern

Das Justizministerium Mecklenburg-Vorpommerns hat kein eigenständiges Konzept zum Umgang mit islamistischen oder anderen Terroristen erlassen. Es hat
dennoch Vorkehrungen getroffen und die landeseigenen Justizvollzugsanstalten
umfassend informiert. Dafür wurde mit Erlass vom 08.06.2017 das Europarat-
Handbuch für die Strafvollzugs- und Bewährungshilfedienste zum Umgang mit
Radikalisierung und gewaltbereitem Extremismus übersandt.

Darüber hinaus wurden im Rahmen einer umfassenden Besprechung Maßnahmen vereinbart, die bei der Aufnahme radikal-islamistischer Gefangener in
den Strafvollzug Anwendung finden sollen. Diese Maßnahmen und Vorgehensweisen wurden den Justizvollzugsanstalten zur uneingeschränkten Umsetzung bekannt gegeben.

1. Umfassende Einzelfallprüfung des Sachverhaltes sowie zudem meistens zunächst eine Unterbringung im besonders gesicherten Haftraum,
   um den aktuellen psychischen Zustand klären zu können.
2. Unverzügliche Meldung der Aufnahme des Gefangenen an das Justizministerium.
3. Anordnung weiterer geeigneter Sicherungsmaßnahmen, die eine sichere Unterbringung extern und intern gewährleisten sollen.
4. Schnellstmögliche Hinzuziehung eines Dolmetschers und Rechtsanwaltes.
5. Beschluss der weiteren Vorgehensweise und Maßnahmen im Beneh-
   men mit dem Justizministerium Mecklenburg-Vorpommerns.

### 6.3.10.5 Niedersachsen

Für den niedersächsischen Strafvollzug existiert ein Konzept zum Umgang mit
islamistischen oder anderen terroristisch veranlagten Strafgefangenen.

---

893 Modellprojekt LEGATO Hamburg, vgl. hierzu *Bundesministerium für Familie, Senioren,
Frauen und Jugend* 2019.

894 Modellprojekt LEGATO Hamburg, vgl. hierzu *Bundesministerium für Familie, Senioren,
Frauen und Jugend* 2019.

Das niedersächsische Justizministerium beteiligt sich in Kooperation mit dem Violence Prevention Network e. V. (VPN)[895] im Rahmen des Bundesprogrammes „Demokratie leben!" seit Juli 2017 an dem Modellprojekt „Fokus ISLEX" aus dem Programmbereich ‚Förderung von Maßnahmen der Prävention und Deradikalisierung in Strafvollzug und Bewährungshilfe'. Dabei liegt der „Schwerpunkt auf islamistischem Extremismus und phänomen-übergreifender Gewalt (Anti-Aggression- und Antigewaltarbeit)". Angeboten werden die Maßnahmen im Männer-, Frauen- und Jugendvollzug sowie in der Bewährungshilfe. Die Zielgruppe umfasst Menschen, „die im Begriff sind, sich zu radikalisieren, bereits radikalisiert sind oder Merkmale einer demokratiefeindlichen Haltung entwickeln". Die angebotenen Maßnahmen umfassen die „Prävention, Fortbildung, Intervention und die Deradikalisierung im niedersächsischen Strafvollzug sowie in der Bewährungshilfe". Verfolgt wird dabei ein nicht-konfrontativer Ansatz, der im Rahmen der bundesweiten Evaluierung der Deradikalisierungsprogramme mehrfach als wirksam für die Bekämpfung von Gewalt und Extremismus bewertet wurde.[896]

Gemäß eigener Auskunft bietet das Modellprojekt „Fokus ISLEX" eine „erhebliche quantitative und qualitative Erweiterung der Angebote zur Radikalisierungsprävention, Intervention und die Deradikalisierung im Phänomenbereich religiös begründeter Extremismus".[897] Dabei wird ein Ansatz verfolgt, der alle Betroffenen „im Bereich der Extremismusbekämpfung im Strafvollzug und in der Bewährungshilfe einbezieht", wie beispielsweise Bewährungshelfer oder junge, noch nicht radikalisierte Straftäter.[898] Gleichzeitig werden „vielzählige neue und einzigartige Angebote und Maßnahmen der Extremismusbekämpfung erprobt".[899] Diese neuen Angebote und Maßnahmen umfassen unter anderem eine „umfassende Qualifizierungsoffensive" aller Beteiligten im und am Strafvollzug und der Bewährungshilfe, die Etablierung von Präventionsworkshops im Hinblick auf politische Bildung im Rahmen der Integrationskurse im Strafvollzug, intensive, bedarfsorientierte Einzelbetreuung, Verknüpfung von Anti-Gewalt- und Kompetenz-Trainings mit politischer Bildungsarbeit sowie die Erweiterung des Angebotes von Gruppen- und Einzelangeboten.[900]

---

895  Das Violence Prevention Network ist ebenfalls Träger der umfangreichen Maßnahmen im Bayerischen und Berliner Strafvollzug, vgl. dazu *6.3.10.1* (Bayern) und *6.3.10.2* (Berlin).

896  Broschüre FoKuS ISLEX Niedersachsen in *Violence Prevention Network* 2019c, S. 5.

897  Projektübersicht „FoKuS ISLEX" Niedersachsen in *Violence Prevention Network* 2019c; 2019d.

898  Projektübersicht „FoKuS ISLEX" Niedersachsen in *Violence Prevention Network* 2019c.

899  Projektübersicht „FoKuS ISLEX" Niedersachsen in *Violence Prevention Network* 2019c.

900  Broschüre FoKuS ISLEX Niedersachsen in *Violence Prevention Network* 2019c, S. 9.

Vorliegend handelt es sich um Täterinnen und Täter, die „wiederholt gewaltbereit und auffällig geworden sind, die demokratiefeindliche Einstellungen aufweisen, oftmals soziale oder familiäre Enttäuschungen oder Desintegrationserfah-
rungen erlebt haben, die, begleitet durch ein geringes Akzeptanzgefühl, verstärkt
durch problematische Cliquendynamiken, zu einer erschwerten Identitätsbildung
geführt haben".[901] Diese Grundvoraussetzungen können dazu führen, dass sich
Jugendliche und Erwachsene „extremistische, fundamentalistische oder traditio-
nalistische Einstellungen zu eigen machen, sich bei ihnen demokratiedistanzierte
und gewaltaffine Einstellungen entwickeln und sie einem „misslungenen Selbst-
heilungsprozess" unterliegen, der mit einer Verfestigung ihrer Gewalt- und Radi-
kalisierungskarriere einhergeht.[902] „Fokus ISLEX" richtet sich demnach speziell
an folgende Zielgruppen:

- „radikalisierungsanfällige und dahingehend gefährdete Erwachsene
  (und Jugendliche) mit und ohne Migrationsgeschichte"
- vorurteilsgeleitete Gefangene mit oder ohne Gewaltbereitschaft, jedoch
  „ohne geschlossene Ideologisierung im Bereich des religiös begründeten Extremismus"
- Gefangene mit „geschlossen-verfestigten Ideologisierungen und Hand-
  lungsmustern im Bereich des religiös begründeten Extremismus"
- stark „radikalisierte Gefangene mit verfestigter Ideologisierung und
  starkem Gewaltpotential, wahlweise mit fester Einbindung in extremistische Milieus im Bereich des religiös begründeten Extremismus"[903]

Die Maßnahmen sollen beim Inhaftierten einen Lernprozess ermöglichen, der
die ideologisch motivierten Denkmuster und das gewaltaffine Verhalten hinterfragt und eine Abkehr von extremistischen Neigungen, Gewaltbereitschaft und
Hass fördert.[904] Der damit verbundene „Lernprozess ist langwierig und bedarf
vertrauensvoller Beziehungen, tiefgreifender Unterstützung sowie das mühevolle
Erlernen von Kommunikations-, Beziehungs- und Konfliktlösungsressourcen",
da sich – zumindest bei einigen betroffenen Personen die dem Extremismus zu
Grunde liegende Welt- und Gesellschaftsanschauung bereits tief in der Persönlichkeit der Straftäter verankert hat.[905]
    Für inhaftierte Jugendliche und junge Erwachsene stehen konkret drei Ange-
bote in Form von Einzeltrainings, Gruppentrainings und Ausstiegsbegleitungen
zur Verfügung.

---

901  Broschüre FoKuS ISLEX Niedersachsen in *Violence Prevention Network* 2019c, S. 5.

902  Broschüre FoKuS ISLEX Niedersachsen in *Violence Prevention Network* 2019c, S. 6.

903  Broschüre FoKuS ISLEX Niedersachsen in *Violence Prevention Network* 2019c, S. 10.

904  Broschüre FoKuS ISLEX Niedersachsen in *Violence Prevention Network* 2019c, S. 6.

905  Broschüre FoKuS ISLEX Niedersachsen in *Violence Prevention Network* 2019c, S. 6.

Das Einzeltraining zielt auf „inhaftierte Jugendliche und junge Erwachsene ab, die bereits so stark politisch oder religiös radikalisiert sind, dass sie für die Gruppenmaßnahmen nicht mehr in Betracht kommen".[906] Das Einzeltraining soll den Gefangenen bei der Deradikalisierung und seinem Ausstieg aus dem extremistischen Milieu begleiten.[907] Inhaltlich wird angestrebt, den „Dialog aufzunehmen und aufrechtzuerhalten", ein „Verantwortungsbewusstsein zu schaffen" sowie die persönliche Auseinandersetzung des Gefangenen mit seiner eigenen „Gewalt-, Militanz- und Extremismuskarriere zu fördern".[908]

Das Gruppentraining ist auf „leicht ideologisierte und zur Radikalisierung neigende jugendliche und erwachsene Inhaftierte" ausgerichtet.[909] Die maximale Teilnehmerzahl beträgt hier acht Personen.[910] Das Training beinhaltet 23 Sitzung à 3 bis 4 Stunden pro Woche.[911] Inhaltlich werden unter anderem „Biografien aufgearbeitet, Kenntnisse im Rahmen der politischen Bildung vermittelt und Ressourcenarbeit" geleistet.[912] Nachstehende *Abbildung 1* verdeutlicht den Trainingsverlauf eines Gruppentrainings.

---

906  Flyer FoKuS ISLEX Niedersachsen in *Violence Prevention Network* 2019d.

907  Flyer FoKuS ISLEX Niedersachsen in *Violence Prevention Network* 2019d.

908  Flyer FoKuS ISLEX Niedersachsen in *Violence Prevention Network* 2019d.

909  Flyer FoKuS ISLEX Niedersachsen in *Violence Prevention Network* 2019d.

910  Flyer FoKuS ISLEX Niedersachsen in *Violence Prevention Network* 2019d.

911  Flyer FoKuS ISLEX Niedersachsen in *Violence Prevention Network* 2019d.

912  Flyer FoKuS ISLEX Niedersachsen in *Violence Prevention Network* 2019d.

212

## Abbildung 1: Beispielhafter Trainingsverlauf eines Gruppentrainings während und nach der Inhaftierung

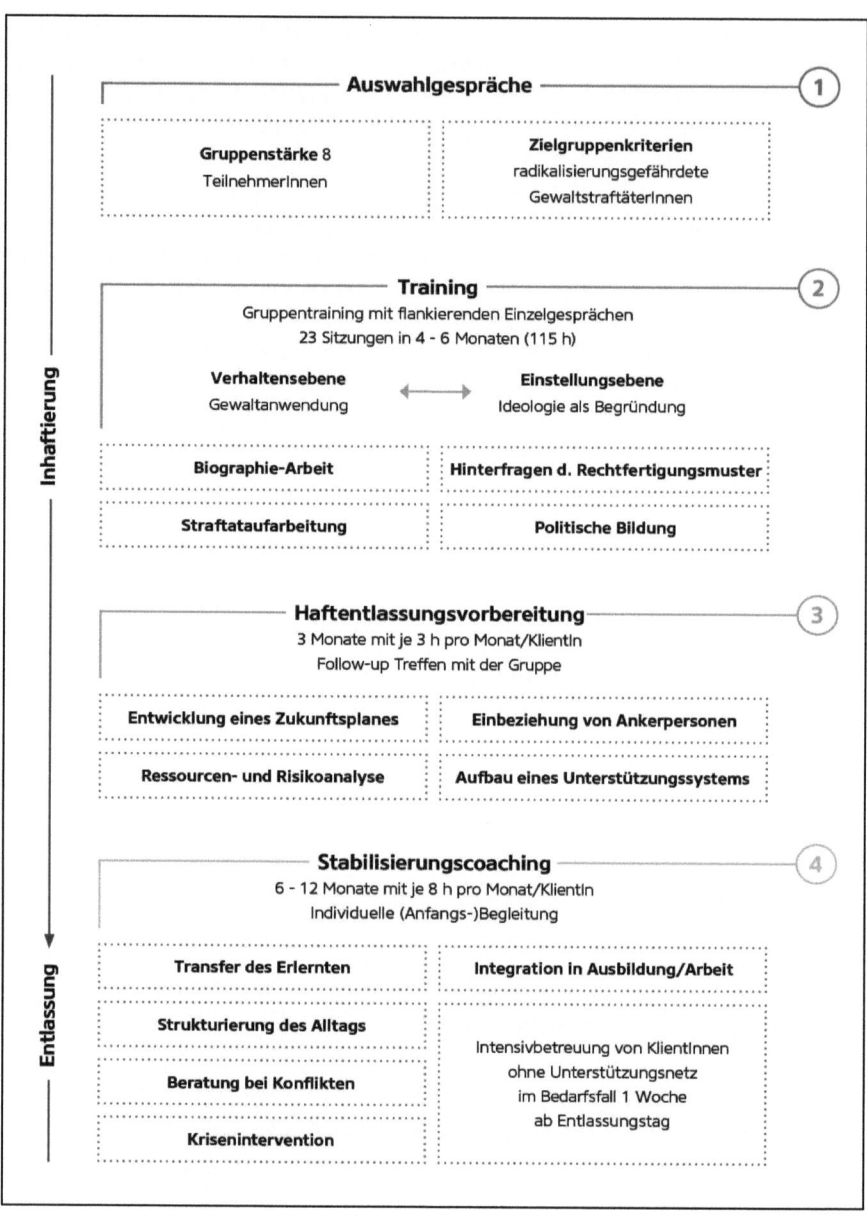

Quelle: *Violence Prevention Network* 2019c, S. 17.

Das vorliegende Schaubild zeigt einen beispielhaften Trainingsverlauf eines Anti-Gewalt- und Kompetenz-Gruppentrainings. Während der Haftzeit besteht für Straftäter, „die aus religiösen, extremistischen, rassistischen oder demokratiefeindlichen Motiven wiederholt gewalttätig geworden sind" die Möglichkeit, an einem Anti-Gewalt- und Kompetenztraining (AKT) teilzunehmen.[913] Langjährige AKT-Trainerinnen und Trainer schaffen einen Raum, in dem junge Gefangene „demütigungsfrei die von ihnen begangenen Gewalttaten hinterfragen können".[914] Innerhalb der Vollzugsanstalten wird in „Zwei-Personen-Teams gearbeitet, die unterschiedliche Kompetenzen in verschiedenen Bereichen, wie zum Beispiel der Haftentlassungsvorbereitung, im Bereich Anti-Gewalt- und Kompetenzarbeit, im Stabilisierungscoaching, im Bereich der Deradikalisierung und Krisenintervention, aber auch im Bereich der Eltern- und Stadtteilarbeit sowie in der Pädagogik, politischer Bildung und im interkulturellen Dialog" aufweisen können.[915]

Während der Inhaftierung finden in der ersten Phase zunächst Auswahlgespräche statt.[916] Die Gruppenstärke umfasst acht Teilnehmer, die radikalisierungsgefährdet sind und Gewaltstraftaten begangen haben.[917] Die Auswahl der Teilnehmer erfolgt zum einen durch Vorschlag durch die Justizvollzugsanstaltsmitarbeiter, aber auch im Rahmen einer Selbstanzeige.[918] Eingebunden in die Gruppentherapie kann nur werden, wer „Bereitwilligkeit und Gruppenfähigkeit" aufweist.[919] Zahlenmäßig größere Gruppen können nicht angeboten und betreut werden, da die Gefangenen „erfahrungsgemäß mit schweren Gewaltstraftaten, ideologisierten Einstellungsmustern und rudimentärer Gruppenfähigkeit" für größere Gruppen ungeeignet sind.[920]

In der zweiten Phase findet das Gruppentraining einmal wöchentlich auf freiwilliger Basis statt. Es umfasst 23 Sitzungen in vier bis sechs Monaten, was ca. einem Umfang von 115 Stunden entspricht.[921] Das Gruppentraining wird von in-

---

913 Broschüre FoKuS ISLEX Niedersachsen in *Violence Prevention Network* 2019c, S. 15.

914 Broschüre FoKuS ISLEX Niedersachsen in *Violence Prevention Network* 2019c, S. 15.

915 Broschüre FoKuS ISLEX Niedersachsen in *Violence Prevention Network* 2019c, S. 15.

916 Broschüre FoKuS ISLEX Niedersachsen in *Violence Prevention Network* 2019c, S. 17.

917 Broschüre FoKuS ISLEX Niedersachsen in *Violence Prevention Network* 2019c, S. 17.

918 Broschüre FoKuS ISLEX Niedersachsen in *Violence Prevention Network* 2019c, S. 16.

919 Broschüre FoKuS ISLEX Niedersachsen in *Violence Prevention Network* 2019c, S. 16.

920 Broschüre FoKuS ISLEX Niedersachsen in *Violence Prevention Network* 2019c, S. 16.

921 Broschüre FoKuS ISLEX Niedersachsen in *Violence Prevention Network* 2019c, S. 17.

dividuellen Einzelgesprächen mit den Teilnehmern begleitet, sodass auch tiefergehende, persönliche Lebensaspekte angesprochen werden können.[922] Im Rahmen des Trainings werden unter anderem die Gewaltanwendung und die damit verbundene Ideologie als Rechtfertigung aufgearbeitet.[923] Ebenso werden die momentan bestehenden Rechtfertigungsmuster hinterfragt, politische Bildung vermittelt, die individuelle Biografie sowie die begangene Straftat aufgearbeitet.[924]

Phase Drei widmet sich der Haftentlassungsvorbereitung. Zeitlich ist diese Phase auf drei Monate mit je drei Stunden pro Monat und Klient ausgelegt. In dieser Phase sollen Zukunftspläne entwickelt, Ankerpersonen mit eingebunden, ein Unterstützungssystem aufgebaut und eine Ressourcen- und Risikoanalyse getätigt werden.[925] Die Vorbereitung wird bis zum Zeitpunkt der Entlassung aufrechterhalten.[926]

Nach der Entlassung erfolgt in Phase Vier das Stabilisierungscoaching. Für die nächsten sechs bis 12 Monate wird der Klient je acht Stunden pro Monat individuell bei seinen ersten Schritten in Freiheit begleitet.[927] Wichtig und entscheidend ist hierbei, dass die Trainerinnen und Trainer auch nach der Entlassung für den Gefangenen erreichbar sind und das erarbeitete Vertrauensverhältnis bestehen bleibt.[928] Im Folgenden soll der ehemals Gefangene seinen Alltag strukturieren, er erfährt Beratung bei Konflikten oder Krisen und das Erlernte transferieren sowie bestmöglich in eine Ausbildung oder einen Arbeitsplatz integriert werden.[929]

### 6.3.10.6 Nordrhein-Westfalen

Nordrhein-Westfalen führte aus, keinerlei Konzepte, folglich auch keinen geplanten Umgang mit islamistischen oder anderen Terroristen zu haben bzw. zu verwenden. Aus den zuvor benannten Gründen würde sich eine Generalisierung verbieten.

Dennoch soll an dieser Stelle der bereits erwähnte Vortrag von *Özgür Benli* (JVA Bielefeld-Brackwede) zum Umgang mit islamistischen Gefangenen im

922 Broschüre FoKuS ISLEX Niedersachsen in *Violence Prevention Network* 2019c, S. 17.

923 Broschüre FoKuS ISLEX Niedersachsen in *Violence Prevention Network* 2019c, S. 17.

924 Broschüre FoKuS ISLEX Niedersachsen in *Violence Prevention Network* 2019c, S. 17.

925 Broschüre FoKuS ISLEX Niedersachsen in *Violence Prevention Network* 2019c, S. 17.

926 Broschüre FoKuS ISLEX Niedersachsen in *Violence Prevention Network* 2019c, S. 16.

927 Broschüre FoKuS ISLEX Niedersachsen in *Violence Prevention Network* 2019c, S. 17.

928 Broschüre FoKuS ISLEX Niedersachsen in *Violence Prevention Network* 2019c, S. 16.

929 Broschüre FoKuS ISLEX Niedersachsen in *Violence Prevention Network* 2019c, S. 17.

nordrhein-westfälischen Justizvollzug Erwähnung finden. Er führte aus, dass Terroristen nach Koordination durch das Justizministerium in Absprache mit dem Bundesanwalt beim Bundesgerichtshof sowie dem betreffenden Gericht überwiegend in den Justizvollzugsanstalten Bielefeld-Brackwede und Bochum oder anderen Anstalten mit hohem Sicherheitsgrad untergebracht würden.[930] Seiner Präsentation ist ebenfalls zu entnehmen, dass der nordrhein-westfälische Strafvollzug versucht, auf islamistische Terroristen mit Hilfe geeigneter Sicherungsmaßnahmen zu reagieren.[931] Um den „Aktionsradius einzuschränken", würden folgende Sicherheitsmaßnahmen angeordnet: Die Teilnahme an Gemeinschaftsveranstaltungen sowie die Teilnahme am Umschluss erfolgt nur nach genehmigtem Antrag, jeglicher Postverkehr unterliegt einer vorherigen Kontrolle durch die Abteilung Sicherheit und Ordnung, es erfolgt eine Einzelunterbringung im Haftraum sowie alleinige Freistunden, es werden häufigere Haftraumdurchsuchungen vorgenommen sowie deutliche Gespräche mit dem betroffenen Gefangenen geführt.[932] Sollten die angeordneten Sicherheitsmaßnahmen sich als nicht ausreichend erweisen, kann der Gefangene auf eine andere Abteilung innerhalb derselben Justizvollzugsanstalt oder in eine andere Anstalt verlegt werden.[933] In Zukunft soll zudem eine Sicherheitsabfrage über das Basis-Web bei jedem Gefangenen möglich sein, zudem sollen Fingerabdruckscanner sowie Präventionsbeauftrage eingesetzt werden.[934]

Gleichzeitig verwies er auf das vom nordrhein-westfälischen Landtag verabschiedete Konzept „Gemeinsinn stärken – entschlossen gegen Radikalisierung, Konzept zur Förderung der Integration der ausländischen Inhaftierten und zur Verbesserung der Sicherheit im Justizvollzug NRW".[935] Das Konzept beinhaltet unter anderem Maßnahmen zur Verhinderung von Radikalisierung im Justizvollzug, betont aber gleichzeitig, dass es keine bekannten Fälle gebe, in denen sich Gefangene im nordrhein-westfälischen Justizvollzug radikalisiert hätten, um islamistische Ziele zu verfolgen.[936] Auf dieser Grundlage soll das Konzept eher einen präventiven Ansatz verfolgen, der eine Radikalisierung auch in Zukunft in nordrhein-westfälischen Justizvollzugsanstalten verhindern soll.[937] Das Projekt „Prävention von Radikalisierung in Justizvollzugsanstalten" umfasst dabei unter

---

930   *Benli* 2018, S. 6.

931   *Benli* 2018, S. 22.

932   *Benli* 2018, S. 22.

933   *Benli* 2018, S. 23.

934   *Benli* 2018, S. 34.

935   *Benli* 2018, S. 8.

936   Drucks. 4453 – IV. 12, S. 7.

937   Drucks. 4453 – IV. 12, S. 7.

anderem die „Entwicklung eines Handlungskonzepts zum Umgang mit bereits radikalisierten Gefangenen", die „Mitwirkung bei der Fortbildung von Bediensteten
und Auswahl von Imamen" sowie die „Evaluierung bereits bestehender Deradikalisierungsprogramme".[938] Im Hinblick auf die Entwicklung von Handlungs-
konzepten soll ein „Kompetenzzentrum „Justiz und Islam" gegründet werden, in
dem „Islamwissenschaftler Radikalisierungsgefahren analysieren und Hand-
lungskonzepte für den Justizvollzug entwickeln".[939] Ein weiterer Fokus soll auf
der Identitätsfeststellung liegen.[940] Hierfür wird eine vertiefte „Zusammenarbeit
mit dem Verfassungsschutz und der Polizei angestrebt", um Besucher und in den
Justizvollzugsanstalten einsitzende Personen zweifelsfrei identifizieren zu können.[941] Eine Maßnahme zur verbesserten Identitätsfeststellung sollen Fingerabdruckscanner sein, deren Ergebnisse mit den Daten der Polizei und den Erkenntnissen der Justizvollzugsanstalten abgeglichen werden können.[942] Da hierfür
jedoch biometrische Daten ausgetauscht werden, ist zuvor zu überprüfen, inwieweit landesrechtlich zunächst eine entsprechende gesetzliche Grundlage geschaffen werden muss.[943] Um auch den Hintergrund des Gefangenen näher zu beleuchten, soll eine intensivere Kooperation mit dem Verfassungsschutz stattfinden,
gegebenenfalls müsste jedoch auch für dieses Unterfangen zunächst eine Rechtsgrundlage geschaffen werden, die den Datenaustausch legalisiert.[944] [945] Um
diese Maßnahmen umzusetzen wurden 45 Planstellen geschaffen, gleichzeitig erhielt jede Justizvollzugsanstalt im Bundesland einen eigenen Integrationsbeauftragten, zudem wurde eine Koordinierungsstelle im Justizvollzug (Fachbereich
Sozialdienst) eingerichtet.[946]

### 6.3.10.7  Zusammenfassung

Im Ergebnis lässt sich festhalten, dass die Bundesländer Berlin, Mecklenburg-
Vorpommern und Niedersachsen sich des Problems islamistischer Gefangene im

---

938  Drucks. 4453 – IV. 12, S. 7.

939  Drucks. 4453 – IV. 12, S. 7.

940  Drucks. 4453 – IV. 12, S. 7.

941  Drucks. 4453 – IV. 12, S. 7.

942  Drucks. 4453 – IV. 12, S. 7.

943  Drucks. 4453 – IV. 12, S. 8.

944  Drucks. 4453 – IV. 12, S. 8.

945  Bis zum Sommer 2019 vermeldete die Lokalpresse, dass die Fingerabdruckscanner zwar
in größerer Anzahl vorrätig seien, auf Grund „fehlender Rechtsgrundlage (jedoch) nicht
eingesetzt werden können, weil für den Abgleich benötigte Schnittstellen zu Polizei- und
Ausländerbehörde fehlen", vgl. *Schwerdtfeger* 2018.

946  Flyer der Integrationsbeauftragten im Justizvollzug, S. 2.

Strafvollzug bewusst angenommen und Konzeptionen zum Umgang mit selbigen entwickelt haben.

Darüber hinaus arbeiten Bayern, Berlin und Niedersachsen jeweils mit dem Violence Prevention Network e. V. zusammen und halten so eine Vielzahl an potentiellen Maßnahmen innerhalb des Strafvollzugs bereit, um in allen Stadien eines typischen Radikalisierungsprozesses deradikalisierend tätig werden zu können. Welches Training für den jeweiligen Gefangenen in Betracht kommt, hängt von seinem persönlichen Grad der Radikalisierung ab. Erfreulich ist, dass Berlin und Niedersachsen das neuere Problem islamistischer Gefangener im Strafvollzug erkannt und mittels umfangreicher Konzepte, Maßnahmenpakete und intensiver Zusammenarbeit mit externen Trägern eine fundierte Strategie zur Wiedereingliederung dieser Gefangenen entwickelt haben. Bayern betonte zwar, über kein Konzept zum Umgang mit islamistischen oder anderen Terroristen zu verfügen, hat jedoch „praxiserprobte" Hinweise, wie z. B. die dezentrale Unterbringung radikalisierter Gefangener, übermittelt. Erfreulich ist zudem, dass Bayern darüber hinaus, wie zuvor dargestellt, ebenfalls umfangreiche Maßnahmen zur Deradikalisierung in Kooperation mit dem Violence Prevention Network e.V. anbietet. Durch die differenzierten Angebote und Maßnahmen der Bundesländer Bayern, Berlin und Niedersachsen, die letztlich jedem Stadium des Radikalisierungsprozesses gerecht werden könnten, wird ein individuelles Eingehen auf die jeweiligen Bedürfnisse des zu behandelnden Gefangenen gewährleistet. Dies lässt erwarten, dass die mit der Behandlung einhergehenden präventiven Auswirkungen als erfolgversprechend angesehen werden können. Es besteht somit begründete Hoffnung, dass individuelle Radikalisierungskarrieren in Einzelfällen tatsächlich abgebrochen werden.

Auch Mecklenburg-Vorpommern hat sich mit dem Phänomen islamistischer Terroristen im Strafvollzug auseinandergesetzt. So existiert für die Aufnahme radikal-islamistischer Gefangener in den Strafvollzug ein detaillierter, mehrstufiger Ablaufplan. Mecklenburg-Vorpommern verfügt damit zwar nicht über derart detaillierte Maßnahmen und intensive Kooperationen und Konzeptionen wie Berlin und Niedersachsen, hat sich jedoch ebenfalls mit dem neuartigen Problem islamistischer Gefangener im Strafvollzug auf Landesebene beschäftigt.

Hamburg verfügt über kein Konzept zum Umgang mit islamistischen Terroristen, erprobt aber derzeit das Modellprojekt „LEGATO" im Strafvollzug. Ziel ist die Verhinderung von Radikalisierung, Ausstiegsbegleitungen von radikalisierungsanfälligen und bereits radikalisierten Gefangenen sowie die fachliche Schulung von Mitarbeitern vor Ort.

Ausweislich des Fragebogens verneinte Nordrhein-Westfalen das Vorliegen von Konzepten zum Umgang mit islamistischen oder anderen Terroristen, da sich eine Generalisierung verbiete. Im eklatanten Widerspruch dazu steht jedoch das im Jahr 2016 erschienenen Strategiepapier „Gemeinsinn stärken – entschlossen gegen Radikalisierung, Konzept zur Förderung der Integration der ausländischen Inhaftierten und zur Verbesserung der Sicherheit im Justizvollzug NRW". Aus dem Strategiepapier ergibt sich unter anderem das Vorhaben einer Evaluierung bereits bestehender Deradikalisierungsprogramme. Vorliegend werfen daher die Antworten aus Nordrhein-Westfalen zumindest Fragen auf.

Die Auswertung zeigt, dass sich die meisten der hier zu untersuchenden Bundesländer der akuten Gefahr, die von einer potentiellen Radikalisierung im Strafvollzug ausgeht und der damit verbundenen Bedrohung für die Allgemeinheit bewusst sind. Bayern, Berlin und Niedersachsen halten konkrete Maßnahmen und therapeutische Angebote vor, die ihrer Darstellung nach erfolgversprechend erscheinen. Auch Mecklenburg-Vorpommern hat Handlungsanweisungen vorgegeben.

Hamburg und Nordrhein-Westfalen erproben und entwickeln derzeit Angebote, Maßnahmen zur Deradikalisierung sowie präventive Ansätze im Strafvollzug.

### 6.3.11 Besonders gefährliche Gewalt- und Sexualstraftäter

Die nächste zu untersuchende besondere Tätergruppierung betrifft besonders gefährliche Sexual- und Gewaltstraftäter. Die Antworten der Bundesländer zeigten, dass besonders gefährliche Sexualstraftäter in der Praxis oftmals gemeinsam mit besonders gefährlichen Gewaltstraftätern genannt und verortet werden. Einige Bundesländer haben daher beide Tätergruppierungen zusammen behandelt und einheitliche Konzepte für beide Tätergruppen erstellt. Im Folgenden werden daher beide Tätergruppierungen gemeinsam für jedes hier zu untersuchende Bundesland dargestellt.

### 6.3.11.1 Bayern

Bayern verfährt mit besonders gefährlichen Sexual- oder Gewaltstraftätern gleichermaßen: Besonders gefährliche Sexual- oder Gewaltstraftäter werden in Bayern mit ihrer Zustimmung in eine entsprechende Sozialtherapie überführt. Derzeit hält Bayern insgesamt 168 Plätze für Sexualstraftäter und 193 Plätze für Gewaltstraftäter im Erwachsenenstrafvollzug vor. Momentan werden weitere 57 Plätze geplant. Der Jugendstrafvollzug verfügt über 48 Therapieplätze für Gewalt- und 16 Plätze für Sexualstraftäter. Weitergehende Konzeptionen, die den Zeitraum während der Inhaftierung betreffen, liegen für Bayern für gefährliche Sexual- oder Gewaltstraftäter nicht vor. Jedoch existiert für jene Tätergruppierung ein Überwachungskonzept, das den Zeitraum nach der Entlassung betrifft.[947]

---

947 Vgl. für einen ausführlichen Bundesländervergleich die einzelnen Überwachungskonzepte betreffend *Rohrbach* 2014; vgl. hierzu auch *Dünkel u. a.* 2016.

Bayern war im Hinblick auf eine Konzeption zum Umgang mit gefährlichen Sexualstraftätern Vorreiter.[948] Am 01.10.2006 führte Bayern die Haft-Entlasse-nen-Auskunfts-Datei-Sexualstraftäter (HEADS) ein, die in der 2. Auflage zum 27.03.2009 überarbeitet wurde.[949]

Die Konzeption bezweckt, die ursprüngliche Kontrolle und Betreuung ent-lasse-ner Sexualstraftäter, „die im alleinigen Verantwortungsbereich der Füh-rungsaufsicht und Bewährungshilfe lag", durch eine Kooperation mit der Polizei zu erweitern.[950] Der Fokus liegt dabei auf intensiver Zusammenarbeit der drei Akteure sowie deren Informationsaustausch.[951] Das übergeordnete Ziel von HEADS besteht darin, das Risiko einer erneuten Straftatbegehung durch Sexual-straftäter zu reduzieren und somit die Allgemeinheit bestmöglich zu schützen.[952] HEADS soll Straftäter umfassen, die „Sexualstraftaten im Sinne von § 181b StGB" begangen haben und dafür mindestens eine einjährige Freiheitsstrafe ver-büßen oder ein „Tötungsdelikt mit sexueller Komponente oder unklarem Motiv" begangen haben und hierfür zu einer mindestens zweijährigen Freiheitsstrafe ver-urteilt wurden.[953] Zusätzlich muss eine gesetzliche Führungsaufsicht (§ 68f Abs. 1 S. 1 StGB) eingetreten sein oder sich im Hinblick auf den entlassenen Gefan-gene eine erhöhte Rückfallwahrscheinlichkeit während der Führungsaufsicht ab-zeichnen oder eine Entlassung auf Bewährung vorliegen, bei der sich „nach vor-heriger positiver Prognose nun doch ein erhöhtes Risiko entwickelt".[954] Zudem muss von dem potentiellen Rückfall auf Grund der „Art und Schwere der began-genen Tat, ihrer Persönlichkeit oder dem Verhalten nach der Tat" eine „erhebliche Gefahr für Leib oder Leben Anderer" ausgehen.[955]

Die bayerische Konzeption unterscheidet vier Gefahrenkategorien. Kategorie I erfasst Sexualstraftäter mit „herausragendem Gefahrenpotential und hoher Rückfallwahrscheinlichkeit", Kategorie II ein „hohes Gefahrenpotential", Kate-gorie III ein „mittleres Gefahrenpotential" und Kategorie IV ein „unteres Gefah-renpotential" bzw. den Fall, dass die „Führungsaufsicht abgelaufen" ist.[956] Der

---

948 *Roith* 2019, S. 40.

949 *Roith* 2019, S. 40.

950 *Roith* 2019, S. 40.

951 *Roith* 2019, S. 40.

952 *Roith* 2019, S. 41.

953 *Roith* 2019, S. 41.

954 *Roith* 2019, S. 42.

955 *Roith* 2019, S. 42.

956 *Roith* 2019, S. 42.

Einstufung zu Grunde liegen die „begangene Tat, die Persönlichkeit des Sexualstraftäters sowie sein Verhalten im Straf- bzw. Maßregelvollzug".[957]
Der genaue Ablauf der Vorgehensweise zum Zeitpunkt der Inhaftierung ist
nicht darstellbar. Dem Vortrag von *Heinz-Peter Mair*[958] kann jedoch entnommen
werden, dass die beherbergende Justizvollzugsanstalt eine Stellungnahme an die
Staatsanwaltschaft abgibt, welche wiederum die HEADS-Zentralstelle in München sowie die Strafvollstreckungsbehörde informiert.[959]
Der weitere Ablauf erfordert keine Maßnahmen aus dem Justizvollzug und
soll daher unter Berücksichtigung der hier zu untersuchenden Fragestellung keine
Erwähnung finden.

### 6.3.11.2 Berlin

Berlin hat die Frage nach Konzepten zum Umgang mit besonders gefährlichen
Gewaltstraftätern mit „nein" beantwortet, was natürlich mit Blick auf die Sozialtherapie unzutreffend ist. Gemeint war offensichtlich, dass es darüber hinaus keine weiteren Konzepte gibt. Für den Zeitraum nach der Entlassung verfügt Berlin
ebenfalls über ein Überwachungskonzept. Seit dem Jahr 2010 existiert für Berlin
das Konzept „Sexualstraftäter und Prävention durch Rückfallprognose, Eingriffs-
maßnahmen und Ermittlungen (SPREE)".[960] Eine Gegenüberstellung mit den übrigen Überwachungskonzepten kann jedoch nicht erfolgen, da das Konzept der
Öffentlichkeit nicht zugänglich ist.

### 6.3.11.3 Hamburg

Hamburg beantwortete die Frage nach Konzepten für besonders gefährliche Se-
xual- oder Gewaltstraftäter für beide Tätergruppierungen ablehnend, betonte jedoch, dass solche Straftäter einer Sozialtherapie zugeführt würden. Darüber hinaus existiert jedoch für den Zeitraum nach der Haftentlassung ebenso wie in den
zuvor dargestellten Bundesländern ein Überwachungskonzept. Seit dem
01.03.2010 existiert in Hamburg die Konzeption „Täterorientierte Prävention
(T.O.P.).[961] Ziel der Konzeption ist der Schutz der Allgemeinheit vor aus der Haft

---

957  *Roith* 2019, S. 42.

958  Der Vortrag „Neue Wege im Umgang mit entlassenen Sexualstraftätern – die Praxis in
      Bayern" wurde am 06.05.2011 auf Binz (Rügen) im Rahmen der Fachtagung „Positions-
      lichter 2011 – KURS halten und Zukunft gestalten in der ambulanten und stationären
      Arbeit mit Verurteilten" gehalten.

959  *Mair* 2011, S. 7.

960  *Schiemann/Remke/Büchler* 2019, S. 15.

961  LKA Hamburg, zitiert nach *Rohrbach* 2014, S. 173.

entlassenen gefährlichen Sexual- und Gewaltstraftätern.[962] Die Konzeption soll gefährliche Sexual- und Gewaltstraftäter erfassen, die unter anderem wegen Straftaten gegen die sexuelle Selbstbestimmung und solchen gegen die körperliche Unversehrtheit gem. §§ 174 bis 174c, 176, 179 I-IV, 180, 182, 224, 225 I, II, 323a StGB verurteilt wurden.[963] Ein halbes Jahr vor der geplanten Entlassung aus der Haft, wird von der abgebenden Justizvollzugsanstalt überprüft, ob der Gefangene unter die zuvor benannten Risikogruppen fällt.[964] Wird eine Zugehörigkeit zu einer der Risikogruppen bejaht, wird ein Gutachten erstellt, um so das aktuelle Risikopotential zu bestimmen.[965] Im Folgenden werden dann die weiteren Maßnahmen mit Vertretern der Staatsanwaltschaft, des Strafvollzugs-amtes, der Führungsaufsichtsstelle sowie mit der abgebenden Justizvollzugsanstalt erörtert und abgestimmt.[966]

### 6.3.11.4 Mecklenburg-Vorpommern

Ebenso wie Bayern hat auch Mecklenburg-Vorpommern die Frage bzgl. besonders gefährlichen Gewalt- und Sexualstraftätern gemeinsam behandelt. Erheblich gefährliche Gefangene, von denen „schwerwiegende Straftaten gegen Leib oder Leben, die persönliche Freiheit oder gegen die sexuelle Selbstbestimmung zu erwarten sind, werden zwingend gem. § 17 Abs. 2 StVollzg M-V in die Sozialtherapie verlegt. Es existiert im Übrigen für den Zeitraum nach der Entlassung ein sog. „Überwachungskonzept für besonders rückfallgefährdete Sexual- und Gewaltstraftäter „für optimierte Kontrolle und Sicherheit – FoKuS".[967] Es handelt sich hierbei um eine gemeinsame Verwaltungsvorschrift des Justizministeriums und des Ministeriums für Inneres und Sport vom 25.07.2012.[968]

Das Konzept beinhaltet Überwachungsvorgaben und detaillierte Abläufe für verurteilte erwachsene Gefangene, die sich kurz vor ihrer Entlassung aus dem Strafvollzug befinden, für die nach der Haftentlassung zuständigen sozialen Dienste und Polizeidienststellen sowie für nach Jugendstrafrecht verurteilte Personen. Das Überwachungskonzept verfolgt das Ziel, polizeiliche Unterstützungsmöglichkeiten mit denen von und durch die Justiz durchzuführenden Maßnahmen zu vereinen, um eine besonders gefährliche Gewalt- und Sexualstraftäter besser

---

962  LKA Hamburg, zitiert nach *Rohrbach* 2014, S. 152.

963  LKA Hamburg, zitiert nach *Rohrbach* 2014, S. 173.

964  LKA Hamburg, zitiert nach *Rohrbach* 2014, S. 173.

965  LKA Hamburg, zitiert nach *Rohrbach* 2014, S. 173.

966  LKA Hamburg, zitiert nach *Rohrbach* 2014, S. 174.

967  *Justizministerium Mecklenburg-Vorpommern* 2012, S. 1.

968  *Justizministerium Mecklenburg-Vorpommern* 2012, S. 1.

überwachen, „kontrollieren und leiten zu können".[969] Dabei bezieht es sich auf zwei unterschiedliche Tätergruppen, nämlich „besonders rückfallgefährdete Gewaltstraftäter sowie besonders rückfallgefährdete Sexualstraftäter".[970]

Mecklenburg-Vorpommern hat sich intensiv mit gefährlichen Gewalt- und Sexualstraftätern, die sich kurz vor der Entlassung befinden, auseinandergesetzt. Das FoKuS-Konzept beinhaltet detaillierte Vorgaben für den Zeitpunkt nach der Entlassung. Allerdings stellt FoKuS ein reines Überwachungskonzept dar. Etwaige Maßnahmen für die Dauer der Inhaftierung werden darin (logischerweise) nicht erwähnt. In dieser Hinsicht erhofft man sich von FoKuS, die Rückfallgefährlichkeit zu senken, wie der mecklenburg-vorpommerische Strafvollzug mit besonders gefährlichen Gewalt- und Sexualstraftätern verfährt, ist im Wesentlichen jedoch eine Frage der Behandlung in der Sozialtherapie.

## 6.3.11.5 Niedersachsen

Auch Niedersachsen hat, ebenso wie Bayern und Mecklenburg-Vorpommern, besonders gefährliche Gewaltstraftäter sowie Sexualstraftäter gemeinsam veranlagt, sodass für beide Tätergruppierungen auch das gleiche Verfahren bzw. Konzept angewendet wird. In Niedersachsen werden gem. § 104 Abs. 1 NJollzG Sexual- und Gewalttäter zwingend in eine sozialtherapeutische Anstalt verlegt, „wenn die dortige Behandlung zur Verringerung einer erheblichen Gefährlichkeit der oder des Gefangenen für die Allgemeinheit angezeigt ist."[971]

Niedersachsen verfügt jedoch darüber hinaus über ein gesondertes Überwachungskonzept für gefährliche Sexualstraftäter, die im Begriff sind, aus dem Strafvollzug entlassen zu werden, „Konzeption zum Umgang mit rückfallgefährdeten Sexualstraftäterinnen und Sexualstraftätern" (KURS Niedersachsen).

Das Konzept strebt die verbesserte Zusammenarbeit der „Polizei, des Maßregelvollzuges und der Justiz bei der Verringerung des Rückfallrisikos und der Resozialisierung von Sexualstraftäterinnen oder Sexualstraftätern, die unter Führungsaufsicht stehen" an.[972] Die Zielgruppe des Überwachungskonzepts umfasst unter anderem Täterinnen und Täter, die wegen Straftaten gegen die sexuelle Selbstbestimmung (§§ 174 bis 174c, 176 bis 180 und 182 StGB), sexuell motivierten Tötungsdelikten (§§ 211, 212 StGB) oder einer im Vollrausch (§ 323a

---

969  *Justizministerium Mecklenburg-Vorpommern* 2012, S. 1.

970  *Justizministerium Mecklenburg-Vorpommern* 2012, S. 2.

971  Für die sozialtherapeutischen Einrichtungen in Niedersachsen existiert ein gesondertes Rahmenkonzept „Sozialtherapie im Niedersächsischen Justizvollzug", vgl. Niedersächsisches Justizministerium 2011.

972  KURS Niedersachsen in *Ministerium für Inneres und Sport* 2015, Einleitung.

StGB) bzw. im Zustand der Schuldunfähigkeit (§ 20 StGB) begangenen zuvor genannten Tat verurteilt wurden.[973]

Im Hinblick auf die weitere Vorgehensweise ist es notwendig, die Mitglieder der Zielgruppe zuvor hinsichtlich ihrer Rückfallgefahr zu kategorisieren.[974] Das niedersächsische Konzept unterscheidet nach drei Kategorien, nämlich Kategorie A, B und C.[975] Kategorie A umfasst jene Sexualstraftäter, bei denen eine „hohe Rückfallgefährlichkeit" angenommen wird.[976] Diese Prognose basiert auf „der kriminellen Vorgeschichte, der Tatdynamik, der Persönlichkeit, etwaiger psychischer Störungen sowie der fehlenden rückfallpräventiven Effekte im Rahmen des Vollzuges".[977] Zudem ist es für die Einstufung in Kategorie A zwingend notwendig, dass keine „weiteren protektiven Bedingungen vorliegen", die das Risiko eines Rückfalls mindern könnten („beispielsweise Familie, Arbeitsstelle, Partnerschaft, kein Suchtmittelkonsum"), die bereits zum Zeitpunkt der Tatbegehung Bestand hatten.[978] Bei diesen Personen ist „jederzeit von der erneuten Begehung einer einschlägigen Straftat auszugehen".[979]

Sexualstraftäter, die in Kategorie B eingestuft werden, weisen ebenfalls eine „hohe Rückfallgefährlichkeit" aus den gleichen Gründen wie in Kategorie A auf, verfügen „jedoch über mindestens eine oder mehrere der zuvor genannten protektiven Bedingungen, die jedoch zum Tatzeitpunkt noch nicht vorlag".[980] Bei Sexualstraftätern, die in Kategorie B eingestuft worden sind, muss davon ausgegangen werden, dass bei einem „Wegfall oder einer Gefährdung einer oder mehrerer protektiver Bedingungen die Gefahr der erneuten Begehung einer einschlägigen Straftat" wahrscheinlich ist.[981]

---

973 *Ministerium für Inneres und Sport* 2015, KURS Niedersachsen, 2 Zielgruppe.

974 *Ministerium für Inneres und Sport* 2015, KURS Niedersachsen, 3 Einstufung/Kategorisierung.

975 *Ministerium für Inneres und Sport* 2015, KURS Niedersachsen, 3 Einstufung/Kategorisierung.

976 *Ministerium für Inneres und Sport* 2015, KURS Niedersachsen, 3 Einstufung/Kategorisierung.

977 *Ministerium für Inneres und Sport* 2015, KURS Niedersachsen, 3 Einstufung/Kategorisierung.

978 *Ministerium für Inneres und Sport* 2015, KURS Niedersachsen, 3 Einstufung/Kategorisierung.

979 *Ministerium für Inneres und Sport* 2015, KURS Niedersachsen, 3 Einstufung/Kategorisierung.

980 *Ministerium für Inneres und Sport* 2015, KURS Niedersachsen, 3 Einstufung/Kategorisierung.

981 *Ministerium für Inneres und Sport* 2015, KURS Niedersachsen, 3 Einstufung/Kategorisierung.

Kategorie C erfasst alle Sexualstraftäter, die nicht in Kategorie A oder B eingestuft wurden.[982] Unabhängig von der konkreten Kategorie, sind sämtliche Einstufungen mit einem detaillierten Risikoprofil zu begründen.[983]

Das weitere Verfahren unterteilt sich in Fälle aus dem Justizvollzug, Fälle aus dem Maßregelvollzug, Fälle ambulanter Sanktionen oder aus anderen Bundesländern, Fälle der Staatsanwaltschaft oder Polizei sowie Fälle der Führungsaufsicht und der Bewährungshilfe.

Auf Grundlage der hier vorliegenden Fragestellung wird im Folgenden nur auf die Maßnahmen und Vorgehensweise bezüglich der Fälle aus dem Justiz-vollzug eingegangen.

Die Zuständigkeit für die Bewertung der potentiellen Rückfallwahrscheinlichkeit sowie der Kategorisierung der Sexualstraftäter obliegt für den Erwachsenenvollzug dem Prognosezentrum des niedersächsischen Justizvollzugs.[984] Das Konzept enthält eine detaillierte Vorgehensweise, die bereits zum Zeitpunkt der Inhaftierung des Sexualstraftäters Anwendung findet. Ein halbes Jahr vor der geplanten Entlassung wird der Gefangene vom Prognosezentrum kategorisiert.[985] Hierfür bedient sich das Zentrum „vorhandener Gutachten und Daten oder begutachtet den Gefangenen erneut".[986] Vier Monate vor der prognostizierten Entlassung wird die zuständige Staatsanwaltschaft über die erfolgte Kategorisierung in Kenntnis gesetzt.[987] Die „Erstmeldung" beinhaltet das Risikoprofil des Gefangenen und detaillierte Angaben zu seiner Klassifizierung.[988]

Zwei Wochen vor der geplanten Entlassung wird die „Erstmeldung aktualisiert und fortgeschrieben".[989]

Darüber hinaus werden die zuvor genannten Fristen in den „Büchern der Vollzugsgeschäftsstelle überwacht, Kopien der Meldebehörden in der Gefangenenpersonalakte hinterlegt und auf dem Personalblatt sowie im Gefangenenverwaltungsprogramm BASIS-Web ein Querverweis angebracht".[990] Gleichzeitig hat die Justizvollzugseinrichtung einen „Fristenkalender für das Prognosezentrum zu

---

982 *Ministerium für Inneres und Sport* 2015, KURS Niedersachsen, 3 Einstufung/Kategorisierung.

983 *Ministerium für Inneres und Sport* 2015, KURS Niedersachsen, 3 Einstufung/Kategorisierung.

984 *Ministerium für Inneres und Sport* 2015, KURS Niedersachsen, 4.1.1 Zuständigkeit.

985 *Ministerium für Inneres und Sport* 2015, KURS Niedersachsen, 4.1.2 Meldeverfahren.

986 *Ministerium für Inneres und Sport* 2015, KURS Niedersachsen, 4.1.2 Meldeverfahren.

987 *Ministerium für Inneres und Sport* 2015, KURS Niedersachsen, 4.1.2 Meldeverfahren.

988 *Ministerium für Inneres und Sport* 2015, KURS Niedersachsen, 4.1.2 Meldeverfahren.

989 *Ministerium für Inneres und Sport* 2015, KURS Niedersachsen, 4.1.2 Meldeverfahren.

990 *Ministerium für Inneres und Sport* 2015, KURS Niedersachsen, 4.1.2 Meldeverfahren.

führen, der den Namen des Gefangenen enthält und den Zeitpunkt vorgibt, wann für ihn ein Risikoprofil erstellt bzw. aktualisiert werden muss".[991]

Sollte am Tag der „Entlassung noch keine Einstufung vorliegen, ordnet das Prognosezentrum den nunmehr entlassenen Gefangenen vorsorglich in Kategorie A ein" und initiiert eine zeitnahe Ersteinstufung.[992] Das Prognosezentrum entscheidet im Anschluss daran über die Kategorie, in die der zu Entlassende einzustufen ist.[993]

## 6.3.11.6 Nordrhein-Westfalen

Wie bereits zuvor ausgeführt, betonte Nordrhein-Westfalen, dass sich eine Generalisierung verbiete. Folglich existieren keine Konzepte zum weiteren Verfahren mit besonders gefährlichen Sexual- oder Gewaltstraftätern, wenngleich auch hier – wie in den zuvor behandelten Ländern – das Konzept der Verlegung in die Sozialtherapie für Sexual- und Gewalttäter gesetzlich normiert ist (vgl. § 13 Abs. 1 und 2 StVollzG NRW).

Ebenso wie Niedersachsen hat jedoch auch Nordrhein-Westfalen eine „Konzeption zum Umgang mit rückfallgefährdeten Sexualstraftätern in Nordrhein-Westfalen – KURS NRW" entwickelt. Die nordrhein-westfälische Konzeption entspricht dabei überwiegend derjenigen aus Niedersachsen. Ziel der Konzeption ist es ebenfalls, das „Rückfallrisiko von Sexualstraftätern, die unter Führungsaufsicht stehen, durch einer enge Zusammenarbeit und Informationsaustausch zwischen Strafvollzug, Maßregelvollzug, Vollstreckungsbehörde, Bewährungsaufsicht, Führungsaufsicht und Polizei" zu reduzieren.[994] Die Zielgruppe entspricht dabei derer aus Niedersachsen.

Das KURS-Konzept NRW sieht ebenfalls vor, dass Gefangene der Zielgruppe einer Risikogruppe zugeordnet werden.[995] Hierfür sind unter anderem täterbezogene, tatbezogene und vollzugsabhängige Kriterien und Entwicklungen relevant.[996] Täterbezogene Kriterien umfassen „einschlägige Vorstrafen, Steigerung der Sexualdelinquenz, bei (erstem) Sexualdelikt, Beziehungsproblematik, eigene

---

991 *Ministerium für Inneres und Sport* 2015, KURS Niedersachsen, 4.1.2 Meldeverfahren.

992 *Ministerium für Inneres und Sport* 2015, KURS Niedersachsen, 4.1.2 Meldeverfahren.

993 *Ministerium für Inneres und Sport* 2015, KURS Niedersachsen, 4.1.2 Meldeverfahren.

994 *Ministerium der Justiz des Landes Nordrhein-Westfalen* 2010, KURS NRW, 1. Einleitung.

995 *Ministerium der Justiz des Landes Nordrhein-Westfalen* 2010, KURS NRW, 3. Risikogruppe und Einstufung.

996 *Ministerium der Justiz des Landes Nordrhein-Westfalen* 2010, KURS NRW, 3. Risikogruppe und Einstufung.

Opfererfahrungen im Bereich der Sexualdelinquenz, bekannte psychische Erkran-kung sowie frühere therapeutische Interventionen".[997] Die tatbezogenen Krite-rien beziehen sich unter anderem auf „die Art und Schwere der begangenen Tat, Gewaltausübung bei der Tat, vor Beziehungen zwischen Täter und Opfer, Alters-differenz zwischen Täter und Opfer, Anzahl der Opfer sowie die Entlassungssitu-ation bzw. der soziale Empfangsraum".[998] Bei der Vollzugsentwicklung spielen insbesondere „therapeutische, bzw. Behandlungsmaßnahmen, etwaige Auffällig-keiten während der Inhaftierung, etwaige Vollzugslockerungen und Entlassungs-entscheidungen sowie der soziale Empfangsraum zum Zeitpunkt der Entlassung" eine Rolle.[999]

Ebenso wie Niedersachsen kennt das nordrhein-westfälische Konzept drei Ri-sikogruppen, A, B und C.[1000] Die Definition der einzelnen Risikogruppierun-gen entspricht dabei derer Niedersachsens.[1001]

Nach der Einstufung übersendet die Justizvollzugsanstalt spätestens vier Mo-nate vor der geplanten Entlassung der Vollstreckungsbehörde alle relevanten Un-terlagen, dazu gehören insbesondere eine „Stellungnahme der Justizvollzugsan-stalt im Hinblick auf die Bewährung, die Führungsaufsicht sowie der Gewährung etwaiger Lockerungen, ein Gutachten zu den Lockerungen oder gemäß § 454 Abs. 2 StPO sowie die gewählte Risikogruppe mit dem Hinweis „KURS NRW".[1002] Zeitgleich informiert die „abgebende Justizvollzugsanstalt das Landeskriminal-amt Nordrhein-Westfalens sowie den noch inhaftierten Gefangenen über seine Aufnahme in KURS NRW".[1003]

---

997 *Ministerium der Justiz des Landes Nordrhein-Westfalen* 2010, KURS NRW, 3. Risiko-gruppe und Einstufung.

998 *Ministerium der Justiz des Landes Nordrhein-Westfalen* 2010, KURS NRW, 3. Risiko-gruppe und Einstufung.

999 *Ministerium der Justiz des Landes Nordrhein-Westfalen* 2010, KURS NRW, 3. Risiko-gruppe und Einstufung.

1000 *Ministerium der Justiz des Landes Nordrhein-Westfalen* 2010, KURS NRW, 3. Risiko-gruppe und Einstufung.

1001 *Ministerium der Justiz des Landes Nordrhein-Westfalen* 2010, KURS NRW, 3. Risiko-gruppe und Einstufung.

1002 *Ministerium der Justiz des Landes Nordrhein-Westfalen* 2010, KURS NRW, 5. a) (1) Regelmäßiger Unterrichtungsverlauf.

1003 *Ministerium der Justiz des Landes Nordrhein-Westfalen* 2010, KURS NRW, 5. a) (1) Regelmäßiger Unterrichtungsverlauf.

Ein Sonderfall liegt vor, wenn die zu entlassende Person aus Nordrhein-Westfalen in ein anderes Bundesland entlassen wird.[1004] Hierbei erfasst das Landeskriminalamt Nordrhein-Westfalen die Zielpersonen und teilt die geplante Entlassung dem Landeskriminalamt des aufnehmenden Bundeslandes mit.[1005]

## 6.3.11.7 Zusammenfassung

Bei der Frage nach Konzeptionen zum Umgang mit besonders gefährlichen Sexual- und Gewaltstraftätern ist zunächst festzuhalten, dass alle hier untersuchten Bundesländer besonders gefährliche Sexual- und Gewaltstraftäter gemeinsam veranlagen und in der Folge einheitliche Konzepte oder Vorgehensweisen erstellt haben. Die Bundesländer Berlin, Nordrhein-Westfalen gaben an, keine spezielle Vorgehensweise zu verfolgen. Jedoch ist im Lichte der 1998 eingeführten verpflichtenden sozialtherapeutischen Behandlung von Sexualstraftätern anzunehmen, dass auch Berlin und Nordrhein-Westfalen (ebenso die übrigen Bundesländer) betroffene Gefangene in eine Sozialtherapie verlegen. Die Ausführungen der Bundesländer zur Vorgehensweise und zum Umgang mit besonders gefährlichen Sexual- und Gewaltstraftätern während ihrer Inhaftierung blieben vage.

Deutlich umfangreicher waren hingegen die Ausführungen jener Bundesländer, die intensive Überwachungskonzepte für besonders gefährliche Sexual- und Gewaltstraftäter nach der Entlassung vorsehen. Unter den hier zu untersuchenden Bundesländern war einzig die Berliner Konzeption nicht zugänglich. In den Bundesländern Bayern, Hamburg, Mecklenburg-Vorpommern, Niedersachsen und Nordrhein-Westfalen scheint Einigkeit über eine besonders hohe Rückfallgefahr von bestimmten Sexual- und Gewaltstraftätern und die damit einhergehende Gefährdung der Bevölkerung zu bestehen. Alle haben eigene, detaillierte Konzeptionen zur Überwachung (Bayern (HEADS), Hamburg (T.O.P.), Mecklenburg-Vorpommern (FoKuS), Niedersachsen und Nordrhein-Westfalen (jeweils KURS) entwickelt. Die Konzeptionen weisen weitestgehend Übereinstimmung auf.

Bayern war in zeitlicher Hinsicht Vorreiter beim Erlassen einer Konzeption zum Umgang mit gefährlichen Sexual- und Gewaltstraftätern. Alle hier dargestellten Konzeptionen bezwecken eine intensive Zusammenarbeit zwischen der Führungsaufsicht, der Bewährungshilfe und der Polizei. Das übergeordnete Ziel besteht in der Minimierung des Risikos einer erneuten Tatbegehung durch Sexual- und Gewaltstraftäter und dem damit verbundenen Schutz der Allgemeinheit. Die Konzeptionen von Bayern, Niedersachsen und Nordrhein-Westfalen sehen eine Kategorisierung der betroffenen Straftäter in eine Risiko-, Fallgruppe bzw. Gefahrenstufe vor.

---

1004 *Ministerium der Justiz des Landes Nordrhein-Westfalen* 2010, KURS NRW, 5. b) (1) Fälle mit Bezug zu Stellen außerhalb Nordrhein-Westfalens.

1005 *Ministerium der Justiz des Landes Nordrhein-Westfalen* 2010, KURS NRW, 5. b) (1) Fälle mit Bezug zu Stellen außerhalb Nordrhein-Westfalens.

Zu kritisieren ist, dass die hier beschriebenen Konzeptionen der Bundesländer sich nahezu ausschließlich auf intensive Kontrolle und Überwachung beschränken und überwiegend keine therapeutischen oder sozialarbeiterischen bzw. sozialpädagogischen Ansätze vorsehen. Überwiegend wurde die Frage nach Konzeptionen hinsichtlich besonders gefährlicher Sexual- und Gewaltstraftäter für den Zeitraum der Inhaftierung mit einem Verweis auf die Sozialtherapie beantwortet. Welche Maßnahmen oder Konzeptionen in der Sozialtherapie Anwendung finden, wurde von keinem der hier zu untersuchenden Bundesländer mitgeteilt.[1006] Ebenso im Dunkeln blieb die Vorgehensweise bezüglich besonders gefährlicher Gewaltstraftäter, die keiner Sozialtherapie zugeführt werden (z. B. in Bundesländern wie Hamburg, wo andere als Sexualstraftäter lediglich nach Ermessen in die Sozialtherapie überführt werden). Ob und ggf. welche Behandlungsangebote für diese Tätergruppierung abseits der Sozialtherapie bereit gestellt werden, konnte nicht in Erfahrung gebracht werden. Trotz umfangreicher Fragen zur Vorgehens- und Umgangsweise mit besonders gefährlichen Sexual- und Gewaltstraftätern während ihrer Inhaftierung verwiesen diejenigen Bundesländer mit Konzeptionen lediglich auf die dargestellten umfangreichen Überwachungskonzepte (nach der Entlassung). Keines dieser Überwachungskonzepte benannte jedoch Maßnahmen zur Behandlung innerhalb des Vollzuges und damit während der Haftdauer. Offen verbleibt daher die Frage, welche, insbesondere therapeutischen, Maßnahmen den betroffenen Gefangenen konkret angeboten werden. Wie bereits zuvor ausgeführt, verstieße eine reine Verwahrung ohne jegliches Therapieangebot grundlegend gegen den Resozialisierungsgrundsatz.

### 6.3.12 Gefangene mit akuter Drogen- oder Alkoholproblematik

Ein besonderes Augenmerk lag außerdem auf den Konzeptionen zum Umgang mit Gefangenen, die eine akute Drogen- oder Alkoholproblematik aufweisen.

### 6.3.12.1 Bayern

Bayern hält kein Konzept für den Umgang mit Gefangenen vor, die akute Drogen- oder Alkoholproblemen aufweisen. Die Unterbringung solcher Gefangener würde in enger Abstimmung mit den medizinischen Diensten und auf Beurteilung des Einzelfalles erfolgen. Es sei jedoch möglich, Vorsichtsmaßnahmen zu ergreifen, wie beispielsweise den Einsatz einer Trennscheibe bei Besuchen, um die Übergabe unerlaubter Substanzen zu verhindern.

Darüber hinaus sollen jedoch zusätzlich die Ausführungen zur Behandlung drogenabhängiger Gefangener durch das Bayerische Staatsministerium der Justiz

---

1006 Allerdings kann insoweit auf die einschlägigen Forschungsarbeiten und Dokumentationen, z. B. der Kriminologischen Zentralstelle, verwiesen werden, zuletzt *Etzler* 2018; vgl. im Übrigen auch *Drenkhahn* 2007; *Spöhr* 2009 m. jew. w. N.

Erwähnung finden. Gefangene mit einer Drogenproblematik „werden nicht getrennt von anderen Gefangenen untergebracht".[1007] Gefangene mit akuter Drogenproblematik werden „abhängig von den örtlichen Begebenheiten durch fest angestellte Mitarbeiter oder nebenamtliche bzw. vertraglich verpflichtete Fachkräfte behandelt und betreut".[1008] Relevant ist auch die außervollzugliche Zusammenarbeit mit „Suchtberatungsstellen, freien Entziehungseinrichtungen und Gesundheitsämtern", deren Mitarbeiter die betroffenen Gefangenen in der Justizvollzugsanstalt behandeln und betreuen können.[1009] Seit insgesamt 22 Jahren betreuen externe Fachkräfte abhängige Gefangene im bayerischen Strafvollzug.[1010] Das Bayerische Staatsministerium der Justiz fördert dieses Angebot finanziell, so dass in allen bayerischen Justizvollzugsanstalten „eine einheitlich hoch standardisierte Behandlung" erfolgen kann.[1011]

Diese beinhaltet zunächst einen „körperlichen Entzug vom abhängig machenden Stoff unter ärztlicher Betreuung", gefolgt von dem Versuch eines psychischen Entzuges.[1012] Der psychische Entzug erfolgt üblicherweise in Einzel- oder Gruppentherapien.[1013] Gleichzeitig soll mit Hilfe von „Arbeitsmaßnahmen, Beschäftigungstherapien, schulischen oder beruflichen Ausbildungsmaßnahmen, der Stabilisierung persönlicher Bindungen sowie der Einbettung in Wohn- und Freizeitgruppen" der Versuch unternommen werden, dem Gefangenen abseits der Sucht ein stabiles Umfeld aufzubauen.[1014] Sollte der psychische Entzug während der Inhaftierung nicht erfolgreich verlaufen, wird der Gefangene zu einem neuerlichen Versuch in Freiheit angeregt und motiviert und gegebenenfalls seine Aufnahme in einer Einrichtung abseits des Justizvollzuges vorbereitet werden.[1015]

## 6.3.12.2  Berlin

Berlin hat im Rahmen der Beantwortung des Fragebogens Gefangene mit akuter Drogen- oder Alkoholproblematik sowie Gefangene mit psychiatrischen Auffälligkeiten gemeinsam behandelt. Bei solchen Gefangenen erfolgt gegebenenfalls

---

1007 *Bayerisches Staatsministerium der Justiz* 2019.

1008 *Bayerisches Staatsministerium der Justiz* 2019.

1009 *Bayerisches Staatsministerium der Justiz* 2019.

1010 *Bayerisches Staatsministerium der Justiz* 2019.

1011 *Bayerisches Staatsministerium der Justiz* 2019.

1012 *Bayerisches Staatsministerium der Justiz* 2019.

1013 *Bayerisches Staatsministerium der Justiz* 2019.

1014 *Bayerisches Staatsministerium der Justiz* 2019.

1015 *Bayerisches Staatsministerium der Justiz* 2019.

eine Verlegung in das Justizvollzugskrankenhaus Berlin bzw. in die dort ansässige Abteilung für Psychiatrie und Psychotherapie. Die Verlegung erfolgt nach Abstimmung zwischen den an der Behandlung beteiligten Fachdienstmitarbeitern sowie dem medizinischen Dienst.

### 6.3.12.3 Hamburg

Hamburg betonte, über keinerlei spezielle Konzepte für besondere Tätergruppierungen im Strafvollzug zu verfügen. Gefangenen mit akuter Drogen- oder Alkoholproblematik werden unter Kooperation mit der Behörde für Gesundheit und Verbraucherschutz externe Suchtgruppen und Suchtberatungen angeboten. Für Opiatabhängige besteht die Möglichkeit einer medizinisch kontrollierten Substitution.

### 6.3.12.4 Mecklenburg-Vorpommern

Auch Mecklenburg-Vorpommern verwies darauf, dass es keine Landeskonzepte für den Umgang mit Gefangenen mit akuten Drogen- oder Alkoholproblematik gebe. Dabei wurde betont, dass gesundheitliche Einschränkungen, die durch Drogenkonsum oder gemessene Alkoholwerte begründet würden, grundsätzlich keine Grundlage für die Anwendung von besonderen Sicherungsmaßnahmen gemäß § 78 StVollzG M-V darstellen könnten. Besondere Sicherungsmaßnahmen kämen erst in Betracht, wenn vom Zustand des Gefangenen eine konkrete Gefahr für ihn und/oder die Gefahr der Gewalttätigkeit gegen andere Personen oder Sachen ausgehen würde.

Das Justizministerium hat auf seiner offiziellen Website weiterführende Informationen zu Behandlung und Betreuung hinterlegt. Der „Behandlungsauftrag ist im mecklenburg-vorpommerischen Strafvollzugsgesetz eindeutig formuliert und stellt somit eine unmissverständliche Verpflichtung für den Strafvollzug dar".[1016] Alle Justizvollzugsanstalten in Mecklenburg-Vorpommern halten Maßnahmen für suchtkranke Gefangene bereit.

Besonders die Justizvollzugsanstalt Bützow verfügt über ein umfangreiches Behandlungs- und Betreuungsangebot. Das Behandlungsangebot kann in Einzel- oder Gruppenmaßnahmen erfolgen.[1017] Die Anstalt Bützow verfügt über eine „suchttherapeutische Abteilung, in der drogen-, alkohol-, und/oder medikamentenabhängige Gefangene" therapiert werden können.[1018] Die betroffenen Gefangenen sollen „Interventionsstrategien und -kompetenzen" erlernen, die ihnen nach

---

1016 *Justizministerium Mecklenburg-Vorpommern* 2019, Justizvollzugsanstalt Bützow, Behandlung und Betreuung.

1017 *Justizministerium Mecklenburg-Vorpommern* 2019.

1018 *Justizministerium Mecklenburg-Vorpommern* 2019.

Verbüßung ihrer Haftstrafe ein straffreies Leben ermöglichen.[1019] Auch die JVA Stralsund bietet Maßnahmen zur Behandlung von Suchtmittelabhängigkeit und -missbrauch an. Hierfür existiert eine Suchtberatung, deren Hilfe im Rahmen eines Gruppenangebotes oder in Einzelgesprächen wahrgenommen werden kann.[1020]

### 6.3.12.5 Niedersachsen

Der niedersächsische Strafvollzug hält ebenfalls Angebote für Gefangene mit akuter Drogen- oder Alkoholproblematik bereit. Hierfür arbeiten „Ärzte, Suchtberater sowie Suchtkrankenhelfer in allen niedersächsischen Justizvollzugseinrichtungen zusammen und beraten und betreuen suchtgefährdete sowie bereits suchtabhängige Gefangene". Ziel ist es, die Gefangenen während ihrer Inhaftierung zu einer Auseinandersetzung mit ihrer persönlichen Suchtproblematik zu ermutigen und sie dabei unterstützend und beratend zu begleiten. Gleichzeitig soll die „Bereitschaft zur Abstinenz gefördert und folglich der Weg zu einem straffreien Leben unter dauerhaft legaler Substitution bereitet werden". Alle niedersächsischen Justizvollzugseinrichtungen bieten daher eine Substitutionstherapie für opiatabhängige Gefangene an. Diese Angebote gelten auch für alle Gefangene auf niedersächsischen Sicherheitsstationen, jedoch unter der Einschränkung, dass die Angebote ausschließlich im Rahmen von Einzeltherapien und -beratungen wahrgenommen werden können.

### 6.3.12.6 Nordrhein-Westfalen

Ähnlich wie für Hamburg bereits dargelegt, hat auch Nordrhein-Westfalen auf die Frage nach landesweiten Konzepten für besondere Gruppierungen im Strafvollzug ablehnend reagiert. Eine Generalisierung verbiete sich grundsätzlich aufgrund der Betrachtung und Bewertung eines jeden Einzelfalles. Gefangene mit akuter Drogen- oder Alkoholproblematik würden gemäß den fachlichen Vorgaben medizinisch behandelt und betreut.

### 6.3.12.7 Zusammenfassung

Ebenso wie bei der Frage nach Konzeptionen zum Umgang mit besonders gefährlichen Gewalt- und Sexualstraftätern ist vorliegend zu berücksichtigen, dass manche der hier zu untersuchenden Bundesländer Gefangene mit Drogen- und/oder Alkoholproblematiken und solche mit psychiatrischen Auffälligkeiten ebenfalls

---

1019 *Justizministerium Mecklenburg-Vorpommern* 2019, Justizvollzugsanstalt Bützow, Behandlung und Betreuung.

1020 *Justizministerium Mecklenburg-Vorpommern* 2019a, Justizvollzugsanstalt Stralsund, Behandlung und Betreuung.

gemeinsam veranlagt haben. Etwaige Konzepte können sich daher auf beide Tätergruppierungen beziehen.

Ausgenommen von Niedersachsen verfügt keines der hier zu untersuchenden Bundesländer über eine Konzeption zum Umgang mit Gefangenen mit Drogen- oder Alkoholproblematiken, was angesichts der zuvor dargestellten hohen Anzahl an Gefangenen mit Suchtproblematiken verwundert. Dennoch haben die meisten Bundesländer Vorgehensweisen, Angebote und Maßnahme zur Behandlung jener Gefangenen übermittelt. Einzig Berlin und Nordrhein-Westfalen haben lediglich knapp dargestellt, dass Gefangene mit Suchtproblemen behandelt und betreut werden würden. Wie sich diese Behandlung und Betreuung in der Praxis darstellt, war nicht nachzuvollziehen.

Bayern fördert die Behandlung von Gefangenen mit Drogenproblematik durch nebenamtliche und vertraglich verpflichtete Fachkräfte und verfolgt einen zweigliedrigen Ansatz. Erfreulicherweise ist erkennbar, dass Bayern dem Konzept des „kalten Entzuges" nicht folgt, sondern den Gefangenen einen begleiteten körperlichen und psychischen Entzug ermöglicht. Die Verbesserung und Stabilisierung der Lebenssituation des betroffenen Gefangenen durch Arbeitsmaßnahmen, Beschäftigungstherapien, schulische oder berufliche Ausbildungsmaßnahmen und Förderung seiner persönlichen Sozialkontakte erscheint sinnvoll und fördert, vorausgesetzt, die Maßnahmen sind erfolgreich, die Chancen auf ein außervollzugliches Leben ohne Suchtmittelabhängigkeit.

In Berlin existiert dieselbe Vorgehensweise für Gefangene mit Drogen- und/oder Alkoholproblematiken sowie für solche mit psychiatrischen Auffälligkeiten. Die Gefangenen werden nach Abstimmung zwischen den an der Behandlung beteiligten Fachdienstmitarbeitern sowie dem medizinischen Dienst in das Justizvollzugskrankenhaus Berlin bzw. in die dort ansässige Abteilung für Psychiatrie und Psychotherapie verlegt. Weiterführende Aussagen, insbesondere die konkreten Behandlungsangebote, wurden nicht dargelegt.

Hamburg unterstützt in Kooperation mit der Behörde für Gesundheit und Verbraucherschutz die Teilnahme der Gefangenen an externen Suchtberatungen und Suchtgruppen sowie eine medizinisch begleitete Substitutionstherapie.

Erstaunlicherweise hält unter den hier zu untersuchenden Bundesländern einzig Niedersachsen eine Konzeption zum Umgang mit Gefangenen mit akuter Drogen- und/oder Alkoholproblematik bereit. Interdisziplinäre Teams aus Suchthelfern, Ärzten und Suchtberatern betreuen und behandeln in allen niedersächsischen Justizvollzugseinrichtungen Gefangene mit Suchtproblematiken. Ebenfalls bieten alle niedersächsischen Justizvollzugseinrichten Substitutionstherapien an, um den suchtkranken Gefangenen zu einem straffreien Leben unter dauerhaft legaler Substitution zu ermutigen.

Auch die Justizvollzugsanstalten in Mecklenburg-Vorpommern bieten umfassende Behandlungs- und Betreuungsangebote für suchtabhängige Gefangene an. Die Angebote umfassen Einzeltherapien und Gruppenmaßnahmen, in einigen Justizvollzugsanstalten wird auch eine Beratung angeboten.

Im Ergebnis zeigt sich, dass die umfangreichsten Maßnahmen Bayern, Mecklenburg-Vorpommern und Niedersachsen vorhalten. Die insbesondere bayerische und niedersächsische multi-methodale Strategie zur Behandlung Gefangener mit Suchtproblematiken lässt die Vermutung zu, dass trotz der hohen Anzahl an Gefangenen mit Suchtproblemen, die mit der Behandlung einhergehenden präventiven Auswirkungen als wahrscheinlich erfolgversprechend angesehen werden können. Beide Bundesländer verfolgen als essentiellen Aspekt ihrer Behandlungsstrategie die Ermutigung zu einem Leben in Freiheit abseits vom Konsum illegaler Substanzen, wobei dies im Zweifel allen hier untersuchten Bundesländern ebenfalls unterstellt werden darf.

### 6.3.13 Gefangene mit psychiatrischen Auffälligkeiten

Die abschließend hier zu untersuchende Tätergruppierung besteht aus Gefangenen mit psychiatrischen Auffälligkeiten. Ebenso wie bei den vorherigen Tätergruppierungen wurden auch hier die zu untersuchenden Bundesländer nach etwaigen spezifischen Konzepten zum Umgang mit dieser Gefangengruppierung befragt.

### 6.3.13.1 Bayern

Ebenso wie für Gefangene mit akuter Drogen- oder Alkoholproblematik hält Bayern auch kein Konzept für Gefangene mit psychiatrischen Auffälligkeiten vor. Im Allgemeinen lässt sich jedoch festhalten, dass Gefangene mit psychiatrischen Auffälligkeiten in die Justizvollzugsanstalten Würzburg und Straubing überstellt werden, die über Abteilungen mit einer Akutpsychiatrie verfügen.

### 6.3.13.2 Berlin

Wie bereits zuvor erläutert, hat Berlin die Frage nach Konzeptionen für Gefangene mit psychiatrischen Auffälligkeiten im Einklang mit der Frage zu Gefangenen mit akuter Drogen- oder Alkoholproblematik beantwortet. Gefangene mit psychiatrischen Auffälligkeiten sollen nach Möglichkeit in das Justizvollzugskrankenhaus Berlin bzw. in die dort ansässige Abteilung für Psychiatrie und Psychotherapie überstellt werden.

### 6.3.13.3 Hamburg

Entsprechend der vorherigen Ausführungen hat Hamburg ebenfalls kein Konzept oder Vorgehensweise für Gefangene mit psychiatrischen Auffälligkeiten. Alle Vorfälle müssten als Einzelfall untersucht und entsprechend darauf reagiert werden. Der Hamburger Justizvollzug verfügt jedoch über einen psychiatrischen Konsiliardienst, der Gefangene versorgt. Zudem besteht eine Kooperation mit der

Einrichtung des Maßregelvollzuges, der Asklepiosklinik Nord Ochsenzoll, in der psychische Erkrankungen stationär behandelt werden können.

### 6.3.13.4 Mecklenburg-Vorpommern

Mecklenburg-Vorpommern betonte, kein gesondertes Krisenkonzept für psychisch kranke Gefangene vorzuhalten. Ein solches sei auf Grund der regelmäßigen Fortbildungen der Mitarbeiter und Bereitstellung umfangreicher Materialien auch nicht notwendig. Im Rahmen ihres Arbeitsalltages begegneten die Mitarbeiter der Justizvollzugsanstalten auch Gefangenen mit erheblichen psychischen Problemen bzw. Auffälligkeiten. Der Umgang der Bediensteten mit dieser Klientel sei von hoher Sensibilität und Fachwissen geprägt, um so in Krisensituationen und Notfällen deeskalierend wirken zu können. Gleichzeitig arbeiten die Bediensteten eng mit Psychologen und Ärzten zusammen, um so die notwendige Vorgehensweise in Krisensituationen einzelfallabhängig bestimmen zu können. Die Mitarbeiter würden in regelmäßigen Fortbildungen zu psychischen Störungen und Deeskalationstechniken geschult, um so individuelle Risikofaktoren zügig erkennen und daraufhin einzelfallbezogene Interventionsmöglichkeiten einleiten zu können.

### 6.3.13.5 Niedersachsen

Für den niedersächsischen Strafvollzug existiert ein Konzept zum Umgang mit Gefangenen mit psychiatrischen Auffälligkeiten, welches sich zurzeit jedoch in Überarbeitung befindet. Gefangene mit psychiatrischen Auffälligkeiten werden im niedersächsischen Strafvollzug sowohl ambulant als auch stationär betreut. Hierfür stehen insgesamt vier Abteilungen in den Justizvollzugsanstalten Lingen, Oldenburg, Sehnde und in der Jugendanstalt Hameln zur Verfügung. Vereinzelt befinden sich auch Gefangene mit psychiatrischen Auffälligkeiten auf den Sicherheitsstationen des Landes. Sollte keine Unterbringung auf den zuvor benannten Stationen möglich sein, werden sie auf den Sicherheitsstationen ebenfalls psychiatrisch betreut.

### 6.3.13.6 Nordrhein-Westfalen

Aus den bereits zuvor erläuterten Gründen existiert in Nordrhein-Westfalen kein Konzept zum Umgang mit Gefangenen mit psychiatrischen Auffälligkeiten.

### 6.3.13.7 Zusammenfassung

Bayern, Berlin, Hamburg und Nordrhein-Westfalen betonten, ebenso wie bei der Frage nach Konzeptionen zu Gefangenen mit akuter Drogen- und/oder Alkoholproblematik, keine Konzepte zum Umgang mit Gefangenen mit psychiatrischen Auffälligkeiten vorliegen zu haben, was wiederum bei der hohen vermuteten

Anzahl an Gefangenen mit psychiatrischen Auffälligkeiten und den zuvor dargestellten damit einhergehenden Probleme in Erstaunen versetzt. Bayern, Berlin und Hamburg verwiesen jedoch auf Überstellungen und Kooperationen mit lokalen Einrichtungen des Maßregelvollzuges zur stationären Behandlung psychischer Erkrankungen. Wie Nordrhein-Westfalen dann aber insgesamt und in Krisensituationen mit Gefangenen mit psychiatrischen Auffälligkeiten verfährt, bleibt unklar.

Mecklenburg-Vorpommern verfügt über kein Konzept für Krisensituationen, sondern setzt vielmehr auf einen präventiven Ansatz, indem Mitarbeiter regelmäßig fortgebildet und umfangreiche Materialien bereitgestellt werden. Der Ansatz Mecklenburg-Vorpommerns ist präventiv ausgerichtet und erscheint im Hinblick auf Krisensituationen und die damit verbundene Deeskalation erfolgversprechend. Unklar bleibt jedoch, inwieweit die betroffenen Gefangenen dann aber abseits von Krisensituationen Behandlung, Therapien oder Angebote erhalten und erfahren, bzw. ob ebenso wie in Bayern, Berlin und Hamburg Kooperationen mit örtlichen Einrichtungen des Maßregelvollzuges bestehen.

Niedersachsen verfügt über eine landesweite Konzeption zum Umgang mit Gefangenen mit psychiatrischen Auffälligkeiten. Insgesamt stehen vier Abteilungen für Gefangene mit psychiatrischen Auffälligkeiten zur Verfügung. Gefangene können ambulant und stationär behandelt werden, was eine Kooperation mit örtlichen Maßregelvollzugs- bzw. anderen ärztlichen Einrichtungen nahelegt. Eine Behandlung kann auch bei Unterbringung auf einer Sicherheitsstation erfolgen. Weiterführende Informationen waren auf Grund der derzeitigen Überarbeitung der Konzeption nicht verfügbar.

# 7. Zusammenfassung und rechtspolitische Schlussfolgerungen

Deutsche „Hochsicherheitstrakte" bzw. die darunter heute verstandenen verstärkt gesicherten Haftbereiche blicken zwar auf eine vergleichsweise kurze Vergangenheit zurück, sind jedoch bis zum gegenwärtigen Zeitpunkt nicht minder umstritten. Insbesondere der Zielkonflikt zwischen Resozialisierung und Sicherheit sowie die kontraproduktiven Aspekte, wie beispielsweise Prisonisierungsschäden oder Stigmatisierung, treten bei einer besonders gesicherten Unterbringung verstärkt in den Vordergrund. Überwiegende Einigkeit besteht bei den hier zu untersuchenden Bundesländern dahingehend, dass als besonders sicherungsbedürftig gelten soll, wer eine Gefahr für die Sicherheit (teilweise auch die Ordnung) der Anstalt darstellt.

Auch wenn der Strafvollzug in erster Linie der nationalen Gesetzgebung unterliegt, erlangen internationale Rechtsquellen und Maßstäbe, wie die Nelson-Mandela-Regeln oder die Vorgaben des europäischen Komitees zur Verhütung von Folter sowie die Europäischen Strafvollzugsgrundsätze zunehmend an Bedeutung und stellen auf internationaler Ebene eine Quelle der Beanstandung dar.

Die Reaktionsmöglichkeiten der Bundesländer erstrecken sich von der Entwicklung eigener Vollstreckungspläne, über die Abweichung von selbigen bis zur Anwendung besonderer Sicherungsmaßnahmen.

Der erste große Schwerpunkt bestand in der Analyse landesrechtlicher Regelungen zu besonderen Sicherungsmaßnahmen im Lichte europäischer Rechtsquellen und Standards. Hierbei entstand jedoch ein zwiespältiger Eindruck. Während manche Bundesländerreglungen vollumfänglich den Vorgaben auf europäischer Ebene entsprachen, teilweise sogar darüber hinaus reichten, blieben nicht wenige Regelungen deutlich hinter den Vorgaben zurück bzw. widersprachen ihnen in eklatanter Weise. Positiv hervorzuheben ist unter anderem Mecklenburg-Vorpommern, das die totale Versagung des Aufenthaltes im Freien auf gesetzlicher Ebene abgeschafft hat. Ebenfalls besonders hervorzuheben ist die Hamburger Normierung, die detaillierte Protokollierungsvorgaben im Rahmen einer Fesselung vorsieht. Gelungen sind unter anderem auch die Regelungen aus Nordrhein-Westfalen und Niedersachsen, die bei einer (technischen) Beobachtung explizit vorschreiben, das Schamgefühl und die Intimsphäre der Gefangenen zu schonen. Besonders kritisch wurde vorliegend die Möglichkeit der dauerhaften ununterbrochenen technischen Überwachung der privaten Haftträume der Gefangenen in Bayern und Berlin bewertet. Bei dieser Vorgehensweise bestehen erhebliche Bedenken hinsichtlich der Vereinbarkeit dieser Maßnahme mit der grundrechtlich geschützten Intim- und Privatsphäre der Gefangenen. Ebenfalls negativ aufgefallen ist die von keinem der hier zu untersuchenden Bundesländern normierte maximale Höchstdauer im Hinblick auf Fesselungen und unausgesetzte Absonderungen. Auf Grund der besonders schwerwiegenden Folgen der Einzelhaft und der

Fesselung sollte an dieser Stelle erst recht über eine gesetzliche Normierung nachgedacht werden. Ebenfalls negativ aufgefallen ist die Hessische Regelung, wonach Gefangene präventiv aus Gründen in Einzelhaft untergebracht werden können, die nicht in ihrer Person oder ihrem Zustand begründet liegen.

Die europäischen Maßstäbe und Vorgaben können auf nationaler Ebene auch immer als Ursprung der Beanstandung und Quelle für nationale Reformen verstanden werden. Auf Grundlage dieser Überlegungen sollten zukünftig insbesondere für die besonders einschneidenden Sicherungsmaßnahmen wie die Fesselung/Fixierung sowie die Einzelhaft, folgende Reformüberlegungen diskutiert werden:

- Eine gesetzliche Normierung der maximal anzuwenden Höchstdauer bei Unterbringung in Einzelhaft, die den europäischen Standards und Vorgaben gerecht wird und die besondere Belastung der Einzelhaft berücksichtigt, d. h. die Anwendung von Einzelhaft für maximal 14 bzw. 15 aufeinander folgende Tage.

- Eine intensivere medizinische und personelle Betreuung während der besonders belastenden Unterbringung in Einzelhaft, um die negativen Folgen und Aspekte reduzieren zu können.

- Ein gesetzlich normiertes Verbot der Fixierung (auch an Gegenständen, z. B. Metallringen), da bereits die Fesselung den Gefangenen in eine totale Hilflosigkeits- und Ohnmachtssituation zwingt und die ggf. gemeinschaftliche Anwendung der übrigen Sicherheitsmaßnahmen in Krisensituationen bereits abseits der Fixierung zielführend sein dürften.

- Die gesetzliche Normierung einer maximal anzuwenden Höchstdauer im Hinblick auf Fesselungen; und effektive Kontrolle der Einhaltung dieser Normen.

Darüber hinaus galten wesentliche, die vorliegende Untersuchung leitende, Fragestellungen der Person des sicherungsbedürftigen Gefangenen und den mit ihr einhergehenden Bundesländerkonzepten zum Umgang mit ihnen. Es mutet befremdlich an, dass im Rahmen der Fragebogenauswertung vereinzelt Konzeptionen und Antworten verneint wurden, die offensichtlich jedoch vorlagen und bestanden.

Bei der landesrechtlichen Umsetzung wurde deutlich, dass keines der hier zu untersuchenden Bundesländer eine vollumfängliche „Ideallösung" zum Umgang mit besonders sicherungsbedürftigen Gefangenen präsentieren konnte, Konzepte einzelner Bundesländer zu einzelnen Tätergruppierungen jedoch mit besonders gelungenen Antworten auf die spezifischen Herausforderungen der betreffenden Gefangenengruppierung hervortraten. In den vergangenen Jahren und Jahrzehnten kristallisierten sich einzelne Tätergruppierungen heraus, die bis zum gegenwärtigen Zeitpunkt als besonders sicherungsbedürftig, teilweise auch besonders gefährlich gelten. Darunter fallen neuerdings Gefangene mit islamistischem Hintergrund, traditionell besonders gefährliche Gewalt- und Sexualstraftäter sowie

solche mit einer Suchtproblematik und Gefangene mit psychiatrischen Auffälligkeiten.

Gefangene mit islamistischem Hintergrund stellen eine vergleichsweise neue
Gefahr sowohl für die Allgemeinheit als auch den Strafvollzug dar. Erfreulicherweise hat der überwiegende Anteil der hier zu untersuchenden Bundesländer sich
zügig und intensiv mit den beschriebenen Problematiken um diese Gefangenengruppierung auseinandergesetzt. Besonders lobend hervorzuheben sind hierbei
die umfangreichen Konzeptionen sowie die damit einhergehende multimethodalen, erfolgversprechenden Ansätze Bayerns, Berlins und Niedersachsens. Alle
drei Bundesländer kooperieren mit dem Violence Prevention Network e.V. und
bieten umfangreiche Maßnahmen in ihren Bundesländern an, die Gefangene mit
unterschiedlich fortgeschrittener Radikalisierung einbeziehen können.

Im Hinblick auf besonders gefährliche Gewalt- und Sexualstraftäter blieben
die vorgefundenen Konzeptionen bzw. Vorgehensweisen der Bundesländer deutlich hinter den Erwartungen zurück. Auch wenn auf Grund der seit 1998 verpflichtenden Sozialtherapie für Sexualstraftäter davon auszugehen ist, dass jene
Gefangene in gewisser Weise Behandlung erfahren, schien der überwiegende Ansatz der hier untersuchten Bundesländer darin zu bestehen, die betroffenen Gefangenen nach ihrer Entlassung umfangreich zu kontrollieren und zu überwachen.
Eine behandelnde Einwirkung auf den entlassenen Gewalt- oder Sexualstraftäter
ist zu diesem Zeitpunkt nicht mehr möglich, weitergehende Unterstützung durch
beispielsweise die Bewährungshilfe durch die Konzeptionen grundsätzlich anscheinend auch nicht vorgesehen. Wenn die überwiegend hier verfolgte Strategie
jedoch in einer reinen Überwachung und Kontrolle ohne sozial unterstützende
Begleitung besteht, ist fraglich, inwieweit dieses Vorgehen als „rückfallpräven-
tiv" angesehen werden kann.

Ebenso begrenzt blieben die Ausführungen der Bundesländer zum Umgang
mit Gefangenen, die eine akute Suchtproblematik aufweisen. Einzig Bayern und
Niedersachsen verfolgen einen differenzierten, multimethodalen Ansatz, der insbesondere darauf ausgerichtet ist, dem Gefangenen ein Leben in Freiheit abseits
des Konsums illegaler Substanzen zu ermöglichen. Sowohl Bayern als auch Niedersachsen bemühen hierfür abseits ihrer eigenen strafvollzuglichen Ressourcen
externe Träger, Einrichtungen und Experten. Die Ausführungen der übrigen hier
untersuchten Bundesländer blieben an dieser Stelle insbesondere vor der hohen
vermuteten Anzahl an Gefangenen mit Suchtproblematik hinter den Erwartungen
zurück.

Selbiges lässt sich für den Umgang mit Gefangenen mit psychiatrischen Auffälligkeiten festhalten. Der überwiegende Ansatz der hier zu untersuchenden Bundesländer scheint darin zu bestehen die betroffenen Gefangenen auf Grundlage
von Kooperationsvereinbarungen auf Stationen des Maßregelvollzugs zu über-
weisen. Einzig Niedersachsen verwies auf die Möglichkeit einer innervollzugli-
chen Behandlung, auch bei Unterbringung auf einer Sicherheitsstation.

Darüber hinaus wird der Strafvollzug in absehbarer Zeit vor eine weitere Herausforderung gestellt werden. Waren Straftäter mit rechtsextremistischem Hintergrund zu Beginn dieser Untersuchung weniger präsent, sind sie mittlerweile durch teilweise verheerende Anschläge oder Tötungsdelikte in den Fokus der Öffentlichkeit gerückt. Ob und wie die Bundesländer auf dieses Phänomen reagieren werden, das heißt, ob hier insbesondere ebenfalls Konzeptionen zur Deradikalisierung entwickelt werden, bleibt abzuwarten.

Weitere, die Untersuchung leitenden Fragestellung, betrafen die Anzahl der Haftplätze im Landesgebiet auf Sicherheitsstationen sowie die Unterscheidung derer im Vergleich zum regulären geschlossenen Vollzug (baulich-technische bzw. personelle Hinsicht). Es zeigte sich, dass die meisten der hier zu untersuchenden Bundesländer entweder speziell gesicherte Haftplätze oder ganze Abteilungen bzw. Stationen zur besonders sicheren Unterbringung bereithielten. Oftmals waren die Abteilungen bzw. Zellen in baulicher Hinsicht durch verstärkte Wände, Türen, doppelt vergitterte Fenster sowie mit dem Boden verschraubte Möbel ausgestattet. Zudem berichteten einzelne Bundesländer, wie Hamburg und Niedersachsen, von erhöhten Personalschlüsseln.

Ebenso versuchte die Untersuchung in Erfahrung zu bringen, inwieweit sich der Alltag auf Sicherheitsstationen vom regulären Haftalltag im geschlossenen Vollzug unterschied. Die vermuteten Gemeinsamkeiten und Unterschiede konnten jedoch maßgeblich aufgrund der gezwungenermaßen geänderten und hierfür weniger geeigneten Methodenauswahl sowie der im Endeffekt deutlich geringer ausfallenden Konzeptionen der Bundesländer kaum beantwortet werden. Es kann jedoch davon ausgegangen werden, dass sich die Lebensbedingungen in Mecklenburg-Vorpommern und Bayern wenig bis gar nicht vom Regelvollzug unterscheiden. In denjenigen Bundesländern, die jedoch Sicherheitsstationen bzw. verstärkt gesicherte Haftbereiche vorhalten wurde erkennbar, dass insbesondere der Kontakt zu Mitgefangenen zum Teil erheblich eingeschränkt ist. Derartige Einschränkungen müssen auf das Nötigste beschränkt und sollten gesetzgeberisch auch zeitlich begrenzt werden.

Abschließend hat sich jedoch der Eindruck manifestiert, dass alle hier zu untersuchenden Bundesländer, soweit dies auf Grundlage der gewonnenen Erkenntnisse zu beurteilen war, im Rahmen ihrer Ressourcen sich bemühen, den besonderen Herausforderungen zu begegnen, vor die sie durch die Existenz „gefährlicher" oder in anderer Weise anspruchsvoller Gefangener im Vollzug gestellt werden. Dies leisten sie mit unterschiedlich ausgeprägten, teilweise sogar deutlich innovativen Konzepten.

Der Gedanke der Resozialisierung, dem hohen Gut der Menschenwürde aller verpflichtet, und das Ziel eines möglichst selbstbestimmten zukünftig frei von Delinquenz zu gestaltenden Lebens sollte – allen materiellen Limitierungen zum Trotz – dabei oberste Priorität eingeräumt werden.

# Literaturverzeichnis

*Arloth, F., Krä, H.* (2017): Strafvollzugsgesetze Bund und Länder Kommentar. 4. Auflage, München.

*Arloth, F.* (2015): Editorial. Forum Strafvollzug 64, S. 285.

*Baltzer, U.* (2008): Gefährliche Straftäter – eine Problemgruppe der Kriminalpolitik. In: DBH-Fachverband für Soziale Arbeit, Strafrecht und Kriminalpolitik (Hrsg.): Betreuung und Kontrolle von gefährlichen Straftätern: Prävention von Rückfällen. Köln, S. 35-49.

*Barbu, A.* (2016): Management von Hochrisikotätern – vom Erfahrungsaustausch zum Entwurf besserer nationaler Gesetze und europäischer Menschenrechtsstandards. In: Dünkel, F., Jesse, J., Pruin, I., von der Wense, M. (2016) (Hrsg.): Die Wiedereingliederung von Hochrisikotätern in Europa – Behandlungskonzepte, Entlassungsvorbereitung und Übergangsmanagement. Mönchengladbach, S. 115-141.

*Bechtel, A.* (2017): Die Constutio Criminalis Carolina von 1532 – Wegbereiter einer eigenständigen deutschen Strafrechtsdogmatik – Teil 1. ZJS 10, S. 641-648.

*Benli, Ö.* (2018): Vortrag zum Umgang mit islamistischen Gefangenen im nordrhein-westfälischen Justizvollzug, gehalten auf der 44. Arbeits- und Fortbildungstagung der Bundesvereinigung der Anstaltsleiterinnen und Anstaltsleiter, 04.-08.06.2018, Waldheim. Internet-Publikation URL: http://bvaj.de (letzter Zugriff: 07.05.2019).

*Bergstermann, S.* (2016): Stammheim: Eine moderne Haftanstalt als Ort der Auseinandersetzung zwischen Staat und RAF. Oldenburg.

*Böhm, M.* (2007): Opferschutz und Strafvollzug: Neue Wege zum Schutz vor gefährlichen Gewalt- und Sexualstraftätern. ZRP 40, S. 41-43.

*Böhm, A.* (2002): Strafvollzug. 3. Auflage, München.

*Böhm, K.-M., Boetticher, A.* (2009): Unzureichende Begutachtung gefährlicher Gewalt- und Sexualstraftäter im Strafverfahren. ZRP 42, S. 134-137.

*Bayerisches Staatsministerium der Justiz* (2019): Behandlung drogenabhängiger Gefangener. Internet-Publikation URL: www.justiz.bayern.de/justizvollzug/justizvollzug-in-bayern/behandlung/ (letzter Zugriff: 12.05.2019).

*Bayerischer Landtag* (2016): Schriftliche Anfrage des Abgeordneten Florian Streibl Freie Wähler vom 27.11.2015 zu Vorwürfen wegen fragwürdiger Praktiken in bayerischen Strafvollzugsanstalten. Drucksache 17/9600.

*Bundesamt für Verfassungsschutz* (2018): Übersicht ausgewählter islamistisch-terroristischer Anschläge. Internet-Publikation URL: www.verfassungsschutz.de/de/arbeitsfelder/af-islamismus-und-islamistischer-terroris-mus/zahlen-und-fakten-islamismus/zuf-is-uebersicht-ausgewaehlter-islamistisch-terroristischer-anschlaege, (letzter Zugriff: 14.05.2019).

*Bundesamt für Verfassungsschutz* (2019): Was ist Islamismus? Internet-Publikation. URL: www.verfassungsschutz.de/de/arbeitsfelder/af-islamismus-und-islamistischer-terrorismus/was-ist-islamismus, letzter Zugriff: 24.07.2019.

*Bundesamt für Verfassungsschutz* (2019a): Broschüre „Antisemitismus und Islamismus". Köln.

*Bundeskriminalamt* (2019): Polizeiliche Kriminalstatistik 2018 Summenschlüssel. Internet-Publikation URL: www.bka.de/SharedDocs/Down-loads/DE/Publikationen/PolizeilicheKriminalstatistik/2018/pks2018UebersichtSummenschluessel.pdf;jsessionid=23985751C37AA0A32718FCD1F9B09054.live0602?__blob=publicationFile&v=5, letzter Zugriff: 15.05.2019.

*Bundesministerium der Justiz Berlin, Bundesministerium für Justiz Wien, Eidgenössisches Justiz- und Polizeidepartement Bern* (2007): Europäische Strafvollzugsgrundsätze. Die Empfehlung des Europarates Rec (2006)2. Internet-Publikation URL: www.bj.admin.ch/dam/data/bj/sicherheit/smv/dokumentation/empfehlung-europarat-d.pdf (letzter Zugriff: 20.12.2018).

*Bundesministerium für Familie, Senioren, Frauen und Jugend* (2019): Legato – Islamismusprävention im justiziellen Feld (PräJus). Internet-Publikation URL: www.demokratie-leben.de/mp_praevention-und-deradikalisierung-in-strafvollzug-und-bewaehrungshilfe/modellprojekte-zu-praevention-und-deradikalisierung-in-strafvollzug-und-bewaehrungshilfe/legatoislamismuspraevention-im-justiziellen-feld-praejus.html. (letzter Zugriff: 29.05.2019).

*Bundesministerium des Innern, für Bau und Heimat* (2019): Polizeiliche Kriminalstatistik 2018. Ausgewählte Zahlen im Überblick. Internet-Publikation URL: www.bmi.bund.de/SharedDocs/downloads/DE/publikationen/themen/sicherheit/pks-2018.pdf?__blob=publicationFile&v=3 (letzter Zugriff: 15.05.2019).

*Bundesministerium des Innern, für Bau und Heimat* (2018): Verfassungsschutzbericht 2017. Berlin.

*Bundesregierung Deutschland* (2020): Antwort der Bundesregierung auf die Kleine Anfrage der Abgeordneten Ulla Jelpke, Dr. André Hahn, Gökay Akbulut, weiterer Abgeordneter und der Fraktion Die LINKE. – Drucksache 19/17267 – zum Umgang mit Rechtsextremisten im Strafvollzug. Drucksache 19/17626.

*Calliess, R.-P., Müller-Dietz, H.* (2005): Strafvollzugsgesetz Kommentar. 10. Auflage, München (zitiert *CMD* 2005).

*Calliess, R.-P.* (1970): Strafvollzug, Institution im Wandel. Stuttgart.

*Committee for Prevention of Torture and Inhuman or Degrading Treatment or Punishment* (2017): Report to the German Government on the visit to

Germany carried out by the European Committee for the Prevention of Torture and Inhuman or Degrading Treatment or Punishment (CPT) from 25 November to 7 December 2015. Internet-Publikation URL: https://rm.coe.int/168071803e (letzter Zugriff: 31.01.2020). (zitiert: *CPT* 2017).

*Committee for Prevention of Torture and Inhuman or Degrading Treatment or Punishment* (2014): Report to the German Government on the visit to Germany carried out by the European Committee for the Prevention of Torture and Inhuman or Degrading Treatment or Punishment (CPT) from 25 November to 2 December 2013. Internet-Publikation URL: https://rm.coe.int/CoERMPublicCommonSearchServices/DisplayDCTMContent? documentId=090000168069633f (letzter Zugriff: 31.01.2020). (zitiert: *CPT* 2014).

*Committee for Prevention of Torture and Inhuman or Degrading Treatment or Punishment* (2012): Report to the German Government on the visit to Germany carried out by the European Committee for the Prevention of Torture and Inhuman or Degrading Treatment or Punishment (CPT) from 25 November to 7 December 2010. Internet-Publikation URL: https://rm.coe.int/CoERMPublicCommonSearchServices/DisplayDCTMC ontent?documentId=0900001680696317 (letzter Zugriff: 31.01.2020). (zitiert: *CPT* 2012).

*Committee for Prevention of Torture and Inhuman or Degrading Treatment or Punishment* (2007): Report to the Government of the Federal Republic of Germany on the visit to Germany carried out by the European Committee for the Prevention of Torture and Inhuman or Degrading Treatment or Punishment (CPT) from 20 November to 2 December 2005. Internet-Publikation URL: https://rm.coe.int/CoERMPublicCommonSearch Services/DisplayDCTMContent?documentId=0900001680696304 (letzter Zugriff: 31.03.2020). (zitiert: *CPT* 2007).

*Committee for Prevention of Torture and Inhuman or Degrading Treatment or Punishment* (2003): Report to the German Government on the visit to Germany carried out by the European Committee for the Prevention of Torture and Inhuman or Degrading Treatment or Punishment (CPT) from 3 to 15 December 2000. Internet-Publikation URL: https://rm.coe.int/ CoERMPublicCommonSearchServices/DisplayDCTMContent?documentI d=09000016806962d3 (letzter Zugriff: 31.03.2020). (zitiert: *CPT* 2003).

*Committee for Prevention of Torture and Inhuman or Degrading Treatment or Punishment* (1999): Report to the German Government on the visit to Frankfurt am Main Airport carried out by the European Committee for the Prevention of Torture and Inhuman or Degrading Treatment or Punishment (CPT) from 25 to 27 May 1998. Internet-Publikation URL: https://rm.coe.int/CoERMPublicCommonSearchServices/DisplayDCTMContent?

documentId=09000016806962cd (letzter Zugriff: 31.01.2020). (zitiert: *CPT* 1999).

*Committee for Prevention of Torture and Inhuman or Degrading Treatment or Punishment* (1997): Report to the German Government on the visit to Germany carried out by the European Committee for the Prevention of Torture and Inhuman or Degrading Treatment or Punishment (CPT) from 14 to 26 April 1996. Internet-Publikation URL: https://rm.coe.int/ pdf/16806962cb (letzter Zugriff: 31.01.2020). (zitiert: *CPT* 1997).

*Committee for Prevention of Torture and Inhuman or Degrading Treatment or Punishment* (1993): Report to the Government of the Federal Republic of Germany on the visit to Germany carried out by the European Committee for the Prevention of Torture and Inhuman or Degrading Treatment or Punishment (CPT) from 8 to 20 December 1991. Internet-Publikation URL: https://rm.coe.int/CoERMPublicCommonSearchServices/DisplayDCTMC ontent?documentId=0900001680696224 (letzter Zugriff: 31.01.2020). (zitiert: *CPT* 1991).

*Council of Europe* (2020): Recommendation Rec(2006)2-rev of the Committee of Ministers to member States on the European Prison Rules. Strasbourg. Internet-Publikation URL https://search.coe.int/cm/Pages/result_details. aspx? ObjectID=09000016809ee581 (letzter Zugriff: 10.08.2020).

*Council of Europe* (2014): Recomendation CM/Rec (2014) 3 of the Committee of Ministers to member States concerning dangerous offenders. Internet-Publikation URL: https://pjp-eu.coe.int/documents/3983922/6970334/ CMRec%2B%282014%29%2B3%2Bconcerning%2Bdangerous%2Boffenders.pdf/cec8c7c4-9d72-41a7-acf2-ee64d0c960cb (letzter Zugriff: 13.12.2018).

*Council of Europe* (2011): Einzelhaft für Gefangene, Auszug aus dem 21. Jahresbericht des CPT, veröffentlicht 2011. Internet-Publikation URL https:// rm.coe.int/16806fa178 (letzter Zugriff: 19.12.2018).

*Council of Europe* (2006): European Prison Rules. Strasbourg.

*Council of Europe* (2001): Entwicklungen der CPT-Standards bezüglich Gefängnishaft – Auszug aus dem 11. Jahresbericht des CPT. Internet-Publikation URL: https://rm.coe.int/16806cd23b (letzter Zugriff: 14.12.2018).

*Council of Europe* (2000): Drug-misusing offenders in prison and after release – Proceedings. Strasbourg.

*Council of Europe* (1992): Gefängnishaft – Auszug aus dem 2. Jahresbericht des CPT. Internet-Publikation URL: https://rm.coe.int/16806ce95b (letzter Zugriff: 06.02.2019).

*Demmerling, R.* (2013): Behandlung von inhaftierten Gewalttätern (BiG). In: Wischka, B., Pecher, W., van den Boogaart, H. (Hrsg.): Behandlung von Straftätern, Sozialtherapie, Maßregelvollzug, Sicherungsverwahrung. Freiburg i. Br., S. 454-464.

*Deutscher Bundestag* (2016): Bundestag entscheidet über „Nein heißt Nein". Textarchiv des Bundestages. Internet-Publikation URL: www.bundestag.de/dokumente/textarchiv/2016/kw27-ak-selbstbestimmung-433506 (letzter Zugriff: 24.05.2019).

*Dessecker, A.* (2001): Rechtsgrundlage der Sanktionierung „gefährlicher" Straftäter. In: Rehn, G., Wischka, B., Lösel, F., Walter, M. (Hrsg.): Behandlung „gefährlicher Straftäter" – Grundlagen, Konzepte, Ergebnisse. Herbolzheim, S. 11-25.

*Drenkhahn, K.* (2007): Sozialtherapeutischer Strafvollzug in Deutschland. Mönchengladbach.

*Drenkhahn, K.* (2014): Germany. In: Drenkhahn, K., Dudeck, M., Dünkel, F. (Hrsg.): Long Term Imprisonment and Human Rights. New York, S. 180-197.

*Drenkhahn, K.* (2009): Langstrafenvollzug und Menschenrechte – Erste Ergebnisse eines internationalen Forschungsprojekts. Neue Kriminalpolitik 21, S. 8-13.

*Drenkhahn, K., Dudeck, M., Dünkel, F.* (2014) (Hrsg.): Long Term Imprisonment and Human Rights. New York.

*Drenkhahn, K., Dudeck, M., Dünkel, F.* (2014a): Conclusion. In: Drenkhahn, K., Dudeck, M., Dünkel, F. (Hrsg.): Long Term Imprisonment and Human Rights. New York, S. 374-382.

*Drenkhahn, K., Dudeck, M.* (2007): Lebensbedingungen im europäischen Langstrafenvollzug. Neue Kriminalpolitik 19, S. 134-138.

*Drucksache des Abgeordnetenhaus Berlin* (2015): Vorlage zur Beschlussfassung, Gesetz zur Weiterentwicklung des Berliner Justizvollzugs. Begründung zu den einzelnen Bestimmungen des StVollzG Bln. Drucksache 17/2442.

*Drucksache des Bayerischen Landtages* (2016): Schriftliche Anfrage zur Überwachung von Rückkehrern aus Syrien und dem Irak (Hit-Teams). Drucksache: 17/10146.

*Drucksache des Bundestages* (1997): Entwurf eines Gesetzes zur Bekämpfung von Sexualdelikten und anderen gefährlichen Straftaten. Drucksache 13/8586.

*Drucksache des Bundestages* (1975): Bericht und Antrag des Sonderausschusses für die Strafrechtsreform zu dem von der Bundesregierung eingebrachten Entwurf eines Gesetzes über den Vollzug der Freiheitsstrafe und der freiheitsentziehenden Maßregeln der Besserung und Sicherung – Strafvollzugsgesetz (StVollzG). Drucksache 7/918 – Drucksache 7/3998.

*Drucksache des Hessischen Landtags* (2015): Gesetzentwurf der Landesregierung für ein Gesetz zur Änderung hessischer Vollzugsgesetze. Drucksache 19/2058.

*Drucksache des Niedersächsischen Landtages* (2015): Kleine Anfrage zur schriftlichen Beantwortung mit Antwort der Landesregierung zum IS-Prozess in Celle. Drucksache 17/4495.

*Drucksache des Niedersächsischen Landtages* (2007): Entwurf eines Gesetzes zur Neuregelung des Justizvollzuges in Niedersachsen. Drucksache 15/3565.

*Dünkel, F.* (2018): Strafvollzug. In: Hermann, D., Pöge, A. (Hrsg.): Kriminalsoziologie, Handbuch für Wissenschaft und Praxis. Baden-Baden, S. 399-440.

*Dünkel, F.* (2018a): Resozialisierung und internationale Menschenrechtsstandards. In: Cornel, H., Kawamura-Reindl, G., Sonnen, B.-R. (Hrsg.): Resozialisierung. Handbuch. 4. Auflage, Baden-Baden, S. 103-116.

*Dünkel, F.* (2014): Mandatory release versus discretionary release – a comparative approach. In: Herzog-Evans, M. (Hrsg.): Offender-release and supervision: The role of Courts and the use of discretion. AH Oisterwijk, S. 167-192.

*Dünkel, F.* (2010): Die Europäischen Strafvollzugsgrundsätze von 2006. In: Preusker, H., Maelicke B., Flügge, C. (Hrsg.): Das Gefängnis als Risiko-Unternehmen. Baden-Baden, S. 202-216.

*Dünkel, F.* (2009): International vergleichende Strafvollzugsforschung. In: Schneider, H.-J. (Hrsg.): Internationales Handbuch der Kriminologie. Band 2: Besondere Probleme der Kriminologie. Berlin, S. 145-226.

*Dünkel, F.* (2007): Strafvollzug und die Beachtung der Menschenrechte – Eine empirische Analyse anhand des Greifswalder „Mare-Balticum-Prison-Survey". In: Müller-Dietz, H., u. a. (Hrsg.): Festschrift für Heike Jung. Baden-Baden, S. 99-126.

*Dünkel, F.* (2005): Entlassungsmodalitäten im Strafvollzug im europäischen Vergleich. In: Bundesministerium der Justiz (Hrsg.): Moderner Strafvollzug – Sicherheit und Resozialisierung. Wien, S. 37-69.

*Dünkel F.* (2005a): Reformen des Sexualstrafrechts und Entwicklungen der Sexualdelinquenz in Deutschland. In: Schläfke, D., Häßler, F., Fegert, J. (Hrsg.): Sexualstraftaten, Forensische Begutachtung, Diagnostik, Therapie. Stuttgart, S. 1-26.

*Dünkel, F.* (1996): Empirische Forschung im Strafvollzug. Bestandsaufnahme und Perspektiven. Bonn.

*Dünkel, F.* (1980): Legalbewährung nach sozialtherapeutischer Behandlung. Eine empirische vergleichende Untersuchung anhand der Strafregisterauszüge von 1.503 in den Jahren 1971-1974 entlassenen Strafgefangenen in Berlin-Tegel. Berlin.

*Dünkel, F., Cornel, H., Pruin, I., Sonnen, B.-R., Weber, J.* (2018): Brauchen wir ein Resozialisierungsgesetz? In: Reichenbach, M.-T., Bruns, S. (Hrsg.): Resozialisierung neu denken, Wiedereingliederung straffällig gewordener Menschen als gesamtgesellschaftliche Aufgabe. Freiburg i. Br., S. 42-77.

*Dünkel, F., Jesse, J., Pruin, I., von der Wense, M.* (2016): Die Wiedereingliederung von Hochrisikotätern in Europa – Behandlungskonzepte, Entlassungsvorbereitung und Übergangsmanagement. Mönchengladbach.

*Dünkel, F., Kopp, D., Drenkhahn, K., Freyberger H. J., Spitzer, C., Barnow, S., Dudeck, M.* (2011): Psychische Symptombelastung bei Kurz- und Langzeitgefangenen in Deutschland. Nervenarzt 82, S. 880-885.

*Dünkel, F., Morgenstern, C., Zolondek, J.* (2006): Europäische Strafvollzugsgrundsätze verabschiedet! Neue Kriminalpolitik 3, S. 86-88.

*Dünkel, F., Kestermann, C., Zolondek, J.* (2005): Internationale Studie zum Frauenstrafvollzug. Bestandsaufnahme, Bedarfsanalyse und „best practice". Internet-Publikation, URL: https://rsf.uni-greifswald.de/ fileadmin/ uni-greifswald/fakultaet/rsf/lehrstuehle/ls-duenkel/Veroeffentlichungen/ Reader_frauenvollzug.pdf (letzter Zugriff: 02.09.2019).

*Dünkel, F., Pruin, I., Beresnatzki, P., Treig, J.* (2018): Vollzugsöffnende Maßnahmen und Entlassungsvorbereitung – Gesetzgebung und Praxis in den Bundesländern. Neue Kriminalpolitik 30, S. 21-50.

*Dünkel, F., Pruin, I., Storgaard, A., Weber, J.* (2019) (Hrsg.): Prisoner Resettlement in Europe. London, New York.

*Dünkel, F., Rössner, D.* (2001): Germany. In: van Zyl Smit, D., Dünkel, F. (Hrsg.): Imprisonment Today and Tomorrow. Den Haag, S. 289-350.

*Dünkel, F., van Zyl Smit, D.* (1998): Arbeit im Strafvollzug – ein internationaler Vergleich. In: Albrecht, H.-J., Dünkel, F., u. a. (Hrsg.): Internationale Perspektiven in Kriminologie und Strafrecht. Festschrift für Günther Kaiser. Berlin, S. 1161-1191.

*Dünkel, F., van Zyl Smit, D.* (1995): Die Behandlung von Gefangenen mit langen Haftstrafen und Ausgestaltungen des Langstrafenvollzugs im internationalen Vergleich. In: Müller-Dietz, H., Walter, M. (Hrsg.): Strafvollzug in den 90er Jahren. Perspektiven und Herausforderungen. Festgabe für Karl-Peter Rotthaus. Pfaffenweiler, S. 115-137.

*Dünkel, F., Rosner, A.* (1982): Die Entwicklung des Strafvollzugs in der Bundesrepublik Deutschland seit 1970. 2. Auflage, Freiburg i. Br.

*Elz, J.* (2005): Karriereverläufe gefährlicher Sexualstraftäter: Erste Ergebnisse aus einem Forschungsprojekt. In: Kriminologische Zentralstelle (Hrsg.): Gefährliche Straftäter – eine Problemgruppe der Kriminalpolitik? Wiesbaden, S. 109-127.

*Etzler, S.* (2018): Sozialtherapie im Strafvollzug 2018. Ergebnisübersicht zur Stichtagserhebung zum 31.03.2018. Wiesbaden.

*Endres, J., King, S.* (2018): Radikalisierung und Deradikalisierung im Justizvollzug. In: Walsh, M., Pniewski, B., Kober, M., Armborst, A. (Hrsg.): Evidenzorientierte Kriminalprävention in Deutschland. Ein Leitfaden für Politik und Praxis. Wiesbaden, S. 511-532.

*Faber, M.* (2014): Länderspezifische Unterschiede bezüglich Disziplinarmaßnahmen und der Aufrechterhaltung von Sicherheit und Ordnung im Jugendstrafvollzug. Mönchengladbach.

*Feest, J.* (2006): Strafvollzugsgesetz (AK-StVollzG). 5. Aufl., Köln.

*Feest, J.* (2006a): Europäische Maßstäbe für den Justizvollzug. Zur Neufassung der Europäischen Gefängnisregeln (European Prison Rules). ZfStrVo 55, S. 259-261.

*Feest, J., Lesting, W.* (2012): Strafvollzugsgesetz (AK-StVollzG). 6. Aufl., Köln.

*Feest, J., Lesting, W., Lindemann, M.* (2017): Strafvollzugsgesetze Kommentar (AK-StVollzG). 7. Auflage, Köln.

*Foerster, K.* (2005): Psychisch Kranke im Strafvollzug. In: Hillenkamp, T., Tag, B. (Hrsg): Intramurale Medizin – Gesundheitsfürsorge zwischen Heilauftrag und Strafvollzug. Heidelberg, S. 143-154.

*Frädrich, S., Pfäfflin, F.* (2000): Zur Prävalenz von Persönlichkeitsstörungen bei Gefangenen. Recht & Psychiatrie 18, S. 95-104.

*Frank, P., Freuding, S.* (2018): Die Rolle des Generalbundesanwalts bei der strafrechtlichen Bekämpfung des islamistisch motivierten Terrorismus. Forum Strafvollzug 67, S. 249-254.

*Fraß, A.* (1969): Sicherungseinrichtungen einer modernen Vollzugsanstalt. ZfStrVo 18, S. 165-177.

*Generalversammlung der Vereinten Nationen* (2015): Mindestgrundsätze der Vereinten Nationen für die Behandlung der Gefangenen (Nelson-Mandela-Regeln). Internet-Publikation, URL: www.unodc.org/documents/justice-and-prison-reform/Nelson_Mandela_Rules-German.pdf (letzter Zugriff: 20.12.2018).

*Gerlach, S., Pfalzer, S.* (2015): Islamismus. Wie stellt sich der Vollzug auf? Forum Strafvollzug 64, S. 295-296.

*Gessenharter, C.* (2013): Sicherheit und Drogen. Eine ständige Herausforderung an den bayerischen Strafvollzug. Forum Strafvollzug 62, S. 32-35.

*Goertz, S.* (2017): Islamistischer Terrorismus: Analyse – Definitionen – Taktik. Heidelberg.

*Goll, U., Wulf, R.* (2001): Schutz vor besonders rückfallgefährdeten Straftätern: Das baden-württembergische Modell. ZRP 34, S. 284-287.

*Graf, J.-P.* (2018): Beck'scher Online-Kommentar Strafprozessordnung. 30. Edition. Stand 01.06.2018, München.

*Graf, J.-P.* (2018): Beck'scher Online-Kommentar Strafvollzugsrecht Bund. 14. Edition. Stand 01.08.2018, München.

*Gross, U.* (1998): Wissenschaftliche Begleitung und Beurteilung des Spritzenaustauschprogramms im Rahmen eines Modellversuchs der Justizbehörde der Freien und Hansestadt Hamburg. Evaluationsbericht eines empirischen

Forschungsprojektes. Internet-Publikation URL: https://publikationen.uni-tuebingen.de/xmlui/handle/10900/84688 (letzter Zugriff: 19.05.2019).

*Häßler, U., Suhling, S.* (2017): Wer nimmt denn im Gefängnis Drogen? Prävalenz und individuelle Prädiktoren des Suchtmittelkonsums im Justizvollzug. BewHi 64, S. 17-33.

*Häßler, U., Maiwald, T.* (2018): Drogenabhängige Inhaftierte. In: Maelicke, B., Suhling, S. (Hrsg.): Das Gefängnis auf dem Prüfstand. Wiesbaden, S. 423-442.

*Hoffmann, A., Illgner, C., Leuschner, F., Rettenberger, M.* (2017): Extremismus und Justizvollzug. Internet-Publikation URL: www.krimz.de/fileadmin/dateiablage/E-Publikationen/BM-Online/bm-online10.pdf (letzter Zugriff: 29.07.2020).

*Horstkotte, H.* (2005): Einführung. In: Kriminologische Zentralstelle (Hrsg.): „Gefährliche Straftäter – eine Problemgruppe der Kriminalpolitik? Wiesbaden, S. 15-25.

*Hosser, D.* (2008): Prisonisierungseffekte – Effects of Prisonization. In: Volbert, R., Steller, M. (Hrsg.): Handbuch der Rechtspsychologie. Göttingen, S. 172-180.

*Jakob, M., Kowol, G., Leistner, A.* (2019): Erster Bericht: Modellprojekt zur Prävention und Deradikalisierung in Strafvollzug und Bewährungshilfe. Programmevaluation des Bundesprogramms „Demokratie Leben!“. Zwischenbericht 2018. Internet-Publikation URL: www.dji.de/fileadmin/user_upload/bibs2019/Zwischenbericht_2018_final.pdf (letzter Zugriff: 29.07.2020).

*Jakob, L., Stöver, H., Pfeiffer-Gerschel, T.* (2013): Suchtbezogene Gesundheitsversorgung von Inhaftierten in Deutschland – eine Bestandsaufnahme. Sucht 59, S. 39-50.

*Justizbehörde Freie und Hansestadt Hamburg* (2017): Vollstreckungsplan der Freien und Hansestadt Hamburg. AV der Justizbehörde Nr. 16/2017 vom 14.09.2017.

*Justizbehörde Freie und Hansestadt Hamburg* (2017a): Informationen zu den Hamburger Justizvollzugsanstalten. Sozialtherapeutische Anstalt Hamburg. Internet-Publikation URL: www.hamburg.de/justizbehoerde/justizvollzugs-anstalten/2231596/sozialtherapeutische-anstalt/ (letzter Zugriff: 10.12.2017).

*Justizministerium Bayern* (2017): Vollstreckungsplan für den Freistaat Bayern (BayVollstrPl) in der Fassung vom 10. Februar 2017.

*Justizministerium Hessen* (2017): Vollstreckungsplan für das Land Hessen. Runderlass des hessischen Ministeriums der Justiz vom 1. September 2014 in der vom 1. November 2017 geltenden Fassung.

*Justizministerium Hessen* (2017a): Informationen zu den Hessischen Justizvollzugsanstalten. JVA Butzbach. Internet-Publikation URL: https://justizministerium.hessen.de/justiz/justizvollzug/vollzugseinrichtungen/jva-butz-bach (letzter Zugriff: 10.12.2017).

*Justizministerium Hessen* (2017b): Informationen zu den Hessischen Justizvoll-zugsanstalten. JVA Kassel I. Internet-Publikation URL: https://justizmi-nisterium.hessen.de/justiz/justizvollzug/vollzugseinrichtungen/jva-kassel-i (letzter Zugriff: 10.12.2017).

*Justizministerium Hessen* (2017c): Informationen zu den Hessischen Justizvoll-zugsanstalten. JVA Kassel II. Internet-Publikation URL: https://justizmi-nisterium.hessen.de/justiz/justizvollzug/vollzugseinrichtungen/jva-kassel-ii (letzter Zugriff: 10.12.2017).

*Justizministerium Mecklenburg-Vorpommern* (2019): Anstaltsbeschreibung Jus-tizvollzugsanstalt Bützow. Behandlung und Betreuung. Internet-Publika-tion URL: www.justiz-in-mv.de/jvab/Die-JVA/Behandlung-und-Betreu-ung/ (letzter Zugriff: 12.05.2019).

*Justizministerium Mecklenburg-Vorpommern* (2019a): Anstaltsbeschreibung Jus-tizvollzugsanstalt Stralsund. Vollzugsplanung und Behandlungsangebote. Internet-Publikation URL: www.justiz-in-mv.de/jvahst/DieJVA/Behand-lung_und_Betreuung/VollzugsplanungBehandlungsangebote/ (letzter Zugriff: 12.05.2019).

*Justizministerium Mecklenburg-Vorpommern* (2018): Vollstreckungsplan des Landes Mecklenburg-Vorpommern für den Vollzug von Freiheits- und Jugendstrafen, Sicherungsverwahrung, Jugendarrest sowie anderen Haft-arten und für die Unterbringung von psychisch Kranken. Amtsblatt Meck-lenburg-Vorpommern 2018, S. 693-698.

*Justizministerium Mecklenburg-Vorpommern* (2012): Verwaltungsvorschrift be-treffend das Überwachungskonzept für besonders rückfallgefährdete Sexual- und Gewaltstraftäter in Mecklenburg-Vorpommern – „Für opti-mierte Kontrolle und Sicherheit – FoKuS". Amtsblatt Mecklenburg-Vor-pommern 2012, S. 618.

*Justizministerium Niedersachsen* (2018): Vollstreckungs- und Einweisungsplan für das Land Niedersachsen. Stand 01.05.2020.

*Justizministerium Niedersachsen* (2016): Sicherheitsstufenerlass vom 29. August 2016. In: Justizministerium Niedersachsen (Hrsg.): Vollstreckungs- und Einweisungsplan für das Land Niedersachsen. Stand 01.07.2018.

*Justizministerium Niedersachsen* (2011): Rahmenkonzept zur Sozialtherapie im niedersächsischen Justizvollzug vom Januar 2011. Hannover.

*Kaiser, G., Kerner, H.-J., Schöch, H.* (1992): Strafvollzug. 4. Auflage, Heidel-berg.

*Kaiser, G., Schöch, H.* (2002): Strafvollzug. 5. Auflage, Heidelberg.

*Kindermann, S., Stadler, L., Baldus, C., Thomasius, R.* (2012): Einleitung und Thema. In: Sack, P.-M., Thomasius, R. (Hrsg.): Evaluation einer Therapievorbereitungsstation für drogenabhängige und -missbrauchende Gefangene. Herbolzheim, S. 1-10.

*King, R., Maguire, M.* (1994): Prisons in Context. Oxford.

*Klatt, T., Hagl, S., Bergmann, M., Baier, D.* (2016): Violence in youth custody: Risk factors of violent misconduct among inmates of German young offender institutions. European Journal of Criminology 13, S. 727-743.

*Koeppel, K.* (1999): Kontrolle des Strafvollzugs – individueller Rechtsschutz und generelle Aufsicht – ein Rechtsvergleich. Mönchengladbach.

*Köhler, D.* (2018): Behandlung von männlichen Gewalt- und Sexualstraftätern im Strafvollzug. In: Cornel, H., Kawamura-Reindl, G., Sonnen, B.-R. (Hrsg.): Resozialisierung. Handbuch. 4. Auflage, Baden-Baden, S. 416-432.

*Konrad, N.* (2016): Psychisch kranke Gefangene im Justizvollzug. Forum Strafvollzug 65, S. 233-238.

*Konrad, N.* (2009): Psychiatrie. In: Gefängnismedizin, Medizinische Versorgung unter Haftbedingungen. Stuttgart, S. 208-223.

*Konrad, N.* (2001): Suizid in Haft – Europäische Entwicklungen. ZfStrVo 50, S. 103-109.

*Korn, J.* (2015): Gefängnis als potentieller Durchlauferhitzer. Forum Strafvollzug 64, S. 309-311.

*Kröber, H.-L.* (2013): Transparenz und Fairness in der Therapie von Sexualstraftätern in Haft und Maßregelvollzug. Forensische Psychiatrie, Psychologie, Kriminologie 7, S. 37-43.

*Kubink, M.* (2016): Der Umgang mit psychisch auffälligen Strafgefangenen. Forum Strafvollzug 65, S. 244-250.

*Kudlich, H.* (2003): Der Strafvollzug im Spannungsverhältnis zwischen Vollzugsziel und Sicherheit. Juristische Arbeitsblätter 35, S. 704-711.

*Landau, H.* (2017): Grundgesetz und Strafvollzug. Menschenbild des Grundgesetzes und Umgang mit Straftätern. In: Schäfer, K. H., Bunde, H. (Hrsg.): Die Entwicklung der evangelischen Straffälligenhilfe. Freiburg i. Br., S. 129-137.

*Landtag Nordrhein-Westfalen* (2017): Drucksache 16/10798. Schlussbericht des Parlamentarischen Untersuchungsausschusses IV betreffend (u. a.) die Untersuchung der Geschehnisse in der Silvesternacht im und vor dem Kölner Hauptbahnhof.

*Landtag Nordrhein-Westfalen* (2016): Vorlage 16/4086, 4453 – IV. 12. Gemeinsinn stärken – Entschlossen gegen Radikalisierung. Konzept zur Förderung der Integration des ausländischen Inhaftierten und zur Verbesserung der Sicherheit im Justizvollzug NRW.

*Landtag Nordrhein-Westfalen* (2014): Gesetzentwurf der Landesregierung. Gesetz zur Regelung des Vollzuges der Freiheitsstrafe und zur Änderung des Jugendstrafvollzugsgesetzes in Nordrhein-Westfalen. Drucksache 16/5413.

*Laubenthal, K.* (2019): Strafvollzug. 8. Auflage, Heidelberg.

*Laubenthal, K.* (2015): Strafvollzug. 7. Auflage, Heidelberg.

*Laubenthal, K.* (2005): Sucht- und Infektionsgefahren im Strafvollzug. In: Hillenkamp, T., Tag, B. (Hrsg): Intramurale Medizin – Gesundheitsfürsorge zwischen Heilauftrag und Strafvollzug. Heidelberg, S. 195-211.

*Laubenthal, K., Nestler, N.* (2018): Strafvollstreckung. 2. Auflage, Heidelberg.

*Laubenthal, K., Nestler, N., Neubacher, F., Verrel, T.* (2015): Strafvollzugsgesetze Beck'sche Kurz-Kommentare. 12. Auflage, München.

*Lauter, R.* (2017): Kölner Silvesternacht. Zwei Jahre und 36 Verurteilungen später. Internet-Publikation URL: www.zeit.de/gesellschaft/zeitgeschehen/2017-12/koelner-silvesternacht-2015-sexuelle-uebergriffe-ermittlungen (letzter Zugriff: 24.05.2019).

*Mair, H.-P.* (2011): Vortrag zum Thema „Neue Wege im Umgang mit entlassenen Sexualstraftätern – die Praxis in Bayern". Positionslichter 2011, Internationale Fachtagung, 04.-06.05.2011 auf Binz. Internet-Publikation URL: www.regierung-mv.de/serviceassistent/download?id=38028 (letzter Zugriff: 11.05.2019).

*Michel, A., Schönian, V., Thurm, F., Steffen, T.* (2016): Übergriffe an Silvester. Was geschah in Köln? Internet-Publikation URL: www.zeit.de/gesellschaft/zeitgeschehen/2016-01/koeln-silvester-sexuelle-uebergriffe-raub-faq (letzter Zugriff: 24.05.2019).

*Ministerium für Inneres und Sport* (2015): Konzeption zum Umgang mit rückfallgefährdeten Sexualstraftäterinnen und Sexualstraftätern in Niedersachsen (KURS Niedersachsen). Fassung vom 04.12.2015.

*Ministerium der Justiz des Landes Nordrhein-Westfalen* (2018): Flyer Die Integrationsbeauftragen im Justizvollzug. Aufgaben und Maßnahmen. Düsseldorf.

*Ministerium der Justiz des Landes Nordrhein-Westfalen* (2017): Vollstreckungsplan für das Land Nordrhein-Westfalen, Stand: 01.04.2010. Düsseldorf.

*Ministerium der Justiz des Landes Nordrhein-Westfalen* (2010): Konzeption zum Umgang mit rückfallgefährdeten Sexualstraftätern in Nordrhein-Westfalen (KURS NRW) vom 13.01.2010. Internet-Publikation URL: https://recht.nrw.de/lmi/owa/br_bes_text?anw_nr=1&gld_nr=2&ugl_nr=2056&bes_id=15244&val=15244&ver=7&sg=0&aufgehoben=N&menu=1 (letzter Zugriff: 31.08.2019)

*Ministerkomitee des Europarates* (2003): Empfehlung Rec (2003) 23 zur Behandlung der zu Lebenslanger Freiheitsstrafe Verurteilten und anderen

Langzeitgefangenen durch die Strafvollzugsverwaltungen vom 09. Oktober 2003.

*Ministerkomitee des Europarates* (1982): Empfehlung Rec (82) 17 zur Unterbringung und Behandlung gefährlicher Gefangener vom 24. September 1982.

*Ministerkomitee des Europarates* (1976): Empfehlung Rec (76) 2 zur Behandlung von Langzeitgefangenen vom 17. Februar 1976.

*Morgenstern, C.* (2018): Die Untersuchungshaft: Eine Untersuchung unter rechtsdogmatischen, kriminologischen, rechtsvergleichenden und europarechtlichen Aspekten. Baden-Baden.

*Morgenstern, C.* (2013): Verfassungs- und europarechtliche Vorgaben für den Untersuchungshaftvollzug. StV 8, S. 529-534.

*Morris, T., Morris, P.* (1962): The Experience of Imprisonment. In: British Journal of Criminology 2, S. 337-360.

*Müller-Dietz, H., Würtenberger, T.* (1969): Fragebogenenquete zur Lage und Reform des deutschen Strafvollzugs. Bad Godesberg.

*Nestler, N.* (2012): Der Musterentwurf für ein Landestrafvollzugsgesetz als Konsequenz des Phlegmas um die Europäischen Strafvollzugsgrundsätze? Neue Kriminalpolitik 24, S. 87-91.

*Neubacher, F.* (2016): Kriminologie. 3. Auflage, Baden-Baden.

*Niedersächsischer Landtag* (2011): Stenografischer Bericht zur 102. Plenarsitzung. Hannover, 17.03.2011, S. 13128-13130.

*N.N.* (1974): BAADER-MEINHOF: An der Brüstung. In: Der Spiegel 50/1974, S. 27-29, Hamburg.

*Otto, M.* (2001): Gefährliche Gefangene – Mitarbeitsbereitschaft und subkulturelle Haltekräfte im Strafvollzug. In: Rehn, G., Wischka, B., Lösel, F., Walter, M. (Hrsg.): Behandlung „gefährlicher Straftäter" – Grundlagen, Konzepte, Ergebnisse. Herbolzheim, S. 218-228.

*Pohlreich, E.* (2011): Die Rechtsprechung des EGMR zum Vollzug von Straf- und Untersuchungshaft. NStZ 31, S. 560-570.

*Preusker, H.* (1988): Umgang mit gefährlichen Gefangenen. Verlegung nach § 85 StVollzG. ZfStrVo 37, S. 266-267.

*Rehn, G.* (1979): Behandlung im Strafvollzug. Ergebnisse einer vergleichenden Untersuchung der Rückfallquote bei entlassenen Strafgefangenen. Weinheim.

*Renzikowski, J.* (2016): Nein! – Das neue Sexualstrafrecht. NJW 69, S. 3553-3558.

*Riederer, C.* (2014): Die RAF und die Folterdebatte der 1970er Jahre. Wiesbaden.

*Rohrbach, M.* (2014): Die Entwicklung der Führungsaufsicht unter besonderer Berücksichtigung der Praxis in Mecklenburg-Vorpommern. Mönchengladbach.

*Roith, I.* (2019): Evaluation des Konzepts für besonders rückfallgefährdete Sexualstraftäter-Konzeptionen der Haft-Entlassenen-Auskunfts-Datei-Sexualstraftäter (HEADS) Bayern. In: Schiemann, A., Remke, C., Büchler, K. (Hrsg.): HEADS, KURS & Co, Evaluation der Überwachungskonzepte für besonders rückfallgefährdete Sexualstraftäter. Baden-Baden.

*Salheiser, A., Quent M.* (2019): Rechtsextreme Hasskriminalität. Die gesellschaftlichen, ideologischen und gruppendynamischen Kontexte. Forum Strafvollzug 68, S. 296-300.

*Schiemann, A., Remke, C., Büchler, K.* (2019) (Hrsg.): HEADS, KURS & Co. Evaluation der Überwachungskonzepte für besonders rückfallgefährdete Sexualstraftäter. Baden-Baden.

*Schmucker, M.* (2005): Der Einfluss von Therapie auf die Legalbewährung von Sexualstraftätern: Ergebnisse aus kontrollierten Wirksamkeitsuntersuchungen. In: Kriminologische Zentralstelle (Hrsg.): Gefährliche Straftäter – eine Problemgruppe der Kriminalpolitik? Wiesbaden, S. 129-152.

v. *Schönfeld,C.-E., Schneider, F., Schröder, T., Widmann, B., Botthof, U., Driessen, M.* (2006): Prävalenz psychischer Störungen, Psychopathologie und Behandlungsbedarf bei weiblichen und männlichen Gefangenen. Der Nervenarzt 77, S. 830-841.

*Schwerdtfeger, C.* (2018): Mehr als eine halbe Million Überstunden in NRW-Gefängnissen. Internet-Publikation URL: https://rp-online.de/nrw/panorama/gefaengnisse-in-nrw-zu-wenig-personal-und-marode-gebaeude_aid-34756839 (letzter Zugriff: 19.08.2019).

*Schwind, H.-D., Böhm, A., Jehle, J.-M., Laubenthal, K.* (2020): Kommentar zum Strafvollzugsgesetz. Bund und Länder. 7. Auflage, Berlin (zitiert: SBJL-*Bearbeiter*).

*Schwind, H.-D., Böhm, A., Jehle, J.-M., Laubenthal, K.* (2013): Kommentar zum Strafvollzugsgesetz. Bund und Länder. 6. Auflage, Berlin (zitiert: SBJL-*Bearbeiter*).

*Senatsverwaltung für Justiz, Verbraucherschutz und Antidiskriminierung* (2017): Stellungnahme zum Bericht über den Besuch der Justizvollzugsanstalt für Frauen Berlin, Hauptanstalt Lichtenberg im März 2016. Internet-Publikation URL: www.nationale-stelle.de/fileadmin/dateiablage/Dokumente/Berichte/Besuchsberichte/20160608_-_JVA_fuer_ Frauen_-_Lichtenberg/20160922_Stellungnahme_web.pdf (letzter Zugriff: 31.08.2019).

*Senatsverwaltung für Justiz, Verbraucherschutz und Antidiskriminierung* (2017a): Vollstreckungsplan für das Land Berlin in der Fassung vom 28. Februar 2017.

*Senatsverwaltung für Justiz, Verbraucherschutz und Antidiskriminierung* (2011): Berichtsaufträge aus der 22. Sitzung des Unterausschusses Produkthaushalt und Personalwirtschaft am 14. September 2010 und der 23. Sitzung des Unterhausausschusses Produkthaushalt und Personalwirtschaft am 16. November 2010. Internet-Publikation, URL: www.parlament-berlin.de/ ados/16/UAPHPW/vorgang/uph16-0174.B-v.pdf (letzter Zugriff: 02.09.2019).

*Shalev, S.* (2008): Sourcebook on Solitary Confinement. London: Mannheim Centre for Criminology. Internet-Publikation www.solitaryconfinement. org (letzter Zugriff 10.08.2020).

*Spöhr, M.* (2009): Sozialtherapie von Sexualstraftätern im Justizvollzug: Praxis und Evaluation. Mönchengladbach.

*Statistisches Bundesamt* (2018): Strafvollzug. Demographie und kriminologische Merkmale der Strafgefangenen zum Stichtag 31.3. Internet-Publikation URL: www.destatis.de/DE/Themen/Staat/Justiz-Rechtspflege/Publikationen/ Downloads-Strafverfolgung-Strafvollzug/strafvollzug-2100410187004.pdf? __blob=publicationFile&v=5 (letzter Zugriff: 18.05.2019).

*Stöver, H.* (2018): Drogenabhängige Menschen in Haft. In: Cornel, H., Kawamura-Reindl, G., Sonnen, B.-R. (Hrsg.): Resozialisierung. Handbuch. 4. Auflage, Baden-Baden, S. 382-399.

*Stöver, H.* (2016): Drogenkonsum in und nach der Haft: Übergänge suchtkranker Straffälliger in regionale Hilfestrukturen. BewHi 63, S. 354-372.

*Stöver, H.* (2016a): „Healthy Prisons" Gesundheit und Gesundheitsversorgung Gefangener. Prävention und Gesundheitsförderung 11, S. 251-258.

*Stöver, H.* (2013): Gesundheitliche Versorgung in Haft – Realitäten und Herausforderungen. Forum Strafvollzug 62, S. 275-283.

*Stöver, H.* (2001): Drogen, HIV und Hepatitis im Strafvollzug – eine Bestandsaufnahme. In: Jacob, J., Keppler, K., Stöver, H. (Hrsg.): LebHaft: Gesundheitsförderung für Drogen Gebrauchende im Strafvollzug. Aids-Forum DAH. Band 42, Berlin, S. 13-66.

*Suhling, S.* (2011): Behandlung „gefährlicher" und „schwieriger" Straftäter. Forum Strafvollzug 60, S. 275-280.

*Suhling, S., Rehder, U.* (2009): Zum Zusammenhang zwischen Vollzugslockerungen, Unterbringung im offenen Vollzug und Legalbewährung bei Sexualstraftäter. Forensische Psychiatrie, Psychologie, Kriminologie 3, S. 37-46.

*Suhrbier, W.* (2000): Sicherheit im Justizvollzug, In: Herrfahrdt, R. (Hrsg.): Strafvollzug in Europa. Berlin, S. 98-107.

*van Zyl Smit, D.* (2020): Separation and solitary confinement in the revised 2020 European Prison Rules – First thoughts. Internet-Publikation www.penalreform.org/blog/separation-and-solitary-confinement-in-the-revised-2020/ (letzter Zugriff: 10.08.2020).

*van Zyl Smit*, D., *Dünkel*, F. (2001) (Hrsg.): Imprisonment Today and Tomorrow – International Perspectives on Prisoners' Rights and Prison Conditions. 2. Auflage, Boston.

*Vereinte Nationen* (2018): Handbuch über den Umgang mit gewaltbereiten extremistischen Gefangenen und die Prävention der Radikalisierung zur Gewaltbereitschaft in Haftanstalten. New York.

*Violence Prevention Network* (2019): Projektübersicht DERAD Bayern – Deradikalisierung im Bayerischen Strafvollzug. Internet-Publikation URL: https://violence-prevention-network.de/angebote/projektuebersicht/radikalisierungspraevention-und-deradikalisierung-in-strafvollzug-und-bewaehrungshilfe/bayern/ (letzter Zugriff: 05.05.2019).

*Violence Prevention Network* (2019a): Flyer DERAD Bayern. Mobile Maßnahmen zur Beratung und Deradikalisierung in Strafvollzug und Bewährungshilfe. Internet-Publikation URL: https://violence-prevention-network.de/wp-content/uploads/2018/07/VPN-Flyer-DERAD-Bayern.pdf (letzter Zugriff: 05.05.2019).

*Violence Prevention Network* (2019b): Projektübersicht Just X Berlin – Prävention und Deradikalisierung im Berliner Justizvollzug. Internet-Publikation URL: https://violence-prevention-network.de/angebote/projektuebersicht/radikalisierungspraevention-und-deradikalisierung-in-strafvollzug-und-bewaehrungshilfe/berlin/ (letzter Zugriff: 12.03.2019).

*Violence Prevention Network* (2019c): Fokus ISLEX. Mobile Maßnahmen zur Prävention und Deradikalisierung im niedersächsischen Strafvollzug und in der Bewährungshilfe. Internet-Publikation URL: https://violence-prevention-network.de/wp-content/uploads/2019/03/Broschüre-Fokus-ISLEX-DE.pdf (letzter Zugriff: 10.04.2019).

*Violence Prevention Network* (2019d): Flyer Fokus ISLEX, Mobile Maßnahmen zur Prävention und Deradikalisierung im niedersächsischen Strafvollzug und in der Bewährungshilfe. Internet-Publikation URL: https://violence-prevention-network.de/wp-content/uploads/2018/07/VPN-Flyer-DERAD-Niedersachsen.pdf (letzter Zugriff: 12.04.2019).

*Violence Prevention Network* (2019e): Niedersachsen Fokus ISLEX – Mobile Maßnahmen zur Prävention und Deradikalisierung im niedersächsischen Strafvollzug und in der Bewährungshilfe. Internet-Publikation URL: https://violence-prevention-network.de/angebote/projektuebersicht/radikalisierungspraevention-und-deradikalisierung-in-strafvollzug-und-bewaehrungshilfe/niedersachsen/ (letzter Zugriff: 10.04.2019).

*Vollan, M.* (2016): Der Hochrisikotäter als ein Subjekt – der individuelle Ansatz. In: Dünkel, F., Jesse, J., Pruin, I., von der Wense, M. (Hrsg.): Die Wiedereingliederung von Hochrisikotätern in Europa – Behandlungskonzepte,

Entlassungsvorbereitung und Übergangsmanagement. Mönchengladbach, S. 93-101.

*Walter, M.* (2001): Kriminologische und Kriminalpolitische Probleme mit „gefährlichen Straftätern". In: Rehn, G., Wischka, B., Lösel, F., Walter, M. (Hrsg.): Behandlung „gefährlicher Straftäter" – Grundlagen, Konzepte, Ergebnisse. Herbolzheim, S. 3-10.

*Weber, K.* (2017): Die Gefängnisindustrie in den USA – Zur Verschränkung von Arbeits-, Wohlfahrts- und Strafregime im Neuliberalismus. Kritische Justiz 50, S. 187-189.

*Winterdyck, J. A.* (2004): Adult Corrections: International Systems and Perspectives. Monsey.

*Wirth, W.* (2002): Das Drogenproblem im Justizvollzug. Zahlen und Fakten. BewHi 49, S. 104-122.

*Wolf, T.* (2005): Gefährliche Straftäter – Gesichtspunkte der Strafvollstreckungsgeschichte. In: Kriminologische Zentralstelle (Hrsg.): „Gefährliche Straftäter – eine Problemgruppe der Kriminalpolitik?". Wiesbaden, S. 73-84.

*Zolondek, J.* (2007): Lebens- und Haftbedingungen im deutschen und europäischen Frauenstrafvollzug. Mönchengladbach.

# Reihenübersicht

ab Band 67
**Schriften zur Kriminologie und Strafrechtspflege**
ISSN 2698-363X
Criminal Justice Series
Hrsg. von Prof. Dr. Frieder Dünkel und
Prof. Dr. Stefan Harrendorf
Universität Greifswald

vormals (Band 1 bis Band 66)
**Schriften zum Strafvollzug, Jugendstrafrecht und zur Kriminologie**
ISSN 0949-8354
Hrsg. von Prof. Dr. Frieder Dünkel, Lehrstuhl für Kriminologie
an der Ernst-Moritz-Arndt-Universität Greifswald

Bisher erschienen:

**Band 1**
Dünkel, Frieder: Empirische Forschung im Strafvollzug. Bestandsaufnahme und Perspektiven.
Bonn 1996. ISBN 978-3-927066-96-0.

**Band 2**
Dünkel, Frieder; van Kalmthout, Anton; Schüler-Springorum, Horst (Hrsg.): Entwicklungstendenzen und Reformstrategien im Jugendstrafrecht im europäischen Vergleich.
Mönchengladbach 1997. ISBN 978-3-930982-20-2.

**Band 3**
Gescher, Norbert: Boot Camp-Programme in den USA. Ein Fallbeispiel zum Formenwandel in der amerikanischen Kriminalpolitik.
Mönchengladbach 1998. ISBN 978-3-930982-30-1.

**Band 4**
Steffens, Rainer: Wiedergutmachung und Täter-Opfer-Ausgleich im Jugend- und Erwachsenenstrafrecht in den neuen Bundesländern.
Mönchengladbach 1999. ISBN 978-3-930982-34-9.

**Band 5**
Koeppel, Thordis: Kontrolle des Strafvollzuges. Individueller Rechtsschutz und generelle Aufsicht. Ein Rechtsvergleich.
Mönchengladbach 1999. ISBN 978-3-930982-35-6.

**Band 6**
Dünkel, Frieder; Geng, Bernd (Hrsg.): Rechtsextremismus und Fremdenfeindlichkeit. Bestandsaufnahme und Interventionsstrategien.
Mönchengladbach 1999. ISBN 978-3-930982-49-3.

**Band 7**
Tiffer-Sotomayor, Carlos: Jugendstrafrecht in Lateinamerika unter besonderer Berücksichtigung von Costa Rica.
Mönchengladbach 2000. ISBN 978-3-930982-36-3.

**Band 8**
Skepenat, Marcus: Jugendliche und Heranwachsende als Tatverdächtige und Opfer von Gewalt. Eine vergleichende Analyse jugendlicher Gewaltkriminalität in Mecklenburg-Vorpommern anhand der Polizeilichen Kriminalstatistik unter besonderer Berücksichtigung tatsituativer Aspekte.
Mönchengladbach 2000. ISBN 978-3-930982-56-1.

**Band 9**
Pergataia, Anna: Jugendstrafrecht in Russland und den baltischen Staaten.
Mönchengladbach 2001. ISBN 978-3-930982-50-1.

**Band 10**
Kröplin, Mathias: Die Sanktionspraxis im Jugendstrafrecht in Deutschland im Jahr 1997. Ein Bundesländervergleich.
Mönchengladbach 2002. ISBN 978-3-930982-74-5.

**Band 11**
Morgenstern, Christine: Internationale Mindeststandards für ambulante Strafen und Maßnahmen.
Mönchengladbach 2002. ISBN 978-3-930982-76-9.

**Band 12**
Kunkat, Angela: Junge Mehrfachauffällige und Mehrfachtäter in Mecklenburg-Vorpommern. Eine empirische Analyse.
Mönchengladbach 2002. ISBN 978-3-930982-79-0.

**Band 13**
Schwerin-Witkowski, Kathleen: Entwicklung der ambulanten Maßnahmen nach dem JGG in Mecklenburg-Vorpommern.
Mönchengladbach 2003. ISBN 978-3-930982-75-2.

**Band 14**
Dünkel, Frieder; Geng, Bernd (Hrsg.): Jugendgewalt und Kriminalprävention. Empirische Befunde zu Gewalterfahrungen von Jugendlichen in Greifswald und Usedom/Vorpommern und ihre Auswirkungen für die Kriminalprävention.
Mönchengladbach 2003. ISBN 978-3-930982-95-0.

**Band 15**
Dünkel, Frieder; Drenkhahn, Kirstin (Hrsg.): Youth violence: new patterns and local responses – Experiences in East and West. Conference of the International Association for Research into Juvenile Criminology. Violence juvénile: nouvelles formes et stratégies locales – Expériences à l'Est et à l'Ouest. Conférence de l'Association Internationale pour la Recherche en Criminologie Juvénile.
Mönchengladbach 2003. ISBN 978-3-930982-81-3.

**Band 16**
Kunz, Christoph: Auswirkungen von Freiheitsentzug in einer Zeit des Umbruchs. Zugleich eine Bestandsaufnahme des Männererwachsenenvollzugs in Mecklenburg-Vorpommern und in der JVA Brandenburg/Havel in den ersten Jahren nach der Wiedervereinigung.
Mönchengladbach 2003. ISBN 978-3-930982-89-9.

**Band 17**
Glitsch, Edzard: Alkoholkonsum und Straßenverkehrsdelinquenz. Eine Anwendung der Theorie des geplanten Verhaltens auf das Problem des Fahrens unter Alkohol unter besonderer Berücksichtigung des Einflusses von verminderter Selbstkontrolle.
Mönchengladbach 2003. ISBN 978-3-930982-97-4.

**Band 18**
Stump, Brigitte: „Adult time for adult crime" – Jugendliche zwischen Jugend- und Erwachsenenstrafrecht. Eine rechtshistorische und rechtsvergleichende Untersuchung zur Sanktionierung junger Straftäter.
Mönchengladbach 2003. ISBN 978-3-930982-98-1.

**Band 19**
Wenzel, Frank: Die Anrechnung vorläufiger Freiheitsentziehungen auf strafrechtliche Rechtsfolgen.
Mönchengladbach 2004. ISBN 978-3-930982-99-8.

**Band 20**
Fleck, Volker: Neue Verwaltungssteuerung und gesetzliche Regelung des Jugendstrafvollzuges.
Mönchengladbach 2004. ISBN 978-3-936999-00-6.

**Band 21**
Ludwig, Heike; Kräupl, Günther: Viktimisierung, Sanktionen und Strafverfolgung. Jenaer Kriminalitätsbefragung über ein Jahrzehnt gesellschaftlicher Transformation.
Mönchengladbach 2005. ISBN 978-3-936999-08-2.

**Band 22**
Fritsche, Mareike: Vollzugslockerungen und bedingte Entlassung im deutschen und französischen Strafvollzug.
Mönchengladbach 2005. ISBN 978-3-936999-11-2.

**Band 23**
Dünkel, Frieder; Scheel, Jens: Vermeidung von Ersatzfreiheitsstrafen durch gemeinnützige Arbeit: das Projekt „Ausweg" in Mecklenburg-Vorpommern.
Mönchengladbach 2006. ISBN 978-3-936999-10-5.

**Band 24**
Sakalauskas, Gintautas: Strafvollzug in Litauen. Kriminalpolitische Hintergründe, rechtliche Regelungen, Reformen, Praxis und Perspektiven.
Mönchengladbach 2006. ISBN 978-3-936999-19-8.

**Band 25**
Drenkhahn, Kirstin: Sozialtherapeutischer Strafvollzug in Deutschland.
Mönchengladbach 2007. ISBN 978-3-936999-18-1.

**Band 26**
Pruin, Ineke Regina: Die Heranwachsendenregelung im deutschen Jugendstrafrecht. Jugendkriminologische, entwicklungspsychologische, jugendsoziologische und rechtsvergleichende Aspekte.
Mönchengladbach 2007. ISBN 978-3-936999-31-0.

**Band 27**
Lang, Sabine: Die Entwicklung des Jugendstrafvollzugs in Mecklenburg-Vorpommern in den 90er Jahren. Eine Dokumentation der Aufbausituation des Jugendstrafvollzugs sowie eine Rückfallanalyse nach Entlassung aus dem Jugendstrafvollzug.
Mönchengladbach 2007. ISBN 978-3-936999-34-1.

**Band 28**
Zolondek, Juliane: Lebens- und Haftbedingungen im deutschen und europäischen Frauenstrafvollzug.
Mönchengladbach 2007. ISBN 978-3-936999-36-5.

**Band 29**
Dünkel, Frieder; Gebauer, Dirk; Geng, Bernd; Kestermann, Claudia: Mare-Balticum-Youth-Survey – Gewalterfahrungen von Jugendlichen im Ostseeraum.
Mönchengladbach 2007. ISBN 978-3-936999-38-9.

**Band 30**
Kowalzyck, Markus: Untersuchungshaft, Untersuchungshaftvermeidung und geschlossene Unterbringung bei Jugendlichen und Heranwachsenden in Mecklenburg-Vorpommern.
Mönchengladbach 2008. ISBN 978-3-936999-41-9.

**Band 31**
Dünkel, Frieder; Gebauer, Dirk; Geng, Bernd: Jugendgewalt und Möglichkeiten der Prävention. Gewalterfahrungen, Risikofaktoren und gesellschaftliche Orientierungen von Jugendlichen in der Hansestadt Greifswald und auf der Insel Usedom. Ergebnisse einer Langzeitstudie 1998 bis 2006.
Mönchengladbach 2008. ISBN 978-3-936999-48-8.

**Band 32**
Rieckhof, Susanne: Strafvollzug in Russland. Vom GULag zum rechtsstaatlichen Resozialisierungsvollzug?
Mönchengladbach 2008. ISBN 978-3-936999-55-6.

**Band 33**
Dünkel, Frieder; Drenkhahn, Kirstin; Morgenstern, Christine (Hrsg.): Humanisierung des Strafvollzugs – Konzepte und Praxismodelle.
Mönchengladbach 2008. ISBN 978-3-936999-59-4.

**Band 34**
Hillebrand, Johannes: Organisation und Ausgestaltung der Gefangenenarbeit in Deutschland.
Mönchengladbach 2009. ISBN 978-3-936999-58-7.

**Band 35**
Hannuschka, Elke: Kommunale Kriminalprävention in Mecklenburg-Vorpommern. Eine empirische Untersuchung der Präventionsgremien.
Mönchengladbach 2009. ISBN 978-3-936999-68-6.

Band 36/1 bis 4 (nur als Gesamtwerk erhältlich)
Dünkel, Frieder; Grzywa, Joanna; Horsfield, Philip; Pruin, Ineke (Eds.): Juvenile Justice
Systems in Europe – Current Situation and Reform Developments. Vol. 1-4.
**2nd revised edition.**
Mönchengladbach 2011. ISBN 978-3-936999-96-9.

Band 37/1 bis 2 (Gesamtwerk)
Dünkel, Frieder; Lappi-Seppälä, Tapio; Morgenstern, Christine; van Zyl Smit, Dirk
(Hrsg.): Kriminalität, Kriminalpolitik, strafrechtliche Sanktionspraxis und
Gefangenenraten im europäischen Vergleich. Bd.1 bis 2.
Mönchengladbach 2010. ISBN 978-3-936999-73-0.

Band 37/1 (Einzelband)
Dünkel, Frieder; Lappi-Seppälä, Tapio; Morgenstern, Christine; van Zyl Smit, Dirk
(Hrsg.): Kriminalität, Kriminalpolitik, strafrechtliche Sanktionspraxis und
Gefangenenraten im europäischen Vergleich. Bd.1.
Mönchengladbach 2010. ISBN 978-3-936999-76-1.

Band 37/2 (Einzelband)
Dünkel, Frieder; Lappi-Seppälä, Tapio; Morgenstern, Christine; van Zyl Smit, Dirk
(Hrsg.): Kriminalität, Kriminalpolitik, strafrechtliche Sanktionspraxis und
Gefangenenraten im europäischen Vergleich. Bd.2.
Mönchengladbach 2010. ISBN 978-3-936999-77-8.

Band 38
Krüger, Maik: Frühprävention dissozialen Verhaltens. Entwicklungen in der Kinder- und
Jugendhilfe.
Mönchengladbach 2010. ISBN 978-3-936999-82-2.

Band 39
Hess, Ariane: Erscheinungsformen und Strafverfolgung von Tötungsdelikten in
Mecklenburg-Vorpommern.
Mönchengladbach 2010. ISBN 978-3-936999-83-9.

Band 40
Gutbrodt, Tobias: Jugendstrafrecht in Kolumbien. Eine rechtshistorische und
rechtsvergleichende Untersuchung zum Jugendstrafrecht in Kolumbien, Bolivien, Costa
Rica und der Bundesrepublik Deutschland unter Berücksichtigung internationaler
Menschenrechtsstandards.
Mönchengladbach 2010. ISBN 978-3-936999-86-0.

**Band 41**
Stelly, Wolfgang; Thomas, Jürgen (Hrsg.): Erziehung und Strafe. Symposium zum 35-jährigen Bestehen der JVA Adelsheim. Mönchengladbach 2011. ISBN 978-3-936999-95-2.

**Band 42**
Yngborn, Annalena: Strafvollzug und Strafvollzugspolitik in Schweden: vom Resozialisierungs- zum Sicherungsvollzug? Eine Bestandsaufnahme der Entwicklung in den letzten 35 Jahren. Mönchengladbach 2011. ISBN 978-3-936999-84-6.

**Band 43**
Kühl, Johannes: Die gesetzliche Reform des Jugendstrafvollzugs in Deutschland im Licht der European Rules for Juvenile Offenders Subject to Sanctions or Measures (ERJOSSM). Mönchengladbach 2012. ISBN 978-3-942865-06-7.

**Band 44**
Zaikina, Maryna: Jugendkriminalrechtspflege in der Ukraine. Mönchengladbach 2012. ISBN 978-3-942865-08-1.

**Band 45**
Schollbach, Stefanie: Personalentwicklung, Arbeitsqualität und betriebliche Gesundheitsförderung im Justizvollzug in Mecklenburg-Vorpommern. Mönchengladbach 2013. ISBN 978-3-942865-14-2.

**Band 46**
Harders, Immo: Die elektronische Überwachung von Straffälligen. Entwicklung, Anwendungsbereiche und Erfahrungen in Deutschland und im europäischen Vergleich. Mönchengladbach 2014. ISBN 978-3-942865-24-1.

**Band 47**
Faber, Mirko: Länderspezifische Unterschiede bezüglich Disziplinarmaßnahmen und der Aufrechterhaltung von Sicherheit und Ordnung im Jugendstrafvollzug. Mönchengladbach 2014. ISBN 978-3-942865-25-8.

**Band 48**
Gensing, Andrea: Jugendgerichtsbarkeit und Jugendstrafverfahren im europäischen Vergleich. Mönchengladbach 2014. ISBN 978-3-942865-34-0.

**Band 49**
Rohrbach, Moritz Philipp: Die Entwicklung der Führungsaufsicht unter besonderer Berücksichtigung der Praxis in Mecklenburg-Vorpommern. Mönchengladbach 2014. ISBN 978-3-942865-35-7.

**Band 50/1 bis 2** (nur als Gesamtwerk erhältlich)
Dünkel, Frieder; Grzywa-Holten, Joanna; Horsfield, Philip (Eds.): Restorative Justice and Mediation in Penal Matters. A stock-taking of legal issues, implementation strategies and outcomes
in 36 European countries. Vol. 1 bis 2.
Mönchengladbach 2015. ISBN 978-3-942865-31-9.

**Band 51**
Horsfield, Philip: Jugendkriminalpolitik in England und Wales – Entwicklungsgeschichte, aktuelle Rechtslage und jüngste Reformen. Mönchengladbach 2015.
ISBN 978-3-942865-42-5.

**Band 52**
Grzywa-Holten, Joanna: Strafvollzug in Polen – Historische, rechtliche, rechtstatsächliche, menschenrechtliche und international vergleichende Aspekte. Mönchengladbach 2015.
ISBN 978-3-942865-43-2.

**Band 53**
Khakzad, Dennis: Kriminologische Aspekte völkerrechtlicher Verbrechen. Eine vergleichende Untersuchung der Situationsländer des Internationalen Strafgerichtshofs.
Mönchengladbach 2015. ISBN 978-3-942865-50-0.

**Band 54**
Blanck, Thes Johann: Die Ausbildung von Strafvollzugsbediensteten in Deutschland.
Mönchengladbach 2015. ISBN 978-3-942865-51-7.

**Band 55**
Castro Morales, Álvaro: Jugendstrafvollzug und Jugendstrafrecht in Chile, Peru und Bolivien unter besonderer Berücksichtigung von nationalen und internationalen Kontrollmechanismen. Rechtliche Regelungen, Praxis, Reformen und Perspektiven.
Mönchengladbach 2016. ISBN 978-3-942865-57-9.

**Band 56**
Dünkel, Frieder; Jesse, Jörg; Pruin, Ineke; von der Wense, Moritz (Eds.): European Treament, Transition Management, and Re-Integration of High-Risk Offenders. Results of the Final Conference at Rostock-Warnemünde, 3-5 September 2014, and Final Evaluation Report of the Justice-Cooperation-Network (JCN)-Project "European treatment and transition management of high-risk offenders".
Mönchengladbach 2016. ISBN 978-3-942865-58-6.

**Band 57**
Kratochvil-Hörr, Regine: Der Beschlussarrest: Dogmatische Probleme und Anwendungspraxis im Land Berlin. Mönchengladbach 2016. ISBN 978-3-942865-60-9.

**Band 58**
Thiele, Christoph Wilhelm: Ehe- und Familienschutz im Strafvollzug. Strafvollzugsrechtliche und -praktische Maßnahmen und Rahmenbedingungen zur Aufrechterhaltung familiärer Beziehungen von Strafgefangenen.
Mönchengladbach 2016. ISBN 978-3-942865-61-6.

**Band 59**
Păroşanu, Andrea: Jugendstrafrecht in Rumänien. Historische, kriminologische, rechtliche und rechtspolitische Aspekte. Mönchengladbach 2016. ISBN 978-3-942865-64-7.

**Band 60**
Schmidt, Katrin: Städtebau und Kriminalität: Untersuchung des Einflusses von kriminalpräventiven Erkenntnissen im Rahmen städtebaulicher Projekte in Mecklenburg-Vorpommern. Mönchengladbach 2016. ISBN 978-3-942865-67-8.

**Band 61**
Dünkel, Frieder; Jesse, Jörg; Pruin, Ineke; von der Wense, Moritz (Hrsg.): Die Wiedereingliederung von Hochrisikotätern in Europa – Behandlungskonzepte, Entlassungsvorbereitung und
Übergangsmanagement. Ergebnisse der Abschlusskonferenz in Rostock-Warnemünde, 3.-5. September 2014, und Evaluation des Justice-Cooperation-Netzwerk-(JCN)-Projekts „Behandlung und Übergangsmanagement bei Hochrisikotätern in Europa".
Mönchengladbach 2016. ISBN 978-3-942865-68-5.

**Band 62**
Kromrey, Hans: Haftbedingungen als Auslieferungshindernis. Ein Beitrag zur Verwirklichung der Menschenrechte. Mönchengladbach 2017. ISBN 978-3-942865-75-3.

**Band 63**
Dünkel, Frieder; Thiele, Christoph; Treig, Judith (Hrsg.): Elektronische Überwachung von Straffälligen im europäischen Vergleich – Bestandsaufnahme und Perspektiven.
Mönchengladbach 2017. ISBN 978-3-942865-78-4.

**Band 64**
Dorenburg, Bastian: Untersuchungshaft und Untersuchungshaftvermeidung bei Jugendlichen und Heranwachsenden in Deutschland und Europa.
Mönchengladbach 2017. ISBN 978-3-942865-79-1.

**Band 65**
Schulze, Jan Peter: Die Untersuchungshaftvollzugsgesetze der Länder im Vergleich.
Mönchengladbach 2017. ISBN 978-3-942865-80-7.

**Band 66**
Janssen, Jan-Carl: Entwicklung, Praxis und kriminalpolitische Hintergründe des Strafvollzugs in England, Wales und Schottland im nationalen und internationalen Vergleich.
Mönchengladbach 2018. ISBN 978-3-942865-89-0.

**Band 67**
Mohr, Nicholas: Die Entwicklung des Sanktionenrechts im deutschen Strafrecht – Bestandsaufnahme und Reformvorschläge.
Mönchengladbach 2020. ISBN 978-3-94610-017-7.

**Band 68**
Debus, Eva Katharina: Konzeptionen ausgewählter deutscher Bundesländer zum Umgang mit besonders sicherungsbedürftigen Gefangenen.
Mönchengladbach 2020. ISBN 978-3-94610-022-1.


**außerhalb der Schriftenreihe**

Drenkhahn, Kirstin; Geng, Bernd; Grzywa-Holten, Joanna; Harrendorf, Stefan; Morgenstern, Christine; Pruin, Ineke (Hrsg.)
Kriminologie und Kriminalpolitik im Dienste der Menschenwürde.
Festschrift für Frieder Dünkel zum 70. Geburtstag
Mönchengladbach 2020. ISBN 978-3-94610-014-6.